国名牌产品”“中国驰名商标”等称号。
海天”牌注塑机以其“优质、高效、节
益好”而闻名于全国塑料机械行业。产
物流、包装、家电、电子器件、玩具
最终客户不乏世界及国内领先品牌，如
海尔、海信、TCL、五粮液、比亚迪及

- 中国优秀民营企业
- 全国创新型企业
- 国家火炬计划北仑注塑机核心企业
- 国家高新技术企业
- 国家技术研发中心
- 中国名牌产品
- 中国驰名商标
- 重点培育和发展的中国出口名牌
- 中国塑料机械工业协会理事长单位
- 中国轻工业机械协会副理事长单位
- 中国机械工业百强企业
- 中国民营企业500强
- ISO9001、CE认证企业

海天国际控股有限公司（中国香港上市，股票代码HK01882），现为中国塑料机械工业协会理事长单位。2012年公司主导产品销售收入逾80亿元，远销世界五大洲130多个国家和地区。

作为国家火炬计划北仑注塑机产业基地核心企业，海天的产量位居世界前列，规模位居亚洲前茅，其技术居我国注塑机产业领先地位。公司总资产85余亿元，员工4 500余名，是国家重点高新技术企业、全国创建和谐劳动关系模范企业、全国创新型企业，拥有国家认定企业技术中心和博士后工作站，产品荣获“中

公司主导产品“

能、档次高、经济效

品应用于汽车、建材、

和日用品等行业，其

广州本田、神龙汽车、

哈药等。

HAITIAN INTERNATIONAL

nmunication

海天天虹系列

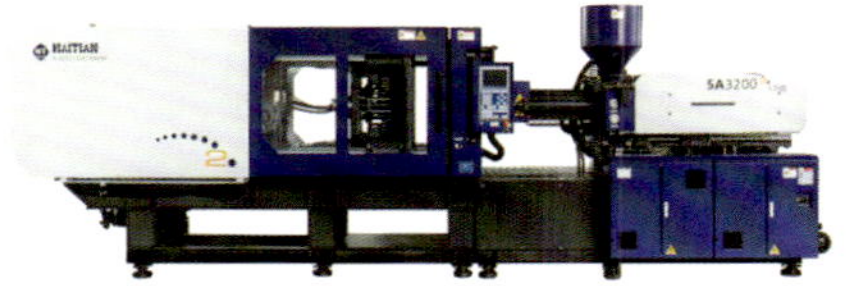

海天天翔系列

天剑系列

海天天合系列

卓越　同续辉煌

东华机械
DONGHUA MACHINERY

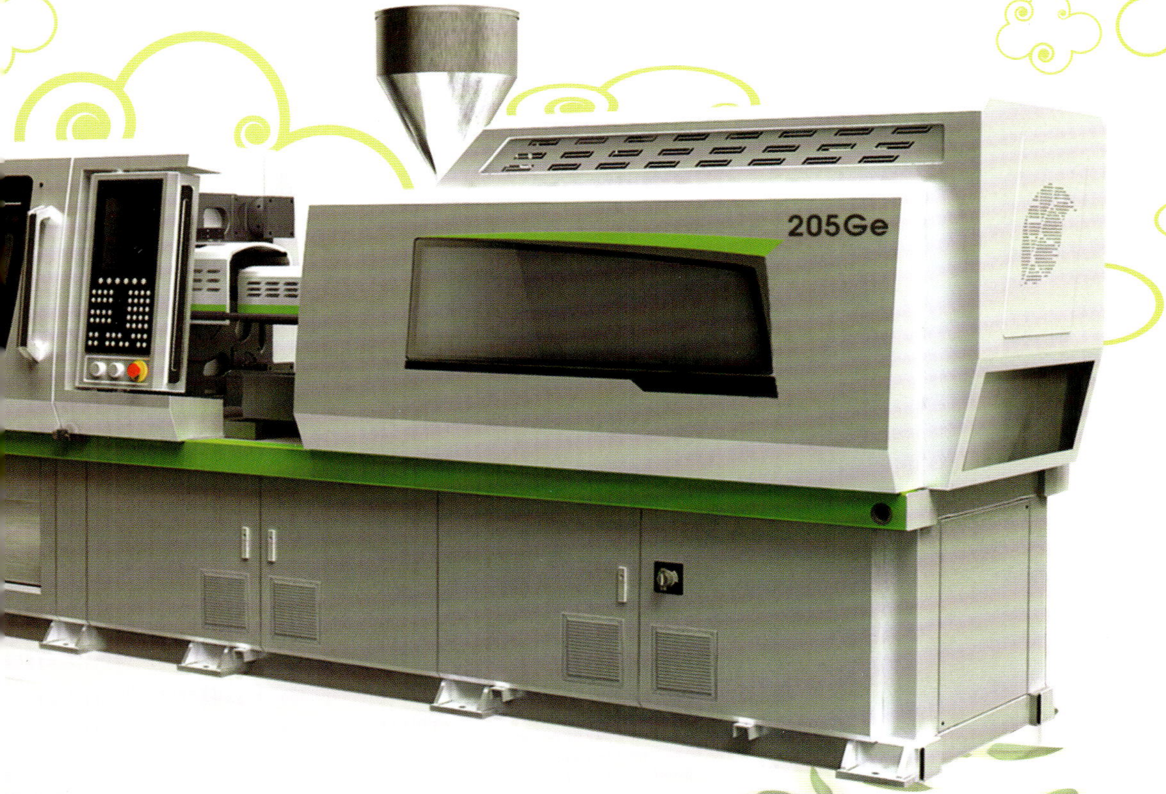

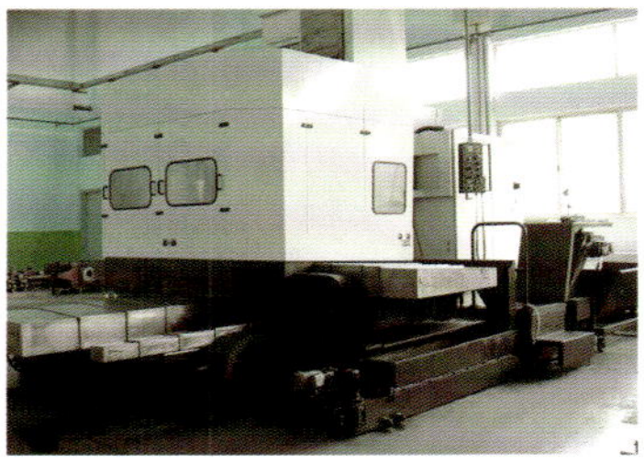

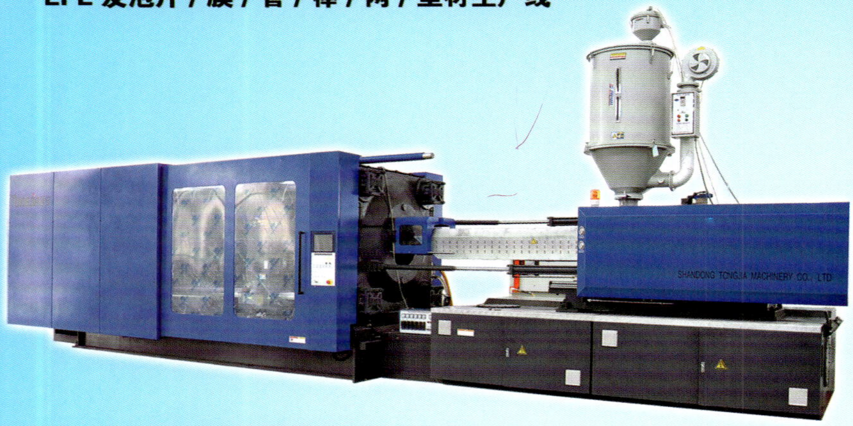

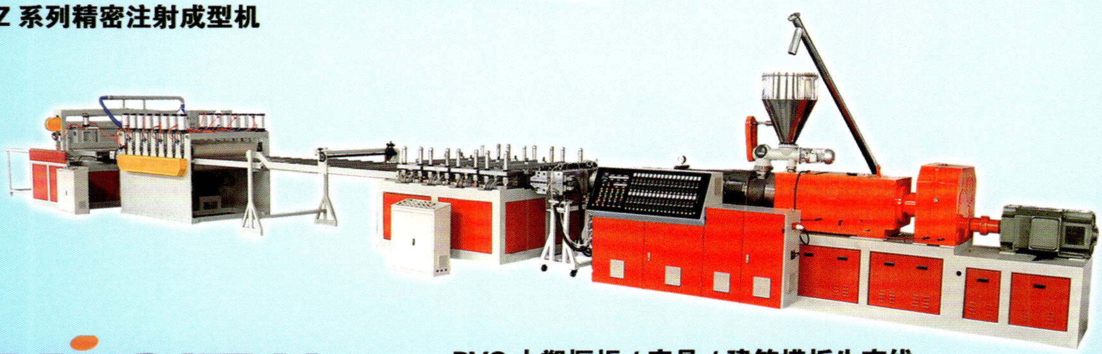

TÜV
ISO9001

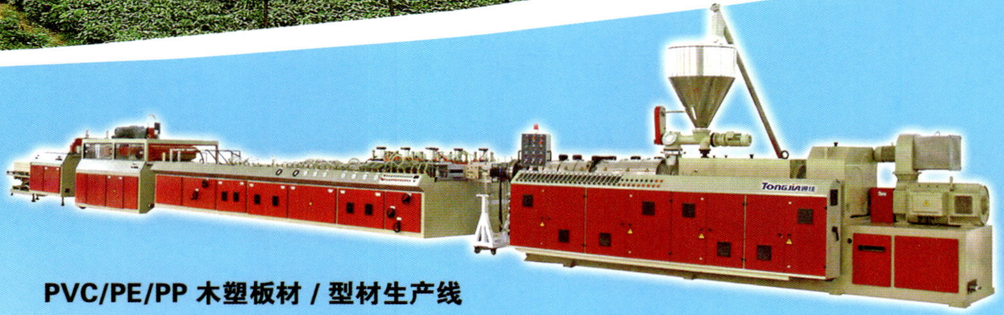

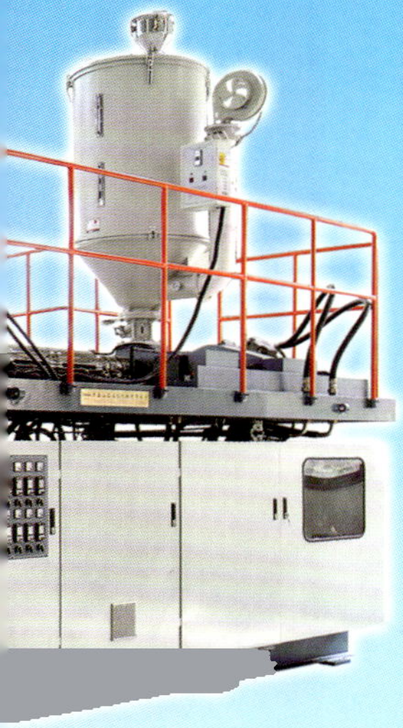

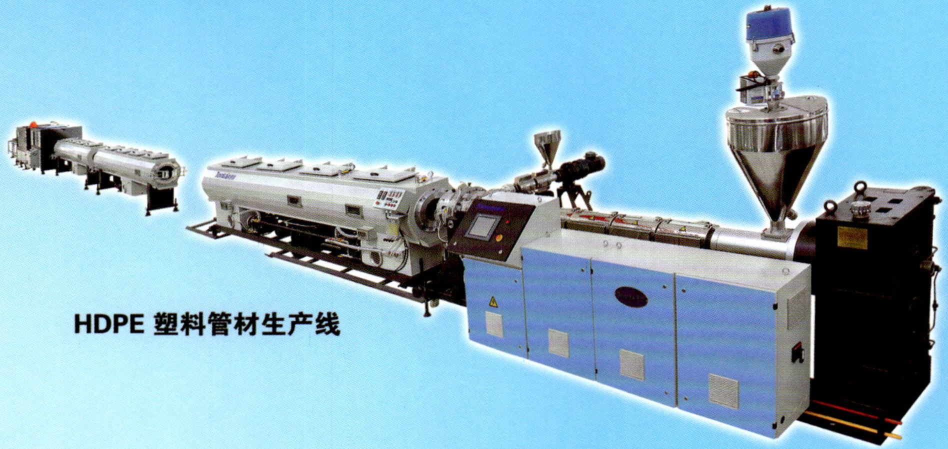

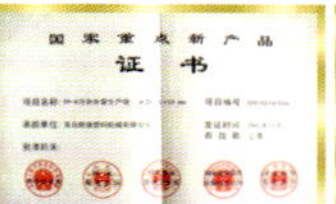

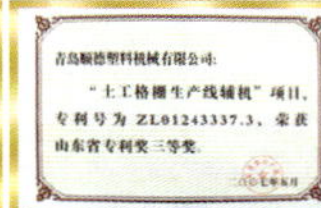

国家支撑计划承担单位
青岛市高新技术企业
青岛民营科技企业50强
青岛市AAA级信誉企业
中国专利山东明星企业
山东省名牌产品
山东省著名商标

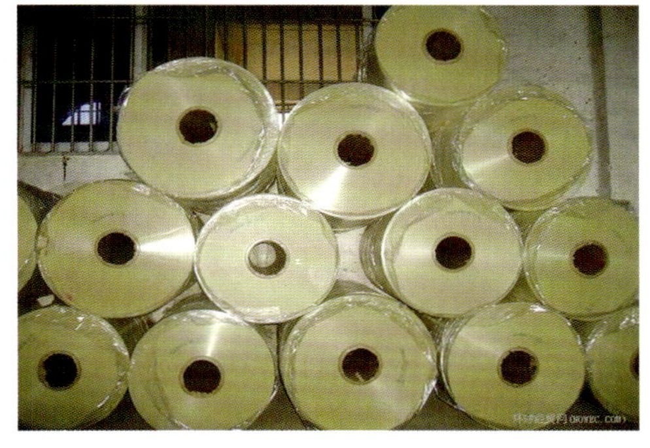

制品膜

土工材料制造设备生产线

- 土工格栅挤出生产线
- 土工格室挤出生产线
- 塑料排水板挤出生产线
- 防水卷材生产线
- 宽幅塑料排水板挤出生产线
- 塑料破碎机
- 塑料护舷生产线
- 网、垫生产线
- PE／PP／ABS／PC／PET拉条造粒机
- PVC热切造粒机

管材生产线

- HDPE大口径管材挤出生产线
- PVC管材生产线
- PP/PE常规管材生产线
- PE/PVC双臂波纹管挤出生产线
- PVC纤维增强软管生产线
- PE/PVC/PA单臂波纹管挤出生产线
- PVC双管挤出生产线
- PVC加筋管生产线
- 大口径缠绕管挤出生产线
- 多层共挤管材生产线

异型材生产线

- PVC门窗型材挤出生产线
- PE/PP木塑型材挤出生产线
- PVC窗台板门板挤出生产线
- PVC木塑型材挤出生产线
- PE/PP/PVC/ABS/PA型材挤出生产线
- PVC扣板挤出生产线
- PS发泡相框挤出生产线
- 外墙挂板挤出生产线
- 印刷机、覆膜机

地　址：山东省胶州市北关工业园山东路35号　　邮　编：266300
内贸部：0532-87285708　　外贸部：0532-82299626
质量投诉部：0532-82297979　　传　真：0532-82299621
E-mail：hr@shunde-qd.com　　http:// www.shunde-qd.com

集团成立于1958年，由香港著名慈善工业家蒋震博士创办。凭借创业50多年的经验累积，建立起
世纪的稳健基业，现已成为目前全球注塑机行业规模领先的生产商之一，每年产销注塑机逾1.5万
额达20多亿元。产品除了在中国本地畅销外，并远销欧洲、美洲、东南亚及中东等超过65个国家和

于1991年成为香港联合交易所上市公司（编号：00057），总部设于中国香港，主要的生产及研发基地
设立在深圳、顺德、宁波、台湾，国外设立在日本。厂房占地面积超过 80 万m^2，尽揽大中华及国际尖
领先的技术优势。

机械行业的龙头企业，震雄集团一直非常注重科技的研发和创新，所生产的注塑机械产品一直处于
技术领先地位，并荣获国内外多项殊荣。2007年，本集团生产的“震雄CH”品牌注塑机被国家有
定为“中国名牌产品”，成为客户信心的保证。

环保意识的提高及能源价格持续上升，本集团早于20世纪90年代开始率先研发环保节能系列注塑机，通过
科技，不断研究改良更新换代，产品以优良的性价比一直领先市场。完善的节能产品系列，乃针对不
而设计，锁模力由20吨微型至6 500吨超大型，积极为广大客户创造更大利润空间，提高竞争优势。

遍布全国及海外的办事处和服务点，时刻为用户提供快捷及优质的服务。

名的生产基地之一

坪山新区的震雄工业园于2000年建成启用，占地面积56万m^2，是本集团生产及研发的旗舰。为了配
持续发展，集团不断增建厂房及购置先进的进口设备以提高产能及品质。 位于顺德大良凤翔的新厂
0年投入生产，以满足庞大的市场需求。

全面管理

向整合管理最能确保机器及服务的质量。为了让客户得到理想的产品及服务，从研发、设计、铸
生产均全面涵盖，并自主掌握多项上游生产技术，包括高水准的球墨铸造及计算机控制器的开发等。
内都能提供完善的配套设备及全面性的支援。

深圳震雄工业园

宁波北仑

震雄集团创办人—蒋震博士

震雄集

跨越半个

台，营业

地区。

震雄集团

国内分别

端人才和

作为注塑

大中华地

关部门评

随着社会

紧贴时代

同注塑领

震雄集团

全球知

位于深圳

合业务的

房已于201

纵向的

震雄深信

造到加工

不论对外

顺德大良

顺德凤翔

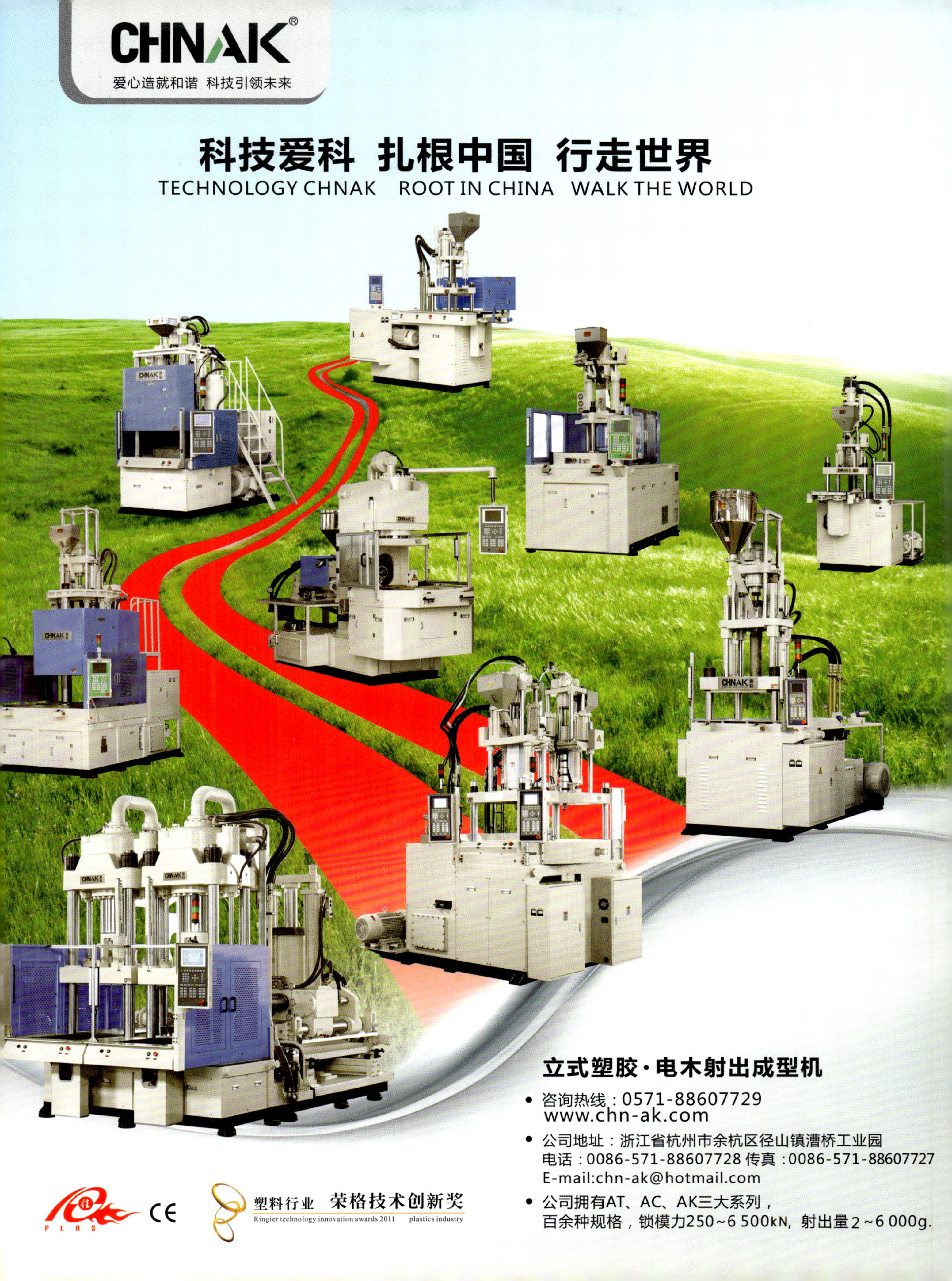
CHNAK®
爱心造就和谐 科技引领未来
科技爱科 扎根中国 行走世界
TECHNOLOGY CHNAK ROOT IN CHINA WALK THE WORLD
立式塑胶·电木射出成型机
• 咨询热线：0571-88607729
www.chn-ak.com
• 公司地址：浙江省杭州市余杭区径山镇漕桥工业园
电话：0086-571-88607728 传真：0086-571-88607727
E-mail:chn-ak@hotmail.com
• 公司拥有AT、AC、AK三大系列，
百余种规格，锁模力250~6 500kN，射出量2~6 000g.
PLAS
CE
塑料行业 荣格技术创新奖
Ringier technology innovation awards 2011 plastics industry

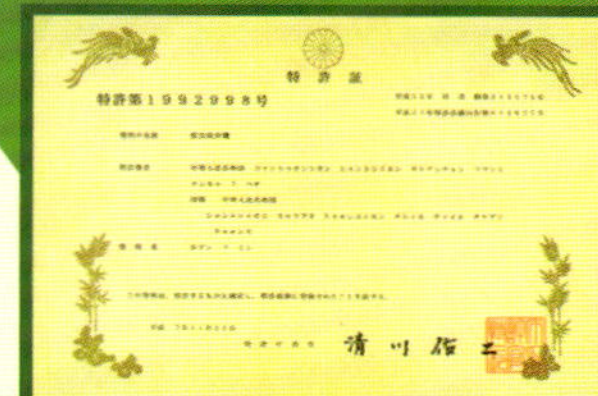

二板直压式注塑机

更精密 更节能 更高效 更洁净

应用领域

★高精密产品
★医用塑料制品
★PET、食品包装
★粉末冶金
★薄壁制品
★深腔制品

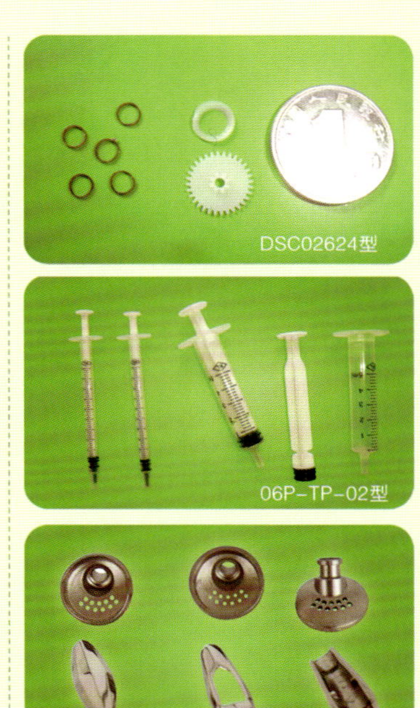

精密

★精　　密　产品重量重复误差小于0.15%，传统注塑机约1%

洁净

★洁净环保　产品出口处能长期保持洁净，符合GMP认证标准

便捷

★模具安装方便，大机可在锁模部位底部由下而上吊装模具

效益

★小机大用，同类机型更好用，从而为客户用更低的成本实现在更高端市场的高品质注塑成型

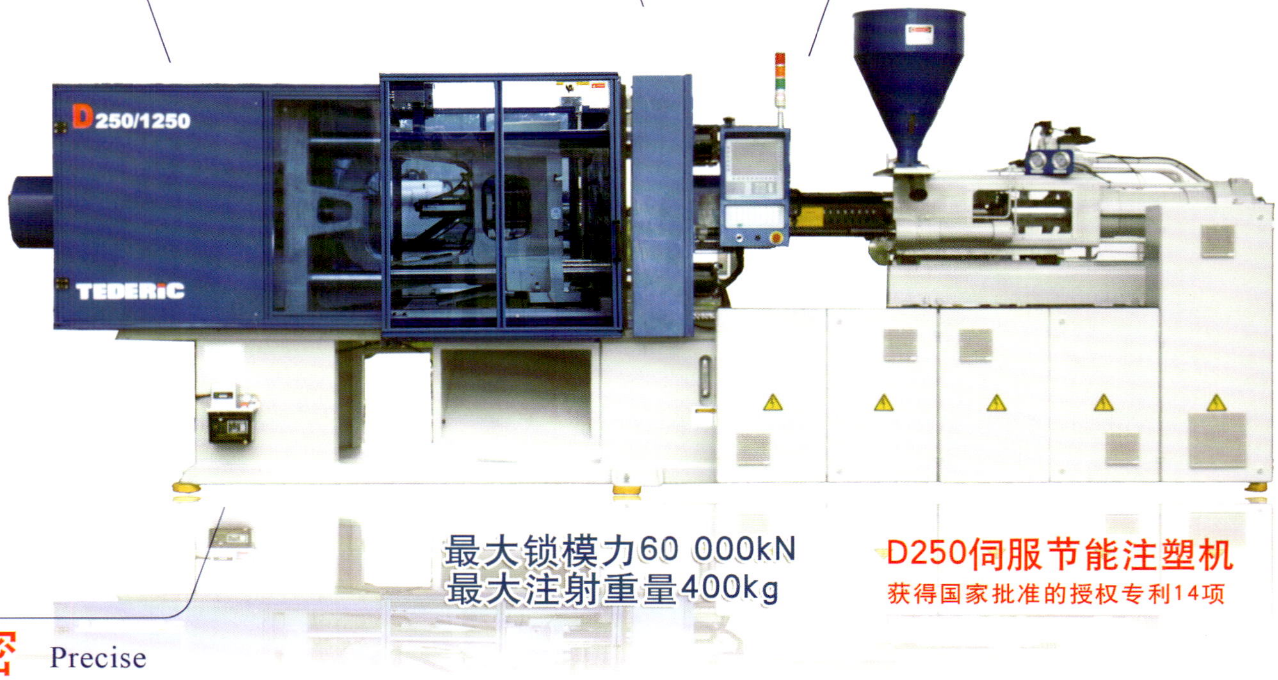

☆全系列挤出吹塑中空成型机组 ☆塑料注塑、吹塑模具 ☆全系列吹塑托盘

苏州同大机械有限公司致力于全自动挤出吹塑中空成型机组的研发、生产和销售。

15年来公司为全球供应了3800多台吹塑中空成型机组，用户分布在美国、英国等62个国家和地区。滴水穿石的专业精神，精益求精的工作作风，造就了同大吹塑中空成型机组、塑料模具、吹塑托盘三大专业分工。公司将与客户紧密协作、同步发展，为共同壮大而不懈努力。

Suzhou Tongda Machinery Co., LTD. is focused on the investigation, producing and marketing of fully automatic extrusion blow molding machine. Established Suzhou Tongda mold Co.,LTD.and pallet producing base(under the name of Zhangjiagang Tongda machinery Co., LTD.) in the year 2010, Jan.

In the past twelve years, Tongda machinery provided more than 3000 sets of extrusion blow molding machines to 58 different countries and regions. The attitude as constant dripping wears away a stone and the excelsior working style makes the three production categories joined tightly and developed together, working hard to make the glory contribution to the industry development of extrusion blow molding machine.

HTSII–15L 智能型高速吹瓶机

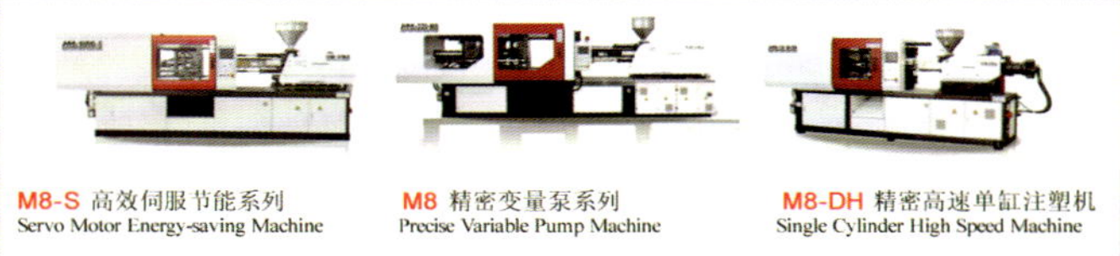

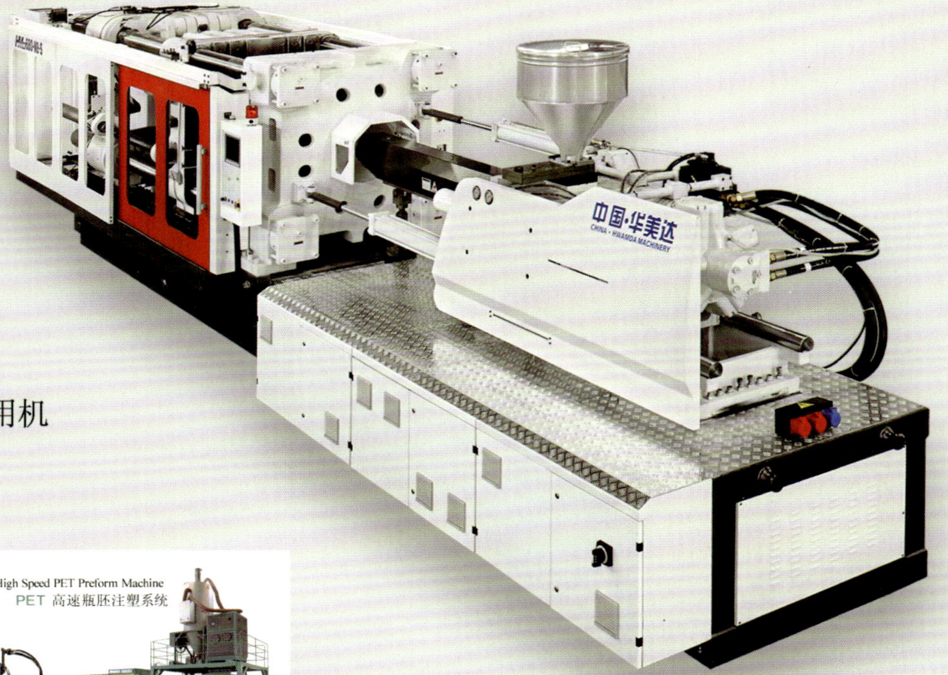

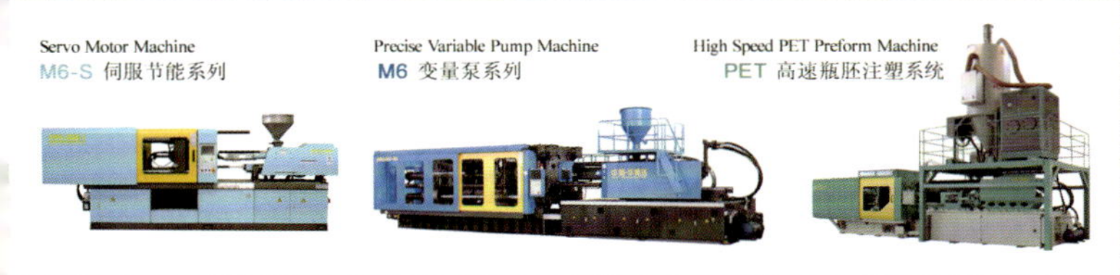

GSM
金石东方

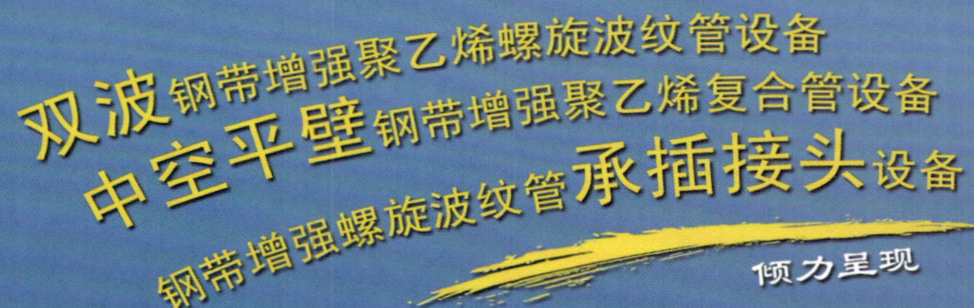
双波钢带增强聚乙烯螺旋波纹管设备
中空平壁钢带增强聚乙烯复合管设备
钢带增强螺旋波纹管承插接头设备
倾力呈现

金石东方——塑料复合管道设备专家

专利产品
专利产品

CE
GIC
UKAS
高新技术企业

中国机械工业年鉴系列

中国塑料机械工业年鉴

2012

中国机械工业年鉴编辑委员会
中国塑料机械工业协会 编

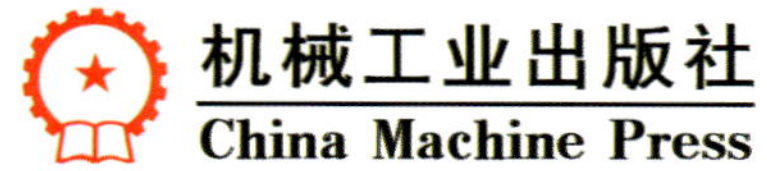

《中国塑料机械工业年鉴》2012年刊设置综述、专文、行业概况、统计资料、产业集群、产品与项目、标准、大事记和附录9个栏目，系统介绍各分行业及各产业集群的发展情况及亮点，分析塑料机械行业技术发展动向及取得的成就，展现了行业骨干企业的新面貌，直观地反映了行业经济发展的新变化和新成就。

《中国塑料机械工业年鉴》的主要发行对象为政府决策机构，塑料机械行业相关企业决策者，从事市场规划、企业规划的中高层管理人员。

图书在版编目（CIP）数据

中国塑料机械工业年鉴.2012/中国机械工业年鉴编辑委员会，中国塑料机械工业协会编.—北京：机械工业出版社，2013.5

（中国机械工业年鉴系列）

ISBN 978-7-111-42322-5

Ⅰ.①中… Ⅱ.①中… ②中… Ⅲ.①塑料—化工机械—中国—2012—年鉴 Ⅳ.①F426.45-54

中国版本图书馆CIP数据核字（2013）第087306号

机械工业出版社（北京市西城区百万庄大街22号　邮政编码 100037）

责任编辑：董　蕾

北京宝昌彩色印刷有限公司印制

2013年5月第1版第1次印刷

210mm×285mm・18印张・53插页・438千字

定价：260.00元

凡购买此书，如有缺页、倒页、脱页，由本社发行部调换

购书热线电话（010）88379823、88379829

封面无机械工业出版社专用防伪标均为盗版

2011年4月8日，中共中央政治局常委、国务院总理温家宝到海天塑机集团有限公司考察

2012年8月24日，中共中央政治局常委、国务院总理温家宝到广东伊之密精密机械股份有限公司考察

2006年2月24日，中共中央政治局常委、国家副主席习近平到海天塑机集团有限公司考察

2012年12月23日，中共中央政治局委员、国务院副总理回良玉到海天塑机集团有限公司考察

2009年3月29日，中共中央政治局委员、国务院副总理张德江到海天塑机集团有限公司考察

2011年7月14日，中共中央政治局委员、中共广东省委书记汪洋到广东伊之密精密机械股份有限公司考察

中国机械工业年鉴系列

作为『工业发展报告』

记录企业成长的每一阶段

中国机械工业年鉴

编辑委员会

中国塑料机械工业年鉴

记录历史
塑造品牌

中国塑料机械工业年鉴执行编辑委员会

中国塑料机械工业年鉴

记录历史 塑造品牌

中国塑料机械工业年鉴
编辑出版工作人员

总 编 辑 郭 锐

主 编 李卫玲

副 主 编 刘世博 肖新军

执行主编 朱彩绵

责任编辑 董 蕾

市场编辑 曹春苗 蒋 斌

地 址 北京市西城区百万庄大街22号（邮编100037）

编 辑 部 电话（010）88379829 传真（010）68997966

发 行 部 电话（010）68326643 传真（010）68326017

E-mail:cmiy@vip.163.com

http://www.cmiy.com www.mepfair.com

中国塑料机械工业年鉴

记录历史 塑造品牌

中国塑料机械工业年鉴
特约顾问单位特约顾问

（排名不分先后）

特约顾问单位	特约顾问
广东金明精机股份有限公司	马镇鑫
博创机械股份有限公司	朱康建
宁波市海达塑料机械有限公司	蒋忠定
海天国际控股有限公司	张静章
广东新协力科仕特精密机械有限公司	卢沛锋
东华机械有限公司	杜　江
广东伊之密精密机械股份有限公司	廖昌清
山东通佳机械有限公司	张建群
青岛顺德塑料机械有限公司	赵桂旭
仁兴机械（深圳）有限公司	梁伟祥
香港震雄集团	蒋志坚
杭州爱科机械有限公司	徐红亮
宁波海星机械制造有限公司	陈兴良
广东正茂精机有限公司	黄步明
泰瑞机器股份有限公司	郑建国
苏州同大机械有限公司	徐文良
宁波海雄塑料机械有限公司	郑　强
宁波华美达机械制造有限公司	刘娟儿
四川金石东方新材料设备股份有限公司	姬昱川
江苏维达机械有限公司	高学飞
富强鑫（宁波）机器制造有限公司	王俊杰
大连橡胶塑料机械股份有限公司	林　炬
科倍隆（南京）机械有限公司	沈　君
青岛福润德塑料挤出技术有限公司	赵炳仁
余姚华泰橡塑机械有限公司	谢再仁
东莞钜邦机电有限公司	王邦枝
信易电热机械有限公司	吴峻睿
宁波弘讯科技股份有限公司	俞田龙
舟山市金久机械制造有限公司	顾建军
广东佳明机器有限公司	陈镇洪
浙江申达机器制造股份有限公司	王　珏
力劲集团	刘相尚
南京艺工电工设备有限公司	杜德鑫
潍坊中云机器有限公司	张其智
杭州大禹机械有限公司	杨茂荣
大连三垒机器股份有限公司	俞建模
北京华腾佳和科技有限公司	刘端章
广东达诚机械有限公司	罗庆青
广东乐善机械有限公司	郭锡南
张家港市贝尔机械有限公司	何德方
张家港市二轻机械有限公司	俞振明

中国塑料机械工业年鉴

记录历史 塑造品牌

中国塑料机械工业年鉴
特约顾问单位特约编辑

（排名不分先后）

特约顾问单位	特约编辑
广东金明精机股份有限公司	陈　浩
博创机械股份有限公司	饶启琛
宁波市海达塑料机械有限公司	刘　维
海天国际控股有限公司	高世权
广东新协力科仕特精密机械有限公司	孟国林
东华机械有限公司	陈玉城
广东伊之密精密机械股份有限公司	张　涛
山东通佳机械有限公司	李　勇
青岛顺德塑料机械有限公司	杨韵洁
仁兴机械（深圳）有限公司	梁志健
香港震雄集团	王忠民
杭州爱科机械有限公司	盛群丹
宁波海星机械制造有限公司	陈凯定
广东正茂精机有限公司	李建军
泰瑞机器股份有限公司	岳钦杨
苏州同大机械有限公司	朱建新
宁波海雄塑料机械有限公司	张卫东
四川金石东方新材料设备股份有限公司	钟　毅
江苏维达机械有限公司	高　松
富强鑫（宁波）机器制造有限公司	陈晓周
大连橡胶塑料机械股份有限公司	程　卫
科倍隆（南京）机械有限公司	付　晓
余姚华泰橡塑机械有限公司	罗宝树
东莞钜邦机电有限公司	施玉枝
信易电热机械有限公司	陈彦良
宁波弘讯科技股份有限公司	郑　琴
舟山市金久机械制造有限公司	陶家阳
宁波市塑料机械行业协会	陈　栋
广东省塑料工业协会注塑专业委员会	蔡恒志
张家港市塑料饮料机械协会	顾惠聪
青岛市塑料机械行业协会	杨韵洁
广东佳明机器有限公司	方　来
浙江申达机器制造股份有限公司	俞婷婷
力劲集团	孙　猛
南京艺工电工设备有限公司	吴佳淼
潍坊中云机器有限公司	崔维明
杭州大禹机械有限公司	范君芳
大连三垒机器股份有限公司	刘冰冰
北京华腾佳和科技有限公司	徐树勋
广东达诚机械有限公司	吴奕万
广东乐善机械有限公司	梁少玉
张家港市贝尔机械有限公司	仲清锋
张家港市二轻机械有限公司	乔卫祥

前　言

稳中求进结硕果，塑机行业报佳音。在这孕育生机、充满希望的美好春天，我们满怀激情、放飞梦想，踏上了新的征程。同时，带着欣慰、带着收获，编辑出版了第四部行业年鉴——《中国塑料机械工业年鉴》（2012 年版），标志着我国塑料机械工业在经济发展史上又掀开了崭新的一页，登上一个新的台阶。

2012 年，是我国塑料机械工业经受重大考验、战胜重大困难的一年，也是行业综合实力显著提高、经济发展取得明显成绩的一年，又是行业地位明显提高、作用更加凸显、影响不断扩大的一年。

回首 2012 年，我们充满自豪。这一年，国际经济环境复杂多变，国内经济增速放缓，经济下行压力加大，企业经济运行艰难。不少企业反映，当时的情况与 2008 年国际金融危机相比，形势更为严峻。这一年，全行业牢牢把握主题主线，坚持稳中求进的总基调，坚持又好又快发展的工作导向，抓住党中央、国务院领导重视关怀塑机行业、政府部门给予大力支持、行业发展已经上升为国家战略的重大机遇，同心合力，逆势奋进，克服了诸多困难挑战，交出了令人欣慰的“塑机答卷”。根据国家统计局和中国海关对我国塑料机械行业 365 家规模以上企业的数据统计，2012 年全行业完成工业总产值 462.06 亿元，同比下降 1%；实现工业销售产值 444.73 亿元，与上年持平，其中，出口交货值达到 75.66 亿元，同比下降 6%；行业主营业务收入利润率为 8.83%，高于全国机械行业 6.81% 的平均水平，略低于印刷机械 8.93% 的行业水平，在机械工业 22 个分行业中位居第 2。尤其引人注目的是，2012 年全行业完成塑料机械产量 27 万台，虽然与上年相比下降 7%，但是，仍然创造了产品产量“全球 12 连冠”的纪录，进一步巩固了塑机制造大国的地位。此外，由于企业产品质量和科技含量的不断提升，国产塑料机械在国内市场的份额达到 73%，比上年提高 3%。在国内外经济形势严峻复杂的背景下，塑料机械行业能够保持稳中求进的良好态势，取得比预期更好的成绩，实属来之不易。

盘点 2012 年，我们倍感振奋。这一年，全行业不为复杂形势所困，不惧严峻挑战，振奋精神，攻坚克难，在科技工作和转型升级等方面呈现出诸多亮点。例如：创新驱动深入实施，企业创新步伐加快，协同创新进展良好，科技攻关成果丰硕，专利数量不断增多，专利质量明显提升，产品研发力度加大，产品创新成效突出，产品质量继续提高，高端产品频频推出，转型升级扎实推进，质量继续提高，各项工作取得了新的成绩。这一年，中国塑料机械工业协会继续组织开展了“行业优势企业排序”工作，分别评出了“综合实力 20 强企业”“注射成型机行业 10 强企业”“塑料挤出成型机行业 5 强企业”“塑料中空成型机行业 3 强企业”，为引导企业做大做强、推进行业经济又好又快发展，起到了重要作用。

回望 2012 年，我们更加清醒。虽然成绩鼓舞人心，但是，我们也清醒地认识到，行业发展还面临着许多困难和问题。主要是：经济总量仍然偏小，产业结构不尽合理，创新能力亟待加强，产品档次急需提升，转型升级有待加快，质量必须提高。这些问题都需要我们在今后工作中高度重视，并着力加以解决。

审视 2012 年，我们充满自信。《中国塑料机械工业年鉴》（2012 年版）如实记述了 2012 年行业经济发展的不凡历程，全面反映了行业发展的新成绩，系统介绍了塑料注射成型机、塑料挤出机、中空塑料吹塑成型机、塑料吹膜设备等分行业的新亮点，概要介绍了宁波、张家港、大连等产业集群的新进展，客观展现了行业骨干企业的新面貌，真实记录了全行业发生的大事和要事，并采用一组组数据、一张张表格，直观地反映了行业经济发展的新变化和新成效。同时，《中国塑料机械工业年鉴》还实事求是分析了当前行业经济发展存在的矛盾和问题，展望了 2013 年我国塑料机械行业发展的形势，提出了具有较强针对性的建议。它的出版，不仅为业内企业总结经验、推动工作提供了有益的借鉴，而且为广大读者全面了解我国塑料机械工业的发展情况、进一步加强合作交流提供了全面和有价值的资料，也为政府部门关注和指导塑料机械工业的科学发展，提供了重要信息和参考依据。

面对 2013 年，我们激情满怀。当前，“中国梦”已经成为日益引发世界倾听的强音，创新驱动发展也奏出了响彻神州大地的号角。让我们在新的历史起点上，以党的十八大精神为指引，深入实施创新驱动发展战略，以更加求真务实的作风和攻坚克难的勇气，同心同德，艰苦奋斗，开拓进取，努力谱写“中国梦”的塑机篇章，为共同实现“中国梦”而拼搏！

中国塑料机械工业协会会长 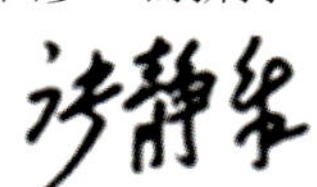

2013 年 3 月

广告索引

记录历史
塑造品牌

中国塑料机械工业协会成立

祝贺中国塑机协会成立廿周年

坚持服务宗旨 创办一流协会 努力推动中国塑机行业科学发展

王瑞祥

二〇一三年五月

中国机械工业联合会会长王瑞祥

科技创新多硕果
塑机行业更輝煌

二〇一二年十二月十二日

中国塑料机械工业协会会长
海天塑机集团有限公司董事长 张静章

中国塑料机械工业协会成立20周年题词

与时俱进 再创辉煌

钱耀恩

二〇一二年七月二十日

中国塑料机械工业协会常务副会长
海天塑机集团有限公司副总经理 钱耀恩

科技将引领中国塑机再攀新高！

粟东平

中国塑料机械工业协会秘书长粟东平

感谢协会20年来
推动行业的进步。
寄望能稳步前进。

30/11

中国塑料机械工业协会副会长
佛山市顺德区震德塑料机械有限公司总经理 蒋志坚

过去的二十年 塑机行业 由小变大 是我们的骄傲，
未来的二十年 塑机行业 由大变强 是我们的梦想。

中国塑料机械工业协会副会长
大连橡胶塑料机械股份有限公司董事长 洛少宁

中国塑料机械工业协会成立20周年题词

厚德载福，和则兴！

中国塑料机械工业协会副会长
博创机械股份有限公司董事长兼总裁 朱康建

滙聚同業 共塑未來

李天來

2012.11.30

中国塑料机械工业协会副会长
东华机械有限公司总经理 李天来

创新塑料机械科技，
加快塑料机械国际化
进程。

张其智

中国塑料机械工业协会副会长
潍坊中云机器有限公司董事长　张其智

反映塑机企业心声
促进塑机行业发展

庆祝中国塑料机械工业协会成立20周年

中国塑料机械工业协会副会长
广东金明精机股份有限公司董事长　马镇鑫

中国塑料机械工业协会成立20周年题词

厚德载福，和则兴！

中国塑料机械工业协会副会长
博创机械股份有限公司董事长兼总裁　朱康建

滙聚同業　共塑未來

李天來

2012.11.30

中国塑料机械工业协会副会长
东华机械有限公司总经理　李天来

创新塑料机械科技，
加快塑料机械国际化
进程。

张其智

中国塑料机械工业协会副会长
潍坊中云机器有限公司董事长　张其智

反映塑机企业心声
促进塑机行业发展

庆祝中国塑料机械工业协会成立20周年

中国塑料机械工业协会副会长
广东金明精机股份有限公司董事长　马镇鑫

中国塑料机械工业协会成立20周年题词

衷心祝愿中国塑机事业蒸蒸日上

南京艺工 杜德鑫

2012.11.30

中国塑料机械工业协会副会长 杜德鑫
南京艺工电工设备有限公司总经理

风雨同舟 探秘塑机行业二十年足迹.
同舟共济 续展中国塑机新时代篇章

杜江

中国塑料机械工业协会副会长 杜 江
无锡格兰机械集团有限公司总经理

自强不息
务实创新
稳健经营
追求永续

蒋忠定

宁波市海达塑料机械有限公司董事长兼总经理蒋忠定

携手奋进、共谱新篇章。

陈兴良
2012、8月

宁波市塑料机械行业协会副会长
宁波海星机械制造有限公司总经理 陈兴良

中国塑料机械工业协会成立20周年题词

质量决定成效 科技决定未来

浙江申达机器制造股份有限公司总经理王珏

傳承意志能量
開啓塑料機械新時代

陳敬財

中国塑料机械工业协会副会长
广东伊之密精密机械股份有限公司董事长 陈敬财

中國塑機
走向世界

壬辰冬赵桂旭書

青島顺德塑料机械有限公司董事长赵桂旭

风雨同舟二十载
再创辉煌新篇章

瞿金平
二〇一二年十二月三日

中国塑料机械行业专家委员会副主任委員瞿金平

中国塑料机械工业协会成立20周年题词

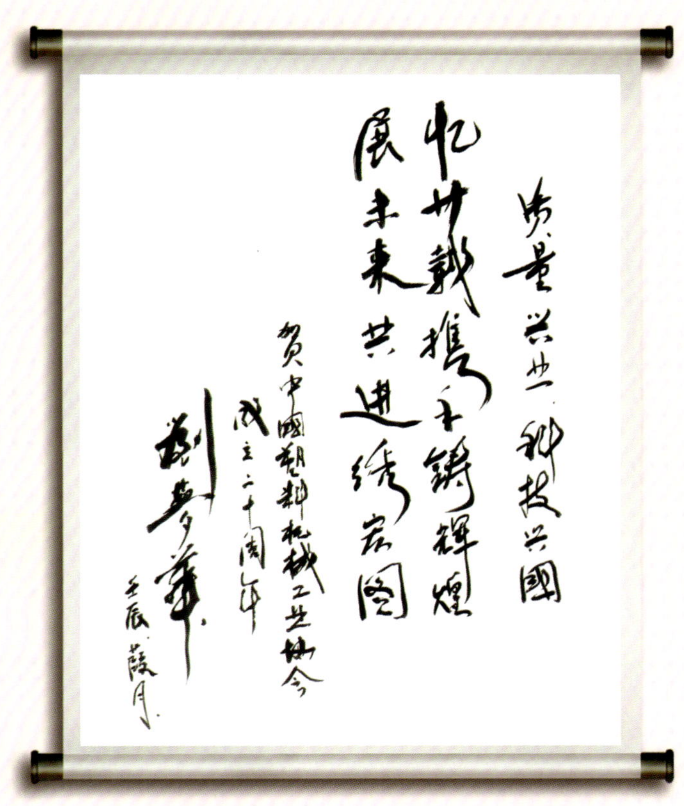

中国塑料机械行业专家委员会副主任委员刘梦华

昔，二十年，为行业服务，硕果累累，

今，新时代，为美丽中国，再创辉煌！

吴大鸣

中国塑料机械行业专家委员会副主任委员吴大鸣

中国塑料机械工业协会成立20周年题词

凝心聚力，持续创新！

中国塑料机械行业专家委员会副主任委员饶启琛

二十载春华秋实
塑料工业承前启后

高世权
二〇一二年十一月二十八日

中国塑料机械行业专家委员会副主任委员高世权

2012 中国塑料机械行业优势企业

2012 中国塑机制造业综合实力 20 强企业

1. 海天塑机集团有限公司
2. 震雄集团有限公司
3. 上海金纬机械制造有限公司
4. 大连橡胶塑料机械股份有限公司
5. 潍坊中云机器有限公司
6. 博创机械股份有限公司
7. 东华机械有限公司
8. 广东伊之密精密机械股份有限公司
9. 富强鑫精密工业股份有限公司
10. 力劲科技集团有限公司
11. 泰瑞机器股份有限公司
12. 青岛顺德塑料机械有限公司
13. 宁波市海达塑料机械有限公司
14. 浙江申达机器制造股份有限公司
15. 山东通佳机械有限公司
16. 浙江华业塑料机械有限公司
17. 大连三垒机器股份有限公司
18. 宁波海星机械制造有限公司
19. 广东金明精机股份有限公司
20. 浙江金鹰塑料机械有限公司

2012 中国塑料注射成型机行业 10 强企业

1. 海天塑机集团有限公司
2. 震雄集团有限公司
3. 博创机械股份有限公司
4. 东华机械有限公司
5. 富强鑫精密工业股份有限公司
6. 广东伊之密精密机械股份有限公司
7. 力劲科技集团有限公司
8. 泰瑞机器股份有限公司
9. 宁波市海达塑料机械有限公司
10. 浙江申达机器制造股份有限公司

2012 中国塑料挤出成型机行业 5 强企业

1. 上海金纬机械制造有限公司
2. 大连橡胶塑料机械股份有限公司
3. 潍坊中云机器有限公司
4. 青岛顺德塑料机械有限公司
5. 山东通佳机械有限公司

2012 中国塑料中空成型机行业 3 强企业

1. 苏州同大机械有限公司
2. 秦川机械发展股份有限公司
3. 广东乐善机械有限公司

广东新协力科仕特精密机械有限公司

GUANGDONG SUNSLUX FORSTAR PRECISION MACHINE CO., LTD.

卢沛峰
广东新协力集团总裁
广东新协力科仕特精密机械有限公司董事长

广东新协力科仕特精密制造有限公司成立于2007年，是广东省流通连锁龙头企业、广东省百强民营企业——新协力集团旗下子公司。

广东新协力科仕特精密制造有限公司以集团的宏厚实力为依托，汇聚国内注塑机行业具有多年丰富经验的技术专家，组织高水平研发团队，并聘请高等院校、科研机构知名专家担任公司长期顾问。同时，公司高度关注国内外行业发展信息，务求与时俱进，前沿创新，并通过系统的完善实践，确保科仕特品牌专业、精密的制造力水平。

2010年，新协力科仕特注塑机被中国塑料加工工业协会分别评为“节能注塑机产品奖”和“塑料机械企业产品优秀奖”。

2011年，新协力科仕特精密制造有限公司被列入顺德区精密装备制造业转型升级规划，成为包括震德、伊之密在内的6家重点打造企业中的年轻成员。

2012年是科仕特的起航年，科仕特团队坚持技术创新，以环保低碳为核心，不断推出更加符合市场需求的节能产品。扩大技术力量，重点研发高速注塑机、高速瓶胚专用机及大型注塑机。不断提高产品水平，满足客户及市场需求。坚持客户、经销商、供应商、企业共赢原则，建立社会、客户、经销商、供应商、员工、企业的紧密利益共同体。

2012年5月28日，新协力科仕特精密机械有限公司新生产基地奠基仪式在开平市翠山湖工业区隆重举行

正在建设中的科仕特

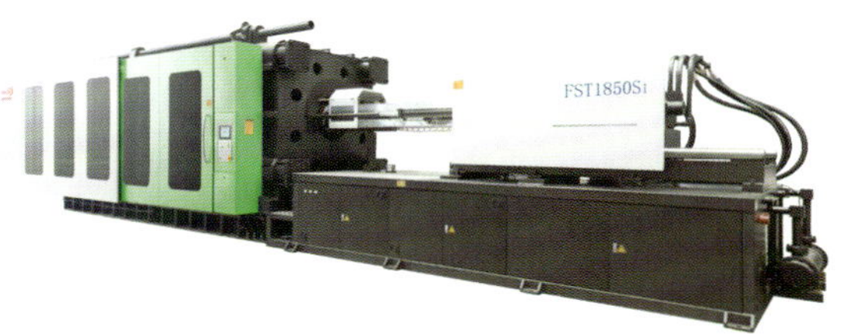

大型注射机系列　机型：850T-2200T 共 5 个机型

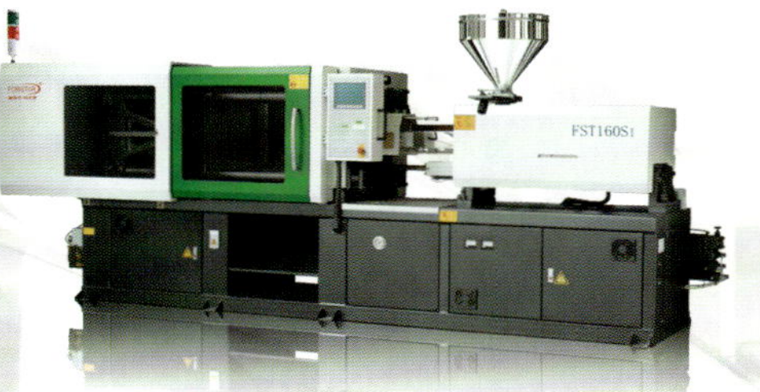

小型注射机系列　机型：60T-2200T 共 6 个机型

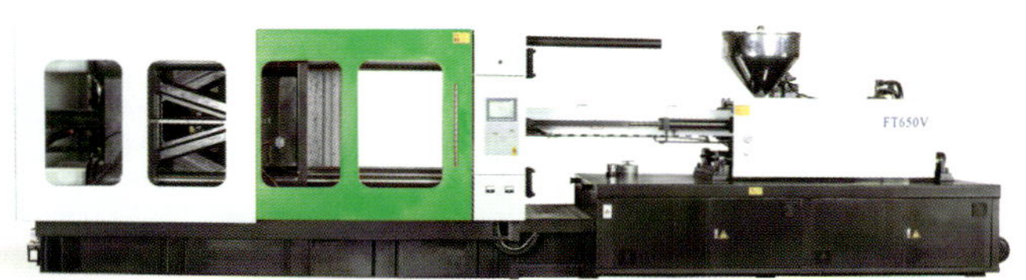

中型注射机系列　机型：320T-650T 共 5 个机型

全国已有 22 家科仕特精英店正在为客户竭诚服务，我们也在期待更多伙伴的加入！

FST－SⅠ伺服系列注塑机

FSTVⅠ系列注塑机

FSTVⅡ系列注塑机

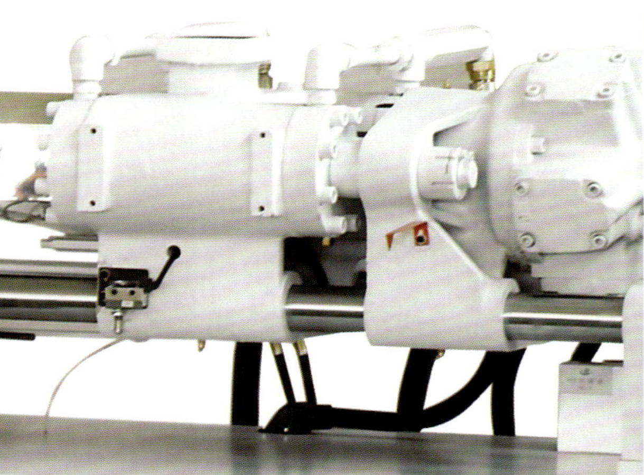

大连橡胶塑料

走出国门　迈向国际化

——适时海外并购，在国际化的跨越中发展壮大

在全球经济一体化的大格局下，每个企业都要清楚自己所处的位置和环境，以国家利益高于一切的胸怀迎接新的挑战。

改革开放以来，为了谋求企业的发展，推进企业技术进步和结构调整，橡胶塑料机械行业探索过引进装备、引进技术、招商引资、合资合作等方式，通过对国外先进技术、先进管理理念的消化、吸收、再创新，通过扩大国内外市场，跃入世界行业生产大国并向行业强国迈进，企业也在改革中发展壮大。但是橡胶塑料机械行业在技术创新、设计理念、制造工艺等方面还与世界先进水平存在一定的差距，导致了国内橡胶塑料机械制造企业在国际市场竞争中处于被动的境地，亟须提高竞争能力。而从 2000 年我国加入 WTO 至今，我国企业更加深刻地意识到：只有走出国门，融入世界经济体系当中，才能拥有更强的生存能力。适时海外并购，可以使企业在国际化的跨越中发展壮大。世界金融危机爆发后，我国企业加快了走出去的步伐，通过跨国并购深度融入世界经济。

正是在这样的时代背景下，大连橡胶塑料机械股份有限公司（以下简称大橡塑）在经历了“引进来”“走出去”之后，又开始了“海外并购”的大胆尝试。经过广泛的市场调研及产品分析后，大橡塑决定并购此领域内有研发实力、声誉良好的科技型企业，以实现对企业现有有效资源的战略性优化整合及产品结构调整。大橡塑已成功并购了加拿大麦克罗机械工程有限公司（MACRO ENGINEERING & TECHNOLOGY INC，以下简称麦克罗公司）100% 股份，收购了捷克共和国布祖卢科股份有限公司（Buzuluk a.s.，以下简称布祖卢科公司）90% 的股份。

有技术含量的“海外并购”以及有效的优势互补运作，促使大橡塑加快技术创新和结构调整，实现国际化跨越发展。在经营和发展方式上，大橡塑充分利用上市公司平台，加强资本运作，通过并购、合资等方式实施国际化发展战略，由直线职能型制造企业向战略管控型企业集团方向转变。进一步加强与外部合作，发挥外部资源优势，实现“1+1 ＞ 2”的扩大效应。采用先进的生产模式和组织模式，谋求新的国际化跨越式发展，为大橡塑跻身世界橡胶塑料机械制造的一流企业奠定了坚实的基础，向深度融入全球经济探索迈进。

机械股份有限公司

大橡塑已有105年的历史。她曾为新中国的建设、国家的改革开放和现代化建设作出了巨大的贡献，为我国橡胶塑料行业提供了大量装备。新中国成立以来，先后填补了我国近百项橡塑机械产品的空白，获得国家及省部级科技成果奖70余项，被誉为“中国橡塑机械摇篮”。大橡塑已经是我国橡胶塑料机械行业的主导生产企业和出口基地，是我国橡胶塑料机械行业中历史悠久、规模领先、研发和制造能力突出的企业之一，拥有国家博士后科研工作站和院士专家工作站。300余人的研发队伍仅“十一五”期间就先后开发了大型挤压造粒机组、钢丝压延生产线、对位芳纶挤出线、碳纤维预浸料生产线、同步拉伸电池膜生产线、650L密炼机及丁基胶后处理设备等新产品54项，其中以“大型挤压造粒机组”为代表的多项系列新产品打破了国外垄断，为国家经济安全作出了重要贡献。期间，申报国家专利156项，新获专利授权75项，其中发明专利25项、实用新型专利27项，多项新产品获得省部级科技进步奖。产品遍销全国（包括香港、澳门、台湾）34个省、市、自治区，还远销到包括德国、美国、日本、澳大利亚、加拿大等发达国家在内的欧洲、亚洲、美洲、大洋洲、非洲70多个国家和地区。多年来，大橡塑一直保持持续稳定发展的经营态势，相继荣获国家“五一”劳动奖状、中国机械500强企业、国家企业技术进步奖、全国百家环保先进企业、全国机电产品出口先进单位、“重合同、守信用”单位等20余项部、省级以上荣誉称号。

在中央提出振兴东北老工业基地的有利条件下，企业通过加大技术改造力度、提升研发能力、引进国外先进技术、加快产品结构调整等手段，把大橡塑建设成为我国橡胶塑料机械装备制造和出口基地，大大提升了重振雄风的底气。

“海外并购”进一步增强了大橡塑优势，根据《欧洲橡胶》杂志对全世界橡胶机械前36位排名，大橡塑在国内已跃升到橡胶机械行业第二位，在国际上的排名由第13位跃升为第6位，在振兴东北老工业基地和提高我国装备制造业水平的历史发展机遇中作出了应有的贡献。

在大橡塑的海外并购中，辽宁省、大连市相继出台的鼓励和支持实施企业海外并购的政策，是实施国际化经营的有利契机。政策特别鼓励企业并购符合国家产业政策领域的海外科技型企业。并购的实施使大橡塑深刻地认识到：海外并购需坚持科学、慎重、大胆稳步推进的策略。在企业的经营发展过程中，要建立科学、合理、可行、长远的战略发展规划；根据企业的发展需要，拟定清晰、明确的并购计划。企业的主要领导亲临参与和果断决策是企业海外并购的关键；彻底详尽的调查是并购工作顺利实施的前提条件；慎重考量、发现问题、规避风险是海外并购成功的精髓；制定全面详细的后续整合计划，稳步推进实施对海外并购企业的科学管理是保证公司业绩长期稳定增长和运营能力提升的核心。海外并购绝不是简单的规模扩大，也不是简单意义上的技术引进，它是要通过科学管理、战略整合、优势互补、共谋发展，使企业深度融入全球经济，实现国际化跨越发展。

大橡塑实施海外并购只是探索国际化发展的第一步。公司董事长洛少宁常说：“实施海外并购是为了自身能够国际化，不是让并购的公司变成中国化”。大橡塑深知：“买下”并不是海外并购的真谛，远不等于国际化，能力提升的国际化远比规模壮大的国际化重要。大橡塑也深信：万里长征始于足下。通过坚

大连橡胶塑料

持科学发展，慎重、大胆地稳步推进，勇于创新、善于探索、认真积累，适时的海外并购一定会使企业在国际化的跨越中快速发展壮大。

并购大事记

★2010 年 10 月，完成了对加拿大麦克罗公司的并购

麦克罗公司是一家面向全球的塑料薄膜、片材等生产设备的供应商。主要产品有 1 ～ 9 层的吹膜和流延膜共挤生产线、共挤贴合及拉伸膜生产线、片材生产线、卷曲系统和网络处理系统等。麦克罗公司拥有 36 项专利技术，其中多项处于行业领先地位。如，AMT MACROPACK 叠加式共挤机头可用于 PP、PA 及 EVOH 等多种材料的不同组合，PVDC 封装技术可用于生产 PVDC 高性能阻隔膜等。用于太阳能硅片的贴膜

行业领导及大橡塑总经理洛少宁在麦克罗公司

生产线、汽车和建筑用玻璃内粘合膜的生产线、长保质期食品包装膜生产线等在全球范围内亦处于领先地位，并取得良好的销售业绩。麦克罗公司在美国、加拿大、德国、巴西、日本、印度和中国等地均拥有稳定的客户群体，销售的产品均集中在高端市场。该公司 80% 的销售收入来自于加拿大以外的市场，在中国和捷克设有销售网点。作为技术主导型出口公司，麦克罗公司曾被加拿大政府授予加拿大出口奖。

麦克罗公司最大的优势在于研发实力以及在行业内良好的声誉，拥有相对稳定的高端产品市场。殷实的研发能力和相对薄弱的生产能力正好与大橡塑强大的制造能力形成互补优势，充分整合两公司的研发、制造资源优势，对于两个公司的发展都有非常好的促进作用。在经济全球化的大背景下，企业的国际化必将是增强其竞争力的主要因素之一。并购麦克罗公司，对大橡塑的塑料加工设备技术水平的快速提升和在国际市场的销售具有非常好的推进作用。借助麦克罗公司的品牌优势，增强大橡塑在塑料加工机械领域的实力，开拓中端市场，巩固和扩大高端市场的占有率，完全符合大橡塑高、精、尖产品路线的既定战略。大橡塑首次海外并购麦克罗公司即取得了“1+1 > 2”的效果。一年多来，通过陆续被消化吸收 30 余项专利技术，双方优势互补，取得了共同发展。

★2012 年 2 月，成功并购捷克共和国布祖卢科公司

橡胶机械是大橡塑的传统产品，也是公司的主导产业。为了增强大橡塑橡胶机械的自主创新能力及市场竞争力，谋求在传统产品方面的跨越式发展，公司

机械股份有限公司

并购捷克布祖卢科公司交割仪式

决定并购海外拥有国际先进水平的橡胶机械生产企业，利用其技术优势对公司现有资源进行战略性优化整合及产品结构调整。

布祖卢科公司符合大橡塑并购目标要求。该公司的橡胶机械产品技术先进，拥有近百台各种较高精的机械加工设备，设备加工能力较强。该公司位于欧洲的中心，服务人员可以在1天内到达欧洲各主要客户，地理位置优越。受2008年世界经济危机影响，特别是汽车行业遭受重创后，布祖卢科公司生产经营陷入困境，其控股股东希望集中精力发展橡胶产业，急于出售名下其他产业以换取资金用于在美国投资的新轮胎厂，此契机也促成了大橡塑此项并购的完成。通过对布祖卢科公司的并购，大橡塑将进一步拓宽国际市场，加强公司在橡胶机械领域的研发能力；充分利用捷克的地理位置和欧盟成员国的地位，打开或扩大大橡塑橡胶机械产品在欧洲、美国、俄罗斯及印度的市场，提高市场占有率。同时大橡塑将对产业结构、产品结构等进行相应调整，达到优化资源配置的目的。大橡塑将充分利用布祖卢科公司比较强大的生产加工能力和先进的加工工艺，尽快扩大其产能，将其打造成工艺装备先进、专业化程度高、管理规范的海外生产加工基地，从而更好地为海外合作伙伴提供加工服务，解决大橡塑海外合作企业加工能力不足的问题，实现公司跨越式发展。大橡塑通过资本运作出资收购了布祖卢科公司的90%股权，另外10%股权由中国天津机械进出口有限公司持有。

布祖卢科公司是欧洲的老牌橡胶机械生产企业，已有500余年历史，20世纪20年代即开始生产橡胶机械，许多产品技术及加工工艺在国际同行业中处于领先地位，在欧洲特别是东欧、印度和俄罗斯具有较高的知名度。其产品在欧洲、美国、印度、韩国、巴西和阿根廷等地均拥有稳定的客户群体，压延机在全球范围内具有极强的竞争力。

布祖卢科公司是一个配套齐全、布局紧凑的传统工厂，占地面积25余万m^2，设有铸造、电镀、焊接、装配和机械加工等工种，涵盖了橡胶机械加工的主要内容。经过多年的实际生产和发展，工艺布局稳定，设备使用正常。近几年，该公司还对许多关键加工设备进行了升级改造，自动化程度较高。布祖卢科公司的先进产品和专有技术，高素质的研发团队，先进的加工工艺，先进的产品质量控制和质量保证技术，高技术的机电产品配套渠道，通过CE认证等都为大橡塑的跨越发展提供了技术创新和结构调整的平台，可填补大橡塑诸多未涉及的技术和产品领域，为其多元化发展提供了新的舞台。

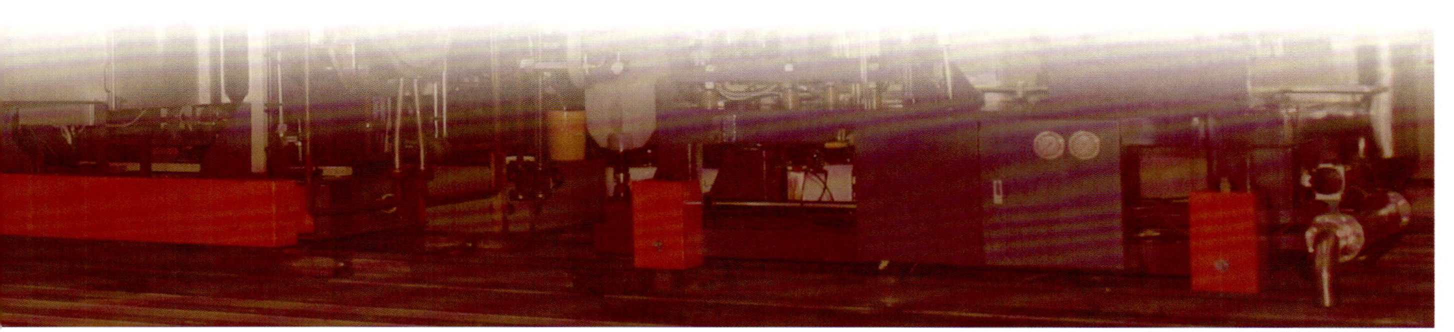

四件法宝展宏图 明星企业续辉煌

——宁波市海达塑料机械有限公司

2012年7月，宁波市海达塑料机械有限公司被中国机械工业联合会授予“振兴装备制造业中小企业之星”明星企业称号，总经理蒋忠定被评为“振兴装备制造业中小企业之星”明星企业家。宁波市海达塑料机械有限公司是专业制造注塑机的民营企业，二十年来，以“自强不息，务实创新，稳健经营，追求永续”为四件法宝，稳健扎实前进，良性可持续发展，成就了骄人的成绩：销售额以年均约15%的速度递增，经济实力在中国塑料机械行业主要经济指标排序中处于前6名；先后获得国家火炬计划重点高新技术企业、浙江省知名商号、浙江省安全生产标准化达标企业等省级以上荣誉称号；2011年被中国塑料机械工业协会评为中国塑料机械行业综合实力20强企业和注塑机行业10强企业。

一、自强不息，科学发展技术和生产力

宁波市海达塑料机械有限公司坚持可持续的科学发展观，不断增强注塑机行业科学发展的紧迫感和自觉性，着力破解制约注塑机行业科学发展的矛盾和难题，着力加快构建有利于注塑机行业科学发展的体制和机制，提高注塑机行业科学发展的能力和素质。

1. 多极化服务型制造提升企业市场占有率

市场对注塑机的需求由单极化向多极化发展。以多极化服务型制造作为注塑机制造转型升级发展的理念，实现“海达”牌注塑机在浙江省内市场占有率达35%以上。多极化服务型制造为用户拓展了加工领域，有助于企业开拓更大的市场和实现更高的利润。

多极化服务型制造研发组织。矢志不渝地以“科学技术是第一生产力”为指导加强科技建设，提高企业竞争能力。2008年成立省级科技创新开发中心，投入750多万元创新开发资金，全力打造多极化服务的科技力量。拥有专业技术人员60余名，知名教授和高级工程师及设计开发骨干20余名，科技人员的比重占全部员工的30%左右；每年开发新产品4～6个，已拥有40余项实用新型专利，自行设计开发的50～3 300t（48～40 000g）HD、HDX、HDH三大系列100余种规格型号的注塑机。公司频繁地参加广东、温州、黄岩、余姚、辽宁、北京、山东和上海等塑胶加工业密集地区的展览会和境外的印度、土耳其展览会，及时了解多极化服务型的目标和发展方向。

多极化服务型制造全套方案。传统的规格化、通用化形式越来越不能适应市场多变的发展需求。公司从技术、生产等整体市场营销环节上，以灵活应变、快速反应的方式，应对市场多极化的需要。公司工程部专门针对用户的特殊要求更改设计，生产部及时投入制造，装配部专人负责特殊机的装配调试。

多极化服务型制造全球化理念。针对不同国家、不同地区的应用实际，深入市场调查，了解需求，根据自己的实际，从服务型制造的理念出发，为新兴国家的塑料制品成型加工服务，建立紧密的伙伴关系，由被动式制造变为主动式制造，取得市场的话语权，扩大出口。

多极化服务型制造提高了企业创新能力。双色注塑机、高速薄壁注塑机、航空杯注塑机、管件注塑机等功能化、专用化注塑机，都是在为用户多极化服务中创新制造出来的，实现了企业创新与市场需求的紧密结合，更趋于市场化制造。

2. 技改提升企业生产装备优势，促进产品结构调整

海达公司具备国内一流的锁模力直至33 000kN注塑机所需的高、精、尖配套齐全的加工设备及其质量检测设备，保证了零件的加工质量和装配质量。

海达公司从1992年成立以来，进行三次重大技改，累计投入逾1.5亿元，其中4 000多万元添置了加工中心、数控镗铣床等大型高精度金加工设备及涂装房等。公司成立之初，全部家当仅有50万元，几乎没有流动资金，在资金困乏的情况下，总经理蒋忠定将40万元贷款中的20万元投入技改，提升产品加工质量，当年产值达到239万元，实现销售162万元。1993年，在企业刚有起色的情况下，蒋忠定把贷到的300万元全部用作技改，新建厂房1 600多m²，添置了数显镗床、高空运载起重机等。大规模的技改极大提高了加工能力和加工质量，加速了产品领域的拓展，为企业的扩张打下了坚实的基础。技改促进了产品结构的调整和拓展，生产的注塑机从最初的30g，旋即跨越千克大关；到2000年，已能生产5 000g的大型注塑机，同年产值达到6 000万元；到2006年，已能制造40 000g超大型注塑机。技改促进了企业的扩张，年产值从成立之初的239万元，跃升到2011年的5亿元。

二、务实创新，增强企业核心竞争力

科学地制定切合实际的务实科学发展的规划，加快产品结构调整，由粗放型转向科学型发展，由仿制型向自主创新型发展，由量的扩张向质的提升转变，产品档次不断提升。

1. 创新注塑机设计理论，提升自主创新能力

工业设计理论的开拓创新是实现注塑机由“中国制造”向“中国创造”和“中国智造”转化的基础。海达公司科技人员结合注塑机实际，不断修正和完善开发理论，把传统的开发设计理论变为自己的有特色的工业化的开发设计理论，把通用开发设计理论中一些不确定的参数根据本单位的实际变为确定的参数值，对国际上的先进产品从设计理论上进行研究探讨总结，形成自己的开发设计理论，从现代开发设计理论角度出发并根据自己的开发实践经验，将传统的开发设计理论提高为现代开发设计理论，解决了一些长期困惑的实际问题，提升了自主创新能力，实现了注塑机的科技进步。近四年来，在全国有关报刊、网站、杂志上发表了具有独特见解的科技论文约200篇，表明海达公司技术开发人员的学术理论水平走在国内同行业的前列。

2. 以市场需求为导向，调整产品结构

产品持续发展是企业可持续发展的基础，其关键是持续调整产品结构、更新产品，使企业产品保持旺盛的市场生命力。通过采用先进的设计理论及方法，零件结构合理化的性能提高设计改进，外形美观化及功能化的工业设计，产品进行了全系列的四次升级换代，资源节约化、清洁环保化、节能高效化、控制智能化、生态健康化的新一代绿色化注塑机出现在市场上。以市场“现实需求”和“潜在需求”为出发点，研发功能化、专用化、特种化的注射设备，例如为适应汽车工业绿色化发展，2011年开发了大型二模板注塑机；为适应快餐包装制品绿色化发展，开发了高速薄壁成型的节能注塑机。

3. 提高“数控一代”注塑机的智能化含量

控制系统是注塑机的技术核心。控制系统的解决方案由被动型转为主导型，具有自主创新技术含量。

我国注塑机普遍为数控系统，但其技术含量不高，产量虽为世界第一，但进口量也呈增长趋势，说明国内注塑机满足不了国内市场需求。提高数控技术含量是减少注塑机进口的关键。公司以国家提出的“扩大内需”为指导思想，调查国内市场“现实需求”和“潜在需求”，研发控制系统全套方案，交与控制系统供应商改进软件、扩展功能，共同开发高性能数控系统，生产出性价比优越的、科技含量较高的、节能环保的、可智能人机对话的“数控一代”注塑机。2011年销售额同比增长12.57%，国内市场销售额占总销售额的比重由2010年的88.51%提高到91.52%。

4. 创新伺服动力驱动节能环保技术

公司以节能环保的、可持续发展的绿色技术革命为发展核心，把节能技术的研发及推广应用作为提高注射成型和注塑

机整体水平的手段，攻关了注射冲击、多泵系统保压、平行成型工艺等关键技术，提高了伺服节能注塑机的成型性能及扩大成型功能，实现了自主创新升级。全系列伺服电动机动力驱动注射设备耗电量优于《塑料注射成型机能耗检测和等级评定的规范》Ⅰ级能耗等级规定的标准，比传统的采用三相异步电动机驱动定量泵的动力驱动系统的注塑机节能40%～60%，减少冷却水的用量30%以上，注射重量重复精度由3%～5%提高到0.4%～0.7%，循环周期缩短30%～50%，在国际市场上赢得了较高的声誉，南非等代理商也纷纷转向伺服动力液压驱动节能环保技术注塑机的营销和推广。

创新开发液电复合驱动的节能高性能动力驱动系统。公司在国内首创锁模力20 000kN的大型注塑机，采用多组伺服电动机驱动液压泵的液电复合节能环保动力驱动系统，运用CAN总线及多泵控制技术，实现多泵控制同步，并完全避免模拟信号在传送过程中受到外来因素干扰现象的发生；通过CAN总线实现对压力、流量控制并对实际压力、流量、驱动器电流、负载等多个信号实时监控，充分发挥了伺服电动机在大型注塑机上的运行功能，使公司的注射设备绿色化技术又上一个新的水平。

5. 研发高端技术的全电动精密注塑机

公司以“3C”电子产品的注塑设备为发展契机，研发锁模力1 000kN的精密全电动注塑机，开发了精密注射成型人机对话控制系统，塑化计量密度稳定性系统，塑化背压闭环控制技术，合模运动性能稳定性机构及控制技术，高速、超高速注射机构及控制技术，锁模力自动修正系统，高动态反映性能的伺服交流动力驱动系统。塑化计量精度提高50%以上，实现注射速度300mm/s，注射加速度2g（重力加速度），注射时间<1s，塑化时间偏差≤0.12s，模板平行度<0.02mm，合模机构额定变形量1.1mm，移模速度24m/min，移模位移重复精度≤0.02mm。海达公司全电动注塑机的注塑质量的标准偏差、变动系数的精度指标达到国际先进水平。

三、稳健经营，夯实企业经济实力

民营中小企业经济实力低，成为制约其生存和发展的重要瓶颈。海达公司根据自身企业的实际，统筹兼顾，营建富有成效的稳健发展之路，20年来始终良性发展。从创业至今，10年内投入自有资金1.5亿元，进行3次重大技改，使海达公司成为“塑机之都”宁波的佼佼者。在2008年世界金融风暴及2012年国家宏观经济调控的环境下，企业流转资金不需信贷资金，资金良性循环，显示出坚强的抗金融风险能力。2010年销售收入比2009年增长近40%，2011年在塑机行业普遍下降的情况下，同比增长近13%。

接轨国际营售模式。当海达公司的产能达到一定规模时，营销理念及时转型升级，采用国际上通用的销售代理制，销售额迅速增长，市场占有率迅速提高，为企业扩大再生产提供了广阔的市场。公司不但在国内有40多家代理商，在国外也有多家代理商，产品进入了世界30多个国家和地区。除了与韩国、东南亚、东欧、中东地区的客商保持稳定的合作关系外，还与欧洲的经营商建立了长远的合作关系。海达公司从1992年的销售额162万元，到2011年实现45 064万元，20年增长277.2%。2009～2011年，3年销售总额113 697万元，利税总额12 150万元，出口创汇10 397万元，占总销售额的9.1%。

四、追求永续，提升企业可持续发展动力

海达公司不断激发市场主体积极性，走开放式市场发展道路，加强自主创新，增强自主发展能力，推动产业健康发展，追求更美好的明天。致力于探索、提高、改进质量保证体系。制定技术专利、产品开发及革新、营销等务实创新激励机制，推动企业在更大范围、更广领域、更高层次上参于竞争，扩大生存空间。

1. 内聚实力，加强产品质量管理

国内注塑机市场竞争激烈，制造企业林立，产品技术水平相似，质量成为企业的生命线。

2000年，公司导入ISO9001质量管理体系，覆盖设计、生产、销售、服务等各个环节。2001年，公司通过了ISO9001质量管理体系认证的同时，又取得了英国皇家的NQA（皇冠）质量体系认证；2003年9月，顺利通过了质量管理体系的换版工作；2006年通过复审；2007年，公司又将ISO9001质量管理体系，ISO14001环境管理体系和OHSAS28001职业健康安全管理体系合并，在设计、生产、供应、销售、服务等环节

海达 HDJ®

实现了透明、有序、规范的链接。在内部产品流通环节中，树立下道工序就是“顾客”的理念，严禁不合格品流入下一道环节，要求员工具备良好的自我监督和自我纠正能力。2004年至今，公司已通过了多项CE认证管理，企业计量水平已经达到国家三级。“海达”商标为中国驰名商标、浙江省著名商标。

2. 外树品牌形象，提升企业知名度

品牌形象不仅为用户所关注，而且也日益成为企业核心竞争力最直接的体现。2002年“海达”商标被评为浙江省著名商标，2005年又延续成为浙江省著名商标；“海达”注塑机为浙江省名牌产品。自2000年开始，公司在镇海常洪隧道口、蟹浦岭、杭甬高速公路、常州小河镇、温州大桥、永康、黄岩、广东中山小榄等地制作了巨幅广告，分别在澳大利亚、埃及、伊朗、意大利、塔吉克斯坦、俄罗斯、沙特阿拉伯和乌兹别克斯坦等国家注册“海达”商标。用户中回头客达30%以上。

3. 人性化和谐文化，营造“诚信海达人”

先进的企业文化是企业生存和发展的内在动力，海达公司用先进文化全面提升企业核心竞争力，引领企业在新型工业化道路上持续健康发展。根据人们独立性、多样性、自主性更加突出的特点，海达公司将以关心人、尊重人、理解人、支持人为特征的人性化管理作为企业先进文化的核心，建立和维护企业与职工之间的互利互惠关系，形成了一支不可多得的事业型员工队伍。

紧密公司与员工的相互依存、共谋发展的和谐文化关系。公司在2000年就建立了培训中心，为每一位员工建立档案和制定培训计划。并在2004年与镇海职教中心联合办学，每年委托职教中心招收一班“海达班”，按照公司要求进行系统培训。两年来，公司举办各类培训累计达80多次，培训普及率达100%。一系列为员工提高素质的全套培训方案取得了显著的成效，科技人员比例占全部员工的30%，员工具有扎实的理论功底、熟练的操作能力以及与环境及合作伙伴的和谐共事能力。

解决员工后顾之忧，保障员工身心健康。凡进入海达公司的员工，即便是试用期，公司也为他们办理好养老保险、医疗保险等社会保险，解决好员工后顾之忧。每年组织员工外出旅游。每年为员工体检。

公司创新培训得到了社会的肯定。2006年，公司被宁波市确定为大中专毕业生实习基地、镇海区职业教育实习实训基地。海达公司党支部、团支部、工会等组织在营造先进文化中起带头作用，先后被评为区级和市级规范化党支部、先进团支部、先进工会。

海达公司自1997年由集体所有制改制为民营企业，把向社会献爱心当做自己的责任。近20年来，公司累计向社会捐款三四百万元之多。2011年起又每年向慈善总会捐款20万元，并已签订了10年的捐赠协议并支付了第一年20万元捐款。

CTE 系列双螺杆挤出机

CTE 系列双螺杆挤出机采用积木式结构，其主要优势在于加工段的多元化组合可根据各个不同的加工作业提供特定的优化组合，使机器的应用范围更广。机筒的积木式结构使加工精度更高。每节筒体的温度可单独设置：电加热，水冷却；机筒、螺杆元件和啮合块是氮化钢材质，也可根据客户要求，提供适合于特殊物料的耐磨、耐蚀性材质。

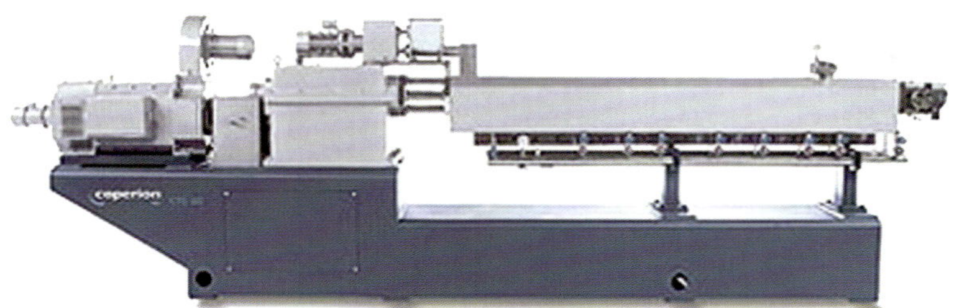

CTE 50 双螺杆挤出机

CKY 系列双阶挤出机

CKY 系列双阶挤出机主要用于热敏型和剪切敏感型物料和配混。双阶式结构和加工段的积木式结构使此机型适用于多种物料的加工。如 PVC、XLPE 电缆料、软 PVC 医用料、硬 PVC、EVA 发泡鞋底料和 PE 低烟无卤阻燃料等。

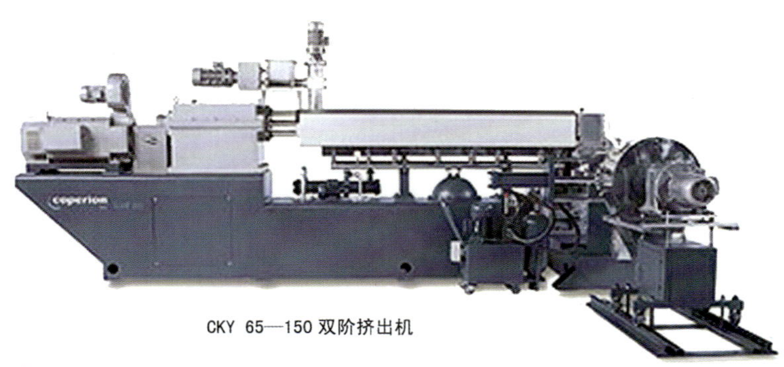

CKY 65—150 双阶挤出机

科倍隆的服务

科倍隆在工程设计技术之外，还一直恪守这样的信条：我们倾听客户的声音。就像科倍隆人常说的那样：confidence through partnership（信心源于合作）。科倍隆的服务领域非常广泛，遍布全球的 2 100 位专家、30 多个服务网点随时为客户提供全面的服务。科倍隆的员工拥有丰富的经验和专业知识，可以为客户提供全方位服务，科倍隆会派出优秀的工程师帮客户排除故障。科倍隆特有的服务体系包含：定期对客户的设备进行保养和检修，拥有大量的紧急备件库存，为客户提供解决问题的方案，长期对客户的设备进行检测与分析。定期对客户的操作员进行培训，对设备进行升级，以提高客户的生产效率。这种服务结构与科倍隆个性化的服务合同相匹配，可以为客户提供从基础检测到全方位维护和不同层次的服务。

科倍隆提供的不仅是服务。科倍隆之所以能创造这种新式的、个性化的服务，是因为科倍隆已经在科倍隆实验室对将来可能出现的各种风险进行了论证，这种研究经验的积累能立即应用于新产品的研发和制造，为客户提供技术竞争优势，长期保障客户的正常生产。

Chinaplas2013 展位号：5.1 K11 德国展团

科倍隆（南京）机械有限公司

地址：江苏省南京市江宁区天元西路 59 号　邮编：211100
销售热线：025-52783922　52786288 转 3865 或 3957
客服热线：025-52783933
http://www.coperion.com

广东金明精机股份有限公
GUANGDONG JINMING MACHINERY CO.,

流延膜设备

多层共

广东金明精机股份有限公司，凭借二十多年从事塑料挤出机械设计制造经验，成
在深圳证券交易所创业板成功上市，股票代码：300281。目前拥有82项国家技术专利(其中发
共挤重包装专用吹膜机、三层/五层共挤医用输液袋膜专用吹膜机、七层共挤高阻隔薄膜吹膜机
含量高、生产高附加值薄膜的吹膜设备。

金明公司拥有一支经验丰富的工程技术人员队伍，可以为客户提供从产品咨询、配方试验

公司总部

地址：广东省汕头市濠江区河浦大道(深汕高速路河浦出口)
总机：0754-89811333　销售热线：0754-88207788
传真：0754-88206886　服务热线：0754-88112833
电子邮箱：sales@jmjj.com　邮编：515098

区域销售中心

华北办事处

地址：北京亚运村慧忠北里312号天创世缘B2-906
电话：010-64801790　传真：010-64801956
电子邮箱：bj-office@jmjj.com　邮编：100012

华东办

地址：
电话：
电子邮箱

股票简称：金明精机
股票代码：300281

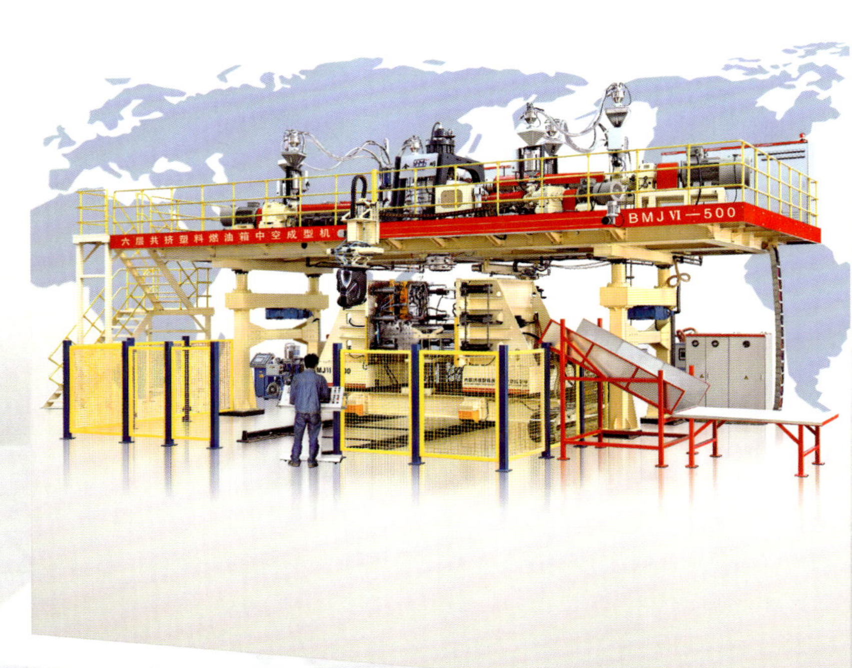

吹膜设备

中空吹塑成型设备

多层共挤吹膜设备、中空吹塑成型设备、流延膜设备制造领域的领军企业，公司于2011年
利4项)，10 项产品获得国家新产品奖， 并且率先推出20ｍ宽幅三层共挤吹膜机、FFS三层
U热塑性聚氨酯专用吹膜机、糙面土工膜专用吹膜机、环保石头纸专用吹膜机等一系列技术

作培训的完善服务，以最大限度帮助客户降低投资成本和风险。

业园区苏虹中路225号星虹国际2006室
939383 传真：0512-65939383
ffice@jmjj.com 邮编：215024

华南办事处
地址：广州市广园东路2191号时代新世界中心南塔1308室
电话：020-87643983 传真：020-87643983
电子邮箱：gz-office@jmjj.com 邮编：510500

西南办事处
地址：成都市高新区天府大道北段茂业中心A塔709
电话：028-83385878 传真：028-83385878
电子邮箱：cd-office@jmjj.com 邮编：610000

共创卓越 同续辉煌
——海天塑机集团有限公司

伴随着共和国前进的脚步，沐浴着改革开放的阳光，海天塑机集团有限公司走过了风雨兼程的46年，实现了历史性的跨越，取得了令人瞩目的成就。

海天塑机集团有限公司（以下简称海天集团）的前身创建于1966年，2006年12月在香港联交所挂牌上市，是一家集研发、制造注塑机于一体的国家重点高新技术企业，开创了全国塑机企业同时获得“中国名牌产品”“中国驰名商标”的先河，进入国家有关部门评定的全国91家创新型企业行业。

经过46年的发展，海天集团已经成为全国规模领先、全球知名的塑料机械生产企业，具有较强的综合竞争力和抗风险能力，形成了良好的发展优势，即规模优势、装备优势、产品优势、节能优势、人才优势、科技优势、营销优势和管理优势等八大优势。

一、规模优势：产量世界领先

2012年，海天集团生产注塑机近2.3万台，完成销售收入63亿元。公司是中国塑料机械工业协会会长单位，也是行业的龙头企业，企业规模、综合实力和各项经济指标已连续19年在中国塑料机械行业领先。就规模而论，海天集团的产量世界领先，产值亚洲领先；就技术水平而论，海天集团在国内属于“领头羊”。 海天集团还分别在宁波市百强企业、浙江省百强企业、中国机械500强等排名中位于前列。当前，海天集团的产品方向是大型、精密、节能、节材。

二、装备优势：保持世界领先

“工欲善其事，必先利其器”。目前，海天集团已拥有价值10亿元的生产、科研、检测设备，其中，各类数控加工机床300多台，具备了国际一流注塑机企业所需的高、精、尖加工设备，形成了配套齐全的先进装备水平和开发研制、生产制造能力，并呈现出流水作业的领先性、先进的整机配套性、个性化服务的灵活性、工艺技术的创新性、生产过程的环保性等特点。

三、产品优势：优质造就名牌

质量是企业的立身之本，诚信是企业的生命线。海天集团在行业内率先通过了ISO9001国际质量管理体系认证和CE认证，建立了比较完善的质量管理组织机构、工作体系、控制体系和保障体系，坚持用铁手碗、铁面孔、铁心肠的“三铁”方法抓好质量管理，用“一

票否决”的制度严抓质量考核，持之以恒地做到“四个不”，即质量观念不放松、质量管理不含糊、质量标准不降低、质量问题不放过，确保每一个产品都成为优质产品。公司产品的主要特点有三个方面：一是系列齐全品种多，共有 40 多种规格、100 多个品种，已形成了 ME、VE（VEII）、MA（MAII）、SA、IA、JU（JUII）、PL（PLII）等多个创新系列，其合模力 600 ~ 66000kN、注射量 50 ~ 60 000g，自主研发的产品已达 100%；二是高中低档产品协调发展，其中，大部分产品已接近世界先进水平，部分产品居世界领先地位；三是以质量好、信誉佳得到市场的认可，赢得了良好的口碑，连续十多年荣获浙江名牌产品称号。目前，海天集团的注塑机产品，已形成了“人无我有，人有我优，人优我特，人特我专”的明显优势。

四、节能优势：综合效果创先

近年来，海天集团成功研发了多款高效节能注塑机。例如，开发的新一代全电动注塑机，于 2006 年被宁波市推荐为节能产品，并荣获 2007 年度浙江省加快发展装备制造业重点领域“国内行业领先产品”称号。该机型经英国成型工艺有限公司测试，重复精度优于国际市场已有的电动注塑机。公司开发的大型“两板机”，在节能、节材、节地和高效等方面优势显著。开发的“J5”型伺服节能注塑机，不仅具有响应快、精度高、周期短、效率高等特点，在节电、节水、节油、低噪声等方面创造了多项新纪录，并突破了国外多项技术垄断，受到了国内外市场的肯定和用户的赞誉，荣获 2008 年度宁波市科技成果进步奖一等奖。2011 年，海天集团又两次荣获国家科技进步奖二等奖。

五、人才优势：构筑人才高地

企业要发展，人才是关键。海天集团通过国内招聘和国外招聘并举、企业内部选拔和企业内外培养并举等形式，集聚了一大批高层次的创新型人才。通过培养人才、关爱人才、激励人才和成就人才等措施，切实加强经营管理、专业技术、操作技能人才三支队伍的建设，着力构筑人才高地。海天集团现有员工近 5 000 名，其中，来自德国、日本等国家塑机行业顶级专家 20 多名，来自北京化工大学资深教授和省内外副高级职称以上专家 30 多名，具有大专以上学历的 1 700 多名，工程技术人员 500 余名，中级职称以上的专业人才 300 多名。公司设立了国家博士后科研工作站，委托北京化工大学为企业开设在职硕士班，培养工程硕士。公司坚持科学的人才观和人本创新管理，使人才引得进、用得好、留得住，职工队伍长期保持稳定，大家心情舒畅地为企业建功立业，从而使企业获得了持续快速发展的动力。职工深有感触地说：“公司为我们创造前途，我们为公司创造辉煌”。

六、科技优势：创新能力强劲

多年来，海天公司不断加大对科技创新的投入，每年用于产品研发的资金达到销售总额的 5% 以上。公司于 1998 年建立了技术中心，2000 年被认定为浙江省级企业技术中心，2005 年又被认定为国家企业技术中心。此外，还在全球塑机巨头的聚集地德国成立了海天塑机研究院，聘请了多名德国塑机专家，与公司科研人员一起，跟踪世界先进技术，进行前瞻性的研究。与北京化工大学合作，成立了海天北化科技发展有限公司，构建了开放式的研发体系，实行风险共担、利益共享的机制。与浙江大学等高校和科研院所广泛开展科技合作和交流，在科研与生产方面较好地实现了资源共享和优势互补。进入 21 世纪以来，公司已拥有国家专利 60 余项，其中发明专利 4 项。2007 年，海天公司开始实施技术中心创新能力建设专项。该项目建成后，将使国产注塑机在节能降耗、绿色环保、注射速度、位置误差、制品重复精度以及机械噪声等多方面实现重大突破，产品的整体质量水平接近或达到国际先进水平。该项目获国家相关部委补助资金 500 万元。

七、营销优势：市场覆盖全球

经过多年努力，海天集团已建立了覆盖国内、国际的营销网络。一是在国内市场划分了 7 大区域，设立了 27 个办事处，建立了统一管理、职责明确的服务体系，实行近距离的精心服务。二是在国外设立了 5 个服务中心，划分了服务界面，实行无缝隙的精心服务，较好地解决了以往存在的产品交货难和售后服务难等问题，加快了用户的响应速度，提升了服务质量。目前，公司生产的注塑机在国内市场的占有率为：大中型注塑机占 60% 以上，小型注塑机占 30% 左右。此外，公司产品还远销美国、欧洲、南美洲、中东、东南亚等 120 个国家和地区。2012 年出口销售额为 17 亿元，约占全国同行业出口销售总额的 1/6。

八、管理优势：跨上全新台阶

多年来，海天集团董事长张静章在认真总结实践经验的基础上，运用现代管理理念，创建了人本、资本、成本一体化的“三本”管理模式。公司坚持以人为本的理念，通过建立和谐的劳动关系、和谐的利益关系、和谐的人文关系，使职工收入和待遇令人称羡，创新人才充分涌现，创新成果层出不穷。有效的成本管理，使公司在每一次风云变幻中都能稳操胜券，在每一次大变革、大转型中都能平稳前行。与时俱进和创业创新强化了公司战略管理、资本运作和风险防范等功能，实现了由传统的资本管理向现代资本经营的转变，加快了塑机产业的转型升级，增强了国际竞争力。尽管 2008 年以来国际金融危机的加剧蔓延，使我国的塑料机械行业同样受到冲击，遭遇了多年未见的“寒流”，但是，海天集团依靠富有成效的“人本、成本、资本”管理，依然一如既往、快速地发展，呈现出“风景这边独好”的喜人局面。

目前，中国塑机行业正面临严峻的挑战和难得的机遇。作为塑机行业的领头羊，海天集团正在新的历史起点上深入贯彻落实科学发展观，抓住机遇，迎接挑战，充分发挥企业的八大优势，为加快推进产业转型升级，建设“国内领先、国际一流”的塑机企业，为加快振兴中国塑机工业、为我国经济社会的发展作出更大的贡献。

Watai 华泰机械

Machinery

CE

- 适用于各种橡胶，硅胶，弹性体材料的注射，模压成型
  For all kinds of rubber and thermoplastic elastomer
- 精密响应的电液伺服驱动系统
  Highly precise Electrohydraulic Servo Drive System
- 精确的闭环控制系统
  Close loop for high precesion control
- 满足客户专用机型的设计与制造
  Designing and manufacturing special machines according to customers'requirements

ufi Approved Event Chinaplas® 国际橡塑展 2013

Visit us at Booth 10.1 F45

橡胶注射成型机

XZL-I Rubber Injection Moulding Machine

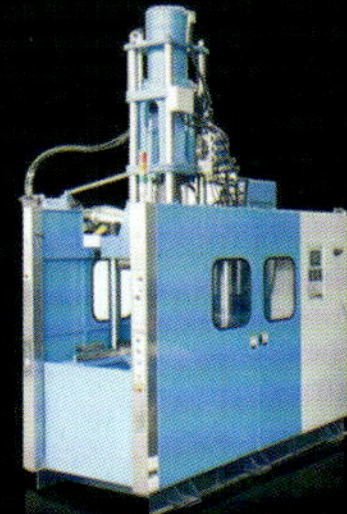

XZL-C型
橡胶注射成型机密封条衔头专用（底部注射转置）
XZLseries(FIFO)Rubber Injection Moulding Machine For Corner joint (Bottom injection)

XZL-C型
橡胶注射成型机密封条接头专用
XZLseries Rubber Injection Moulding For Corner joint

XZL-II型
橡胶注射成型机
XZL-II Rubber Injection Moulding Machine

YUYAO HUATAI RUBBER&PLASTICS MACHINERY CO.,LTD.

地址：浙江省余姚市长新路38号 邮编：315400
电话：0574-62820830
传真：0574-62820830
E-mail：lu.shaoting@yhuatai.com
Http://www.yhuatai.com

综合索引

记录历史 塑造品牌

中国机械工业年鉴系列

《中国机械工业年鉴》

《中国电器工业年鉴》

《中国工程机械工业年鉴》

《中国机床工具工业年鉴》

《中国通用机械工业年鉴》

《中国机械通用零部件工业年鉴》

《中国模具工业年鉴》

《中国液压气动密封工业年鉴》

《中国重型机械工业年鉴》

《中国农业机械工业年鉴》

《中国石油石化设备工业年鉴》

《中国塑料机械工业年鉴》

《中国齿轮工业年鉴》

《中国磨料磨具工业年鉴》

《中国热处理行业年鉴》

《中国机电产品市场年鉴》

中国工业年鉴出版基地

编辑说明

一、《中国机械工业年鉴》是由中国机械工业联合会主管、机械工业信息研究院主办、机械工业出版社出版的大型资料性、工具性年刊，创刊于1984年。

二、根据行业需要，1998年中国机械工业年鉴编辑委员会开始出版分行业年鉴，逐步形成了中国机械工业年鉴系列。该系列现已出版了《中国电器工业年鉴》《中国工程机械工业年鉴》《中国机床工具工业年鉴》《中国通用机械工业年鉴》《中国机械通用零部件工业年鉴》《中国模具工业年鉴》《中国液压气动密封工业年鉴》《中国重型机械工业年鉴》《中国农业机械工业年鉴》《中国石油石化设备工业年鉴》《中国塑料机械工业年鉴》《中国齿轮工业年鉴》《中国磨料磨具工业年鉴》《中国热处理行业年鉴》和《中国机电产品市场年鉴》。

三、《中国塑料机械工业年鉴》由中国机械工业年鉴编辑委员会和中国塑料机械工业协会共同编撰，2009年创刊。2012年刊由综述、专文、行业概况、统计资料、产业集群、产品与项目、标准、大事记和附录栏目构成。集中反映了塑料机械行业的发展情况及发展趋势，全面系统地提供了塑料机械行业的主要经济指标。

四、统计资料来源于中国机械工业联合会、中国塑料机械工业协会、国家统计局（年报及快报）和中国海关。由于统计口径不一致，数据间若有出入，选用时请注意数据来源。

五、《中国塑料机械工业年鉴》主要发行对象为政府决策机构、机械工业相关企业决策者和从事市场分析、企业规划的中高层管理人员以及国内外投资机构、贸易公司、银行、证券、咨询服务部门和科研单位的机电项目管理人员等。

六、在编撰过程中得到了中国塑料机械工业协会及行业内众多专家、学者、工程技术人员和企业的大力支持和帮助，在此表示衷心感谢。

八、由于水平有限，难免出现错误和疏漏，敬请批评指正。

中国机械工业年鉴编辑部

2013年4月

目　　录

综　　述

专　　文

行 业 概 况

统 计 资 料

产 业 集 群

产品与项目

标 准

大 事 记

附 录

Contents

Overview

Articles

A Survey of the Industry

Statistical Data

Industrial Cluster

Products and Projects

Standards

Chronicle of Events

Appendix

综述

以宏观视角，分析2012年塑料机械工业经济运行情况；回顾2006年以来塑料机械工业在科技成果、新产品、新技术、新工艺、学术论文专著以及知识产权等方面的情况

综述

2012年我国塑料机械行业经济运行分析和前景展望

2012年，面对复杂多变的国内外形势，全行业牢牢把握主题主线，坚持稳中求进的总基调，坚持又好又快发展的导向，坚定发展信心，把握有利条件，同心合力，逆势奋进，克服了诸多困难挑战，取得了来之不易的新成绩。

一、2012年塑料机械行业经济发展概况

2012年塑料机械行业经济发展情况可以用四句话来概括，即，形势十分严峻、成绩来之不易、发展亮点不少、经济反弹明显。总的来看，尽管行业遇到的困难比预料的多，但经过全行业的共同努力，经济运行呈现出“稳中有进、总体健康”的良好态势，各项经济指标的完成情况比预期要好。

（一）形势十分严峻

1. 国际环境复杂多变，出口形势严峻

2012年以来，国际金融危机的深层次影响不断显现，欧债危机仍处于高危阶段，非经济因素对世界经济复苏的干扰和影响加大。世界舞台上新问题、新挑战层出不穷，国际市场竞争加剧，形形色色的保护主义明显抬头并愈演愈烈，一些国家的贸易保护范围正从传统产业向新兴产业扩展。此外，在南海问题、钓鱼岛问题等涉及中国领土、领海、海洋权益的问题上，中国不断遭受外来挑衅，日本等传统出口市场受阻。外部环境的复杂严峻，给我国塑料机械的出口带来了较大的困难和挑战。

2. 国内发展困难增多，下行压力加大

2012年以来，影响经济平稳运行的不利因素较多，不仅一些长期制约经济可持续发展的结构性矛盾尚未根本解决，而且受国际市场需求萎缩、房地产市场低迷等因素的影响，经济下行压力加大，部分企业出现生产经营困难，国际资本也显示流入放缓和流出加快的迹象。内需市场总体不旺，投资增长受到多重制约，转方式调结构压力继续增大。凡此种种，给我国塑料机械行业经济发展带来诸多不利影响。

3. 市场需求不振，增长明显放缓

面对外需疲软与内需收缩双重叠加、国内外经济增速普遍下滑的严峻形势，我国塑料机械行业经济发展困难较多，各项经济指标总体呈现回落趋势。

4. 企业新增订单明显减少，生产经营困难重重

（1）国外市场持续低迷，贸易壁垒不断增多，贸易保护主义愈演愈烈，国际市场竞争更加激烈。同时，国内市场需求不振，经济下行压力加大，居民消费信心走弱，因而企业新增订单明显减少，出厂价格持续走低。

（2）市场开拓难度加大，要素成本不断上升，盈利空间大为缩小，部分企业生产经营困难、举步维艰。不少企业反映，与2008年相比，当前的形势更为严峻。

（二）成绩来之不易

根据国家统计局和中国海关对我国塑料机械行业365家规模以上企业的数据，2012年我国塑料机械行业主要经济指标运行情况如下：

工业总产值完成462.06亿元，同比下降1%。其中第1季度为97.65亿元，同比增长0.15%；第2季度126.46亿元，同比下降1.15%，环比增长29.5%；第3季度118.43亿元，同比下降4.02%，环比下降6.35%；第4季度119.52亿元，同比增长3.31%，环比增长0.92%。

工业销售产值达到444.73亿元，与上年持平。其中第1季度为94.32亿元，同比下降2.03%；第2季度为119.22亿元，同比下降1%，环比增长

26.4%;第3季度115.78亿元,同比下降1.17%,环比下降2.89%;第4季度115.41亿元,同比增长4.34%,环比下降0.32%。

出口交货值达到75.66亿元,同比下降6%。其中第1季度为17.88亿元,同比增长6.18%;第2季度17.96亿元,同比下降11.44%,环比增长0.45%;第3季度20.13亿元,同比下降5.89%,环比增长12.08%;第4季度19.69亿元,同比下降10.82%,环比下降2.19%。

塑机产量约27万台,同比下降7%。其中第1季度为52 362台,同比下降21%;第2季度75 481台,同比下降12%,环比增长44.15%;第3季度69 891万台,同比下降11%,环比下降7.41%;第4季度72 654台,同比增长20%,环比增长3.95%。

从经济效益指标来看,2012年我国塑料机械行业主营业务收入利润率为8.83%,高于全国机械行业6.81%的平均水平,位居机械工业22个主要机械分行业的第2位,仅略低于印刷机械行业8.93%的主营业务收入利润率水平。

2012年,虽然我国塑料机械行业在世界经济低迷、国内经济下行压力较大的背景下出现小幅回落,但是能够取得如此成绩,实属来之不易。

2012年我国塑料机械行业主要经济指标见表1。2012年我国塑料机械产量地区分布见图1。

表1 2012年我国塑料机械行业主要经济指标

月份	产量		工业总产值		工业销售产值		出口交货值		主营业务收入		利润总额	
	数量(台)	同比增长(%)	金额(亿元)	同比增长(%)	金额(亿元)	同比增长(%)	金额(亿元)	同比增长(%)	金额(亿元)	同比增长(%)	金额(亿元)	同比增长(%)
1	10 832	-54	24.82	-21	23.89	-21	5.23	-13	57.48	3	3.38	-31
2	16 160	-11	31.40	20	31.54	20	5.64	32	57.48	3	3.38	-31
3	25 370	-21	41.43	4	38.89	-2	7.01	7	40.93	4	2.73	-28
4	23 957	-22	41.13	-4	37.81	-4	5.82	-6	38.20	7	3.92	3
5	25 066	-8	40.90	-0.3	39.01	2	5.95	-2	40.74	-6	3.57	-8
6	26 458	-4	44.43	1	42.40	-0.3	6.19	-23	43.13	-1	3.26	-1
7	22 711	-14	39.52	-6	38.96	-3	6.60	-3	37.45	-2	2.48	-36
8	23 075	-13	39.43	-1	37.50	-1	6.53	-6	37.30	-7	3.41	7
9	24 105	-5	39.48	-4	39.32	0	7.00	-9	38.89	-7	2.89	-22
10	20 549	-10	36.13	-4	35.24	1	5.33	-25	26.59	-29	3.45	21
11	25 232	45	38.26	-1	37.16	0	6.10	-17	37.79	1	3.66	10
12	26 873	34	45.13	15	43.01	11	8.26	7	45.44	10	6.44	52
合计	270 388	-7	462.06	-1	444.73	0	75.66	-6	443.94	-2	39.19	-4

注:数据来源于国家统计局。

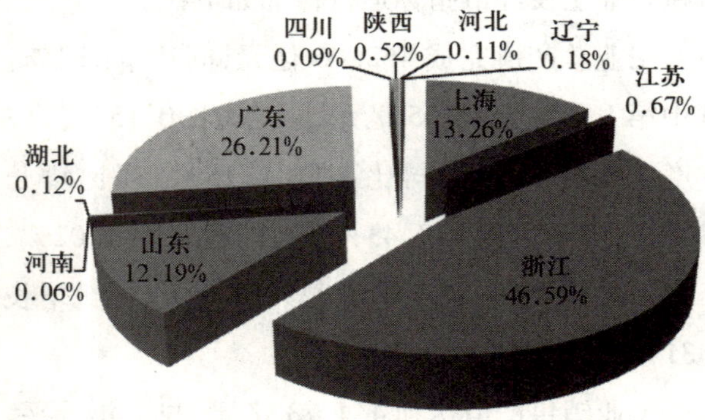

图1 2012年我国塑料机械产量地区分布

注:数据来源于国家统计局。

(三)发展亮点不少

尽管2012年塑料机械行业主要经济指标出现不同程度的回落,但是行业经济发展的亮点不少。

1. 创新投入不断加大,创新能力不断增强

2012年以来,业内企业达成共识:只有利用经济下行的"倒逼"机制,加大科技投入,才能渡过难关;只有着力提升自主创新能力,才能实现经济可持续发展。于是,业内企业致力于转型升级,加大在科技创新方面的投入,加强技术进步和技术改造,引进先进技术和设备,推进以企业为主体的技

术创新体系建设，积极实施科技创新工程，深入实施知识产权战略，着力建设技术研究中心等研究平台，并与知名高校和科研院所加强产学研合作，共同开展新技术、新工艺的研发。同时，十分注重科技人才的培育，大力开展职工技术培训，努力提升科技创新能力，加快形成技术领先优势和市场竞争优势。

2. 产品研发步伐加快，产品创新令人瞩目

国内外市场低迷使得业内企业把加快产品创新作为保市场、保订单的重要措施，加快了新技术、新产品的研发，并大力推进产品转型，推出了一批独具竞争力的“专、优、特、精”产品，受到了国内外市场的广泛关注。

3. 产品质量不断提高，国产占比明显上升

面对激烈的市场竞争，业内企业深刻认识到，市场竞争已经从价格竞争转向质量竞争、品质竞争。在保市场、促增长中，“价格战”已经不能奏效，必须进一步强化“以质取胜”意识，努力生产出具有自主知识产权的高质量产品。市场的低迷无法左右，但是企业可以进一步提高产品质量，在市场下滑的时候，让国内外客户看中并选择自己的产品。

业内企业认真学习贯彻国务院印发的《质量发展纲要（2011—2020 年）》，积极实施质量兴企战略，牢固树立全面、全程和全员的质量意识，进一步加强企业质量管理。不少企业还积极实施质量提升工程，对产品设计、生产、制造、营销、服务等实施全过程质量管理，全面提升产品的质量水平，培育形成以技术、标准、品牌、服务为核心的质量新优势，大力提升“塑机质量”。部分企业摒弃了以追求产量为中心的粗放发展模式，走质量效益型道路，大力增强创新能力，积极开发新产品，努力提高技术含量和附加值，着力提高产品档次和质量。在全行业的共同努力下，我国塑料机械的质量水平进一步提升，市场竞争力有了较大的提高，取得令人可喜的成效。国家统计局和海关数据显示，2012 年进口塑料机械占国内市场容量的比例由 1 月的 40% 下降到 12 月的 27%，而国产塑机设备的占比则由 1 月的 60% 增加到 12 月的 73%。

4. 市场开拓力度加大，销售渠道更加完善

随着世界贸易增长大幅放缓、国际市场竞争加剧，形形色色的保护主义明显抬头，全行业出口企业深入分析国际市场动态，及早谋划出口措施，坚持“拓市场、保订单、促外贸”的思路不动摇，把巩固扩大国际市场的占有率作为当前促进外贸增长的重中之重；在培育壮大外贸队伍、优化出口产品结构、转变营销方式等方面狠下功夫，大力开拓国际市场，勇于抢市场、争订单。部分企业还在优化产品结构上做文章，重点推出具有高效节能特色的新产品，推出中、高档新型产品，不断增强外贸发展的后劲。中国塑料机械工业协会也积极组织业内企业参会、参展，引导企业向国内外客商推介新技术、新产品，既帮助企业节约了成本，又拓宽了出口销售渠道，从而在国际市场格局中开辟出更广阔的发展空间。

与此同时，在国内需求不足和经济增速放缓的情况下，业内企业立足国内市场，着力扩大内需，推进营销创新，全方位、多层次地分析和挖掘客户的需求，着力建设更加完善的销售渠道，发扬勤于跑市场、善于闯市场、勇于拓市场的精神，实施服务内容、服务方式的创新，坚持诚信为本、质量至上、以客为尊的原则，加大产品推介和销售力度，引导消费节能型塑机，努力提高服务质量和用户满意度，巩固了老客户，赢得了新客户，取得了良好的业绩。

5. 管理水平不断提升，积极推进降本增效

针对新增订单减少、企业成本上升、盈利空间缩小等问题，业内企业采取多种措施，苦练内功，强化管理能力，加强费用成本控制。不少企业还进一步确立了向管理要效益的理念，加强管理创新，不断健全现代企业制度，推进企业精细化管理，坚持诚信经营和规范经营，加强管控水平和全面风险管理能力，深化节支降耗，深入挖潜增效，降低企业经营管理成本，努力提高企业经济效益和发展质量。

6. 企业文化发挥作用，引领职工攻坚克难

面对比以往更加复杂多变的经济环境，业内

企业顺应时代发展需要，更加重视先进企业文化的作用，积极采取各种措施，切实加强企业文化建设，团结引领职工同舟共济、攻坚克难。例如，有的企业搭建了职工学习和交流平台、职工思想动态及时反馈平台、企业民主管理平台、增进职工友谊和丰富文化生活平台、为职工服务和为职工办实事平台，弘扬企业精神，提高职工素质，加强人文关怀，引导职工认清形势，坚定信心，逆势奋进，使企业克服了一个个困难，呈现出经济企稳回升的势头。

目前，行业发展的亮点正在增多，积极因素不断积累，有利条件正在集聚，为经济运行聚积了能量，打下了良好基础。

(四)经济反弹明显

2012 年，由于国内外市场持续低迷，我国塑料机械行业经济运行承受了巨大压力。但是，逐月经济指标的走向传递出反弹明显的积极信号。特别是进入 2012 年 12 月以来，行业产销、出口和效益指标全面恢复快速增长，当月的利润总额超过第 1 季度的利润总和，实现52%的同比增速。行业经济“稳”的基础有所巩固，“好”的态势明显。

二、2012 年塑料机械进出口概况

(一)塑料机械市场容量分析

2012 年塑料机械市场特点是：进口塑机占比明显下降，国产塑机占比明显上升。

根据国家统计局和海关数据，2012 年国内塑料机械市场容量为 493.85 亿元，其中进口塑料机械为 133.96 亿元，占国内塑料机械市场容量的 27%；国产塑料机械为 359.89 亿元，占国内塑料机械市场容量的 73%。2012 年我国塑料机械市场容量见表 2。2012 年我国塑料机械市场份额占比走势见图 2。

表 2　2012 年我国塑料机械市场容量

月份	国内塑料机械市场容量（亿元）	其中：进口产品（亿元）	国内生产产品（亿元）	进口产品占比（%）	国产产品占比（%）
1	24.54	9.72	14.82	40	60
2	37.13	10.84	26.29	29	71
3	45.84	12.6	33.24	27	73
4	45.54	12.29	33.26	27	73
5	43.48	12.41	31.07	29	71
6	48.34	12.6	35.74	26	74
7	41.92	11.47	30.45	27	73
8	43.02	12.41	30.61	29	71
9	43.07	12.22	30.85	28	72
10	37.89	9.95	27.94	26	74
11	37.95	8.13	29.82	21	79
12	45.13	9.32	35.81	21	79
合计	493.85	133.96	359.89	27	73

注：数据来源于国家统计局和中国海关。

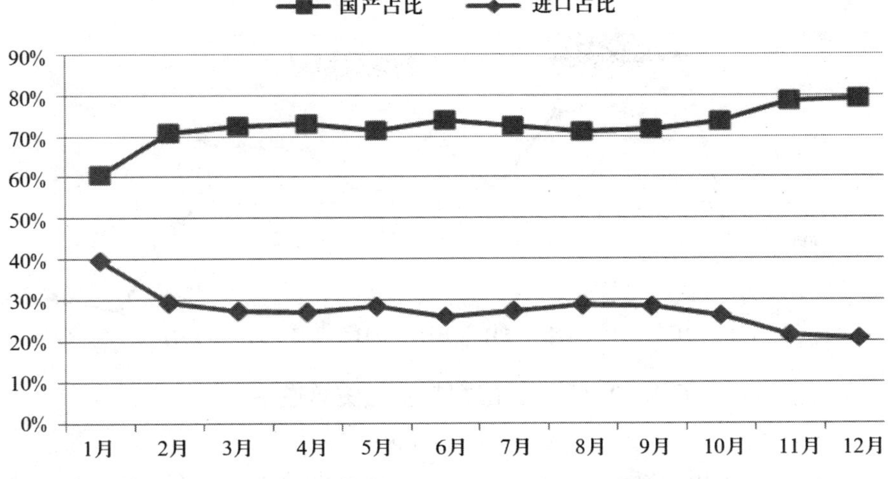

图 2 2012 年我国塑料机械市场份额占比走势

注:数据来源于国家统计局和中国海关。

(二)塑料机械产品进出口总量分析

2012 年塑料机械的进出口特点是:进口数量和金额明显减少,出口数量和金额明显增加。

数据显示,2012 年我国进口塑料机械10 482 台,同比下降 24%;进口额 212 635 万美元,同比下降 3%。出口塑料机械 69 693 台,同比增长 35%;出口金额 161 886 万美元,同比增长 11%。2012 年我国塑料机械进出口情况见表 3。2012 年我国塑料机械贸易逆差走势见图 3。

表 3 2012 年我国塑料机械进出口情况

月份	进口					出口					贸易逆差	
	数量(台)	金额(万美元)	平均单价(万美元/台)	数量同比增长(%)	金额同比增长(%)	数量(台)	金额(万美元)	平均单价(万美元/台)	数量同比增长(%)	金额同比增长(%)	金额(万美元)	同比增长(%)
1	542	15 427	28	-48	-24	6 099	15 867	3	6	30	-440	-105
2	603	17 206	29	-11	32	2 448	8 111	3	-14	12	9 095	57
3	990	20 016	20	-24	-26	3 984	12 722	3	9	16	7 294	-54
4	999	19 507	20	6	5	4 708	12 456	3	32	11	7 051	-3
5	1 016	19 665	19	-1	7	4 590	15 606	3	16	30	4 059	-37
6	984	20 009	20	-15	17	7 803	13 757	2	81	2	6 252	78
7	1 131	18 184	16	-64	-7	6 825	14 436	2	55	23	3 748	-52
8	849	19 698	23	-13	8	4 351	14 030	3	4	9	5 668	5
9	1 026	19 392	19	16	17	5 866	13 669	2	2	-2	5 723	118
10	827	15 822	19	15	2	11 445	13 024	1	177	3	2 798	-3
11	724	12 934	18	-18	-16	5 027	13 428	3	15	-4	-494	-133
12	791	14 775	19	-15	-19	6 547	14 780	2	39	5	-5	-100
合计	10 482	212 635	20	-24	-3	69 693	161 886	2	35	11	50 749	-29

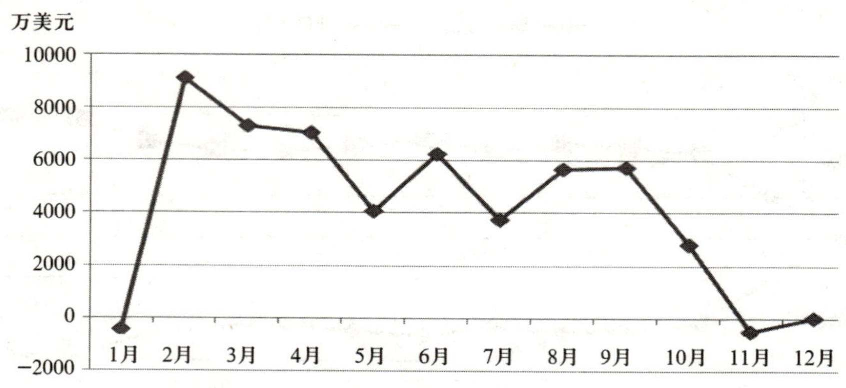

图3　2012 年我国塑料机械贸易逆差走势

注:数据来源于中国海关。

(三)不同税号塑料机械进出口分析

与塑料机械整体贸易逆差形势不同,注塑机、塑料中空成型机为贸易顺差。根据中国海关数据,2012 年注塑机进口 6 622 台,出口 24 839 台,进口量小于出口量;注塑机进口 80 929 万美元,出口 89 963万美元,贸易顺差 9 034 万美元。塑料中空成型机进口 89 台,金额 2 091 万美元;出口 914 台,出口金额 4 236 万美元,贸易顺差 2 145 万美元。

注塑机、挤出机和吹塑机是塑机出口的三大品种。其中注塑机出口量占 35.64%,出口额占 55.57%。2012 年我国塑料机械进出口分税号统计见表 4。

表4　2012 年我国塑料机械进出口分税号统计

序号	税号	名称	进口				出口			
			数量(台)	数量占比(%)	金额(万美元)	金额占比(%)	数量(台)	数量占比(%)	金额(万美元)	金额占比(%)
1	84771010	注塑机	6 622	63.17	80 929	38.06	24 839	35.64	89 963	55.57
2	84771090	其他注射机	407	3.88	6 318	2.97	1 110	1.59	2 198	1.36
3	84772010	塑料造粒机	275	2.62	20 207	9.50	3 538	5.08	6 536	4.04
4	84772090	其他挤出机	889	8.48	43 574	20.49	8 542	12.26	27 381	16.91
5	84773010	挤出吹塑机	98	0.93	6 771	3.18	1 847	2.65	5 311	3.28
6	84773020	注射吹塑机	58	0.55	2 542	1.20	774	1.11	874	0.54
7	84773090	其他吹塑机	140	1.34	15 326	7.21	16 772	24.07	9 428	5.82
8	84774010	塑料中空成型机	89	0.85	2 091	0.98	914	1.31	4 236	2.62
9	84774020	塑料压延成型机	97	0.93	4 440	2.09	2 098	3.01	2 391	1.48
10	84774090	其他真空模塑机及其他热成型机器	654	6.24	12 948	6.09	5 072	7.28	4 726	2.92
11	84775900	其他模塑或成型机器	1 153	11.00	17 489	8.22	4187	6.01	8 843	5.46
合　计			10 482	100.00	212 635	100.00	69 693	100.00	161 886	100.00

注:数据来源于中国海关。

（四）进出口地域分布统计

2012 年我国从日本、德国、意大利和美国等主要来源国家进口的数量和金额均有不同程度的降低。其中从日本进口塑料机械的数量和金额同比分别下降 13.84%、8.37%；从德国进口塑料机械的数量和金额同比分别下降 5.56%、1.47%；从意大利进口塑料机械的数量和金额同比分别下降 28.98%、18.47%；从美国进口塑料机械的数量和金额同比分别下降 81.72%、16.63%。

亚洲和欧洲是我国塑料机械进口的主要来源地。2012 年从亚洲地区进口塑料机械的金额占我国塑料机械总进口额的 53.62%，从欧洲地区进口塑料机械的金额占比为 42.84%。2012 年，从欧洲进口塑料机械的数量和金额同比分别下降 3.09%、4.3%；从亚洲进口数量和金额同比分别下降 11.88%、1.14%。2012 年我国塑料机械进口来源地前 10 位国家（地区）见表 5。2012 年我国塑料机械出口额洲际分布见图 4。

表 5　2012 年我国塑料机械进口来源地前 10 位国家（地区）

序号	国家（地区）	进口量（台）	进口额（万美元）	平均单价（万美元/台）	数量占比（%）	金额占比（%）
1	日本	4 244	71 015	17	40.49	33.40
2	德国	1 071	61 763	58	10.22	29.05
3	中国台湾	2 669	28 885	11	25.46	13.58
4	韩国	801	11 620	15	7.64	5.46
5	意大利	201	10 926	54	1.92	5.14
6	瑞士	142	8 421	59	1.35	3.96
7	美国	473	5 207	11	4.51	2.45
8	奥地利	137	4 373	32	1.31	2.06
9	法国	73	3 287	45	0.70	1.55
10	加拿大	60	2 045	34	0.57	0.96
合　计		9 871	207 541	21	94.17	97.60

注：1. 数据来源于中国海关。

2. 由于四舍五入，分项之和与合计数有略微差别。

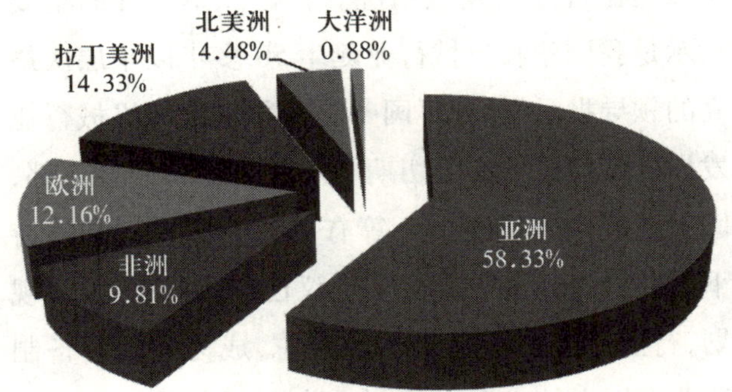

图 4　2012 年我国塑料机械出口额洲际分布

注：数据来源于中国海关。

三、当前和今后一段时期我国塑料机械行业经济发展前景展望

当前，国内外形势依然错综复杂，经济运行所面临的不稳定、不确定因素较多，保持工业经济稳定增长的基础尚不牢固，情况不容乐观。展望今后一段时期，我国塑机行业既面临着严峻的挑战，又面临诸多良好的机遇。

（一）国际经济形势分析

从总体上看，当前和今后一段时期，世界经济形势仍将十分严峻复杂。一是发达国家经济面临多重困境。美国经济总量虽然基本恢复到金融危机前的水平，但增长迟缓、复苏乏力；欧洲主权债务危机仍在发酵，欧元区经济已陷入整体衰退；日本处于维持微弱正增长的边缘，居高不下的沉重债务使其也有可能陷入危机。二是发展中国家经济面临严重问题。在国际金融危机期间，相对于发达国家经济的不景气，发展中国家经济增长较为强劲。但随着发展中国家经济刺激政策的逐步退出，特别是自身结构性问题的暴露，发展中国家的经济增速明显放缓。三是随着世界贸易增长大幅放缓、国际市场竞争加剧，形形色色的保护主义愈演愈烈，并有可能导致全球经济继续恶化。当前我国已成为他国贸易保护的“重灾区”。国际经济环境的动荡，使得外需乏力的局面可能会延续，各种保护主义使得我国出口形势仍然严峻。凡此种种，仍会给我国塑料机械产品出口带来诸多不利和困难。

与此同时，我们还应该看到，世界多极化、经济全球化的大趋势没有变，和平、发展、合作的时代潮流没有变，国际大环境总体上有利于我国和平发展的局面没有变。世界经济将出现结构调整，特别是新科技革命正孕育重大突破，全球范围内新能源、新材料、生物经济方兴未艾，既带来挑战，又带来机遇。

（二）国内经济形势分析

虽然影响经济平稳运行的不利因素仍然较多，但是应该看到，我国经济发展长期向好的趋势没有发生改变，我国经济发展的潜力和动力仍然较大，处于重要战略机遇期的基本条件没有发生变化。其中，需求潜力尤为明显。一是城镇化带来的巨大需求，持续释放出巨大的内需潜能；二是消费需求的巨大潜力。随着收入分配改革的深化、城乡居民收入的进一步增加，居民消费水平必将得到更快的提升。

据国家工业和信息化部党组成员、总工程师朱宏任分析，当前我国工业经济运行正处在筑底企稳的紧要关口，有利因素正在集聚，随着企业稳增长政策效应的进一步显现，企稳的势头将得到进一步巩固。总体来看，我国工业经济运行朝着企稳方向发展，生产增势缓中见稳，面临的下行压力正逐步减缓。

（三）行业经济形势分析

2012 年行业经济虽然出现小幅回落，仍然取得了来之不易的成绩，并继续出现积极变化，呈现诸多向好迹象。随着中央一系列稳增长政策效应的逐步显现，国家支持塑机行业发展的政策措施的作用逐步发挥，以及全行业各项应对举措的逐步落实，经济向好趋势进一步明显。

（四）行业发展的机遇和有利条件

当前，我国塑料机械行业仍然面临着前所未有的发展机遇。

首先，党中央、国务院领导的高度重视，使全行业受到巨大鼓舞和鞭策，为行业经济发展注入强大的活力和动力。继 2011 年 4 月中共中央政治局常委、国务院总理温家宝亲临海天塑机集团公司视察之后，2012 年 8 月又亲临广东伊之密精密机械股份有限公司调研，充分体现了党中央、国务院对塑机行业的高度关注与关心支持，让全行业企业家和职工备受鼓舞、很受感动。

其次，塑料机械行业的多项建议已纳入国家相关规划。2009 年 8 月，中国塑料机械工业协会向国务院提交了《中国塑料机械工业发展报告》，得到了国务院领导的高度重视。张德江副总理在该《报告》上作了重要批示，并要求工业和信息化部关注塑料机械行业的发展情况。张德江副总理的重要批示是我国塑料机械行业诞生 50 多年以来层次最高的领导批示，体现了国务院领导对塑料机械行业发展的深切关怀和殷切期望。在工业和信息化部、国家发展和改革委员会等有关部委的重视和支持下，塑料机械行业的多项建议已纳入国家相关规划，行业的主张上升为国家意志，成为中国装备制造业发展中的一个亮点，为塑料机械行业提供了千载难逢的历史机遇。

其三，国家部委的重视关心和倾力支持，形成了激发塑料机械行业持续发展的不竭动力。几年来，工业和信息化部等国家有关部委对塑料机械行业的支持，既有政策的推动，也有项目的安排，还有资金的扶持。政策环境的逐步改善，给全行业带来新的希望，有力地推动塑机行业又好又快发展。

其四，塑料机械行业作用和地位的提升，为行业持续快速发展开辟了广阔空间。塑料机械作为高分子复合材料加工的“工作母机”，其地位和作用日益显现，不仅每年带动塑料制品产业实现逾20 000亿元的产值，而且成为航空航天、国防、家电、汽车等国民经济各行业的重要技术装备，成为战略性新兴产业的配套专用设备。

其五，我国塑料机械具有较高的性价比，在国内外市场依然有巨大需求。

其六，相关产业的稳中有进，加大了对塑料机械的需求。相关产业资料显示，在我国经济出现积极变化的大背景下，家电产业的经济运行呈现出逐月好转的迹象，我国自有品牌汽车出口再创新高，未来几个月仍将快速增长。相关产业的稳中有进，工业景气总体趋稳，将会释放出巨大的市场潜力，拉动塑料机械稳步增长。

展望今后一段时期，尽管国内外经济环境依然复杂严峻，但是我国塑料机械行业经济发展长期向好的趋势没有改变，大有作为的重要战略机遇仍然存在。国家重视和支持塑料机械行业发展的措施正在发挥作用，国内外市场对我国塑料机械依然存在巨大需求，塑料机械行业经济发展的潜力和动力仍然较大。只要以学习贯彻党的十八大和全国“两会”精神为动力，深入贯彻落实科学发展观，坚定信心和决心，充分估计面临的困难、问题和风险，未雨绸缪，沉着应对，塑料机械行业一定会实现更长时期、更高水平、更好质量的发展。

〔供稿单位：中国塑料机械工业协会〕

科技创新成绩斐然　获奖成果振奋人心

——2006 年以来塑料机械行业获奖科技成果综述

2006—2011 年，我国塑料机械行业在获奖科技成果方面，交上了一份令人振奋的成绩单。

科学技术奖励，历来被视为体现一个行业科技创新综合实力的“晴雨表”和“风向标”。据对行业中 26 家单位的不完全统计，6 年间共有 75 项科技成果先后荣获地市级以上科学技术奖。其中，获得国家科学技术进步奖 4 项，获得省部级科学技术奖 52 项。这是我国塑料机械工业发展史上获奖科技成果最多的 6 年，也是获奖层次和数量达到新高的 6 年。

一项项科技成果引人注目，一张张获奖证书令人振奋，它们不仅见证了我国塑料机械行业科技创新综合实力的提升，也见证了全行业科技水平的新高度，更让人们深切地感受到全行业科技发展的高速度。

6 年来，全行业荣获科学技术奖的成果呈现五个特点：

一、获奖层次大幅提升

首先，全行业有 4 个项目获得国家科学技术进步大奖。

自 2007 年 2 月华南理工大学教授瞿金平等完成的“塑料动态成型加工技术与装备”项目，荣获 2006 年度国家科学技术进步奖二等奖之后，2011 年 12 月 23 日，由塑料机械行业企业主持完成的项目，首次在同一年度获得 3 项国家科学技术进步奖二等奖，创下获奖数量的新纪录。3 个项目分别是:海天塑机集团有限公司与北京化工大学共同完成的“塑料精密成型技术与装备的研发及产业化”项目,海天塑机集团有限公司与浙江大学共同完成的“复杂装备与工艺工装集成数字化设计关键技术及系列产品开发”项目,浙江申达机器制造股份有限公司完成的同类项目。至此,我国塑料机械行业已有4项科技成果获得了国家科学技术领域的最高荣誉。

其次,获得省部级科学技术奖的项目有52项。

6年来,全行业共有52项科技成果分别获得教育部、浙江省、广东省、辽宁省、江苏省等省市人民政府以及中国机械工业联合会、中国石油和化学工业联合会、中国轻工业联合会颁发的科学技术奖,占行业全部获奖项目的69.3%。其中,荣获省部级科学技术奖一等奖9项、二等奖18项。

二、获奖数量不断攀升

2006—2011年,全行业获得科学技术奖的数量依次为5项、7项、11项、10项、18项和24项,呈现出不断攀升的态势。特别令人欣喜的是,2011年,全行业共计获得了24项科学技术奖,其中包括3项国家科学技术进步奖二等奖,在行业发展史上,创造了获奖数量最多、获奖层次最高、获奖质量最好的新纪录。

三、重大成果成效显著

在这些获奖项目中,部分重大科技成果贡献突出,不仅攻克了一批重大关键技术难题,在整机技术和节能降耗方面达到了国际先进水平,提升了我国塑料机械行业的国际竞争力,而且取得了显著的经济效益,有力地促进了行业经济的持续快速发展。

例如,由海天塑机集团有限公司与北京化工大学共同完成的“塑料精密成型技术与装备的研发及产业化”项目,于2011年荣获国家科学技术进步奖二等奖。该项目历经8年攻关,攻克了6项关键技术,获得授权发明专利12项、实用新型专利34项,整机技术达到国际先进水平。该项目的实施,取得了显著的经济效益和社会效益,有力地推动了我国塑料机械行业和塑料制品加工行业的科技进步与转型升级,为增强行业的国际竞争力、支撑行业经济持续快速发展作出了重要的贡献。

四、重点骨干企业表现突出

6年来,全行业8家重点骨干企业共获得科学技术奖54项,占行业获奖总数的72%,优势企业在科技创新中的带动作用越来越明显。例如,行业龙头企业－海天塑机集团有限公司6年来获奖数量达到9项,其中荣获国家科技进步奖二等奖2项,荣获省部级科学技术奖7项;浙江申达机器制造股份有限公司获奖数量达到5项,其中荣获国家科技进步奖二等奖1项,荣获省部级科学技术奖4项。此外,大连橡胶塑料机械股份有限公司、东华机械有限公司、大连三垒机器有限公司、广东金明精机股份有限公司、南京艺工电工设备有限公司等企业,在获奖数量和层次方面也表现不俗,屡获丰收。

五、协同创新成果丰硕

6年来,业内企业更加重视产、学、研合作,以空前高涨的创新热情,分别与北京化工大学、华南理工大学、浙江大学、广东工业大学、华东理工大学等高校联合,建立起了特色鲜明、机制灵活的产学研合作新模式,积极开展协同创新、联合攻关,取得了一批具有重要影响的科技成果。数据显示,在业内企业与高等学校共同完成的科技创新项目中,有19项成果获得了省级以上科学技术奖,占行业获奖总数的25.3%。特别引人注目的是,在全行业获得国家科技进步大奖的4个奖项中,有3个奖项是由华南理工大学、北京化工大学、浙江大学主持或参与完成的。事实说明,高等院校在科技创新中具有独特的优势,在全行业技术进步中起到了不可替代的促进作用。

〔供稿单位:中国塑料机械工业协会〕

“三新”研发硕果累累　转型升级成效明显

——2006年以来塑料机械行业新技术、新工艺、新产品开发工作综述

2006—2011年，我国塑料机械行业在新技术、新工艺、新产品（以下简称“三新”）开发方面硕果累累。

据不完全统计，行业33家单位6年间共计开发新产品133项。这些产品绝大部分达到了国内领先水平，部分产品还达到了国际领先、国际先进水平。

此外，行业18家单位6年间共计开发新技术、新工艺52项，其中有17项被科技部、教育部或有关省市认定，达到了国际领先或国际先进水平，并有一批新技术、新工艺填补了国内空白。

以上成果的取得，是6年来全行业“三新”研发的最好总结。它反映出我国塑料机械行业已经拥有一大批具有自主知识产权的核心技术和生产装备，见证了全行业科技人员奋勇攀登、潜心攻关的创新精神，说明了行业科技实力和产品竞争力的显著提升，标志着产业转型升级取得了明显的成效，逐步实现了塑机产品从低到高的突破，表明了全行业正在由“塑机制造”向“塑机创造”迈进。

一、最鲜明的特点：“三新”成果的数量大幅增加

据对行业33家单位的不完全统计，6年间重要新产品开发的数量已由2006年的6项猛增到2011年的79项，增长了12.2倍。同时，6年来重要新产品的研发呈现出连年攀升的态势。2006—2011年，业内企业开发重要新产品的数量依次为6项、10项、11项、12项、15项和79项，其中2011年开发重要新产品的数量为历年最多。

另据对行业18家单位的不完全统计，6年间重要新技术、新工艺开发的数量也由2006年的5项激增到2011年的37项，增长6.4倍。其中2011年是行业发展史上新技术、新工艺开发数量最多、层次最高的一年。

二、最突出的标志：新产品开发的档次显著提升

6年来，业内企业新产品开发的质量和档次有了显著提升，主要表现在如下5个方面：

（1）被列入国家火炬计划项目的新产品9项；

（2）被列入国家重点新产品的12项；

（3）被认定为首台（套）的6项，其中属于国内首台（套）重大装备及关键部件4项，属于省内首台（套）重大装备及关键部件2项；

（4）被列入科技部项目的新产品6项；

（5）被各省市列入的省级工业新产品、重点新产品30项。

三、最重要的体现：新产品的技术水平显著提升

1. 产品创新呈现出“五多五少”的良好态势

智能化产品、中高档产品、专用产品多了，低档产品、“大路货”产品少了；新型产品、特色产品、名牌产品多了，普通产品、老产品少了；绿色低碳产品、节能节材产品多了，耗能高、耗材多的产品少了；自主创新的产品多了，模仿跟踪的产品少了；高附加值产品、高性价比产品多了，低附加值、低效率、低水平产品少了。产品的核心竞争力全面提升。

2. 涌现了一批填补国际、国内空白的新产品

如泰瑞机器股份有限公司自主研发的TRX2200J塑料管件专业用注塑机，特别适合国家南水北调、西气东输工程和城市供水供气需求，打破了高端管件专用注塑机长期被国外垄断的局面，填补了国内管件专用注塑机的空白。大连橡胶塑料机械股份有限公司研发的半钢子午胎精密纤维帘布压延生产线，填补了国内空白，达到国际先进

水平。舟山定海通发塑料有限公司研发的锥形同向双螺杆XPS二氧化碳发泡板挤出机生产线，填补了国际空白，市场发展潜力和应用前景巨大。

3. 涌现了一批达到国际领先、国际先进水平的新产品

如海天塑机集团有限公司开发的MA系列伺服节能塑料注射成型机，总体技术和整机性能达到国内领先水平，节能技术达到国际先进水平；华南理工大学黄汉雄教授等开发的混沌混炼型低能耗挤出机(第二代)，被鉴定为“国际首创”；东华机械有限公司与华南理工大学瞿金平院士等研发的聚合物动态流变工作站，达到国际领先水平；博创机械股份有限公司研发的BU系列新型锁模结构大型二板式注塑成型机，具有结构简单、新颖、高效节能等特点，技术达到国内领先水平；震德塑料机械有限公司研发的全数字闭环节能大型注塑机，处于国内领先水平；天华化工机械及自动化研究设计院研发的反应型同向双螺杆挤出机，达到国内领先、国际先进水平；东华机械有限公司研发的超大型(40 000kN)两板式注塑成型机设备，总体技术达到国际先进水平。

4. 涌现了一批能替代进口的高端产品

如海天塑机集团有限公司开发的伺服节能塑料注射成型工艺装备，打破了国外对注塑机高端技术和市场的垄断，实现了部分高端产品替代进口的目标。

四、最明显的进步：新技术、新工艺水平显著提高

6年来，全行业瞄准国际科学技术的前沿，针对我国塑机行业与发达国家的差距，加大科技攻关的力度，加快研发制约产业发展的关键技术，并积极抓好新技术、新工艺推广工作，着力解决企业生产技术难题，有力地提高了行业自主创新能力。

1. 开发了一批具有国际领先或国际先进水平的新技术、新工艺

如中国工程院院士、华南理工大学瞿金平教授等研发的基于拉伸流变的高分子材料塑化挤出技术及设备，经广东省科学技术厅认定，达到国际领先水平；北京化工大学何亚东教授等研发的高性能混炼三螺杆挤出工业装备及技术，经教育部认定，达到国际先进水平。

2. 开发了一批国内首创的先进技术

如华东理工大学谢林生教授等研发的高效双转子连续混炼技术及其工程应用，经教育部认定，属国内首创，并达到国际先进水平；江苏联冠科技发展有限公司开发的挤出法高分子量、高耐磨聚乙烯制品生产技术及装备研究，经江苏省科技厅认定，技术装备和制品填补了国内空白，产品性能达到了国际先进水平。

3. 解决了一批制约产业发展的技术难题

如海天塑机集团有限公司开发的塑料注射成型装备伺服节能技术，创新性地将伺服驱动与液压控制优化技术应用到塑料注射成型装备，解决了传统塑料注射成型装备普遍存在的高能耗、低效率、低精度技术难题，针对不同的制品重量和几何特征，节能效率达到20% ~80%，制品质量精度提高近20%，生产效率提高20%。

4. 开发了一批先进适用技术

如泰瑞机器股份有限公司与浙江大学开发的超大型挤注式节能注塑系统装备，成功解决了现有挤注式注射机通用性差、注射装置体积大的不足，为各种管件的高效、节能生产作出了重要贡献。浙江申达机器制造股份有限公司与浙江工业大学开发的纳米螺杆技术，不仅提升了注塑机、挤出机和中空成型机的技术含量和产品利润空间，还给塑料制品行业提供了一种利用先进的纳米、激光技术改造的成型新颖、增强改性工程塑料的技术装备，满足了该行业开发电子、信息、汽车、包装等日益需求高性能材料工程零件行业的要求，经济效益和社会效益十分明显。陕西秦川机械发展股份有限公司开发的三层带液位线塑料挤出吹塑中空成型技术，为解决塑料制品行业每年几十万吨回收材料的利用问题，满足制作多层中空制品的需要，找到了一条有效途径，越来越受到塑料容器制造商的青睐。

〔供稿单位：中国塑料机械工业协会〕

学术成果增量提质　助推行业创新发展

——2006年以来塑料机械行业学术论文专著教材情况综述

2006—2011年，我国塑料机械行业在科技论文发表、专著教材编辑出版和软件著作权方面的成绩令人欣慰。

学术成果（包括论文、著作、教材等）的数量和质量，是衡量一个行业科技实力的重要尺度，也是反映行业科技人员创新能力与水平的重要标志。据不完全统计，行业30家单位6年间共计发表科技论文365篇；编辑出版专著、教材29部（册），包括国外出版的专著1部；获得计算机软件著作权12项。

数据见证收获，成绩来之不易。这些成果凝聚着业内企业和高校的智慧和力量，倾注了全行业科研人员的心血和汗水。他们的共同特点是，紧密结合行业实际，紧扣科技创新、产品创新、工艺创新、节能降耗、绿色环保、智能制造、高端发展等重点和热点问题，为增强企业自主创新能力、全面提高行业科技水平、推动产业转型升级发挥了重要作用。

一、学术成果的数量快速增长

统计数据显示，行业30家单位6年间已有365篇科技论文先后发表在70多种国内外报刊上，发表科技论文的数量呈现出连年上升的势头。其中2006年26篇，2007年上升到36篇，比上年增长38.5%；2008年46篇，同比增长27.8%；2009年68篇，同比增长47.8%；2010年88篇，同比增长29.4%；2011年101篇，同比增长14.8%。2011年也成为塑料机械行业有史以来发表科技论文数量最多的一年。同时，专著、教材的出版也由2006年的4部（册）增加到2011年的6部（册）。此外，还有3家企业自主研发的12款计算机软件通过专家评审，获得中国国家版权局颁发的计算机软件著作权证书，填补了塑料机械行业在该领域的空白。

二、学术成果质量明显提高

6年来，全行业公开发表的科技论文和出版的专著、教材，不仅在数量上有了大幅度的增长，而且在科技含量和学术水平方面也有了明显提高，为提升行业整体科研水平，弥补行业部分关键技术和共性技术的空白，缩短我国追赶世界先进技术的时间，加快相关领域研究进入世界前沿的步伐，奠定了坚实的基础。

1. 在国内知名报纸杂志上发表的科技论文越来越多

据不完全统计，6年间有297篇论文发表在国内知名报刊上，占论文发表总数的81.4%。

2. 在国外知名报纸杂志上发表的科技论文逐渐增多

6年间已有68篇科技论文被国外专业期刊刊登。

3. 获奖科技论文和出版的专著、教材不断增多

如中国塑料机械工业协会专家委员会副主任委员、大连橡胶塑料机械股份有限公司刘梦华教授级高级工程师的6篇论文先后被《橡塑技术与装备》、中国橡塑技术与市场研讨会暨中国国际橡塑行业高峰论坛组委会等评为年度十佳论文和优秀论文。由李忠文、蒋文艺、陈延轩、蔡恒志编写，中国化学工业出版社出版的专著－《精密注塑工艺与产品缺陷解决方案100例》，荣获中国石油和化学工业联合会颁发的优秀出版物二等奖。

4. 大部分科技论文和专著具有较强的创新性、针对性和实用性

部分论文针对我国塑料机械行业科技发展现状、发展方向等，进行了多维度的透视，客观评价了

行业科技发展的成绩，研判了今后技术发展趋势和特点，对于把握行业科技和经济发展大势，掌握和消化吸收国际先进技术，进一步推进企业科技创新，实现行业科学技术跨越式发展，具有较好的启发和指导作用。大部分科技论文都具有较强的针对性和实用性，能够紧扣塑料机械的某个领域或某个项目的技术难题，或阐述技术创新的思路和建议，或发表新见解和新主张，或提出创新性的解决方案。有些论文还解决了我国塑料机械领域的诸多重大问题，取得了多项重大应用成果，为增强企业乃至整个产业的核心竞争力，推动行业技术进步作出了重要贡献。

三、高等院校教师再现风采

据不完全统计，6 年间北京化工大学、华南理工大学等高等院校的部分教师充分发挥自身的学术技术优势，在国内外报刊上发表有关塑料机械的科技论文达 292 篇，占全行业发表科技论文总数的 80%。其中北京化工大学吴大鸣教授、杨卫民教授、何亚东教授、薛平教授等发表科技论文 140 篇（含国际论文发表 9 篇），占全行业已发表科技论文总数的 38.4%；华南理工大学瞿金平教授、黄汉雄教授等发表科技论文 80 篇（含国际论文发表 48 篇），占行业已发表科技论文总数的 21.9%；中南大学蒋炳炎教授等发表科技论文 38 篇，郑州大学陈静波教授等发表科技论文 26 篇，华东理工大学谢林生教授等发表科技论文 5 篇。

此外，6 年来，北京化工大学、华南理工大学等高校的部分教师，还围绕塑料机械科技创新、技术培训等内容，编辑出版专著、教材 11 部（册），占全行业已编辑出版专著、教材总数的 37.9%。

四、“六个注重”成为学术成果的鲜明特点

2006—2011 年，我国塑料机械行业在科技论文发表、专著教材编撰出版和软件著作权方面，具有“六个注重”的特点，即，注重技术创新、工艺创新、产品创新、节能环保、技术标准和人才培训。

6 年来，全行业科技人员以高度的事业心和强烈的责任感，以勇于探索、勇于创造、勇于超越的精神，立足行业科技发展的实际，瞄准国际先进水平，根据国内外市场的需求，围绕产业转型升级的需要，针对技术创新、工艺创新、产品创新等重点，攻克了一批具有自主知识产权的核心关键技术，发表了一大批科技含量高、适用性强的论文，涌现了一大批具有创新性和指导性的学术成果，产生了广泛的学术和社会影响。其中，部分成果填补了国内空白，有些成果达到了国内领先、国际先进水平，有些成果在基础研究、核心技术攻关和集成创新上取得重大突破，实现了部分领域由“跟随”到“领跑”的跨越，取得了显著的经济效益和社会效益。

6 年来，全行业科技人员积极适应当前世界节能减排的潮流，大力实施绿色发展战略，更加注重节能环保工作，紧紧围绕绿色产业、节能降耗等重点，发表了一批推进节能技术提升、打造绿色塑机产品的学术论文，为行业企业提升节能技术、研发高效节能塑机产品，发挥了重要作用。如海天塑机集团有限公司于 2010 年编纂、由化学工业出版社出版的专著 -《注塑工艺与设备》，以塑料加工及其设备如何节约资源、节省能源、高效生产和降低成本为中心，从材料到工艺、从加工方法到设备进行了较为全面、系统的论述，对于淘汰落后产能，推进节能减排新技术、新产品、新工艺、新材料的应用，促进企业坚持走高技术、高效益、低能耗、低污染的发展之路，具有重要的意义。

6 年来，全行业科技人员十分注重人才培训工作，发表了一大批学术论文，并编纂出版了一批专著。如 2007 年 3 月，由海天塑机集团有限公司编纂、化学工业出版社出版的专著——《注塑技术与注塑机》，已成为企业用于培训科技人员和操作工人的良好教材。又如 2008—2011 年，深圳领威科技有限公司蔡恒志等编著了《注塑操作工》等 4 部（册）专著，由广东科技出版社、化学工业出版社等相继出版。2009 年 1—12 月，邱建成等科技人员编著的《大型工业塑料件吹塑技术》等 3 部（册）专著，均由机械工业出版社出版。北京化工大学杨卫民教授等编著的《注塑机使用与维修手册》《塑料挤出加工新技术》等7部专著，均由机械工业出版社出版。这些专著的出版，对于提升业内科技人员和广大职工的技术素质，推动企业和行业科技创新，起到了不可低估的促进作用。

6年间，全行业科技人员还十分注重技术标准工作，在主持或参与制定国家标准和行业标准的同时，发表了一批学术论文，编写出版了一批专著。如由中国塑料机械工业协会和全国橡胶塑料机械标准化委员会组织，业内企业主持和参与制定的GB 22530—2008《橡胶塑料注射成型机安全要求》、GB/T 25156—2010《橡胶塑料注射成型机通用技术条件》、GB/T 25157—2010《橡胶塑料注射成型机检测方法》，均由中国标准出版社出版，为全行业深入实施技术标准战略，提升产品质量和安全水平，推进产业结构调整和升级，提高我国塑料机械产业的竞争力，发挥了重要的技术支撑作用。

〔供稿单位：中国塑料机械工业协会〕

专利增量大幅提升　专利质量显著提高

——2006年以来塑料机械行业知识产权工作综述

2006—2011年，我国塑料机械行业的知识产权增量大幅提升，质量显著提高。

专利数量是衡量一个行业技术创新能力和水平的重要指标，也是体现企业创新实力的重要依据。据对行业53家单位的不完全统计，6年间获得国家授权的专利数量达到853项，其中获得国家授权的发明专利146项，实用新型专利681项，外观设计专利26项；国外专利1项。在我国塑料机械工业发展史上，这6年，是知识产权工作成果最多的6年，也是专利数量和专利“含金量”创新纪录的6年。

数据，是反映行业面貌的生动注解。数字的背后，反映出我国塑料机械行业在实施知识产权战略方面取得的显著成效，呈现出行业企业和高等院校创新研发能力的快速提升，标志着我国塑料机械行业自主创新能力和水平的日益提高，行业专利事业的发展迈上了一个新的阶段。

一、新气象：授权专利数量大幅增长

据不完全统计，6年间全行业授权专利数量由2006年的61件，上升到2011年的245件，增长3.02倍。其中2007年授权专利数量为72件，同比增长18%；2008年授权专利数量为87件，同比增长20.8%；2009年授权专利数量为189件，同比增长117.2%；2010年授权专利数量为199件，同比增长5.3%；2011年授权专利数量为245件，同比增长23.1%，是授权专利数量最多的一年。

二、新亮点：授权专利的“含金量”显著提高

发明专利既是一种无形的知识财产，又能通过“智造”转化成财富。发明专利的数量，历来被当作衡量专利“含金量”的硬指标。

据不完全统计，6年间全行业获得国家授权专利共计853件，其中授权发明专利达到146件，占全部授权专利的17.12%。授权发明专利呈现出快速增长的态势，由2006年的5件猛增到2011年的71件，增长13.2倍。同时，授权发明专利在全部授权专利的份额也由2006年的8.2%增长到2011年的28.97%。发明专利数量和占比的快速提高，表明了全行业专利的“含金量”有了显著提高，企业的核心竞争力明显增强。

三、新势头：优势企业成为专利大户

6年来，全行业逐步确立了企业技术创新主体地位，着力实施知识产权战略，深入贯彻《国家知识产权战略纲要》,采取了一系列有效措施,大力促进专利工作的增量提质,一批优势企业成为专利大户。据统计,6年来全行业授权专利数量超过10项的企业有25家,他们共计获得授权专利679项,占行业授权专利总量的79.6%。其中海天塑机集团有限公司获得授权专利76项,大连橡胶塑料机械股份有限公司获得授权专利69项,浙江申达机器制造股份有限公司获得授权专利66项,博创机械股份有限公司获得授权专利42项,潍坊中云机器有限公司获得授权专利41项,宁波康润机械科技有限公司获得授权专利40项,东华机械有限公司获得授权专利32项,广东金明精机股份有限公司获得授权专利31项。

四、新风采:高等院校授权专利令人瞩目

6年来,高等院校更加积极地服务行业经济发展,主动为企业科技创新提供强有力的技术支持。他们充分发挥人才和技术优势,着力激活科技创新的潜能,在授权专利数量和专利"含金量"方面,十分引人注目。据不完全统计,6年间,中国工程院院士、华南理工大学瞿金平教授和黄汉雄教授等获得授权专利21项,其中发明专利20项;北京化工大学杨卫民教授、何亚东教授等获得授权专利51项,其中发明专利22项;中南大学教授蒋炳炎等获得授权专利4项,其中发明专利2项。华东理工大学谢林生教授、北京物资学院郭奕崇教授等,也在专利方面取得了良好成绩。

五、新突破:掌握了一批国际领先的关键技术

6年来,全行业依靠自主创新发明了一批重大专利,形成了一批知识产权,有力地推进了产业的发展。其中,许多专利突破了一批关键技术和共性技术,在一些重要领域打破了制约行业发展的瓶颈,大大缩小了与发达国家的技术差距;部分专利攻克了产业转型升级的多个关键技术难题,大大提高了塑料机械装备水平,使"中国塑机"的地位和影响力有了显著提高;部分专利不仅填补了国内技术空白,而且处于国际领先水平。特别令人高兴的是,绝大部分专利已成功转化为新产品,有效地提高了塑料机械产品的质量和科技含量,进一步提升了"中国塑机"的国际竞争力。

如海天塑机集团有限公司发明的"变频注塑机的节能装置及其节能方法",在注塑机生产的多个技术难题上取得了重大突破,达到了最佳的节能效果。该项专利成果运用到MA系列伺服节能注塑机以后,经国家塑料机械产品质量监督检验中心检测和省市及行业专家鉴定,不仅具有精密、高效等特点,而且能够降低能耗60%以上,总体技术和整机性能达到了国内先进水平,节能技术达到国际先进水平。又如大连橡胶塑料机械股份有限公司发明的"无堵塞高效啮合型转子冷却机构",采用交叉直通流道及斜线冷却管水流道,提高了冷却水流动的顺畅性,提高了冷却效率和冷却效果,从根本上消除了原有流道的致命隐患,填补了国际空白。

六、新成效:助力行业经济持续快速发展

全行业授权专利数量的大幅增长,特别是发明专利的迅速增加,以及专利成果转化率的不断提升,有力地促进了新技术、新产品的开发,大大提升了业内企业的市场竞争力和盈利能力,为行业经济实现持续快速发展提供了有力支撑。这些专利迅速转化为技术和产品后,与发达国家的差距不断缩小,部分技术和产品已处于国际领先地位,"中国塑机"的需求量不断攀升。2006—2011年,我国塑料机械行业不仅产量连年创造了世界第一的纪录,而且工业总产值、工业销售产值、出口交货值等也有了快速增长。统计数据显示,6年来,我国塑料机械行业的工业总产值已由2006年的221.33亿元,增加到2011年464.51亿元,翻了一番多;工业销售产值由2006年的216.08亿元,增加到2011年的444.46亿元,同样翻了一番多;出口交货值也由2006年的42.82亿元,增加到2011年的80.59亿元,同比增长88.2%,实现了跨越式发展。

〔供稿单位:中国塑料机械工业协会〕

分析塑料机械行业技术发展动向及取得的新成就，指明行业下一步的发展目标与方向

努力打造塑机发展“升级版”

2013年全国“两会”闭幕以来，中共中央政治局常委、国务院总理李克强先后三次提出“打造中国经济升级版”。在3月17日举行的总理记者招待会上，李克强总理首次提出“中国经济升级版”的概念，在国内外引起强烈反响。3月25日，在与出席中国发展高层论坛2013年会的境外代表座谈时，李克强总理再次提出“中国经济升级版”。3月27—29日，李克强总理来到江苏、上海调研考察时，又在上海召开的两场座谈会上强调，“用勇气和智慧打造中国经济升级版”，并阐述了打造中国经济升级版的重点方向。目前，李克强总理提出“打造中国经济升级版”的新目标，已经受到举国关注和全球瞩目，并将成为未来一个时期中国的最强音。

塑料机械工业作为加工高分子材料的“工作母机”，是为塑料原材料工业、塑料制品加工业提供技术装备的支柱产业，是我国机械工业的重要组成部分之一，是航天航空、家电、汽车等众多相关产业转型升级和科技进步的重要推动力量。经过50多年的发展，特别是“十一五”以来的高速发展，我国塑料机械工业已经取得了举世瞩目的成就。截至2012年年底，我国塑料机械的产品产量已连续12年位居世界第一，进一步巩固了塑机生产大国的地位，但是，产业大而不强、基础制造水平滞后、自主创新能力薄弱等问题依然存在。因此，必须深入贯彻落实党的十八大精神，加快形成新的经济发展方式，把推动发展的立足点转到提高质量和效益上来。必须按照李克强总理提出的“打造中国经济升级版”的新目标，把工作重点放到加快转变经济发展方式和调整经济结构上，放到提高经济增长的质量和效益上，以自主创新促进塑机产业向中高端升级，推动行业经济持续健康发展，努力打造塑机发展“升级版”。

一、打造塑机发展“升级版”的必要性

“十一五”以来，我国塑料机械行业取得了显著的成绩，发生了巨大的变化。这些变化归纳起来是：“五大三提高”。

所谓“五大”，一是行业总产值不断做大。2006—2012年，全行业规模以上企业工业总产值连续跨过了200亿元、300亿元、400亿元三个大台阶，其中，2012年实现产值462.06亿元，是2005年的2.3倍。二是工业销售产值不断做大。2012年实现销售产值444.73亿元，是2005年的2.4倍。三是出口交货值不断做大。2012年出口交货值达到75.66亿元，是2005年的2.5倍。四是产品产量不断做大。2011年，塑料机械产品产量达到29万台，创造了历史新高。2012年，尽管产品产量完成27万台，但仍保持了产量全球“12连冠”的纪录。五是骨干企业经济实力不断做大。例如，2012年塑机行业综合实力20强企业销售额的入围门槛为2.5亿元，比2011年增加0.5亿元；20强企业的销售总额为192亿元，同比增加22亿元。行业龙头企业海天塑机集团有限公司，连续多年成为中国制造业企业500强之一，连续三年成为世界最大规模的塑料机械企业。

所谓“三提高”，一是塑料机械产品档次有了显著提高，涌现出一大批新技术、新工艺和新产品，其中，一批新技术、新工艺填补了国内空白，部分产品达到了国际领先或国际先进水平，不仅满足了国内相关产业对中、高端塑料机械装备的需求，而且销往全球150多个国家和地区。二是塑料机械产品的节能水平有了显著提高。我国自主研制的伺服驱动注塑机，经国家质量监督部门鉴定，能够降低

能耗20%～80%，节能效果达到国际先进水平。国产挤出机产品在采用变频调速技术后，也能够降低能耗20%以上。按照2011年全国塑料橡胶制品总产量6 000万t，平均每加工1t塑料橡胶制品可降低能耗35%计算，国产塑机产品每年节约电能181.5亿kW·h，相当于新建了一座葛洲坝水电站，成效十分显著。三是行业地位和影响力有了显著提高。例如，我国塑料机械行业每年带动塑料制品产业实现了约20 000亿元的产值，为国民经济建设和发展作出了积极贡献，行业的作用进一步提升。同时，我国已经成为塑料机械"制造大国"和"出口大国"，在国际塑机市场中具有举足轻重的地位。

纵览"十一五"以来的历程，我国塑料机械行业虽然取得了令人鼓舞的成绩，但还存在着许多问题。例如，我国每年仍需从国外进口大量的中、高档塑料机械。其中，2011年进口塑料机械13 704台，金额218 223万美元；2012年进口塑料机械10 482台，金额212 653万美元。又如，我国塑料机械进出口逆差仍然很大。2011年进出口逆差为71 564万美元，2012年进出口逆差为50 749万美元。再如，由于我国塑料机械产品在性能、质量、可靠性、服务、品牌影响力等方面，仍然与工业发达国家存在一定差距，因此，进出口单价相差很大。2012年我国出口塑料机械69 693台，出口金额为161 886万美元，平均每台单价为2.32万美元，而同期进口塑料机械的平均单价为20.28万美元/台，也就是说，我国出口一台塑料机械的价格相当于进口塑料机械的11.4%。

以上问题的存在，再次说明我国塑料机械产业的现状还只能用"塑机大国"来形容，离"塑机强国"还有很长的路要走。同时，也有力地说明，推进产业转型升级、提高经济增长质量和效益的重要性，说明打造塑机发展"升级版"的必要性。为此，全行业必须牢固树立奋勇争先的进取意识，始终保持高昂的干劲，以打造塑机发展"升级版"的举措，切实解决上述问题，加快实现由大到强的转变提升，努力谱写好"中国梦"的塑机篇章。

二、打造塑机发展"升级版"的紧迫性

当前，我国塑料机械工业已经进入了只有加快转变经济发展方式才能实现可持续发展的关键时期，进入了由"塑机大国"走向"塑机强国"的攻坚时期。面对日趋严峻的国际经济形势，面对新一轮科技和产业革命机遇，面对塑料机械行业的现状，我们必须深刻认识到打造塑机发展"升级版"的紧迫性。

从国际看，我国经济发展的外部环境更加严峻。国际金融危机发生已经5年了，世界经济已由危机前的快速发展期进入了深度转型调整期。世界经济低迷将成为常态，各国对国际市场的激烈争夺、对国内市场的大力保护以及贸易战、汇率战等正在升级。各国为了争夺未来发展制高点，开始了以结构调整、技术创新为中心的新一轮竞赛，这将引发全球经济政治版图中各国力量对比的新变化。此外，世界经济进入了通胀压力期，短期内难以缓解，全球经济的不稳定性会再度增强。国际市场需求疲软，我国将面临外需偏弱的局面。这些情况表明，我国塑料机械产业面临着日趋严峻的国际经济形势。我们要在全球竞争中赢得主动，赢得先机，进一步拓展市场和发展空间，必须加快提升我国塑机的竞争力，努力打造塑机发展"升级版"。

从世界新科技革命的趋势看，我国塑料机械产业面临着前所未有的挑战。当前，世界新科技革命正孕育突破，新一轮产业革命蓄势待发，建立在互联网和新材料、新能源等基础上的第三次工业革命即将叩响人类的大门。在这场革命中，数字化、信息化、智能化、个性化的生产方式，正在取代传统的人工、机器的方式。而3D打印技术，被人称为"疯狂制造"。第三次工业革命将重塑比较优势与竞争优势，刷新世界经济版图，调整全球利益分配格局，为后发国家实现赶超打开了"机会窗口"。因此，我国塑料机械行业要想立于不败之地，必须抓住和用好第三次工业革命的机遇，瞄准世界前沿水平的关键技术，以高水平的自主创新引领产业转型升级，加快打造塑机发展"升级版"。

从国内看，经过多年的高速发展，我国以低成本劳动力为基础的工业增长模式已难以持续。例如，我国曾经拥有的比较优势是廉价劳动力、广阔的土地以及廉价供给的资源，但是，现在人口红利已经到了顶点，未来劳动力越来越少，劳动力成本已经开始大幅上升，这些新情况都要求转变经济发展方式，特别是亟须掀起一场以持续创新为特点的新型工业化浪潮，包括产品创新和产业结构的调整。面对国内经济环境的新变化，我国塑料机械行业唯有创新才能驱动发展，唯有打造行业发展“升级版”，才能实现持续健康发展。

从行业发展现状看，我国塑料机械行业在生产规模和产品产量方面，已经坐上了世界塑机制造业的头把交椅，形成了持续发展的良好条件。但是，行业内还存在诸多问题，例如，企业生产经营成本上升，创新投入不足，创新能力不强，产业结构不合理，产品创新步伐不快，转型升级难度较大，培育新的经济增长点措施不多，工业增加值率较低，企业经济效益不甚理想等。要尽快破解这些问题，促进企业又好又快发展，必须以时不我待的紧迫感、机不可失的历史责任感，大力打造塑机发展“升级版”。

三、以自主创新打造塑机发展“升级版”

实践证明，我国塑料机械行业之所以能够持续快速发展，最重要的力量是自主创新。通过自主创新，全行业形成了一大批具有自主知识产权的创新成果，开发出一系列具有世界先进水平的新技术、新工艺、新产品，造就了一批不断开拓进取、不断做大的优势企业，不断攀登行业发展的一个又一个高峰。今天，打造塑机发展“升级版”，加快实现由大到强的转变提升，同样需要大力推进自主创新。要依靠自主创新，力争实现“六个新”，即：在科技水平和产业层次上实现新提升，在产品档次和附加值上达到新提高，在发展速度和规模上创造新成绩，在发展质量和效益上取得新成效，在可持续和协调发展上实现新突破，在由大到强的转变提升上具有新作为。

当前，塑料机械行业要做好六个方面的文章。一是做好科技创新的文章。深入实施创新驱动发展战略，引导企业建立以市场为导向、产学研结合的技术创新体系，加强与高校和科研机构的协同创新，加快培育核心技术和自主知识产权，着力打造具有持续创新能力的创新型企业，全面提升产业核心竞争力。二是做好转型升级的文章。坚持把调整优化产业结构作为主攻方向，把提高发展的质量和效益作为中心任务，以提高自主创新能力为引领，以装备更新、工艺革新、产品创新为目标，以技术改造为抓手，全面优化行业结构、技术结构、产品结构、组织结构，促进产业结构的整体优化提升，不断增强企业经济实力，大力提升行业的国际竞争力。三是做好高端发展的文章。大力实施高端发展战略，坚持高端引领，主攻高端技术，瞄准高端产品，突破高端环节，推进智能制造，减少对进口产品的依赖，努力实现高端塑机装备的国产化。四是做好绿色发展的文章。坚持走绿色制造和循环经济的新型工业化道路，大力提升节能技术，积极发展高效节能产品，不断满足各行各业用户对节能型塑机技术装备的要求。五是做好人才培养的文章。充分发挥行业专家委员会的作用，积极组织行业专家开展服务企业、决策咨询、科技交流等活动，不断提高行业科技工作的前瞻性和科学性。要加强科技人员的培训，强化职工技能培训，加强创新人才和创新能力的培育。六是做好稳中求进的文章。深入学习贯彻党的十八大精神，把握稳中求进的总基调，抓住扩大内需、推进新型城镇化的机遇，抓住塑机行业发展上升为国家战略的机遇，以良好的精神状态和真抓实干的工作作风，大力推进行业科技创新和转型升级，奋力推动行业经济平稳健康可持续增长，努力创造稳中求进、稳中求好的新成绩，力争在打造塑机发展“升级版”的进程中，书写更为精彩的新篇章。

〔撰稿人：中国塑料机械工业协会会长张静章〕

为实现“塑机强国梦”扛起协会担当

2012年，是我国塑料机械行业经受住困难挑战和风险考验的一年，也是业内企业逆势而上、成果丰硕的一年，又是协会工作开拓创新、充满活力的一年。

2013年春天，“中国梦”已经成为最受关注的热词和话题，正在焕发出鼓舞人心的力量，激荡起亿万人民的共鸣，召唤着人们用实干的精神和劲头，为筑就“中国梦”而奋斗！对于中国塑料机械工业来说，就是要争当“中国梦”的践行者，加快推进由“塑机大国”向“塑机强国”的转变提升。作为新型行业组织，中国塑料机械工业协会要进一步增强担当意识，牢记历史使命，坚持服务宗旨，不负会员重托，履职尽责，倾心竭力，团结带领全行业企业家和广大职工，创造出无愧于时代的新业绩，为加快实现“塑机强国梦”、同心共筑伟大的“中国梦”而努力拼搏！

一、2012年工作回顾

已经过去的2012年，面对严峻复杂的外部环境和经济下行的压力，全行业牢牢把握主题主线，坚持稳中求进的总基调，坚持又好又快发展的工作导向，抓住塑机行业发展已上升为国家战略的重大机遇，同心合力，攻坚克难，行业经济呈现出“平稳回升、质量提高、亮点突出”的良好态势，取得了来之不易的好成绩。

一年来，协会着重开展了以下工作。

1. 深入推进转型升级，经济增长平稳回升

协会通过加强企业调研、召开行业会议等形式，引导企业主动适应国内外形势变化，认真贯彻中央宏观调控政策，紧密结合企业发展实际，在保持经济持续、平稳、健康、较快发展的同时，把工作的着重点放到转型升级上，努力实现发展速度、质量、效益的统一。同时，支持和鼓励企业大力发展实体经济，积极实施高端发展、绿色发展战略，大力推进转型升级，全面优化产业结构、技术结构、产品结构，加大新产品研发力度，全面提升产品核心竞争力。引导企业坚定信心，振奋精神，抓住机遇，攻坚克难，全力以赴保增长、保市场，着力实现年度生产经营目标。此外，协会还通过网站、会刊等媒体，介绍业内企业在开发高附加值产品、做大做精传统优势产品等方面的新思路、新措施，推介企业以向创新驱动转型、绿色低碳转型、智能制造转型、质量提升转型、服务化转型为特点的“六个转型”经验和做法，为行业提供参考和借鉴，促进行业经济在转型升级的基础上实现平稳较快发展。

根据国家统计局和中国海关数据，2012年，我国塑料机械行业365家规模以上企业共完成工业总产值462.06亿元，同比下降1%；工业销售产值达到444.73亿元，与上年持平；出口交货值达到75.66亿元，同比下降6%；行业塑机产量完成27万台，虽然与上年相比减少7%，但是，仍然在产品产量方面创造了“全球12连冠”的纪录。在国内外经济形势严峻复杂的背景下，塑料机械行业能够保持稳中求进的良好态势，取得比预期更好的成绩，实属来之不易。

2. 加快推进科技创新，产品质量显著提升

2012年，协会采取了六项措施引导企业实施创新驱动战略，大力推进自主创新和科技进步，促进了产品质量的显著提升。

一是通过总结行业在国际金融危机中逆势而上、率先突围的经验做法，引导企业进一步认清：自主创新是战胜危机和困难挑战的主要法宝，只有继续创新，加大创新，企业才能继续挺立潮头。

二是通过组织技术交流会、举办科技论坛等形式，引导企业认清世界新科技革命的趋势，认清国际市场竞争的新态势，进一步明确：我国塑料机械行业虽然在产量上位居世界第一，但还在市场和技术上受到制约和挤压，在价值链上仍然处于中、低端环节。如果不掌握先进技术、占据产业制高点，就只能徘徊在低附加值、低回报的中低端环节，从而认清企业发展的动力在创新，未来的希望也在创新，我国塑机产业要抢占国际市场的制高点，实现“大而强”的目标，必须依靠自主创新和科技进步。

三是通过发布行业经济运行报告、推介企业先进经验等形式，引导企业强化创新主体地位，加大科技创新投入，推进创新平台建设，促进产学研紧密结合，开展重大科技专项攻关，加大新产品研发力度，培育具有自主创新技术、自主知识产权的优势产品、特色产品、名牌产品，全面提升产品核心竞争力。

四是召开了“数控一代”装备创新工程（塑料机械分行业）座谈会，邀请工信部装备工业司副处长韩行及有关专家出席并讲话，引导企业增强自主创新意识，促进数控技术的推广应用，提升塑机产品的数字化、信息化、智能化、个性化水平，不断提高塑机装备的自主创新能力和产品附加值。

五是通过编辑《中国塑料机械工业科技成果汇编》（2006—2011），反映全行业科技工作面貌和科技创新成果，宣传企业家大力推进自主创新的事迹，激励广大科技人员发扬勇于探索、勇于创造、勇于超越的精神，大力营造自主创新的良好氛围，引导企业以全球视野谋划和推动自主创新，以科技创新推动产业高端发展，以科技竞争力提升国际竞争力。

六是加强安全标准和节能标准的贯彻实施工作。其一，加强了标准宣传贯彻工作，引导企业进一步认清标准化在提升产品质量和安全水平、推进产业结构调整和升级、提高产业竞争力等方面的技术支撑作用，以对党、对国家、对人民高度负责的精神，深入贯彻执行国家安全标准和行业节能标准，全面提高注塑机的质量安全水平和节能水平。其二，不断完善标准实施的信息反馈渠道，及时反馈和收集标准实施情况，认真总结行业贯标工作的成绩，及时分析企业在贯标工作中存在的差距和难点，并结合实际提出了对策措施。其三，开展了重点产业标准实施效果的评估。例如，2012 年 4 月 18—21 日，在 26 届中国国际塑料橡胶工业展览会期间，协会秘书处会同国家塑料机械产品质量监督检验中心和部分企业代表，在雅式展览服务有限公司的配合下，对参加展览的注塑机生产企业贯彻实施安全标准和节能标准情况进行了调研评估，为协会摸清现状、梳理问题、推进贯标起到了积极作用。

科技创新的积极推进，带动了产品质量和科技含量的提升，带来了经济效益的提高。根据国家统计局和中国海关的数据，2012 年行业经济发展有 2 个亮点尤其引人关注。其一是国产塑料机械在国内市场的份额达到 73%，比上年提高 3%。其二是行业主营业务收入利润率达到 8.83%，高于全国机械行业 6.81% 的平均水平，略低于印刷机械8.93% 的行业水平，在 22 个机械分行业中位居第 2。

3. 积极争取政府重视，部委支持令人瞩目

2012 年，通过协会的主动工作和积极争取，在全行业的共同努力下，国家部委对塑料机械行业发展厚爱有加、大力支持，从而为业内企业自主创新、节能减排、技术改造提供了强大动力，为行业发展开辟了更为广阔的空间。

1 月 17 日，塑料机械行业的全电动智能化塑料注射成型机（微型）、大型超大注射量塑料注射成型机、汽车用多层塑料燃油箱塑料挤出中空成型机、丁基橡胶后处理生产线、双轴取向拉伸往复式高强度经纬网生产线和多层共挤纳米吹塑成套设备，作为复合材料制备装备，被列入工业和信息化部、科学技术部、财政部和国务院国有资产监督管理委员会联合发布的《重大技术装备自主创新指导目录》（2012 年版）。

3 月 29 日，科技部发布了《“十二五”国家科技计划先进制造技术领域 2013 年度备选项目征集指

南》,塑料机械行业的“节能智能型数控化塑料注射机的研发与应用示范”进入该《指南》的“数控一代机械产品创新应用示范工程”。

2012 年 9 月,根据工信部相关《通知》精神,协会在组织行业企业申报的基础上,积极向工信部推荐了一批节能塑机设备(产品)。2013 年 1 月 7 日,工信部发出了《关于公示 < 节能机电设备(产品)推荐目录(第四批) > 的通知》,塑料机械行业的二板式塑料注射成型机、全电动注射成型机、变量泵塑料注射成型机、伺服节能塑料注射成型机,被列入《节能机电设备(产品)推荐目录(第四批)》。

此外,2012 年 11 月 12 日国家发展改革委办公厅、工信部办公厅联合发布了《关于开展 2013 年产业振兴和技术改造专项有关工作的通知》,明确了重点支持装备核心能力提升、新型绿色建材及无机非金属新材料发展、企业信息化水平提升和中西部地区特色产业升级和技术改造等 10 个重点专项。智能化成型和加工行业(塑料机械)、橡胶加工机械一起被列入 2013 年度“高端智能化装备发展与应用”专题,并将对转型升级、提升数控化水平的在建项目作为重点支持方向。

4. 继续开展排序活动,引领企业健康发展

在总结 2011 年首次开展优势企业排序活动经验的基础上,2012 年 5 月,协会再次组织开展了行业优势企业排序及分析研究的有关工作。此次排序工作,继续按照自愿申报、如实申报和不向申报企业收取费用的原则,并借鉴国际通用方式,参照国内相关行业协会的做法,以上年度企业销售收入或营业收入为主要指标,同时,参照净利润、资产总额、所有者权益、纳税总额、研发费用、从业人数、海外收入等 8 项指标,本着公平、公正、公开的原则,经过数据核对、初次排序、网站公示、复核审定等程序,确定了“中国塑机制造业综合实力 20 强企业”“中国塑料注射成型机行业 10 强企业”“中国塑料挤出成型机行业 5 强企业”“中国塑料中空成型机行业 3 强企业”的排序名单。由于业内企业的积极申报,并得到广大会员单位的大力支持,因而,优势企业排序工作进展顺利,效果良好,得到了行业内外的肯定。

此次排序活动的开展,不仅为全社会和政府部门提供了行业可靠信息,让社会各界对塑机行业优势企业的实力有了一个比较系统、清晰、全面的了解,对于加强行业企业与社会的交流合作,扩大对外开放,增强社会各界对塑机行业的关注与支持,产生了积极的影响。更重要的是,对于提升优势企业的知名度和竞争力,增强企业“比、学、赶、超”的信心,促进塑料机械行业做大做强,起到了积极的推动作用。业内企业反映,这是一次优势企业的大检阅、大鼓劲,使企业找到了自己在市场中的位置,做到学有对象、追有目标,进一步坚定了做大做强的决心。今后,要充分利用这个平台,既要比大,又要比强,更要比企业的自主创新能力和核心竞争力,为推进行业经济又好又快发展、实现行业由大变强的历史跨越,再创新业绩,书写新篇章!

5. 充分发挥职能作用,服务行业效果明显

服务是行业协会的宗旨,是立会之本。2012 年,协会进一步强化服务意识,充分发挥职能作用,在推荐科学技术奖、表彰先进、品牌培育、人才培训等方面做了大量的工作,在扩大联谊交流、帮助企业拓展市场等方面迈出了新步伐,取得了有目共睹的成效。

(1)向中国机械工业联合会积极推荐科学技术奖。通过协会和行业企业的共同努力,有 5 家企业荣获 2012 年度中国机械工业科学技术奖。其中,广东金明精机股份有限公司 M3B – 1300Q 无机粉体环保石头纸专用吹塑装备、南京艺工电工设备有限公司“0 + 3”三层共挤橡胶电缆连续硫化生产线、广东粤东机械实业有限公司智能化超洁净预制杯灌装成套设备分别荣获二等奖,山东通佳机械有限公司 PLA 聚乳酸全降解发泡片材生产技术及设备、佛山伊之密精密橡胶机械有限公司 YL – AT1800L 复合绝缘子橡胶专用注射成型机,分别荣获三等奖。

（2）向中国机械工业联合会积极推荐先进典型。例如，在“中国机械工业成长型中小企业之星宣讲活动”中，浙江申达机器制造股份有限公司、宁波市海达塑料机械有限公司、南京艺工电工设备有限公司、上海御能动力科技有限公司、张家港市繁昌机械有限公司5家企业，获得“振兴装备制造业中小企业之星”明星企业称号。浙江申达机器制造股份有限公司总经理王珏、宁波市海达塑料机械有限公司董事长兼总经理蒋忠定、上海御能动力科技有限公司总裁甄力、张家港市繁昌机械有限公司总经理倪玉标4位企业家，荣获“振兴装备制造业中小企业之星”明星企业家称号。

（3）向中国机械工业品牌战略推进委员会积极推荐2012年机械工业品牌培育表彰产品。海天塑机集团有限公司、广东伊之密精密机械股份有限公司、博创机械股份有限公司、东华机械有限公司、佛山市顺德区震德塑料机械有限公司、浙江申达机械制造股份有限公司6家企业的塑料注射成型机，作为2012年机械工业品牌培育表彰产品，进入公示名单。

（4）为业内企业培训了一批科技人员。2012年8月，协会与行业专家委员会在北京联合举办了先进挤出工艺技术及理论高级研修班。研修班邀请北京化工大学、中国化工集团工程中心、中石化北京化工研究院等塑料机械和加工领域的著名教授和知名专家担任授课教师，围绕“工程塑料改性、工艺、设备及配方设计”“三螺杆挤出机混合性能评价”“超临界流体挤出发泡原理与技术”等6个专题，进行了系统讲授。学员反映，培训非常及时，十分必要，感到学有所获、研有所得，收获良多。

（5）积极组织业内企业参会、参展，助力企业拓展国内外市场。如，动员和组织企业参加中国国际塑料橡胶工业展览会（雅式展）、中国塑料交易会、中国塑料机械博览会（网上S展），向国内外客商推介新技术、新产品，拓宽国内外销售渠道。2012年3月底至4月初，组织行业重点骨干企业赴美参观美国塑料工业展览会（NPE2012）。5月，会同西麦克国际展览有限责任公司联合组织中国塑机展团，赴意大利米兰参加2012意大利国际塑料机械展（PLAST2012）。9月下旬，组织中国塑机考察团参观2012台北塑料橡胶工业展览会。此外，还加强与德国杜塞尔多夫国际塑料及橡胶展览会（K展）主办单位的沟通协调，积极组织业内企业，为参展参观2013年德国K展作好充分准备。

（6）加强对外交流工作。分别与德国、日本、美国、英国、意大利、西班牙、印度等国家塑料橡胶工业协会及相关组织，加强了交流和沟通，建立了密切联系，为我国塑机产业发展，积极营造良好的外部环境。

6. 切实加强自身建设，服务能力明显提高

一年来，协会加强了秘书处建设，进一步健全了工作制度，完善了工作机制，充实了工作人员，明确了职责分工，提高了服务意识，积极转变工作作风，加强了与会员单位的联系走访。同时，协会网站、会刊工作有了新起色，信息服务工作有了新成效，会员发展工作取得新进展。

回望2012年历程，虽然协会工作和行业发展取得了显著的成绩，发生了可喜的变化，但是，也存在一些值得高度关注的新情况新问题。例如，协会工作还存在一些问题和差距，改革创新的力度不够大，协会管理存在薄弱环节，服务能力急需提高。对此，我们要高度重视，清醒认识，深入研究，切实解决。

二、主要工作体会

一年来，协会工作的主要体会有六个方面：一是必须坚持把推动科学发展作为协会履行职能的第一要务；二是必须坚持把服务会员、服务行业作为协会工作的出发点和落脚点；三是必须坚持把遵守章程、规范运行作为协会的办会原则；四是必须坚持把与时俱进、改革创新作为推动协会事业发展的不竭动力；五是必须坚持把加强自身建设作为协会履职尽责的重要基础；六是必须坚持把发挥协会组织的优势作为提高履职实效的重要途径。

三、以创新和实干精神做好协会工作

2013年，是全面贯彻落实党的十八大精神的开局之年，是实施“十二五”规划承前启后的关键一

年。2013年，又是我国塑料机械行业加快转型升级、努力实现“大而强”的重要之年，又是中国塑料机械工业协会的换届之年。做好协会各项工作，对于推动协会事业的创新发展、行业经济的又好又快发展，意义十分重大。协会必须牢记历史使命，增强担当意识，以创新和实干精神做好工作，团结带领会员单位和业内企业，全力以赴完成经济发展的目标任务，为实现“塑机强国梦”汇聚更多正能量，为实现“中国梦”打下更加坚实的基础。

当前，要做好六个方面的工作：①以科学发展观为指导，着力丰富完善协会工作思路和方略；②以改革创新为动力，着力构建有利于协会科学发展的体制机制；③以振兴产业为己任、服务会员为宗旨，积极推动行业和协会科学发展；④以加快转型升级为主线，着力推进行业经济健康持续发展；⑤以推进自主创新为重点，奋力打造塑机发展“升级版”；⑥以勇于担当、真抓实干为导向，努力开创协会工作的新局面。

新的征程已经开启，新的梦想令人期待。当前，中国塑料机械工业已站在一个新的历史起点上，发展机遇难得，发展前景广阔。让我们携起手来，同心同德，群策群力，奋发进取，为实现“塑机强国梦”作出新的贡献，不断谱写协会事业的新篇章。

〔撰稿人：中国塑料机械工业协会钱耀恩〕

塑料机械技术研究最新进展

塑料在当今世界具有极为重要的作用，已经广泛应用于国民经济的各个领域。塑料加工工业是我国制造业发展最快的行业之一。然而，在塑料产业蓬勃发展的同时，资源、环境、能源三大问题凸显，制约了塑料产业的发展，成为人们关注的热点。在资源方面，传统的塑料材料源于不可再生的石油资源，随着石油资源的逐渐枯竭，传统石油基高分子材料发展受到遏制；在环境方面，传统石油基塑料稳定性好，在自然界中降解缓慢，加之废旧塑料回收、再利用技术没有得到充分的重视和发展，造成环境污染问题；在能源方面，塑料加工成型属于高能耗过程作业装备，单位产值能耗比较高。因此，塑料可再生资源替代、废旧塑料循环利用、加工过程节能降耗是支撑塑料加工行业可持续发展的关键任务，也是生产方式向“绿色”转变的重要标志。同时，低能耗、高效率、环保型的绿色加工成型技术与装备是塑料机械行业的发展趋势，也是国家的重大需求。

塑料原料及其辅料都要通过加工成型设备形成所需形状、结构与性能，成为有实用价值的材料与制品，这种加工成型设备统称为塑料机械。一般塑料机械都由挤压系统、驱动与传动系统、过程控制系统以及制品成型系统等部分组成。塑料机械总体结构示意图见图1。

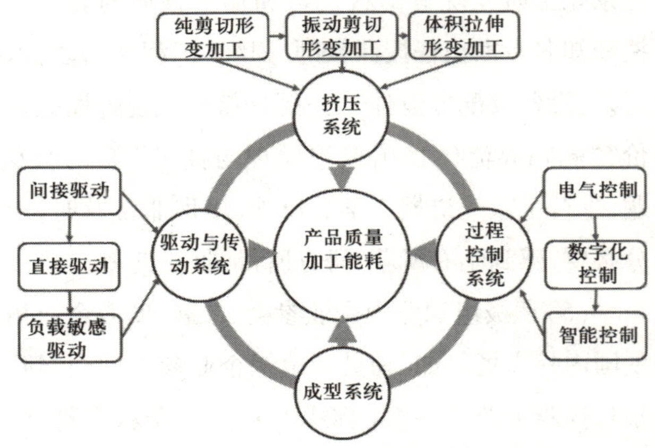

图1　塑料机械总体结构示意图

目前，国内外塑料机械主要集中在这几个部分开展技术创新，以实现塑料机械具有节能降耗、无分拣废旧塑料合金化加工和生物质复合材料共混加工的功能和特征。例如，塑化输运方法从纯剪切形变加工到振动剪切形变加工，再到体积拉伸形变加工演变；驱动与传动方式从间接驱动到直接驱动，再到负载敏感驱动；控制系统从电气控制到数字化控制，再到智能化控制。每一次技术创新性研究都会推动行业的技术进步。

一、塑化输运方法

挤压系统是塑料机械的核心部分，其主要完成塑料的塑化、熔融和输运过程，为塑料制品成型定量提供熔体，而且对塑料制品质量起决定性的作用，也是塑料加工成型消耗能量最多的过程。

1. 振动剪切形变加工

以螺杆作为结构标志和原理特征的挤压系统消耗的能量远高于塑料塑化输运所需要的能量，能量利用率较低。因此，降低挤压系统的能耗是塑料机械的重大技术难题。

对传统螺杆挤压系统的研究可以发现：普通螺杆不能强化塑料加工的传质传热过程。通过使螺杆挤压系统的螺杆在转动同时还做轴向周期性振动，实现了塑料加工过程由振动剪切形变支配，提高了塑料加工过程中传质传热效率。纯剪切和振动剪切流场示意图见图2。

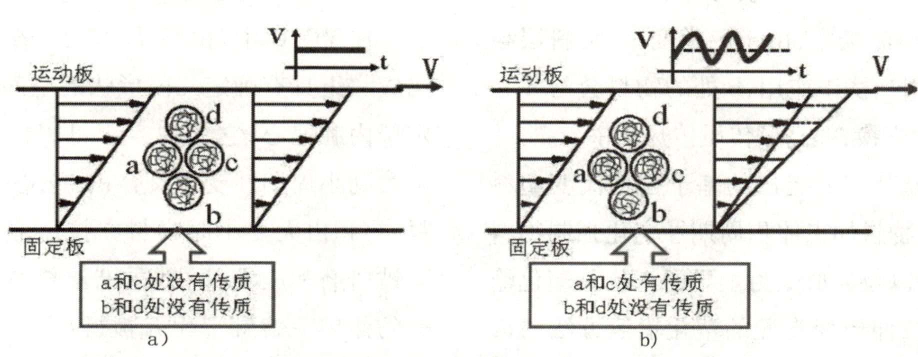

图2　纯剪切和振动剪切流场示意图

a)纯剪切　　b)振动剪切

在纯剪切流场中，物料运动为单纯的层流，其层与层几乎没有传质，传热过程一般只是靠热传导和粘性耗散产生热，如图2a中a和c处、b和d处的物料没有传质过程。在振动剪切流场中，物料运动速度v是周期性变化的，流动方向上层与层之间会产生物质交换，即图2b中a和c处的物料会发生传质，垂直于流动方向上产生的物质交换与纯剪切类似。在振动剪切流场中产生的传质过程，有利于物料塑化和多相多组分体系共混，同时传质过程强化了热交换，提高了传热效率，可使螺杆长径比减小，挤压系统消耗的能量也随之减少。

振动力场的引入在挤压系统中出现了之前没有的许多现象和特征，如物料塑化输运历程缩短、熔融速率提高、熔体粘度减小等。振动力场能量的引入并不是能量的简单叠加，而是利用高分子材料塑化输运过程在振动力场作用下表现出来的非线性特征降低能耗，提高制品质量。同时振动力场的引入具有比较强的分子链解缠结作用效果，使得聚合物熔体粘度下降，并且存在最佳形变振幅和频率使得熔体表观粘度下降幅度最大。熔体表观粘度的下降使得相同产量时挤出阻力减少，挤出压力降低，能量消耗也同时减少。

相对于塑料纯剪切形变加工成型，塑料振动剪切形变加工成型技术缩短了加工过程中的热机械历程，能耗明显降低，多相多组分体系混合效果变好，制品质量提高。

2. 体积拉伸形变加工

由于多组份不相容塑料一般不能直接共混加工，螺杆加工设备很难实现通用塑料功能化改性加工和无分拣废旧塑料的回收处理。因此，多组份体系共混增容是塑料改性加工的技术瓶颈。

塑料塑化输运过程的力场分为剪切力场和拉伸力场，其中在剪切力场作用下，物料在输运过程中速度梯度与输运方向垂直；而在拉伸力场中，速度梯度与输运方向平行。在螺杆挤压系统中，由于塑料是热的不良导体，加上剪切流场中是层流换热，导致传热效率低，完成塑化输运过程需要一个很长的热机械历程。剪切流场和体积拉伸流场示意图见图3。

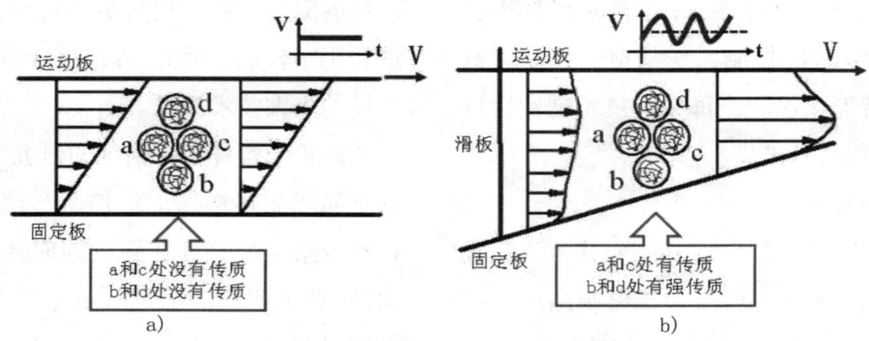

图3　剪切流场和体积拉伸流场示意图

a)剪切流场　　b)体积拉伸

在体积拉伸流场中，由于流道变窄，物料层与层之间会产生相互挤压作用，b处的物料会与d和c处的物料发生交换，提高了传质传热效率。

在上述研究基础上提出的基于拉伸流变塑料加工方法，通过物料加工体积周期性变化强制物料混合混炼，实现以拉伸形变为主导的正位移塑化输运机理。实现拉伸形变支配的塑化输运方法的设备由叶片塑化输运单元(vane plasticating and conveying unit, VPCU)构成，与螺杆挤压系统(screw extrusion system, SES)相对应，被称为叶片挤压系统(vane extrusion system, VES)。叶片挤压系统原理结构示意图见图4。

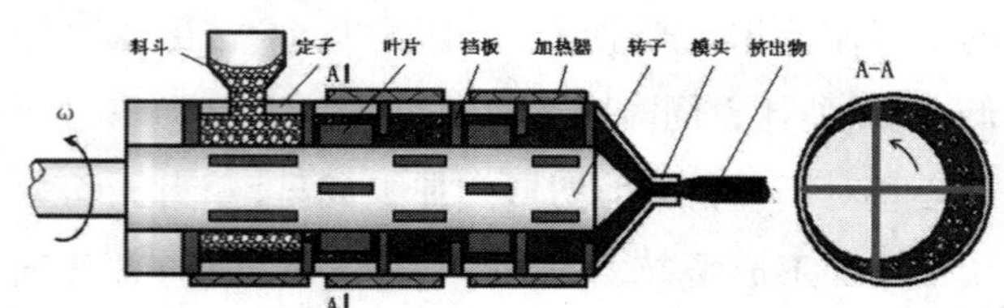

图4　叶片挤压系统原理结构示意图

在VPCU中，由转子、定子、若干叶片及挡板构成一组具有确定几何形状的空间。由于转子与定子内腔偏心，它们的容积可以依次由小到大再由大到小周期性变化。容积由小变大时被纳入物料，容积由大变小时物料在拉压应力的主要作用下被研磨和压实，同时在机械耗散热和定子外加热的作用下熔融塑化并被排出，完成拉伸形变支配的物料塑化输运过程。显然，这也是一个周期性动态塑化输运过程。图4所示的VES由5个VPCU组成，相邻的2个VPCU的偏心方向相反，使前一VPCU出料口与后一VPCU进料口形成连续的通道，完成塑料的连续动态塑化输运。

与螺杆挤压系统(SES)相比，叶片挤压系统(VES)具有短停留时间、短热机械历程和低能耗挤出特性。叶片挤出的短机械历程特性和低能耗特性见图5。

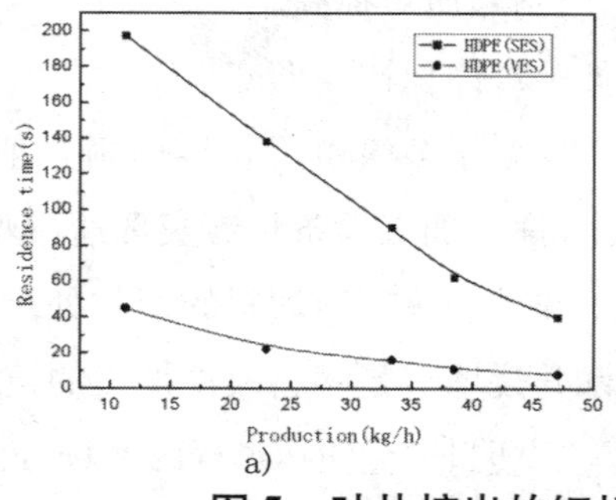

PP(SES)
PP(VES)
PP(Theory)
Unit consumption(kW.h/kg)
Production(kg/h)
b)

图5　叶片挤出的短机械历程特性和低能耗特性

a)停留时间与挤出产量的关系　　b)单耗与挤出产量的关系

叶片挤压系统加工不相容 PP/PS 体系，其分散相颗粒尺寸大约仅为螺杆挤压系统的 1/4。PP/PS 共混挤出物的相形态（PS 刻蚀）见图 6。

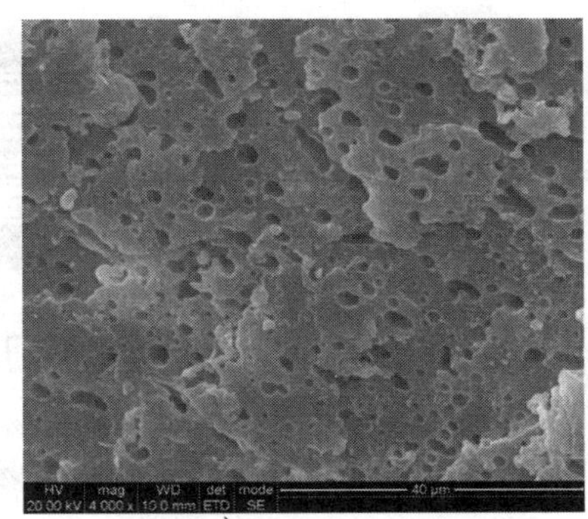

a)　　b)

图 6　PP/PS 共混挤出物的相形态（PS 刻蚀）

a）VES 加工（4 000 倍）　　b）SES 加工（1 000 倍）

研究表明，叶片塑化输运技术与螺杆塑化输运技术相比，物料热机械历程缩短 50% 以上，能耗降低 30% 左右，特别是混合混炼效果好，适用于不相容塑料、生物质复合材料等物料的共混加工。具体主要表现为：

（1）塑化输运靠特定形状的空间容积变化完成，具有完全正位移特性，塑化输运能力不依赖于物料的物理特性，对物料适应性提高，且输送效率提高，完成塑化输运过程所经历的热机械历程大大缩短，塑化输运能耗降低。

（2）塑化输运过程热机械历程短并避免了强剪切作用，大大降低了物料的降解程度；物料的可循环利用次数随之增多，且强拉伸流场有利于塑化输运过程中多相多组分不相容体系的分散混合，物理方式增容效果好，特别适用于高分子材料循环利用加工。

（3）在剪切流场作用下，柔性纤维在输运过程中平移的同时还会发生旋转，而在旋转运动过程中往往会由于过度弯曲变形造成纤维折断。叶片塑化输运单元以拉伸形变为主导，纤维增强体在输运的过程中可以很快地沿拉伸形变的作用方向取向，有利于纤维团聚体的分散和基体树脂对纤维的浸润，因而增加了体系的相容性，同时可减少纤维由于旋转运动而造成折断的程度，因此可以更好地保持植物短纤维的长径比，更适于大长径比植物短纤维增强热塑性塑料复合材料的制备，并能显著地提高制品的力学性能。

二、驱动与传动方式

塑料塑化加工中，驱动与传动系统作为除外加热源以外能量的主要来源，其工作效率是塑料加工设备性能优劣的重要标志之一。随着对塑料机械高效节能要求的不断提高，其驱动与传动方式经历了从间接驱动到直接驱动，再到负载感应驱动的发展过程。

1. 挤出机的驱动与传动

传统的塑料挤出机一直采用“电动机 + 减速箱 + 挤压系统”的间接驱动方式。这种方式会带来能耗过大、效率低、控制响应慢等诸多问题。若采用“电动机 + 挤压系统”的直接驱动方式，直接消除减速箱的能量消耗，将提高挤出机的驱动与传动效率，同时可提高控制响应速度和控制精度。

20 世纪 90 年代初，华南理工大学提出了塑料塑化挤出直接电磁换能的新概念，研制成功塑料电磁动态塑化挤出设备。这种新型挤出机的螺杆挤压系统被置入驱动电机转子的内腔中，物料的塑化挤出全过程在电机转子内腔中完成。塑化挤出直接电磁换能方式是挤出机直接驱动的一种特殊实例，螺杆挤压系统的驱动装置是低速大转矩矢量变频异步直接驱动系统。实验和应用结果表明：电磁动态塑化挤出设备与普通单螺杆挤出机相比，可节能 15% 左右，体积重量减少 50% 以上。

运用低速大转矩矢量变频异步直接驱动系统驱动叶片挤压系统，研制成功了矢量变频异步直接驱动叶片塑化挤出设备。矢量变频异步直接驱动叶片塑化挤出设备示意图见图 7。

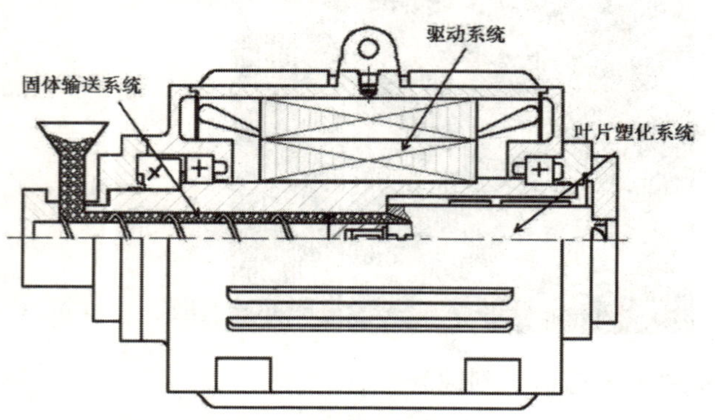

图 7　矢量变频异步直接驱动叶片塑化挤出设备示意图

来自料斗的物料在螺旋输送过程中吸收驱动装置的铁耗和铜耗产生的热量而被预热到一定温度，使叶片挤压系统塑化输运物料所需的能量减少。同时，这种驱动系统与叶片挤压系统集成化的直接驱动叶片塑化挤出设备与电磁动态塑化挤出设备相比较，能量消耗进一步降低，挤出稳定性大为提高。

随着稀土材料和功率电子技术的发展，低速大转矩稀土永磁伺服电机开始在塑料机械上崭露头角。采用低速大转矩稀土永磁伺服电动机和叶片挤压系统可组成稀土永磁伺服直接驱动叶片塑化挤出设备。稀土永磁伺服直接驱动叶片塑化挤出设备示意图见图 8。

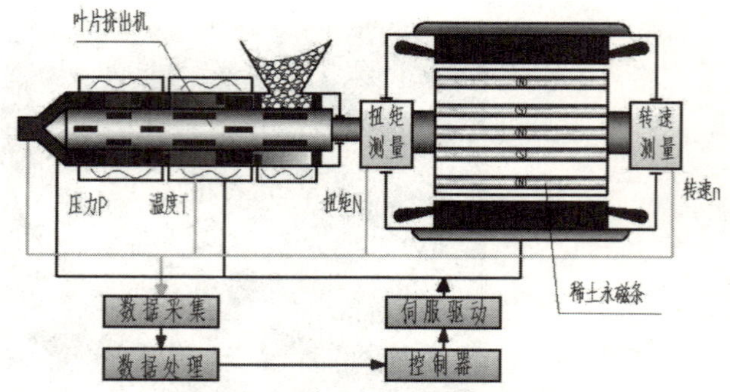

图 8　稀土永磁伺服直接驱动叶片塑化挤出设备示意图

低速大转矩稀土永磁伺服电动机可以实现叶片挤压系统负载感应驱动，最大限度地满足拉伸流变控制的塑化输运过程负载特性要求，降低驱动与传动过程中的能量损耗，提高驱动效率，达到节能降耗的目的。

2. 注塑机的驱动与传动

近几年，国内外各种节能型注塑机驱动与传动系统不断涌现，如变频控制式、变量泵式及电动控制式驱动系统。在注塑机液压驱动与传动系统中，能量损失包括节流损失与溢流损失两大部分，节能降耗的关键就在于减少这两类的损失。液压变量驱动与传动是注塑机的一种高效节能驱动方式，注射机液压变量驱动与传动技术见图 9。

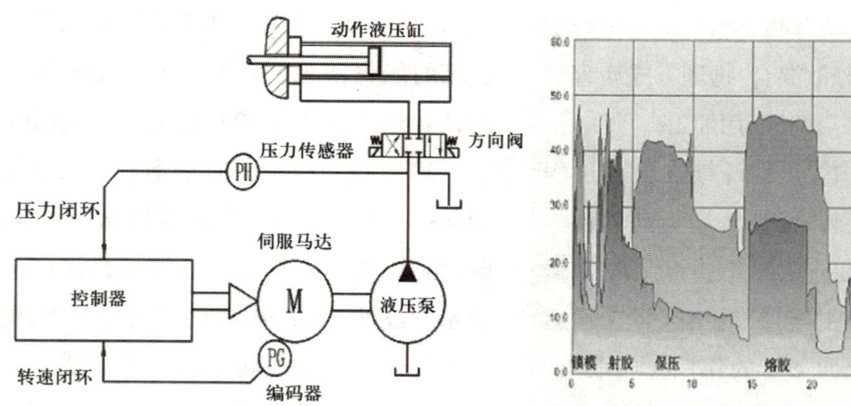

图 9　注射机液压变量驱动与传动技术

在这种液压驱动与传动系统中，通过调节液压泵的排量，使系统流量、压力与负载的要求相适应，最大限度地减少液压系统的溢流损失与节流损失，有显著的节能降耗效果。

现用注塑机注射和保压过程均是通过直线运动来实现的，这种直线注射和保压方式在不同的注塑机中都存在一系列缺点。在传统的液压式注塑机中，塑化过程由液压马达驱动螺杆旋转运动，注射和保压过程用液压缸驱动柱塞或螺杆直线运动。整个塑化注射装置部件多、结构复杂、成本高。尤其是在螺杆一线式注塑机中，螺杆和止逆环后大量未塑化好的物料参与注射时的直线运动，运动惯量大、摩擦阻力大，注射时能量消耗大，注射速度和注射位置控制困难。在全电动注塑机中，注射运动往往通过滚珠丝杆将伺服电动机的旋转运动转化为注射柱塞或螺杆的直线注射运动。除了与上述液压注射机存在相同的问题外，全电动注塑机还存在另外的问题：①传动系转动惯量更大，注射速度和位置控制困难；②滚珠丝杆易磨损；③噪声大；④设备和维修成本高。

针对注塑机直线注射和保压方式存在的问题，结合叶片挤压系统的特点，变直线位移计量为角位移计量、直线注射和保压为旋转注射和保压，发明了塑料盘式旋转注射方法及注塑机。叶片注塑机旋转注射结构示意图见图10。

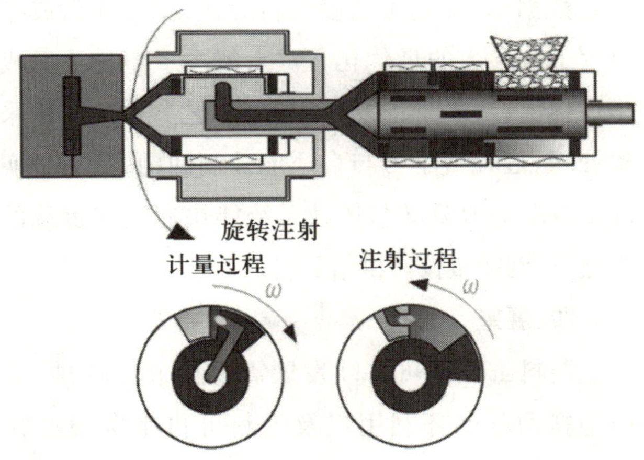

图10 叶片注塑机旋转注射结构示意图

这种新型注塑机，利用置于圆盘上环形槽中可绕圆盘中心旋转的活塞做旋转运动完成塑料的储料、注射和保压过程。进入盘式储料缸的塑料熔体推动注射活塞旋转，使储料容积增大完成储料；通过外部动力驱动注射活塞做与储料时相反方向旋转，推动盘式储料缸中的物料从喷嘴中射出并注入模腔；保持注射活塞的转矩可以保持模腔压力，完成模腔保压与物料补缩。

塑料盘式旋转注塑机与采用直线注射和保压方式的注塑机相比，具有体积小、储料计量准确、注射能耗低、注射运动惯性小等特点。

三、过程控制系统

塑料制品加工成型是利用外场如力场、温度场等使塑料产生热机械形变的过程，而塑料机械是实施这一过程的手段与工具，它是一个过程装备。塑料制品加工过程由于存在非线性、不确定性、时变性和不完全性等因素，一般无法获得精确的过程数学模型，因此塑料机械的常规控制系统很难对过程实施精确控制。因此，先进加工成型过程控制系统是衡量塑料机械技术水平的重要标志之一。

以往塑料机械的过程控制系统都是通过对工艺条件（温度、压力和转速等）控制来达到对制品质量（重量、尺寸、表面质量和性能等）的控制，由于对工艺条件、物料特性和操作的不同而产生的变化难以很好地响应，很难实现精准控制。在塑料加工过程中，产品质量与工艺参数和过程变量之间的关系难以确定，而且塑料种类繁多，加工工艺条件多变，加之废旧塑料回收循环利用以及可再生植物纤维资源利用发展都对控制系统提出了新的要求，需要确定控制模型的传统自动控制技术难以胜任多相多组分体系加工过程的控制。塑料加工过程智能控制技术见图11。

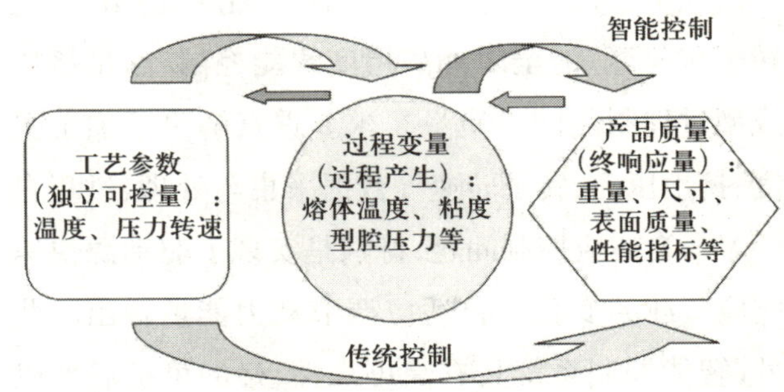

图11 塑料加工过程智能控制技术

塑料加工过程智能控制技术可以利用先进的测量与传感技术、计算机技术、非线性系统等现代手段，在产品质量与工艺参数和过程变量之间建立反馈与耦合关系，对塑料加工成型过程实施智能化的精准控制。只有这种不需要预先知道确定制模模型的智能化控制系统才能满足当前塑料机械发展需要。以下结合叶片塑化挤出和注射成型过程控制简要介绍在塑料机械智能化控制系统研究方面的进展。

塑料拉伸形变支配的叶片塑化挤压系统的应用,对挤出成型过程的控制技术提出了更高的要求,叶片塑化挤出成型过程智能化控制系统框图见图 12。

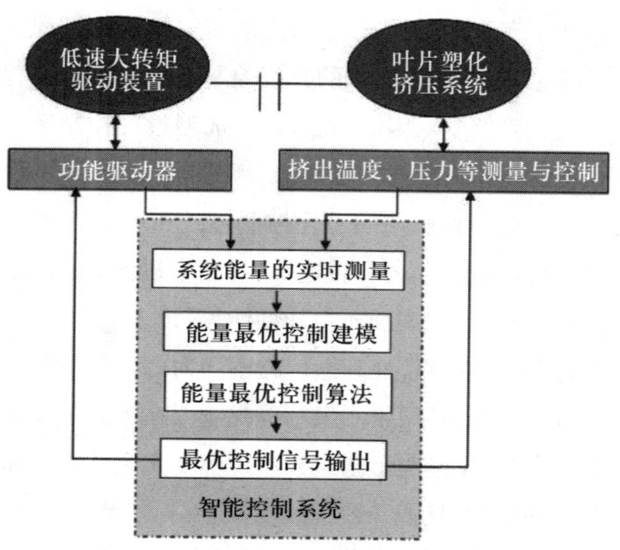

图 12 叶片塑化挤出成型过程智能化控制系统框图

该控制系统考虑了叶片塑化挤压成型过程的集成化、网络化与非线性过程优化技术,实现塑化挤出成型过程各工艺参数(如加工温度、挤出压力、转子转速等)的全闭环高精度智能控制,满足挤压成型过程制品的高质量要求。重点解决了加工温度、挤出压力、转子转速等数据采集与处理、过程自学习与自适应控制问题,特别是实现了驱动源快速响应负载的变化而自适应调节动力能量输出。此外,智能控制系统具有高可靠性、好的可扩展性以及友好的人机界面。

针对塑料叶片塑化盘式旋转注射成型过程控制,开发了专用的智能化控制系统。叶片塑化盘式旋转注射成型过程智能化控制系统框图见图 13。

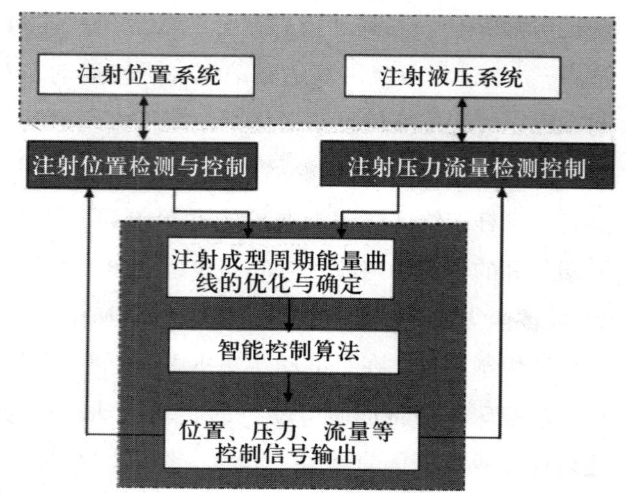

图 13 叶片塑化盘式旋转注射成型过程智能化控制系统框图

该系统考虑了旋转注射成型过程注射位置、注射速度的全闭环控制,同时,实现了注射成型各阶段系统压力与流量的感应驱动全闭环控制。智能控制算法实现了注射成型过程位置、速度、压力、流量等工艺参数的高精度控制。此外,建立了注射成型制品结构特征与最佳注射工艺参数数值关系的工艺数据库,实现工艺参数自寻优,保证注射成型过程工艺参数的最优化。重点解决了塑化注射成型过程位置、速度、压力、流量等工艺参数的测量采集处理、过程自学习与自适应控制问题,特别是实现了液压动力驱动与传动系统能快速响应负载的变化,达到能量按需供给的目的。

四、展望

塑料工业的可持续发展需要从节能减排、废旧塑料回收循环利用以及塑料可再生资源替代出发,通过对塑料机械挤压系统、驱动与传动系统、过程控制系统以及制品成型系统等部分的创新研究与突破,形成具有自主知识产权的塑料绿色加工成型技术与装备。塑料机械的塑化输运方法从纯剪切形变加工到振动剪切形变加工,再到体积拉伸形变加工演变;驱动与传动方式从间接驱动到直接驱动,再到负载敏感驱动;控制系统从电气控制到数字化控制,再到智能化控制等方面的研究取得了很好的进展。希望通过塑料机械行业同仁的共同努力，将上述研究成果与行业的其他先进技术集成，加快产业化与商品化的进程，为推动我国乃至国际塑料机械技术进步作出贡献。

〔撰稿人：华南理工大学聚合物新型成型装备国家工程研究中心、聚合物成型加工工程教育部重点实验室瞿金平、张桂珍、陈佳佳、何和智〕

高聚物混炼加工技术与装备研究领域的最新成就和综合实力

高聚物是指由许多相同的、简单的结构单元通过共价键重复连接形成的高分子量（通常可达 $10^4 \sim 10^6$）化合物。由能够形成结构单元的小分子所组成的化合物称为单体，是合成聚合物的原料。

一、高聚物的分类及产能

按分子主链的元素结构，可将聚合物分为碳链、杂链和元素有机三类。按材料的性质和用途分类，可将高聚物分为塑料、橡胶和纤维。聚合物加工成各种制品的过程，主要包括塑料加工、橡胶加工和化学纤维纺丝，这三者的共性研究体现为聚合物流变学。

由于塑料质轻、可循环利用、可低温成形（相对于金属）、可多功能化，其用途越来越广，用量越来越大，以塑代钢、以塑代木、以塑代纸等新技术的不断创新发展使得塑料行业迅速发展壮大，市场竞争愈演愈烈。塑料作为一种性能优越的高分子材料，成型方法可以分为膜压、层压、注射、挤出、吹塑、浇铸塑料和反应挤出、反应注射等多种类型，主要用于制作塑料管道、型材、片材、板材、塑料膜（农膜、大棚膜、包装膜、烟膜、电池膜等）、医用塑料、日常用品、工业用品（汽车、家电等），应用于包括航空航天、国防用品等在内的国民经济各领域。2011 年全球塑料消费量近 3 亿 t，而我国 2011 年塑料制品的产量达 5 474.3 万 t，同比增长 22.35 %。其中，塑料薄膜的产量为 843.6 万 t，占总产量的15.41%；日用塑料制品的产量为 458 万 t，占总产量的 8.37%；塑料人造革、合成革的产量为 240 万 t，占总产量的 4.39%；泡沫塑料的产量为 141 万 t，占总产量的 2.58%。

二、高聚物成型加工装备的国产化和大型化发展情况

随着我国乙烯产量的不断增加，乙烯装置逐步大型化，乙烯工程用的挤压造粒机从年产 7 万 t、10 万 t 发展到 30 万～45 万 t。2010 年以前国内石化行业使用的双螺杆、双转子混炼挤压造粒机组全部从国外进口，国家将其列为重大装备国产化项目。

为了改变大型挤压造粒机长期依赖进口的局面，2007 年在中石化的领导下，成立了由北京化工大学、中国石化工程建设公司、中国石化燕山分公司、天华化工机械及自动化设计研究院、浙江中控技术股份有限公司、大连橡胶塑料机械股份有限公司六单位组成的产学研联合攻关组，首先从 20 万 t/a 大型混炼挤压造粒机组起步进行全面的研制开发。

自 20 万 t/a 大型混炼挤压造粒机组国产化攻关项目启动以来，大连橡胶塑料机械股份有限公司一直高度重视，经过多年方案论证、前期投入、试验攻关、产业化等工作，于 2009 年完成了首台 20 万 t/a 大型混炼挤压造粒机组国产化攻关。在首台（套）成功研制的基础上进行了产业化，试车成功了 10 万 t/a、15 万 t/a 和 25 万 t/a 机组，分别投入使用。

大型挤压造粒机组是集物料计量混炼、塑化、挤压、水下切粒、分离、粉料干燥存储以及工艺水循环等于一体的具有高技术含量的全套工艺装置，因此它的国产化研制，涉及设计理论上的系统创新（包括整机设计技术和关键零部件设计技术）、关键零部件的工程化制造技术创新（如大型螺杆、芯轴、机筒、齿轮泵、减速箱、切粒模板、混炼度调节阀、换网等加工、材料试验选型、热处理、表面处理等）、控制技术创新（包括以 DCS 为主的控制软件、状态监控、报警、联锁等技术）多个技术领域的技术创新攻关。

1. 主要技术内容

（1）利用工程试验台对物料进行工艺性试验，根据试验的工艺参数，运用放大理论，提出大型机组的设计结构和参数、技术要求，进行机组总体方案设计、论证，并利用软件仿真系统对机组进行设计和模拟仿真，初步验证机组结构和参数的合理性。

（2）新结构螺杆、转子和具有高效热交换能力的双通道机筒研制。

（3）双输出轴大型载重超高转矩减速箱研制。

（4）新型熔体齿轮泵研制。

（5）新型熔体调节装置研制。

（6）水下切粒装置研制。

（7）低压力、高流量、易控制高效过滤装置研制。

（8）大型螺杆、转子、双通道机筒、减速箱齿轮、齿轮轴、箱体、模板、熔体齿轮泵零件、齿轮转子、换网装置等关键零部件加工、表面淡化及热处理等工艺设计和加工试验和研制。

（9）机电一体化、智能化和网络化控制系统研制。

（10）机组整体装配、试车、安装调试技术攻关。

为了使大型混炼挤压造粒机组国产化攻关项目达到预定的目标，使国产化机组的先进性与可靠性有机结合，真正达到国际上同时期、同类机组的生产能力和运行周期等技术水平，在充分分析机组的重点、难点、关键点、风险点的基础上，大连橡胶塑料机械股份有限公司对关键技术、核心技术、垄断技术开展全面攻关。

2. 主要攻关内容

（1）物料工艺性试验。通过某种物料在试验机台上的试验，得到了物料的加工温度、挤出速度、剪切速率、挤出压力、产量等参数，将这些参数作为待开发机组的主要依据。根据放大设计原理，通过计算确定待开发大型机组的主要技术参数和机组结构，这是大型挤压造粒机组研发技术路线中最关键的一环。

（2）理论分析模拟试验攻关。采用 ANSYS、POLYFLOW 分析软件，对物料进行挤出过程的动态模拟，在设计完成后，对关键零部件进行数值分析、模拟试验，对机组的输送能力、混炼能力、生产能力以及不同部位的速度场、温度场、压力场、粘度场进行仿真模拟试验，利用工程试验机台做工艺验证，并运用放大理论，做到理论分析、数值计算和试验结果相结合。

（3）渗碳淬火齿轮材料、热处理、加工工艺试验攻关。通过工艺试验，了解齿轮及齿轮轴材料的渗碳组织状态，掌握热处理过程中的变形量，确定加工过程中的预留量，有效控制材料的金相组织和力学性能，使齿轮和齿轮轴的加工达到设计要求。齿轮、齿轮轴材料的质量控制主要体现在锻件毛坯的质量、滚齿加工刀具和热处理方法三个方面。在锻件毛坯质量控制方面，采取多方调研、多家投制试件的方式，通过检测试件材料的质量确定锻件毛坯的供应厂家，并针对影响材料性能的各因素制定严格的设计要求。在热处理方面，因材料渗碳淬火变形量大、不易控制，为此经过调研选定了技术力量雄厚、质量稳定、信誉度良好的厂家作为“渗碳淬火”的外协供方。

（4）大型芯轴选材、热处理、加工工艺试验攻关。通过工艺试验，掌握了各种材料的化学成分、晶粒度、组织状态、抗拉强度、冲击强度、变形量、硬度、加工性能相关参数，确定芯轴的最佳材料。根据设计及实际使用要求，不但对芯轴材料的调质硬度、抗拉强度、屈服强度等性能进行严格的控制，而且也要求其具有良好的切削性能。为此，在初步选定大造粒芯轴材料后，分别对材料的热处理工艺、力学性能及刀具耐用度进行试验，最终确定了芯轴的最佳材料。

(5)大型芯轴高精度外花键加工工艺攻关。大型芯轴是大造粒机组的关键件，设计上对芯轴的调质强度、直线度、花键精度等要求都很高，加工难度也很大。大连橡胶塑料机械股份有限公司通过工艺试验，掌握了芯轴调质、稳定、校直等热处理工艺方法，确定了长花键加工的工艺方法、检测量规和相关工装刀具，使其达到了设计要求。

(6)主减速器箱体铸造工艺试验攻关。根据设计强度和刚性计算，主减速器的箱体材料选用了球墨铸铁。在木型制作和铸造的过程中，验证了箱体的工艺结构性，掌握了铸造的变形量，确定了箱体加工过程中的预留量，最终保证了加工精度。

(7)机筒、壳体、螺杆元件等零件的加工热处理试验攻关。机筒、壳体、螺杆元件等零件的材质均为38CrMoAlA，重点控制材料的化学成分和金相组织(重点是调质后的铁素体含量)，最终控制好氮化层深度、硬度以及硬度梯度。大连橡胶塑料机械股份有限公司购置了德国进口的专用花键加工机床，保证了螺杆元件花键加工的精度和质量。

(8)齿轮泵泵体的加工试验攻关。试验攻关验证看齿轮泵泵体的铸造工艺，确定其表面质量以及各流道的可加工性。齿轮泵泵体属于大型壳体类零件，铸造存在困难，经调研与选择最终确定了齿轮泵泵体的毛坯铸造厂家。齿轮泵壳体的表面平面度、垂直度的要求高；热油流道孔的加工、双转子处物料流道孔及偏心孔加工、非规则流道曲面的加工难度很大；热油流道孔堵头焊接质量需要控制。在加工中存在大平面变形情况，分析表明：半精加工铣平面后，再加工各螺纹孔，造成加工变形；在抛光非规则曲面流道时，也造成大平面变形。公司及时调整、改变工序，由前序完成容易产生变形的加工，最后完成精加工。

(9)加工刀具及工装研制攻关。通过试验和与专业刀具厂家进行联合研制的方法，采用对比试验方式，优化选择、设计了各种专用刀具。如，齿轮磨前滚刀、花键成型精铣刀、螺纹铣刀、高精度平面铣刀、专用背铣刀、螺纹元件成型铣刀等，并有针对性地研发设计了外花键成型工装、大导程多头内螺纹铣削工装等。

(10)渗氮处理件镀铬工艺攻关。通过调整不同工艺参数进行对比试验，优化了镀铬工艺，使渗氮处理面与非氮化层交界处镀铬层具有很高的结合力，达到良好的使用效果。

(11)齿轮修形试验平台研制及攻关。主减速器两个输出轴的中心距已固定，在转矩作用下，齿轮两端面发生扭转变形，并产生载荷分布不均匀现象。为改善此状况，必须对前过渡齿轮组中的小齿轮进行齿向修形，修形曲线的确定通过理论计算得出，并通过试验验证。为了更准确地确定主减速器齿轮修形参数，设计了一套齿轮修形试验平台方案，用于齿轮修形的测试。齿轮修形的具体方案由大连橡胶塑料机械股份有限公司和大连理工大学联合确定，通过大连理工大学理论计算提供的修形数据，在试验机台上进行测试验证，最终使主减速器达到良好的啮合效果。

(12)齿轮过盈联接试验攻关。大型混炼挤压造粒机组的主减速器是机组的关键部件。为方便调整两个输出轴的输出花键相位，主减速器后过渡齿轮组的联接方式为过盈配合，配合的过盈量必须选择适度，过盈量偏大容易出现齿轮齿根应力过大的现象，过盈量偏小容易出现齿轮松动的现象，从而改变两个输出轴的输出花键相位。因此需要通过试验的方式验证设计选取的过盈量的合理性和正确性，并通过理论计算和实体测量确定齿轮和轴之间的过盈量与传递转矩的对应关系，从而根据减速器所需传递的转矩，最终确定齿轮的过盈量。

(13)过滤筒体钻孔试验攻关。通过工艺试验，确定过滤筒体的钻模方案，保证过滤筒体在钻孔的过程中，各孔均匀分布，不发生变形，保证精度，降低生产成本。

（14）试车验证和电气控制验证攻关。在整个大型混炼挤压造粒机组研制过程中，本着“积极、稳妥、可靠、实事求是”的国产化原则，在精心组织、精心制造、精心组装、重视细节、重视质量的前提下，通过进行出厂前精心准备的试车验证，对机组的设计输入、输出进行评审、修正，对机组的各部件进行调整和测试，尽量把问题解决在出厂之前，以缩短用户安装调试周期，提高机组的使用性能，最终确保了机组国产化攻关项目的首台研制成功。

通过对大型混炼挤压造粒机组国产化攻关项目的全面技术攻关，大连橡胶塑料机械股份有限公司掌握了机组的关键技术、核心技术和垄断技术，特别是在加工工艺、热处理方法和齿轮修形等方面积累了大量的经验，取得了可喜的成果，为未来公司在石化行业的发展奠定了坚实的基础。

随着我国经济的不断发展，大型混炼挤压造粒机组的市场前景越来越广阔。大连橡胶塑料机械股份有限公司根据石化行业的需求和发展，开发设计了不同规格和不同结构形式的大型混炼挤压造粒机组（目前已开发完成15万t/a、20万t/a、25万t/a、30万t/a和45万t/a几种规格），填补了我国在大型混炼挤压造粒机领域的空白，逐步实现大型混炼挤压造粒机组的全面国产化和系列化。

三、市场预测及推广应用前景

乙烯是国民经济不可缺少的工业原材料，近年来国内需求每年以18%以上的速度递增，但国内的生产能力始终赶不上需求的增长。据统计，2005年我国乙烯需求达1 800万t，但我国当时的生产能力只有900万t，只能满足国内需求的50%；到2010年我国乙烯需求量达到2 500万t，但我国的生产能力可达1 400万t，只能满足国内需求的56%；预计2020年我国乙烯需求量可达3 600万～4 000万t，我国的生产能力可达2 200万～2 400万t，只能满足国内需求的60%。因此，我国将不断加大乙烯工业建设，平均每年需要大型挤压造粒机组（20万～40万t）6～8台（套）。按2020年乙烯产量2 400万t，加上每年乙烯企业的更新改造计算，约需100余台大型挤压造粒机组。这些设备如果继续从国外引进，至少需要10亿美元的资金。大型造粒机组的国产化不仅给企业带来较高的经济效益，而且对国民经济的发展具有重大的战略意义。

四、我国高聚物成型加工装备综合实力和发展情况

客观地讲，我国高聚物混炼加工技术与装备水平与发达国家（美国、日本、德国）还有很大的差距，主要表现在产品的自动化程度、连续生产的稳定性、对不同用途产品的适应性、设备加工精度等方面。

根据不完全统计，到2011年全行业已有国家级创新型企业1家，省市级创新型企业6家，国家级专业研究中心3个，国家级企业技术中心5个，省级企业技术中心18个，地市级企业技术中心42个。已有30多家企业分别与清华大学、北京化工大学、华南理工大学等高校和科研院所合作，建立产学研机构26个，实施产学研项目80多项，攻克了一大批技术难题。

与此同时，全行业还加强了人才培育，涌现出一大批创新型、高素质、高层次、高技能人才，为加快推进行业科技创新提供了有力支撑。尤其令人瞩目的是，2011年12月9日，中国塑料机械工业协会专家委员会副主任委员、华南理工大学教授瞿金平，当选为中国工程院院士，我国塑料机械工业半个多世纪以来有了第一位中国工程院院士。

民营企业多、中小企业多，是我国塑料机械行业的一大特色。据统计，在全行业企业中，民营企业、中小企业约占企业总数的95%以上。进入2011年以来，外部环境严峻、成本上升、税费较重、盈利缩小、资金紧张，是诸多民营企业、中小企业普遍面临的难题。然而，由于广大企业树立了坚守实业、坚守主业的理念，坚定了做大做强的决心，坚持向产业链高端发展，呈现出大企业扬帆奋进、中小企业激流勇进，全行业奋力突围、逆势而上的良好局面。

2011年，行业龙头企业表现突出，充分发挥了龙头带动作用，其中宁波海天2011年塑料机械销售额达70亿元。产值超10亿元的企业还有震雄集团、广东伊之密精密机械有限公司、东华机械有限公司、震德塑料机械有限公司、金纬集团、金湖集团、广州博创机械有限公司等。这些企业工业总产值和销售产值继续大幅增长，在行业经济总量中占有重要比重，成为行业经济增长的"航母"。同时，一大批骨干企业抓住发展机遇，加快发展步伐，经济规模不断增大，市场竞争力持续增强，起到了经济增长的"发动机"、转型升级的"领头羊"、科技创新的"排头兵"作用，成为行业经济的重要支柱，为推进行业经济平稳较快发展作出了重要贡献。当前，全行业销售收入达到1亿元以上的骨干企业已超过30家[包括大连橡胶塑料机械股份有限公司、大连三垒机器股份有限公司、潍坊中云、天津恒瑞、宁波海达塑料机械有限公司、宁波海太、浙江申达机器制造股份有限公司、大同机械(无锡)、无锡格兰机械集团有限公司、广东金明、青岛顺德、兰州兰泰、秦川发展、南京科亚、南京橡塑、江苏维达等]，比2010年增长20%以上。在他们的带领下，一大批小型企业以勇于创新、不断超越的精神，不断做大企业规模，不断做强企业实力，取得了不同凡响的业绩，在行业中脱颖而出，成为行业经济发展的一支重要力量。

2011年塑料机械行业成果显著。大连橡胶塑料机械股份有限公司研发的XYG－4S1300 XYG－F4S1300钢丝帘布压延生产线，获机械工业科学技术奖一等奖。东华机械有限公司与德科摩橡塑科技(东莞)有限公司研发的1200t大型橡胶机获机械工业科学技术奖二等奖。广东伊之密精密机械有限公司与浙江大学、杭州泛康控制技术有限公司承担的基于嵌入式系统的实时控制压铸机的研发和产业化项目，东华机械有限公司研发的新一代伺服节能注塑机，广州博创机械有限公司研发的BU系列新型锁模结构大型二板式注塑成型机，均获得机械工业科学技术奖三等奖。浙江申达机器制造股份有限公司、广州博创机械有限公司2家企业被评为2011年国家火炬计划重点高新技术企业。

进入2011年以后，全行业紧紧抓住节能环保产品成为市场热点的机遇，相继推出了一大批高效节能型塑机产品，不仅覆盖了塑料制品加工工业的各个领域，满足了各类生产厂家对批量化塑料制品生产及精密制品生产的不同需求，而且适应了航空航天、国防、石化、海洋、电子、光电通信、建筑材料、包装、电器、汽车及交通、农业、轻工业等国民经济各行业的更高需求，受到市场的青睐。大连橡胶塑料机械股份有限公司生产的大型挤压造粒机组已实现国产化，并不断完善系列规格，为国家节约了大量外汇；高科技产品碳纤维浸积生产线试制成功，650L大容量密炼机、20m大棚膜、芳纶生产线以及双向同步拉伸电池膜生产线等都得到了用户的认可。宁波海天塑机集团有限公司继成功研发和生产MA系列伺服节能塑料注射成型机、VE全电动塑料注射成型机之后，又推出了天剑PL/j系列伺服节能注塑机等8个高效节能型产品，引起了国内外用户的关注。震德塑料机械有限公司研发的伺服精密节能注塑机、东华机械有限公司研发的全自动伺服驱动注射成型机、广东博创机械有限公司研发的大型二板式注塑成型机、无锡格兰机械集团有限公司研发的JSe二板式全自动伺服驱动塑料注射成型机、广东金明精机股份有限公司研发的三层共挤薄膜吹塑机组、宁波海达塑料机械有限公司研发的HDJS伺服节能塑料注射成型机、山东通佳机械有限公司研发的JG SJ－75/33单螺杆高效塑料挤出机(单螺杆塑料挤出机)、广东伊之密精密机械股份有限公司研发的UN90SM－UN480SM伺服驱动注塑机、浙江申达机器制造股份有限公司研发的SE90伺服节能高效精密注塑机、浙江金鹰塑料机械有限公司研发的塑料注射成型机、大连三垒机器股份有限公司研发的大口径塑料双壁波纹管生产线、富强鑫(宁波)机器制造有限公司研发的节能型精密射出成型机、广东佳明机器有限公司研发的塑料注射成型机、宁波双马机械工业有限公司研发的 BL100FE 节能环保型全电动注塑机等产品，均具有显著的节能效果。在这些产品当中，有的保持了高度的数字式动态随跟性，工作噪声低，制品重复精度高，节能效果达到 40% ~80% ；有的不仅具有精密、高效、节能、环保等特点，而且填补了国内空白，整机技术达到国内领先、国际先进水平；有的以出色的性能、显著的节能效果、良好的安全稳定性、功能完善的人性化操作系统等特点，赢得了广大用户的好评和认可，有的还荣获有关省市高新技术产品、自主创新产品称号。

当前，这些高效节能型产品不仅满足了国内客户绿色发展、节能环保的需求，而且销往全球 170 多个国家和地区。我国塑料机械行业能够取得良好的经济效益，保持平稳较快增长的态势，这些高效节能型产品的相继推出功不可没。

根据国家统计局对我国塑料机械工业 330 家规模以上企业的快报数据统计，2011 年全行业生产产量、工业总产值、工业销售产值等主要经济指标均保持快速增长的势头。其中，生产产量达到 290 427台，比上年增长 1%，继续保持全球第一的位置，实现了“11 连冠”；工业总产值达到 467.52 亿元，同比增长 11%，比国内生产总值 9.2% 的平均增速高出 1.8 个百分点，而 2010 年工业总产值同比增长 63%；2011 年工业销售产值达到 447.34 亿元，同比增长 11.65%，而 2010 年工业销售产值同比增长 60%；2011 年出口交货值为 80.86 亿元，同比增长 35.74%，远远大于 2010 年出口交货值 19.6%的增速。由于统计的企业数量不同(2010 年为 564 家)，实际上 2011 年的经济增长要远远大于上述比例。以上 3 项主要经济指标均创造了历史新高，塑料机械行业率先走出危机阴影。虽然工业总产值和销售产值增速略有放缓，但出口增速较快，这说明我国的塑料机械正逐步进入国际市场，我国塑机在国内外经济形势复杂严峻、行业经济面临不少新情况、新问题的情况下，能够取得如此好的成绩，确实来之不易，塑机行业综合实力显著提高，这不仅加快了塑料制品行业又好又快发展的步伐，同样刷新了历史纪录，有力地促进了汽车、家电、农业等国民经济各行业的强劲发展。

我国塑料机械水平的提高还体现在下面三方面：

(1)成套供应能力提高。直至 80 年代中期，我国绝大部分企业还只能提供单机，而现在 2/3 以上的企业已经具有成套供应能力。国内很多企业还能提供包括配方、工艺在内的生产技术。

(2)大部分产品结束了以测绘、仿制为中心的跟踪性开发，取而代之的是原创性的研发，享有自主知识产权的产品愈来愈多。

(3)主导产品的主要技术性能指标已与港台产品处于同一水平线，而在价格性能比方面，国产设备占有明显的优势。

橡胶机械方面，我国生产轮胎机械的上规模厂家已达 30 多家，已具备了生产全部斜交胎成套设备的能力。对于生产子午线轮胎的装备，除个别设备外，我国已拥有提供炼胶、挤出、成型、压延、硫化等装备以及部分检测仪器的能力。

五、对我国高聚物成型装备高速化、高产化开发研究的建议

随着资源紧缺、环保形势日益严峻，我国高聚物生产与改性任务愈加繁重，对我国高聚物配混机械供应商提出了更高的要求。当前，要进一步加快包括同向双螺杆在内的配混机械的高速化、高产化、高出力化、大型化、智能化的开发步伐，抓紧新型螺杆元件的开发与试用，抓好机组的成套性和部件的有效性(如计量秤、多路喂料、碳黑或纳米材料有效喂入、大容量脱挥结构、水下热切技术、倾斜式铸带水下冷切技术、小批量掺和技术等)，积累产品工艺、机、电、仪、操作分析五位一体的经验教训，推广在线检测(如产品熔融指数、特性粘数、片材厚度等)、动态监测(如轴承振幅、滤网前后压差)技术，提高螺杆芯轴、传动箱输出齿轮轴等关键受力件的转矩等级，延长螺纹套、捏合块及机筒的耐磨寿命，提高企业创新能力、管理水平及售后服务有效性，才能有效缩小我国与国外名牌机械之间的差距，才能对提高我国综合国力作出新的实质性的贡献。

〔撰稿人：大连橡胶塑料机械股份有限公司杨宥人、徐玉兴、盖作有〕

塑料精密成型技术与装备的研发及产业化

随着汽车和电子通信等高技术领域对高分子材料加工成型制品精度的要求越来越高，精密化和高性能化已成为全球材料成型加工领域普遍关注的重要问题。高聚物成型加工业在现代制造业中蓬勃发展，无论产业界还是学术界，都把精密、高效、节能、环保等目标确定为表明其水平的主要指标。我国要实现由高产量向效益和水平国际先进的跨越，就必须开展塑料精密成型技术和装备的研究及产业化。

塑料精密成型技术与装备是现代制造业重要的生产母机，主要用于制造通信、电子、家电、汽车的精密塑料零件和医用精密塑料导管等高端塑料制品。此前，这类技术和装备主要被德国、日本等国外企业所垄断。北京化工大学、宁波海天塑机集团有限公司、浙江大学三家单位联手，经过八年攻关，突破了多项关键技术，成功研发出达到国际先进水平的塑料精密成型技术与装备并实现了大规模产业化。宁波海天塑机集团有限公司利用该项目创新成果生产的精密注塑机已畅销包括美国、德国、日本和瑞士等发达国家在内的数十个国家和地区，2010 年销售收入跃居世界第一。美国《塑料新闻》周报于 2010 年 10 月 1 日发表题为《海天超越全球列强》的主编评论文章，在分析该领域世界一流企业都被宁波海天塑机集团有限公司超越的原因时，引用业内国际权威人士的话说“他们创新的步伐已经慢了”。该项目使我国由该类高端装备的进口大国变成出口大国，项目成果也由此获得了 2011 年度国家科学技术进步奖二等奖。

一、国内外塑料精密成型技术与装备介绍

精密塑料制品是指具有严格尺寸与形位公差和表面质量精度要求的高端塑料制品，它广泛应用于通信电子、家用电器、汽车工业、医学工程、航空航天和武器装备等领域，如手机零部件、液晶屏导光板、光学透镜、医用导管等。这些精密制品必须采用精密成型技术与装备来加工制造。

精密塑料制品主要采用高效率的模塑成型方法，一步到位直接成型制品，这不同于金属切削成型中通过“加工、测量、再加工”“尺寸逐步逼近”的方法来满足精度要求。在不足 1s 的瞬间注射成型和 20m/min 以上的连续高速挤出中，要满足高精度的尺寸偏差和重复精度要求，难度极大。实现塑料精密成型技术与装备的研发及产业化，打破国外发达国家在塑料精密成型加工领域的技术垄断，彻底改变依赖国外、受制于人的局面，对于提升我国在这些领域的国际竞争力具有非常重大的战略意义。

在该项目实施前，塑料精密成型技术和装备完全被国外公司垄断。特别是在 2004 年，德国制造出了重复精度达 0.07% 的精密注塑机，在业内引起轰动，并快速占领了高端国际市场。而当时国产塑料注射成型装备制品重复精度在 1% 左右，只能用于普通塑料制品生产，无法满足精密成型最低标准 0.1% 的精度要求，与国外相比更是有一个数量级的差距。由于国产装备精度低，我国发展现代制造业亟须的塑料精密成型装备不得不大量依靠进口。海关数据显示，我国进口精密注塑机的数量从 2001 年的近 1.4 万台增长至 2004 年的近 2 万台，主要

进口来源地是德国和日本，进口精密成型装备花费数百亿美元（统计数据来自中国塑机协会）。这种依赖进口的不利局面，直到 2006 年前后，该项目取得突破并大规模应用时才被彻底扭转。

当前，精密成型装备正朝着超高速、超精密、微型化、节能环保的方向发展：驱动装置将具有更高的灵敏度和精度以及更低的成本；塑化方式更加环保高效；锁模结构从三板式向二板式发展；可加工的材料更加丰富多样；并且随着计算机技术和机电一体化技术的发展，智能化和网络化也成为精密成型设备一个重要的发展方向。

二、项目研发过程、科研成果及专利发明情况

塑料精密成型的核心是对制品比容积（V）稳定性（挤出成型）或重复性（注射成型）的精确控制。塑料制品的形状和尺寸与模具型腔之间总会存在差异，这是因为塑料的比容积 V 与加工过程中熔体的压力 p 和温度 T 之间始终遵循与材料对应的 pVT 特性关系，即 $V = f(p, T)$，这是材料的基本属性，也是模塑成型制品精度控制的科学基础。在塑料精密成型中，只有掌握材料的 pVT 三者之间的明确函数关系，才能有效地设定和控制成型工艺参数以获得满足精度要求的制品。但是，当时全世界仅有德国、日本和美国的三家公司掌握 pVT 关系测试技术，且都是采用离线测试方法。该方法的测试条件与实际成型加工过程很难完全一致，因而测试结果与实际情况会有一定差异。塑料 pVT 关系曲线见图 1。

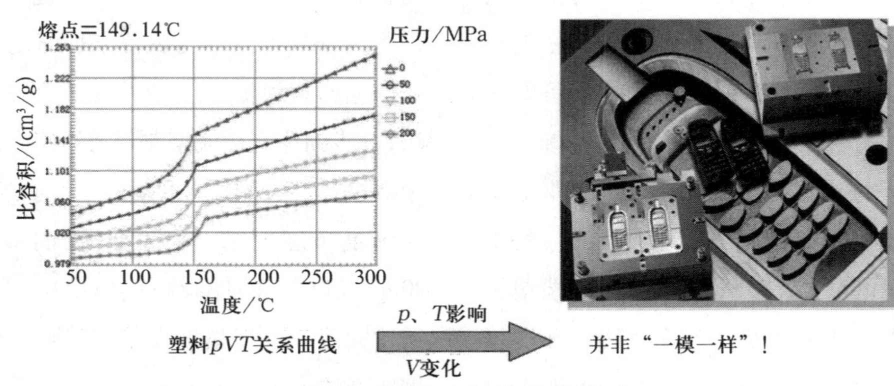

图 1　塑料 pVT 关系曲线

该项目通过多次反复试验解决了一系列技术难题，发明了高分子材料 pVT 关系特性参数的在线精密测试方法及装置。通过在模具外部采用自主研发的高精度非接触式位移传感器（精度 0.001 mm），测量成型过程中模具型芯与定模之间的相对位移量 Δs，用以反映制品体积变化量 ΔV，巧妙地将材料比容 V 的动态变量转化为模具轴向位移测量。高分子材料的 p 和 T 两个参数变化，通过模具型腔内高精度、高响应性的压力、温度传感器直接获得，成功实现了 pVT 参数由离线测试到在线测试的技术跨越。pVT 在线测试方法及装置见图 2。

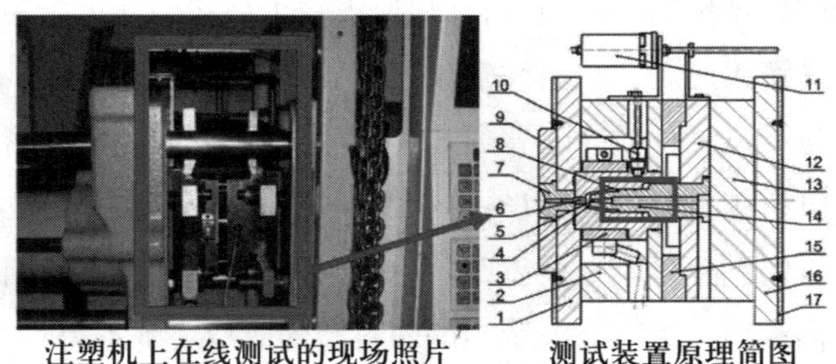

图 2　pVT 在线测试方法及装置

利用所发明的高精度测试技术，建立了我国第一个工程塑料的 pVT 关系特性数据库，并研究得到了分析预测精度更高的 pVT 关系函数，即修正的 Tait 状态方程，发表于国际著名期刊《Polymer Testing》；依据塑料 pVT 关系特性规律，通过对成型加工过程中影响熔体温度 T 和压力 p 的多参数控制，约束比容积 V 的波动范围，从而为塑料精密成型技术及装备的研发奠定了理论基础。

在此基础上，针对精密成型的主要影响因素，项目完成单位经过八年攻关，通过工艺装备创新和系统集成，突破了塑料均匀塑化与稳定输送、伺服驱动与液压控制优化、模板结构及精密成型工艺优化、塑料注射充模成型过程可视化方法和装置等关键技术，成功研制出具有国际领先水平的精密注射成型和精密挤出成型装备，并实现了大规模产业化。生产的精密挤出成型装备制品性能与国际领先公司水平相当；精密注射成型装备制品质量重复精度比国际领先水平提高近一倍，产品畅销瑞士、德国和日本等数十个国家和地区，使海天塑机集团 2010 年销售收入跃居世界第一。

该项目已获授权专利 46 项，其中发明专利 12 项，出版中英文专著 3 部，发表论文 60 余篇，构建了塑料精密成型技术与装备的自主知识产权体系。该项目成果也获得了 2008 年度宁波市科技进步奖一等奖、2010 年度中国石油和化学工业协会科学技术奖一等奖、2011 年度国家科学技术进步奖二等奖。

三、关键技术产业化及相关产品介绍

经权威机构检测，该项目研发的精密注射成型装备主要性能指标优于国外同类先进水平，精密挤出成型装备主要性能指标达到国际先进水平。塑料精密注射成型装备在宁波海天塑机集团有限公司实现产业化，近三年来已有 3 000 多家用户使用 6 万余台，遍布全球包括瑞士、德国、日本等发达国家在内的几十个国家和地区。精密挤出成型装备目前已建成 34 套，仅我国医疗导管制品生产就需要约 200 套，推广应用前景十分广阔。该项目 2008—2010 年累计销售收入 107.3 亿元，利润 16.15亿元，税收 8.13 亿元，创汇 2.17 亿美元。宁波海天集团精密注射成型装备产业化现场见图 3。

图 3　宁波海天集团精密注射成型装备产业化现场

除此之外，该项目发明的聚合物 pVT 关系在线测试方法与装置还成功应用于我国最大的塑料改性企业广州金发等单位，并建立了国内的第一个工程塑料的 pVT 关系数据库，指导用户制订成型工艺参数，增强了国产工程塑料的国际市场竞争力。另外，还为精密模具设计、提高材料成型加工数值模拟精度提供了技术支撑。

当前，该项目研发的塑料精密成型技术和装备已被中国一汽、上海大众、上海通用等汽车制造企业，海尔、美的、康佳等家电制造企业，杭州临安达远等医用导管生产企业等国内企业广泛采用，同时也被瑞士 Noventa AG 公司、德国 PKF GMBH & CO. KG、日本 ECO - DIECAST CO.，LTD、瑞典 BLADHS PLAST GISLAVED AB、比利时 PANELTIM 等国外企业采用。该项目产品逐步取代德国、日本等国家生产的精密成型装备，广泛用于通信、电子、家电、汽车等众多行业精密塑料零部件和医用导管等精密管材产品的生产。

四、推动行业科技进步的作用和意义

该项目打破了工业发达国家在塑料精密成型加工领域的技术垄断，通过一系列关键技术的自主研发和集成创新，实现了精密注射和精密挤出成型装备的国产化，并跃居国际领先水平，为我国精密塑料制品的生产企业提供了技术先进且价格便宜的装备，并大量替代进口，彻底改变了依赖国外、受制于人的局面，有力地推动了我国塑料成型装备制造行业和塑料制品加工行业的科技进步，大幅度提升了我国在这些领域的国际竞争力，社会效益显著。研制的精密、节能塑料精密注塑机，各项性能指标均达到或超过国际先进水平，而价格仅为德国、日本同类产品价格的1/5～1/3。该项目开发的技术和装备在国内精密塑料制品生产企业大量成功应用后，不但逐步替代了进口装备，而且迫使国外技术垄断企业大幅降低价格，社会和经济效益十分显著。

〔撰稿人：北京化工大学机电工程学院杨卫民
审稿人：华南理工大学瞿金平、大连理工大学申长雨、清华大学于建、北京航空航天大学詹茂盛、中南大学蒋炳炎〕

2012年中国台湾塑料橡胶机械产业现状和发展趋势

一、中国台湾塑料橡胶机械产业概况

全球经济在2010年年初开始景气回升，2011年表现可圈可点，新兴国家经济增长强劲，对生产器具的需求强烈。面临利好的宏观环境，在业界厂商的努力下，中国台湾塑料橡胶机械产业的总产量和进口额亦有良好表现，交出了一份亮丽的成绩单：2011年生产值估算为479亿元新台币，同比增长6.40%；塑料橡胶机械出口额达到133 923万美元，较上年增长14.40%；进口额40 475万美元，较上年大幅增长41.80%。2001—2011年中国台湾塑料橡胶机械生产、出口、进口、需求统计见表1。

表1　2001－2011年中国台湾塑料橡胶机械生产、出口、进口、需求统计

年份	产值（亿元新台币）	产量（t）	出口额（亿元新台币）	出口量（t）	进口额（亿元新台币）	进口量（t）	需求额（亿元新台币）	需求量（t）	出口比例（%）	进口设备占市场份额（%）	国产设备占市场份额（%）
2001	263	144 300	223.27	121 217	89.42	15 994	129.15	39 077	84.9	69.2	30.8
2002	291	170 500	247.10	144 952	74.51	17 705	118.41	43 253	84.9	62.9	37.1
2003	315	179 600	263.93	150 517	181.04	27 269	232.11	56 352	83.8	78.0	22.0
2004	376	209 900	308.34	172 143	200.15	42 245	267.81	80 002	82.0	74.7	25.3
2005	372	193 400	304.48	158 637	96.90	32 603	164.42	67 366	81.8	58.9	41.1
2006	373	185 800	305.28	152 039	114.64	35 916	182.36	69 677	81.8	62.9	37.1
2007	402	200 600	329.10	164 340	102.20	41 868	175.10	78 128	81.9	58.4	41.6
2008	415	182 700	339.50	149 490	101.61	39 448	177.11	72 658	81.8	57.4	42.6
2009	300	128 700	246.08	105 545	54.51	19 802	108.43	42 957	82.0	50.3	49.7
2010	450	203 597	369.01	166 950	90.36	38 212	171.35	74 859	82.0	52.7	47.3
2011	479	204 890	392.85	168 011	117.32	38 779	203.47	75 658	82.0	57.7	42.3

注：数据来源于中国台湾区机器工业同业公会。其中，US＄＝34.486NT＄（2002年），US＄＝34.371NT＄（2003年），US＄＝33.457NT＄（2004年），US＄＝32.08NT＄（2005年），US＄＝32.503NT＄（2006年），US＄＝32.785NT＄（2007年），US＄＝31.38NT＄（2008年），US＄＝32.96NT＄（2009年），US＄＝31.50NT＄（2010年），US＄＝29.33 NT＄（2011年）。

2012 年受欧美经济不振、欧债阴霾未除、日本长期经济停滞和地震引发核泄漏的影响，全球性经济已面临不景气，设备需求放缓。2012 年 1—9 月，中国台湾塑料橡胶机械出口同比仅增长 2.13%。

产销数据显示，塑料橡胶机械的下游客户是塑料橡胶五金制品业及塑料代工加工业，皆属于劳动密集产业，早期外移到东南亚，然后向大陆转移，近期已趋稳定不再外移。随着 3C 产业的发展，所需塑料制品朝轻、薄、短、小和精密发展，导致中国台湾塑料橡胶加工业必须转型，使得本地市场对高科技用精密机械设备及自动化设备需求快速增加，而市场对传统设备的需求则逐年减少。分析中国台湾市场对本地与进口塑料橡胶机械的需求，进口机器的质量和性能仍比本地产机器占有优势，而双方有一定差距，值得塑料橡胶机械业界重视。

中国台湾塑料橡胶机械厂商多属中小型工厂，而厂商总量依业界名单约 200 余家，其中 98% 是中小企业，平均雇用员工约 30 余人，而又 90% 集中在台南、台中、新竹等地区，是这些地区颇具代表性的产业。业界亦常有员工自立门户当老板的情况，而其协力工厂也相近，再加上该行业近年仍有少部分新成立的塑料橡胶机械厂、协力厂及客户群与原先老厂同构型颇高，部分老厂担心新厂的成立将加剧原已狭小的市场空间内的竞争，期望业界能逐步整合，经过产品分类、功能差异、质量提升及市场细分后，减少业界以“杀价”为唯一竞争方式的市场形态。这一点仍有待业界多沟通以达成共识。

二、中国台湾塑料橡胶机械产品出口情况

据海关进出口统计月报统计，近五年除 2009 年受金融风暴影响外，中国台湾塑料橡胶机械产品的出口额均增长。2007 年与 2008 年出口额分别为 329 亿元新台币与 339.5 亿元新台币，同比分别增长 7.87% 和 3.34%；2009 年出口额约为 246 亿元新台币，同比下降 27.52%；2010 年出口额 369 亿元新台币，同比增长 49.96%；2011 年出口额 393 亿元新台币，同比增长 6.46%。

1. 塑料橡胶机械分类产品出口情况

2011 年，在不同类别塑料橡胶机械的出口额中，注塑机排名第一位，出口额 42 585 万美元，占总出口额的 31.99%，同比下降 4.59%；挤出机排第二位，出口额 14 018 万美元，占总出口额的10.47%，同比增长 64.15%；吹制成型机排第三位，出口额达 9 949 万美元，占出口总额的 7.43%，同比增长 38.29%；真空及热压成型机类排第四位，达 8 262 万美元，占出口总额的 6.17%，同比增长 42.49%。其余为其他模制及成型机械与轮胎制造机等。

2012 年 1—9 月，中国台湾塑料橡胶机械出口 103 104 万美元，同比增长 2.13%。其中，注塑机类排名第一位，出口额 29 092 万美元，占出口总额的 28.22%，同比下降 12.40%；挤出机排第二位，达 16 241万美元，占出口总额的 10.32%，同比增长 52.37%，是出口增长的主要因素；吹制成型机排第三位，达 7 162 万美元，占出口总额的 6.95%，同比下降 1.87%；真空及热压成型机类排第四位，达 4 982万美元，占出口总额的 4.83%，同比下降 25.41%。其余为其他模制及成型机械与轮胎制造机等。

2. 塑料橡胶机械外销国家(地区)分析

2011 年，中国台湾塑料橡胶机械最大的出口市场是中国大陆(含香港)，出口额达 42 069 万美元，占中国台湾塑料橡胶机械出口总额的 31.4%，同比增长 7.6%；印度尼西亚人口众多、内需市场大，近年来政经发展迅速，成为中国台湾塑料橡胶机械第二大出口市场，出口额达 10 238 万美元，占比 7.6%，同比增长 29.4%；印度排名第三，出口额 9 504万美元，占比 7.1%，同比增长 7.0%。其余依次是越南(占比 7.1%)，泰国(占比 6.9%)，马来西亚(占比 3.4%)，日本(占比 2.6%)，巴西(占比 2.5%)，土耳其(占比 2.3%)，美国(占比 2.3%)，俄罗斯(占比 1.7%)，沙特阿拉伯(占比 1.5%)。

2012 年 1—9 月中国台湾塑料橡胶机械出口额同比增长 2.13%。最大的出口市场是中国大陆，出口额达 33 399 万美元，占中国台湾塑料橡胶机械出口总额的32.39%,同比增长14.64%;第二位是泰国,出口额达9 747万美元,占比9.45%,同比增长41.32%;印度尼西亚排名第三,出口额8 089万美元,占比7.85%,同比增长1.35%;第四位是越南,出口额6 321万美元,占比6.13%,同比下降11.10%;第五位是印度,出口额5 076万美元,占比4.92%,同比下降29.56%;第六位是日本,出口额3 355万美元,占比3.25%,同比增长44.37%;第七位是马来西亚,出口额3 071万美元,占比2.98%,同比下降10.22%。

分析出口市场分布,中国台湾塑料橡胶机械主要还是销往亚洲和美洲。近年亚洲地区的增长较快,约占总出口额的70%左右,其客户多以中小企业的塑料橡胶加工厂为主。德国与意大利是高端塑料橡胶机械生产基地,欧洲地区塑料橡胶制品厂家享有地利之便,因此多习惯使用以德国与意大利为主的塑料橡胶机械,采用中国台湾塑料橡胶机械的仍较少。日本市场值得关注,2012年1—9月对日本市场出口额同比增长44.4%。分析原因,一可能是强势日币有利进口,二是中国台湾塑料橡胶机器多年来质量和性能提升已开始获得日商青睐。

十年来,中国台湾塑料橡胶机械外销的最大市场一直是中国大陆(含香港);印度尼西亚和越南近年经济快速增长,企业争相投资设备,也是值得关注的市场。2011年中国台湾塑料橡胶机械主要出口市场见表2。2012年1—9月中国台湾塑料橡胶机械主要出口市场见表3。

表2　2011年中国台湾塑料橡胶机械主要出口市场

序号	出口市场	2011年出口额（万美元）	占出口总额的比例（%）	2010年出口额（万美元）	2011年同比增长（%）
合计		133 924	100	117 086	14.38
1	中国大陆(含香港)	42 069	31.4	39 093	7.61
2	印度尼西亚	10 238	7.6	7 913	29.38
3	印度	9 504	7.1	8 880	7.03
4	越南	9 454	7.1	7 107	33.02
5	泰国	9 244	6.9	8 498	8.78
6	马来西亚	4 514	3.4	3 653	23.57
7	日本	3 451	2.6	3 002	14.96
8	巴西	3 393	2.5	3 471	-2.25
9	土耳其	3 140	2.3	2 780	12.95
10	美国	3 116	2.3	2 257	38.06
11	俄罗斯	2 287	1.7	1 488	53.70
12	沙特阿拉伯	2 059	1.5	1 588	29.66
13	德国	1 599	1.2	831	92.42
14	墨西哥	1 492	1.1	1 269	17.57
15	南非	1 327	1.0	1 352	-1.85
16	伊朗	1 275	1.0	1 395	-8.60
17	埃及	1 214	0.9	1 425	-14.81
18	菲律宾	1 173	0.9	1 307	-10.25
19	委内瑞拉	1 119	0.8	669	67.26

（续）

序号	出口市场	2011 年出口额（万美元）	占出口总额的比例（%）	2010 年出口额（万美元）	2011 年同比增长（%）
20	波兰	1 090	0.8	696	56.61
21	孟加拉国	1 061	0.8	1 158	-8.38
22	韩国	1 040	0.8	1 035	0.48
23	阿拉伯联合酋长国	853	0.6	595	43.36
24	尼日利亚	815	0.6	977	-16.58
25	智利	719	0.5	573	25.48
26	其他	16 680	12.5	14 077	18.49

注：1. 数据来源于中国台湾海关进出口统计月报。

2. 由于四舍五入，合计数与分项之和有微小差别。

表 3　2012 年 1—9 月中国台湾塑料橡胶机械主要出口市场

序号	出口市场	2012 年 1-9 月出口额（万美元）	2011 年 1-9 月出口额（万美元）	同比增长（%）
1	中国大陆	33 399	29 134	14.64
2	泰国	9 747	6 897	41.32
3	印度尼西亚	8 089	7 981	1.35
4	越南	6 321	7 110	-11.10
5	印度	5 076	7 206	-29.56
6	日本	3 355	2 324	44.37
7	马来西亚	3 071	3 420	-10.22
8	美国	2 437	2 516	-3.17
9	中国香港	2 286	3 050	-25.05
10	土耳其	2 136	2 448	-12.76
11	巴西	1 800	2 702	-33.38
12	埃及	1 311	833	57.31
13	沙特阿拉伯	1 292	1 658	-22.07
14	菲律宾	1 243	1 022	21.57
15	俄罗斯	1 236	1 808	-31.61
16	伊朗	1 027	921	11.57
17	委内瑞拉	938	706	32.80
18	孟加拉国	931	905	2.87

三、中国台湾塑料橡胶机械产品进口情况

中国台湾塑料橡胶机械产品的进口近十年来呈现不稳定现象，2011 年进口额 117 亿元新台币，同比增长 30%，主要是受高科技产业如 3C 产业进口日制电动机的拉动。2003 年与 2004 年进口额分别达 181 亿元新台币与 200 亿元新台币，达到进口的最高峰。2005 年仅进口 96.9 亿元新台币，较上年大幅减少。而 2006 年进口达到 114.6 亿元新台币。2007 年和

2008 年分别进口 102 亿元新台币和 101.6 亿元新台币,相差不大。2009 年因国际金融风暴的影响仅进口 54.5 亿元新台币,为历年来最低纪录。2010 年进口 90 亿元新台币,较上年增长 65.77%。

1. 塑料橡胶机械分类产品进口情况

2011 年,在中国台湾塑料橡胶机械产品的进口额中,挤出机排名第一位,进口额达 8 685 万美元,占进口总额的 21.46%,同比增长 43.28%;注塑机第二位,进口额 8 409 万美元,占进口总额的 20.77%,同比增长 5.84%;真空及热压成型机械第三位,进口额 1 773 万美元,占进口总额的 4.38%,同年增长 21.87%;吹制成型机第四位,进口额 613 万美元,占进口总额的 1.51%,同比下降 49.52%。其余为轮胎制造机等产品。

2012 年 1—9 月,在中国台湾塑料橡胶机械产品的进口额中,挤出成型机排名第一位,进口额 6 541万美元,占进口总额的 26.14%,同比下降 3.79%;其中多层挤出机多来自德国,其他挤出机则来自日本和德国。注塑机第二位,进口额 4 453 万美元,占进口总额的 17.80%,同比下降32.89%。真空及热压成型机械第三位,进口额 1 012 万美元,占进口总额的 4.04%,同比下降 36.04%。吹制成型机第四位,进口额 309 万美元,占进口总额的 1.23%,同比下降 47.10%。其余为轮胎制造机等产品。

2. 塑料橡胶机械主要进口来源分析

2011 年中国台湾进口塑料橡胶机械 40 475 万美元。最大的供应国是日本,自其进口 17 679 万美元,占中国台湾塑料橡胶机械产品进口总额的 43.7%,同比增长 41.70%。德国排名第二位,自其进口 8 365 万美元,占比 20.7%,同比增长 86.20%。中国大陆(含香港)排名第三,自其进口 7 588 万美元,占比 18.70%,同比增长 20.70%。其余依次是美国(占 4.9%),奥地利(占 3.4%),瑞士(占2.2%),荷兰(占 1.3%)。

2012 年 1—9 月进口额达 25 020 万美元。最大供应国是日本,自其进口 9 934 万美元,占中国台湾塑料橡胶机械进口总额的 39.70%,同比下降 24.87%。第二名是德国,自其进口 6 210 万美元,占比 24.82%,同比下降 12.67%。中国大陆排名第三位,自其进口 4 495 万美元,占比 17.96%,同比下降 21.76%。其余依次是美国(占比 4.98%),意大利(占比 2.98%)、奥地利(占比 2.96%)。

多年来塑料橡胶机械的进口主要来自日本、德国、中国大陆、美国,合计占总进口额的 80% 左右。大部分日本机器已采用全伺服驱动,由于其省电、精密、洁净、低噪声等优点而深受买家青睐;德国机器的优异性能为世人公认,但是碍于价格昂贵只能根据制品的需求和财务能力来决定是否购买。2011 年中国台湾塑料橡胶机械进口主要来源国家(地区)见表 4。2012 年 1—9 月中国台湾塑料橡胶机械进口主要来源国家(地区)见表 5。

表 4　2011 年中国台湾塑料橡胶机械进口主要来源国家(地区)

序号	国家(地区)	2011 年进口额(万美元)	占进口总额的比例(%)	2010 年进口额(万美元)	2011 年同比增长(%)
合计		40 475	100.0	28 543	41.80
1	日本	17 679	43.7	12 480	41.66
2	德国	8 365	20.7	4 492	86.22
3	中国大陆(含香港)	7 588	18.7	6 288	20.67
4	美国	1 992	4.9	1 686	18.15

（续）

序号	国家(地区)	2011 年进口额（万美元）	占进口总额的比例（%）	2010 年进口额（万美元）	2011 年同比增长（%）
5	奥地利	1 359	3.4	76	1 688.16
6	瑞士	873	2.2	718	21.59
7	荷兰	519	1.3	327	58.72
8	韩国	348	0.9	302	15.23
9	新加坡	337	0.8	198	70.20
10	意大利	311	0.8	575	-45.91
11	法国	216	0.5	376	-42.55
12	英国	201	0.5	130	54.62
13	加拿大	138	0.3	337	-59.05
14	其他	549	1.4	559	-1.79

注:1. 数据来源于中国台湾海关进出口统计月报,中国台湾区机器工业同业公会。

2. 由于四舍五入,合计数与分项之和有微小差别。

表 5　2012 年 1—9 月中国台湾塑料橡胶机械进口主要来源国家(地区)

序号	国家(地区)	2012 年 1—9 月进口额（万美元）	2011 年 1—9 月进口额（万美元）	同比增长（%）
	总计	25 020	31 504	-20.6
1	日本	9 934	13 222	-24.9
2	德国	6 210	7 112	-12.7
3	中国大陆	4 495	5 745	-21.8
4	美国	1 244	1 768	-29.6
5	意大利	746	237	214.3
6	奥地利	740	1 066	-30.6
7	荷兰	338	388	-12.9
8	马来西亚	188	16	1 078.6
9	新加坡	145	321	-54.7
10	加拿大	144	112	28.3
11	瑞士	135	762	-82.3
12	法国	129	150	-14.6
13	韩国	88	122	-27.9
14	泰国	73	50	46.3
15	以色列	44	25	74.7
16	越南	28	24	17.1
17	其他国家	126	207	-39.4

四、2012 年台北塑料展回顾

中国台湾塑料橡胶机械产业的盛事、两年一次的大型展览会——2012 年台北国际塑料橡胶工业展于 9 月 21—25 日在台北市南港展览馆举办。该展会是亚洲前三大塑料橡胶专业展览会，至今已是第十三届，参展厂商共计 475 家，其中中国台湾厂商 309 家、中国大陆厂商 19 家、国外厂商代理 95 家、各媒体及公协会 52 家，合计使用 2 310 个标准展位，较上届增长近一成。客户来自 111 个国家 2 518人，比上届增长 2%。中国台湾本地的参观人数 13 361 人，比上届增长 5.85%。

展会的重头戏是“研究发展创新产品竞赛”，共计 25 件参赛作品进入决赛。所有参赛作品特优奖由富强鑫公司 HT150 - SV 伺服节能环保射出机获得，该机型同时获得所有参赛作品美学奖。射出成型机类优等奖由宜得世公司 Atos100 - SP20 精密分模线柱塞式微射出机获得，挤出成型机类优等奖由震锠塑料机械公司 JC - 3CX 多层共挤吹袋(膜)机获得，中空成型机类优等奖由铨宝工业公司 CPSB - LS8 PET 全电直线式拉吹机获得，机械手臂类优等奖由威得客国际公司 W850 IML 模内贴标自动化系统获得，其他塑料机械设备类由三隆齿轮公司 SLAC - 40 PCM 气冷式齿轮箱获得。另外，获得佳作奖的有富强鑫公司中型二板直压式精密射出机、全立发机械公司 3 500kN 电动射出系统、震锠塑料机械公司边纱回收制粒机、钦发机械公司双头双色吹袋机、凯美塑料机械公司射拉吹蒸馏水桶专用机、风记国际公司双模平移式中空成型机、质昌企业公司高效率型高压风机以及葆俊企业公司异型三封站立拉链袋机。“美学奖”是主办单位响应“机械美学加值计划”新增的奖项，目的在于鼓励业者就工业设计的角度投入资源，为产品加值；在质量和价位都可以被客户接受的条件下，加入功能性、现代感、人机工学、等因子，强化整体美感设计，建立公司的“美学品牌”，提升公司的品牌价值。

此次展览呈现出的绿色节能环保、自动化和系统整合、整体美学设计等特色，有别以往。许多厂商展示了节能环保的全电式成型机，其优点除了精密准确外，还有节能洁净和低噪声。如，全立发机械公司和台中精机公司的卧式全电射出机、铨宝工业公司的全电直线式拉吹机；大部分厂家已把动力源由电动机改由伺服电动机，可比传统机器省电 50%以上。最具代表性的自动化和系统整合是百塑企业公司的“智能型无人化生产系统”。由一台立式圆盘射出机生产螺钉旋具，经六轴机械手和 CCD 影像检测，再到另一台立式单滑板射出机生产握把，同时第三台卧式射出机生产包装盒，再经由自动化检测、包装、输送，完成无人化作业，其间可透过网络(Internet)中央监控达到上传信息和下达指令。另外，多家厂商展示的模内贴标系统，可应用在民生用品和饮品包装上。在制程时，把标签薄膜直接放进模腔内然后合模射出，射出来的制品经由伺服机械手臂取出，代表公司有华嵘企业公司、联有机械公司。另外，桦钦机械公司、棕伟机械公司、震雄机械公司展示了双色油电伺服射出机；机械手臂厂商金爪公司展示了伺服机械手臂，天行公司、威得客公司、辅机大厂信易公司亦展示了机械手臂。在展览馆的上层，鼎坤塑料机械公司展示了多层(最多五层)膜挤出机和 PLA(玉米淀粉树脂)环保袋设备，光兴机械公司和一亿机器公司展出了多层膜挤出机。国外厂商德国威猛巴顿菲尔(Wittmann - Battenfeld)展出了 All - in - one 微量射出机；ARBURG 展出了 370S LSR(Liquid Silicon Rubber)硅胶射出机搭配 2KM 塑化和混合单元生产奶嘴，另一台 630S 可做射出压缩生产薄壁导光板；西门子和 KEBA 则展示了性能优异的塑料橡胶机控制器。

从此次展览会可以明显看出，厂家已逐渐由以往的单机展示逐步向多功能、客制化和系统整合的展示发展，以向客户提供完整的解决方案和整厂服务，协助降低成本、提高产量和利润，同时搭配完善的售后服务，实现与客户一起茁壮成长。为此，厂商必须要有坚实的工程团队和研发设计阵容做后盾，才能接受和满足客户端的个别需求；唯有不断地接受客户非标准机的需求，甚至量身定制符合客户要求的客制化机器，以及全方位配合客户研发单位在研发阶段、试量产时的种种需求，才能避开依靠价格竞争的“红海”市场，拥有独特的产品，提高技术能力，找到自己的利基市场，让公司营运绩效蒸蒸日上 。

五、问题和展望

出于环保和节能考虑，大部分中国台湾厂家都向客户提供配备伺服节能系统的机器，节能效果显著。一般来说，如果机器以 24 小时连续运转，所增加的设备投资可在两年内回收。主要伺服节能系统的供货商是日本 Daikin、Yuken、Toshiba 和 Tokimec。另外，随着 3C 产业的蓬勃发展，消费者追求亮丽时尚，买家对外观件的要求日益严格和挑剔，双色甚至三色塑料注塑机的需求明显增多。部分厂家因产能有限，无法满足交货期而使订单流失。由于关键性零部件如伺服电动机、高阶控制器等依赖日本或德国进口，成本甚高，而中国台湾电动机的机器性能和稳定性不及日本机，价格亦与日本机有一定的差距。中国台湾电动机的发展一直进展缓慢，希望业者和业界相关单位重视。

近十年来中国大陆塑料机械产业发展迅速，成为全球最大塑料机械的生产基地，也是全世界消费使用最多塑料机械的地方，德国、日本、美国的主要制造厂家都已于大陆设厂。中国台湾业界也早已在大陆设厂生产或设立销售服务点。大陆本地厂家制造的机器因质量和性能提升许多，价格又低廉，给中国台湾机器厂家造成很大的压力，对于一般性、通用性的机器，中国台湾厂家几无竞争力。面对全球化的竞争，中国台湾业者如何对应，个人有以下浅见。

(1)差异化策略。应客户特殊需求，甚至量身定制的客制化才能在价格竞争中胜出。为客户规划自动化生产、专用机生产及至整厂服务的一条龙服务，提升控制器功能，增加内容服务，发展优质高阶产品，是企业生存之道。大量生产一般通用机种在中国台湾已是不可能的事情。

(2)研究创新。要能提供差异化必须有优秀的工程技术团队，所以工程能力的提升就很重要，要注重研究发展，善用政府资源。如，科专计划、主导性产品开发、研发联盟、小型企业创新研发计划(SBIR)、协助传统产业技术开发计划(CITD)，产、官、学、研合作推动研究创新，增加产品的附加价值，提供优质产品和服务。

(3)拓展国际市场。中国台湾需求市场较小且市场有限，而太集中在中国大陆市场也非长远之道，分散市场是降低风险的重要方法之一，印度、印度尼西亚、巴西、伊朗、土耳其、俄罗斯、越南等都是值得拓展的市场；新兴国家经济发展潜力雄厚，增长性佳，需求机器设备甚多，也需多加关注。如人力和财务限制，可借助中国台湾区机器同业公会和对外贸易发展协会，也可申请海外展览补助。

〔撰稿人：中国台湾区机器工业同业公会塑料橡胶机械业专委会会长、百塑企业股份有限公司总经理吴正炜〕

我国橡塑机械自动化智能化发展与应用

一、我国橡塑行业现状概述

橡胶工业、塑料工业概括起来应包括橡胶、塑料原料(即高分子材料)生产、橡胶、塑料制品加工及橡胶、塑料制品的应用三大组成部分。橡胶、塑料制品的加工工艺和与之密切相关的橡胶、塑料机械及模具组成了橡胶、塑料制品的加工行业,它在当今经济社会中迅猛发展。以合成塑料、合成橡胶和合成纤维为代表的三大合成材料已经与钢材、木材、水泥一起被誉为现代四大材料支柱,特别是塑料可以代替各种材料,如以塑代钢、以塑代木、以塑代有色金属、以塑代水泥等。高分子材料以其优越的性能在百余年中迅猛发展,被广泛应用于农业、建材、包装、机械、电子、汽车、交通、家电、石油化工、国防以及日常生活等各个领域。可以预测在21世纪里,高分子材料必将是人类活动的最主要的原材料之一。

改革开放的30余年来,我国的塑料工业突飞猛进地发展。石油化学工业快速发展,遍布全国的规模化大型石化基地,再加之新一轮开发的煤化工基地,塑料原料的数量、品种、质量都获得大的突破。2010年乙烯的产能即达到1 496万t,产量达1 420.5万t,仅次于美国,居世界第二。2011年我国生产合成树脂4 798.3万t,同比增长9.3%,2012年将达到5 225万t,预计增长10%。合成树脂表观消费量达8 080万t,同比增长9.1%;乙烯表观消费量达1 850万t,同比增长13.6%。合成树脂自给率由不到50%增加到65%,合成橡胶自给率由60%提高到75%以上。国民经济的持续发展、国外先进技术的引进、快速发展的先进装备为我国塑料工业的发展提供了良好的环境。

我国的塑料制品行业随着国民经济的持续繁荣而蓬勃发展。2010年,塑料制品产量达5 830.38万t,塑料五大合成树脂表观消费量达到6 365万t,约占世界塑料消费总量的1/4,我国不仅是世界第一大塑料生产国,而且已成为世界第一大塑料消费国。人均消费约46kg,超过40kg的世界平均水平(美国人均消费约170kg,比利时200kg,其他发达国家也在120kg以上)。

“十一五”期间,塑料工业实现了持续、稳定、健康的发展。塑料制品行业规模以上企业工业总产值年均增长22.34%;塑料制品产量从2006年的2 801.9万t增长到2010年的5 830.38万t,年均增长20.11%。2010年塑料制品出口1 462万t,出口额359亿美元。近年来,塑料制品行业各大类的主要品种(如塑料薄膜、塑料建材、日用塑料制品等)产销率均达97%以上。

塑料机械行业为塑料工业提供技术装备,它与塑料加工行业的发展紧密相关。塑料机械既为塑料原料生产提供装备,又为将塑料原料加工成各种成品或半成品提供工作母机,是塑料工业实现现代化生产的前提和基础,已成为我国基础机械工业的重要组成部分。

我国塑料机械工业已经发展成为门类比较齐全,品种、产量宏大,保持高增长率发展的朝阳产业。当前已拥有23类、130余个品种的塑料机械产品,主要有原料混配机械、注射成型、挤出成型、吹塑成型、压延成型、发泡、压缩成型、粉末成型、滚塑成型、二次加工和废旧料回收设备以及成套生产线等。

我国塑料机械行业的一大特色就是民营企业多、中小企业多。据统计,在全行业企业中,民营企业、中小企业约占企业总数的95%以上,成为行业经济发展的一支重要力量。

面对世界金融危机,我国塑料机械行业抓住机遇,在逆境中求发展,2011年全行业生产产量、工业总产值、工业销售产值等主要经济指标均保持快速增长的势头。其中,产量达到290 427台,继续保持全球第一,实现了“11连冠”;工业总产值同比增长11%;工业销售产值同比增长11.65%;出口交货值同比增长35.74%。

二、自动化、智能化凸显橡塑机械技术水平

当前,橡塑机械主要发展特色及趋势可概括为:理论创新和产业化有机结合;系列化、标准化日臻凸显;大型化、微型化并蒂绽放;复合化、专用化精彩纷呈;模块化、专业化日趋完善;高精、高速、高效为发展方向;智能化、无人化、网络化、集成化骤升水准;创新机理、组合结构适应发展;节约(节能、节材)、环保是时代要求;紧跟国家和行业的发展规

划和政策，把握橡塑机械的发展大趋势。这也可以称之为常态创新趋势。

1. 橡塑机械要追求高精、高速、高效

所谓“高精”，一是要求制品成型精度高。不仅达到制品所要求的尺寸精度与几何精度，而且重复精度还要好。二是橡塑机械主要零部件的精密度要高，制造精度、安装精度高，使机器在精密、稳定、良性有序下工作。在控制精度上，亦取得突破性进展。控制技术发展到多种参数的综合控制，控制系统实现闭环控制。在线检测回馈装置获得普及提高。

高速、高效使客户以较低的投入获得较大的产出和高额的回报。“高速”不仅仅是简单的速度提升，是在保证橡塑制品高品质的前提下，集制品加工工艺、结构设计、加工制造及控制系统（机、电、液、仪一体化，数控一代、智能化）于一体的系统工程，对生产操作工艺、设备制造及控制水平提出了更高的要求。

2. 推进智能化、自动化、柔性化、无人化、网络化、集成化

推进智能化、自动化、柔性化、无人化、网络化、集成化是橡塑机械提升产品水准的主攻方向。

提升传统橡塑机械产品的技术含量，使之满足橡塑行业先进技术水平的发展要求，是橡塑机械产品研发中很重要的课题。将电子技术、计算机技术、伺服数控技术、网络技术及信息技术等与橡塑机械的机电一体化相结合，使橡塑机械具有自动控制、自动诊断、自动调节、自动补偿功能，实现无人化、智能化、集成化；利用信息网络，实现设备与工段、车间、工厂、数据库等外界的联系。

数据库是支持新产品研发的技术平台。为了提高橡塑机械制造业的自主研发能力，提高研发效率，降低研发成本，适应市场快速多变的需求，数据库建立与应用已非常普遍。

智能化、网络化、柔性化在工业发达国家的装备制造业已相当普及和发达，我国橡塑机械的自动化智能化发展与应用还处于起步发展阶段，为此国家十分重视这方面的研发。橡塑机械的智能化首先得益于国家对关键智能基础共性技术的重点突破，特别是新型传感技术，模块化与嵌入式控制技术，先进控制技术，系统协同技术，功能安全、故障诊断与健康维护、通信网络技术，特种工艺与精密制造及识别技术等的快速发展；其次得益于国家重点发展和普及的核心智能测控装置与部件，如机器人，智能控制系统，智能仪表、元器件等。这些新技术和成果转化、嫁接和应用促进了我国橡塑机械的智能化。国家基础工业技术的发展，必将进一步促进我国橡塑机械的智能化发展和应用。

3. 我国橡塑机械自动化智能化的基本特点

我国橡塑机械自动化智能化的基本特点是通过现代电子和计算机控制技术，将整个橡塑工艺过程的加工工艺参数与设备的技术参数进行有机的配选设定，再通过在线检测及反馈，采用微机实现闭环控制。不少产品已采用网上远程监测、诊断和控制，对加工成型生产线进行网络控制，这对保证工艺条件的稳定，提高产品的精度极为有利。有的加工成型生产线生产的制品繁多，生产工艺也各不相同，因此，需要按照预先设定的顺序、条件对设备各控制阶段逐段依次进行控制。有些则是为了安全必须对设备进行依次控制。因此，可以说逻辑控制系统在橡塑机械亦得到了应用。针对这些控制要求，不少成型生产线的上位机采用工控机，用于整套生产线的监控和管理，下位机采用 PLC 通过现场总线对现场各个装置进行检测和控制。生产线普遍配有人机界面操作系统。

由于 PLC 具有远程通信功能，因此总线控制在加工成型生产线的电气控制系统中得到越来越多的应用。通过远程通信可以方便地实现远程诊断、重新编程、检测控制和远程调试，精确地实现各项技术参数的自动控制，同时保障人身和设备的安全。

生产装备向集成化、机组化、联动化、系统化、柔性化的方向发展。智能化、网络化加之在线检测技术及机器人技术的应用，可以取代橡塑制品生产

中完全依靠劳动者的技术经验这一传统模式，节省大量的人力资源，从而实现操作现场的少人或无人化生产，进而达到改善安全、卫生条件的目的。

我国橡塑机械的自动化、智能化既重视单机的智能化，又重视生产线的联动智能化的研发。首先提升单机自动化、智能化水准，如对注塑机、挤出机、轮胎成型机等配以高水准的闭环伺服控制系统、机器人操控系统，进而可以通过网络技术实现群控。其次是将联动生产线采用计算机逻辑控制系统实现对整套生产线的监控和管理；采用 PLC 通过现场总线技术、远程通信功能、配有人机界面操作系统，实现各项技术参数的精确自动控制，保障人身和设备的安全。

三、自动化智能化橡塑机械的应用实例

1. 注塑机

注塑机是塑料机械的主要品种之一，其自动化、智能化的程度亦最具代表性。

注塑机的工艺过程一般分为锁模、射胶、熔胶、保压、冷却、开模等几个阶段。要求精密闭环控制塑化、注射速度和注射压力，并实现高速响应。现代注塑机普遍具有：精准的位移（位置）、速度、压力、温度传感与检测；精确的温度 PID 控制系统及加热冷却系统；压力与速度的精密控制系统；伺服节能型控制系统并配以专用驱动器实现速度伺服、位置伺服和压力伺服，可对注塑机在每个动作过程中的压力、流量进行实时闭环控制，压力和流量速度可随时按预设的曲线快速连续变化，压力和流量速度实时检测和反馈；采用专用的注塑机 PC 控制机，配以触摸屏液晶控制器，通过人机对话，注塑工艺参数及控制程序可实现实时优化设定、检测和反馈，可实现多段控制，便捷操作；整机实行人性化管理，配以完善的安全保证；根据不同的工艺要求配以机械手及制品检测、检验装置。可以说，通过智能化制造的注塑机可以实现无人化操作及群控操作。

综上所述，我国针对注射成型过程控制开发了专用的智能化控制系统。其将注射成型过程注射位置（位移）、注射速度的全闭环控制及注射成型各阶段系统压力与流量的感应驱动全闭环控制集于一体综合考虑。通过智能控制算法，实现了注射成型过程位置（位移）、速度、压力、流量等工艺参数的高精度控制。同时，建立了注射成型制品结构特征与最佳注射工艺参数数值关系的工艺数据库，实现了工艺参数自寻优，保证注射成型过程工艺参数的最优化。重点解决了塑化注射成型过程位置（位移）、速度、压力、流量等工艺参数的测量采集处理、过程自学习与自适应控制问题，特别是实现了液压动力驱动与传动系统快速响应负载变化，达到能量按需供给的目的。智能化同时增强了注塑机的节能效果。

2. 密闭式炼胶（塑）机

密闭式炼胶（塑）机是橡胶、塑料加工的重要装备之一。

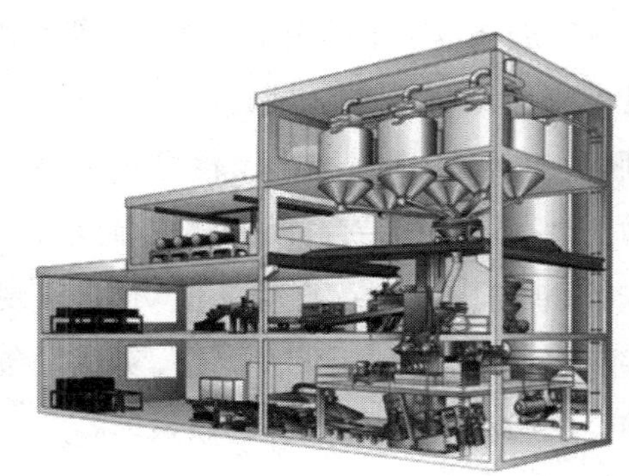

一条完整的密炼生产线主要由上辅机（自动配料、加料系统）、密闭式炼胶机、下辅机、控制系统等组成。

以轮胎生产为例：为了满足市场对高质量子午胎的要求，轮胎生产企业要求炼胶设备炼出的胶料温升、粘度合适，炭黑及各种小料的分散性要好，特别强调一批胶料的每一锅料要均匀，即所谓的胶料“均一性”好。为此，除了控制胶料配方外，炼胶工艺和炼胶设备的优化是关键。

密炼机的智能控制就是运用密炼机的工作原理和胶料混炼的流变学理论，随机采集密炼机炼胶过程的瞬时功率，建立起瞬时功率和温度、胶料粘度、分散性的数学模型，通过计算机随时计算出胶料的温度、粘度和分散性等，对密炼机的炼胶状态随时进行监控，使密炼机能自动并始终保持在最优工艺条件下进行炼胶，保证炼出的每一锅胶料的质量指标基本保持不变（如胶料的门尼粘度、分散性等指标控制在一定公差范围内），即实现“胶料的均一性”要求，这样就可以达到提高和稳定轮胎质量的总体要求。

以大连橡胶塑料机械股份有限公司的智能密炼机为例，与普通密炼机相比，其具有全方位的技术功能强化，全方位的抗磨强化，全方位的无级调速、调压、控温，全方位可靠性保障和整机的智能控制（配以全建制的速度、压力及位置传感与检测，温度、功率、时间、胶料的粘度、分散性的实时设定与监测，PID 运算和各联动环节的安全联锁保护及警示，建立数据库，计算机处理与控制系统等）。可以达到以下工艺效果：①可保证胶料的门尼粘度控制在 ±3 个门尼值；②可保证分散度提高 1 级以上；③通过优化工艺，可提高生产效率 5% ~10%。

智能控制实现了胶料混炼生产工作的自动化以提高生产效率；实现排胶控制的智能化，提高了生产合格率；编辑方便的操作界面和详尽的数据记录功能，有利于生产的科学监督和混炼工艺的优化。系统采用了大容量系列可编程序控制器，采用现场总线的方式，将配料系统、密炼机、挤出压片机、主控柜、控制箱、操作箱联成一个系统，实现相互通信。其主要有以下优点：丰富的密炼机混炼信息显示；在线预测功能；除传统的温度、能量、时间控制外，增加了瞬时功率、粘度控制、转子转动圈数的控制；真正的多任务功能；控制过程的模糊设定，避免了传统控制由于等待回答信号，导致控制系统死循环和混炼时间过长；控制对象全面开放，用户可随胶料品种及实际生产情况，任意定义混炼过程中的控制对象及电动机转速（直流电动机、变频电动机等）、上顶栓压力等；通过检测及运算比对，优化炼胶工艺；可以实现动态监测炼胶全过程，实时查询、打印各项工艺参数和各类工艺曲线等；具有同步通信功能，做到远程监控，可以根据用户需要进行联网控制，完成生胶称量控制及过程信息显示系统、上位机远程监控系统、上辅机控制系统、下辅机智能挤出系统等功能。

3. 橡胶（塑料）压延机

橡胶（塑料）压延机是由多装置组成的联动生产线。动作要求复杂，整线动作、工况要求协调一致，需要控制速度、温度、位移及压力（张力）等。我国的压延生产线普遍采用了厚度在线检测和反馈控制、温度在线检测和反馈控制、速度在线检测和反馈控制、张力在线检测和反馈控制、振动在线检测、在线故障诊断和报警、参数设置、工业控制机、PLC 控制系统、触摸屏显示和控制、伺服控制、通过网络的远程故障诊断等先进的数字控制系统。

以大连橡胶塑料机械股份有限公司的钢丝帘布压延机生产线为例。该生产线是子午线轮胎生产中不可缺少的重要装备，由主机、辅机组成。主要是将橡胶胶片和钢丝帘布一次连续双面贴胶压合成带钢丝胶片帘布，经辅机送至卷取、裁断装置卷取成卷，以备后道工序使用。

由于子午线轮胎制造技术要求很高，对胶片的制造精度要求也非常高，要求胶片厚度公差控制在 0.01mm 左右，需要进行在线精确控制，包括速度控制、温度控制、移位控制、测厚反馈、联锁、报警、在线显示、参数设定等控制，控制点达 300 多个，系统复杂。主要构成有：

（1）PLC 控制系统。PLC 是压延机主要的控制系统。PLC 系统控制压延主机传动，压延辅机传动，完成张力控制、调距控制、压延控制、温度系统及其他控制联锁以及与联动线之间的数据传送，并可通过人机界面进行全线速度的控制、状态监控和故障显示等。

采用一套高性能 CPU 处理器,运算速度快(基本指令处理速度 30 多 ns)。运用现场总线技术,通过以太网进行高速的数据交换,控制级通信速率达到 10Mbit/S,设备级通信速率根据现场环境和距离的不同可以达到 156KB ~ 10MB。配有专有通信模块,与远程 I/O、PF700 系列变频器以及人机界面通信;通过触摸屏可显示各驱动器的重要参数(速度、电流、电压等)和各从站状态,方便维护。与直流主传动控制器也通过专有通信模块实现通信方式连接,完成压延机生产线的操作、配方设定、运行状态的检测、运行数据的传输,并预留以太网通信接口。

生产线设有安全状态监控联锁。开机前设备未达到开机条件不允许开机(主操作台上有显示);工作过程中工艺条件未满足则设备自动停机并报警,在人机界面上进行相应显示。

生产线配有工控机。它可以实现运行中机组重要参数的显示和设定,亦可以存储历史运行数据供日后分析用;报警记录的存储功能可供日后查看,作故障分析和维护修复使用;配方功能获得充分扩展,避免了由于软件功能不足而只能预设十几组参数的不足,使运作更方便。

(2)电动机调速控制。直流电动机选用 Z4 系列直流电机(亦可以选配交流变频电动机),采用具有全数字恒转矩调节方式的直流调速装置(亦可以选配交流变频调速装置);先进的 PID 调节,自适应电流环,以达到最佳动态性能;速度反馈采用光电编码器反馈,精度为 0.01% 。

(3)调距控制与检测。辊距调整和轴交叉调整采用伺服定位控制系统,系统包括特定的定位模块、伺服放大器和伺服电动机,通过 SERCOS 光纤控制 10 台伺服放大器,并配有独立触摸屏显示、控制辊距与轴交叉,两端可以同时调节,也可以单独调节。

独创的伺服电动机辊筒调距控制方式,与测厚装置形成自动闭环反馈控制系统,根据压延制品精度的变化进行辊距的自动调整,保证压延钢丝帘布制品的精度和钢丝帘布上、下胶片的厚度均匀性。

(4)张力控制系统。压延机生产线主张力区的张力传感元件及信号放大器采用先进的测力轴承及调节器。生产线具有主张力区的张力配方功能,在设定好配方后只需根据制品选择对应的张力配方即可。通过在人机界面上设定相应张力,控制辅机的各部速度,满足制品在生产过程中张力连续可调的要求,并且保证在升速、降速过程中转速平稳,张力稳定。

整线采用恒张力控制方式,实现了张力的自动检测及控制,运行过程中张力稳定,波动 <500N。

(5)主机速度控制系统。以 3#辊转速为基速,其余三个辊筒速比在调速范围内可作无级调整,具有较硬的机械特性。当一个辊筒出现故障,四个辊筒立即全部停转。

(6)辅机速度控制及联动控制系统。辅机速度控制在联动状态下以主机速度为基准,以 PLC 内部设定张力为基准进行速度闭环控制,电动机分别工作在电动和制动状态,保证辅线设备满足设备生产要求。

(7)温度控制系统。通过独立的温度控制组件完成温度控制功能。采用智能仪表作为温度 PID 调节的控制元件,并具有远程温度设定功能。

(8)完备的设备故障检测和报警处理系统。所有的紧急停止开关都独立于 PLC 控制,即采用独立控制回路完成急停功能,并将急停信号送入 PLC 显示并进行相应的联锁控制,便于设备维护和检修。具有多方位安全防护及意外事故及故障的报警功能。

通过以上配置,整个联动线可以实现:

(1)速度变化实时设定。

(2)数字化显示。位置显示通过伺服电动机的编码器,安装可靠并且抗干扰能力强,“零点”还可以设定,也可以建立数学模型真实地反映出辊距值。

(3)调整快捷方便。高精度反馈的伺服电动机可以快速精确地进行定位控制,有效减少调整时间和降低废品率。

（4）时时响应动态控制。配合激光或空气环保型测厚系统，扫描检测上下胶片厚度和制品总厚以及钢丝在贴胶帘布内的位置，形成自动反馈控制，根据压延制品精度的变化进行定量厚度闭环控制，制品厚度精度可以达到±0.01mm。

（5）精确控制降低成本。在有测厚的闭环控制系统中可以自动把制品厚度控制在制品允许的下偏差能够为用户节约大量原材料，大大降低生产成本。

〔撰稿人：大连橡胶塑料机械股份有限公司刘梦华　本文中对我国塑料机械的分析不包括中国台湾情况〕

我国塑料机械节能环保技术新进展

节能与环保已成为体现塑料机械技术水平与产品竞争力的两个重要方面。环保更多地着眼于对可持续发展的关注，体现企业的社会责任感；节能则更直接地表现在为客户提供更高附加值与效益。近年来，我国塑料机械企业在环保与节能两个方面开展了全面创新。

一、我国注射新技术实现高端突破

围绕驱动系统技术的发展是注塑行业节能技术发展的典型特征。注塑技术从传统的机械液压系统开始，逐步从定量泵，经过双泵、变量泵、变频等技术，发展到以伺服技术为主的驱动方式。典型的代表就是当前成为市场主流的混合动力系统以及正迅速发展的全电动系统。而近年来迅速发展的基于生产单元的系统化解决方案也在很大程度上依赖于伺服技术的成熟应用。

1. 伺服液压节能注塑机渐成主流

伺服液压驱动的注塑系统（或称混合动力系统），已逐渐发展成为注塑节能市场的主流。分析不同企业的不同应用，采用混合动力系统，节能效果可以达到20%～70%，甚至更高。先进的伺服液压驱动系统的节能效果已经与全电动注塑机不相上下。基于混合动力系统的节能注塑机经过最近五六年的高速发展，已成为绝大多数国内领先注塑技术供应商的主推机型。最近的国内外重要展览会上，仍是很多公司推向市场的热点产品。

例如，在CHINAPLAS 2012上，浙江申达机器制造有限公司的SE－780伺服节能高精型塑料注塑成型机使用国际顶级品牌的高性能同步伺服电动机驱动定量泵，组成闭环的压力、速度伺服动力控制系统，并依靠在塑化螺杆和液压系统上的独特设计，大幅提高生产效率。其在展会现场演示的单件沙滩椅的制造周期由原来的50s减少到35s。宁波华美达机械制造有限公司推出的新一代M8－DH系列精密高速单缸注塑机，配备专利双回路油路系统和高精度全闭环伺服射胶阀，射胶过程压力、流量全闭环控制，精度高，适合成型高精密薄壁产品。推出类似伺服节能注塑机的厂家还有很多。

2. 伺服驱动大型机与二板机成为新热点

当前最受关注的伺服技术应用是将伺服系统应用于各种大型与二板式注塑机。

震雄集团近期推出的超霸先进系列45 000kN二板式大型注塑机，经国家塑料机械产品质量监督检验中心测试，被评定为国家一级节能标准（即能耗小于0.4kW·h/kg）。富强鑫公司研发的大型二板式水平转盘双色机HB－1900R，结合了大型二板机、双色机、水平转盘、重叠模及伺服节能多重技术,锁模力达到 19 000kN。

北京化工大学推出的内循环四缸直锁二板式精密注塑机,具有我国自主知识产权的“二板调模、四缸直锁、内循环”合模装置,是在总结和分析国内外合模机构的 50 余种型式和 30 余种结构的基础上,按照“两节、四高”(节省资源、节省能源、高精密、高效率、高静音、高性价比)的目标进行量化而创新研发。北京化工大学已与宁波海天塑料机械集团有限公司、宁波海达塑料机械有限公司和浙江申达机器制造股份有限公司等注塑机龙头企业签订了内循环四缸直锁二板式注塑机技术开发协议,产品样机在 CHINAPLAS 2012 上展出。

3. 我国全电动注塑机技术全面开花

在伺服驱动技术应用不断成熟与高速发展的同时,我国有越来越多的供应商开始突破全电动注塑机的核心技术,这一技术传统上主要由欧洲和日本注塑机供应商掌握。早期,我国的供应商中,除台中精机一家实现了全电动注塑机系列化生产外,多个领先供应商均只尝试性地研发了样机。随着海天将全电动注塑机产品产业化,该项技术在国内开始进入全面开花的新时代。

在 CHINAPLAS 2012 期间,海天集团展出锁模力为 550kN 的“天润”系列全电动注塑机,配合一出四腔模具生产液晶聚合物(LCP)接插件。“天润”从研发初期就完全颠覆了传统注塑机技术和设计思路,突破了传统合模结构设计受几何学约束的瓶颈,形成了全新的注塑机设计理念。机器设计力求简练,传统的机器拉杆被侧板上的直线导轨替代,功能更强大,动模板平行度更好。

全电动注塑机已经成为近年来国内企业注塑节能技术发展的新热点。据不完全统计,台中精机、海天、震雄、广州数控、百塑、全力发、海达、大同、博创、广州一道等注塑机企业都已成功推出全电动注塑机。2012 年 10 月,大同机械有限公司将最新研发的 Ge 全电动注塑机全面投入市场。Ge 全电动注塑机采用直接和独立驱动、先进的能源再生技术、独特的无机铰式锁模结构等技术,可成功减少工厂配电设施的投资,减少润滑使用量,降低维修成本,还能大幅度缩短成型周期。

4. 基于注塑单元的整体解决方案受青睐

未来注塑机行业将在节能环保的前提下,向着高效、精密的方向发展。与此同时,为客户提供系统化的解决方案也将成为行业发展的方向之一,“交钥匙”的系统解决方案将成为行业发展的主流。

注塑生产单元的概念前几年主要由欧洲注塑机供应商推出,如今,我国厂商也越来越多地推出各具特色的生产单元。通过减少人为因素对生产过程的影响,在稳定可靠的生产条件下产品质量更高,整体生产效率与质量更高同样意味着优异的节能效果。

我国不少领先的注塑机企业均看好这一发展机会。博创机械股份有限公司把成套解决方案看做未来拓展市场的重点。该公司认为,未来对塑料成型的要求是把某些二次加工的工序设计在模具内执行,塑料件在离开模腔时就已经是最终成品。这并非传统的自动化取件作业,而是整合了现代注塑机、先进模具和周边设备等技术在内的一种智能化升级工艺。该公司在 CHINAPLAS 2012 现场展出的“5 组分创意生产组合”,包括一台 BM260 - 5C 五色注塑机,一副四色模内组装模具,可以直接生产出一个四色 RP100 转盘模型,其圆盘和齿轮可以自由转动。这是国内首创的“多色注塑 + 模内组装”工艺。

全立发机械厂股份有限公司也看到了这一机会。早在 2010 年就开始推出“系统整合的输出”模式,客户要生产什么产品,公司就一站式提供全套的生产方案。相比竞争激烈的单机市场,这一模式门槛更高,利润也相对更好。

尤其值得关注的是,我国企业中已出现将提供基于生产单元模式的自动化解决方案作为公司主业的先行者。上海珂明自动化系统有限公司已经成功整合 4 +4 叠模模内贴标的生产单元并提供给国内大型乳业厂家用于生产酸奶盖。该单元采用德马格注塑机与自制的机械手与模具。上海珂明同时向福建达利集团提供了一套瓶盖生产的整合系统，自动化系统和辅助设备技术均为珂明提供，采用德马格3 500kN注塑机与普什96穴水盖模具，成套系统由珂明整合提供，生产周期只有5.06s。公司还在全面推广IML、IMD的系统整合与解决方案。

5.可降解材料注塑满足更佳的环境需求

环保性能不仅仅是考虑注塑机本身对生产环境的影响，积极开发具有更佳环境效益的可持续发展材料也是环保性能更突出的表现。

在CHINAPLAS 2012上，宁波博纳用一台BN138精密节能注塑机现场展示全生物降解树脂注塑成型技术。公司现场所用的材料为浙江天禾生态科技有限公司开发的注塑类全生物降解树脂CSPI-Z，现场加工一次性快餐盒。该材料完全不含聚烯烃材料，可用于加工的产品还包括各种刀、叉、勺等餐具以及牙刷柄、梳子等生活用品，也可以用于各种工业包装。产品达到食品安全要求，已通过FDA、SGS等安全认证；100%绿色降解环保，在一定条件的土壤中，可在90天内降解90%以上，已通过EN13432、BPI等降解认证。

朗格公司为一家玉米粉料供应商设计和制造了一台专门生产以玉米粉料为原材料的注塑机。公司用三年的时间研制出这款专门从事玉米粉料加工的机器，由于产品主要以玉米粉为原料，就环保和绿色的角度更有市场价值。

二、环保节能挤出新技术

挤出是塑料工业最重要的加工手段之一，高效生产、节能降耗、环保安全都是体现挤出企业竞争力的最典型特征。我国挤出技术供应商积极把握全球应用市场大趋势，将高效生产与节能、环保安全与优异的再生技术有机地融入自己的产品技术中。

1.挤出节能技术全面突破

近年来，我国在挤出技术领域各个方向开展节能技术的开发，从PET直接挤出到高效利用冷却技术，从新型模头的开发到各种新型加热技术的应用等，在我国市场均可见到成熟的应用。

(1)PET免干燥直接加工是近年来挤出技术市场节能效果显著的技术之一。传统的PET加工都必须经过预干燥过程，这一过程往往持续几个小时，耗费大量的电能和物料周转时间。近年来，越来越多的公司针对这一问题推出自身的PET直接加工技术。

南京越升公司成功地将双螺杆挤出机应用于PET的加工，免除了预干燥和预结晶过程，可节电35%以上。该挤出系统让物料在进行快速表面更新的同时，与高效真空系统配合，有效去除PET物料中的水分和低分子物，以控制可能产生的水解反应，可以阻止物料的粘度降低以保证PET制品的品质。该技术不仅可用于PET切片料，也可应用于切片和回收片料的任意组合，或者纯回收片料的直接成型挤出。

广东达诚机械有限公司自主研发的PET/PLA双螺杆挤出片材机组，同样无需预结晶干燥系统，使用该机可节省40%的电力及70%的人工，可使用100%回收料生产。

青岛顺德公司在CHINAPLAS 2012上也介绍了PET片材生产线，该线采用100%回收料，不需要对PET干燥结晶。

(2)改变传统的加工技术或成型工艺过程，也是实现有效节能的重要途径。昆山通塑机械制造有限公司推出的新一代双壁波纹管生产线，整条生产线比同类设备减少能耗10%，总装机节约能耗50kW。关键部件采用更新的材料和处理工艺，提高了设备的运行稳定性。特别是对波纹管的定径水套进行了改进设计，使管材的内壁得到快速冷却，当前管材的生产速度提高40%～50%，ID300的管材速度达到2～2.2m/min。

事实上，在很多塑料制品加工过程中，提高冷却效果都是实现效率提升、降低单位能耗的重要手段。为了实现塑木制品加工过程中的高效冷却以提高成型效率，湖北高新明辉模具有限公司试制成功了可拆式水冷芯棒，用户可在现场将芯棒拆开，清理杂质，清通水道，而后再将芯棒自行安装好继续使用。

(3)针对产品成型，开发相应的新工艺也是节能增效的关键手段之一。大连忠益塑筋机械有限公司利用自主知识产权，研制开发了 YDF 系列大容量挤注成型机，并专门为之研制了塑木筋原料。YDF 系列设备以废弃塑料、废弃木屑、废弃橡胶轮胎等为主要材料，生产各行各业所需的大型塑料及塑木筋产品，来满足农业、国防、物流、建筑、市政、家具等行业对大型塑料制品的不同需求。利用该设备，通过大型模具可一次挤注成型或注塑成型 50～500kg 形体结构复杂的大型塑料、塑木筋产品，如塑木筋包装箱（容积 $1m^3$）、大型塑木筋托盘、大型塑木筋建筑模板、大型压滤板等系列环保型产品。

(4)通过全新设计，实现塑料制品使用过程的节能也是挤出节能技术的重要体现。北京长城牡丹模具制造有限公司开发的软硬共挤模具可用于生产外包硬质 PVC、内部为发泡 PVC 的型材，而利用该技术生产的产品能够满足新节能标准的要求。

2. 环保低碳应用，挤出技术新热点

塑料原料合成会消耗一定的石油资源或其他自然资源，但塑料的广泛应用更为人类节能与利用新能源开拓了巨大的空间，塑料优异的回收再用性也远优于其他替代材料。新能源应用、塑料的回收再利用等环保低碳领域是近年来挤出技术发展的重要热点市场。

锂离子电池作为新一代绿色高能充电电池，是新能源汽车成功进入市场的关键。锂离子电池阻隔膜作为关键的内层组件之一，直接影响电池的容量、循环性能以及安全性能等特性。高精度的涂覆模头是高效锂离子电池的关键制造技术。由于技术含量很高，多年来国内生产企业大多采用欧美国家的技术。精诚时代集团利用自身的技术优势，研发出用于加工 PSA、APAO、EVA、PA、PUR、PUA 和各种弹性体热熔胶的窄缝涂覆（涂布）模头，广泛应用于包装、过滤、医疗卫生、环境保护、服装、电池隔膜等材料的加工中。窄缝涂覆模头以其涂覆均匀、无条纹，高线速度和高精度的运作，可最大限度地减少挥发性气体的排放、涂层污染、原料浪费成为众多涂覆模头中的最佳设计之选。

苏州金韦尔公司开发出 EVA 薄膜生产线，可用于生产厚度 0.3～1mm，宽幅 600～2 300mm 的太阳能 EVA 封装膜，其中幅宽在 1 500mm 以上的生产线还可实现在线分切和多工位收卷。该封装膜适用于晶硅电池、薄膜电池、BIPV 等光伏发电组件的内封装材料，以 VA 含量为 30%～33% 的 EVA 树脂为主要原料，具有高透光、强粘结、耐老化的特点。塑料环保的概念很大程度上在于塑料的可回收再利用，针对塑料回收的挤出新技术也是挤出供应商追求的重点市场。华新塑料机械有限公司在 CHINAPLAS 2012 展示了 SJ 两阶排气型塑料挤出造粒机组。该机组采用不同的螺杆设计，适用于多种塑料的再生造粒。螺杆料筒经特殊的硬化处理，具有耐磨性、高产能特性，两阶排气型塑料挤出造粒机组采用“丁字形”排列设计，两挤出机都设计有排气和加速更换滤网装置，可重复将物料加热后产生的气体排出，并经过两次过滤将物料的杂质过滤，使造出来的颗粒更结实、光滑、纯净。

环保节能技术的发展与效率的提升也是相辅相成的。佛山市顺德区捷勒塑料设备有限公司在 2012 年成功推出大型宽幅（1 900mm）九层共挤高阻隔吹塑薄膜生产线，具有 9 层膜结构〔PA（外层）/Tie/PE/Tie/PA/EVOH/PA/Tie/PE〕，其中 EVOH 层的比例可控制在膜总厚度的 4% 之内。系统配备膜泡内冷系统（IBC），采用叠层梯度风量控制膜泡内冷供风，防止膜泡晃动，加大热交换效率。利用 CFD 技术优化内冷系统的结构，提高膜泡的冷却效率。利用超声波传感器检测膜泡直径，闭环控制膜泡内进风和抽出风动态平衡，保持膜泡稳定。外冷采用当前最先进的双风唇射流式风环，引入 CFD 技术对风环进行数字化设计。内冷和外冷相结合，不仅具有高效的冷却效果，而且可以大范围地调整冷却级别，以满足不同功能结构和不同产量的薄膜对冷却效率的需求。

三、节能环保技术遍布塑料加工各领域

在塑料加工设备的各个领域，都表现出以节能、环保为主题的主流趋势。例如，全电动的概念已不只是注塑机的专利，中空成型机、热成型机等均已引入了全电动的驱动模式。

在中空成型机市场，仅笔者接触到的我国厂商中，雅琪、台湾风记、铨宝工业等均推出全电动的吹瓶系统。例如，铨宝工业股份有限公司推出的 PJ－4000LE 全电式 PET 拉吹瓶机，通过独特的机械设计，使瓶坯在加热过程中具有更小更短的加热间距，配有气体回收功能，为客户节省 20%～35%的能源。

加热技术改进也是近年来节能环保技术发展的热点。上海凯琦节能科技有限公司已经将电磁感应加热技术应用于注塑机、电缆挤出机、双螺杆造粒机、平板硫化机、挤铅机等不同机型，展示了电磁感应加热在塑料行业发展的广阔前景。此外，各种红外加热、余热利用等技术都可以实现显著的加热节能效果。

塑料的环境效益体现，很大程度上在于其优异的可回收性。针对回收产品的成分复杂性进行专门的技术开发与应用开发，也是我国塑料机械供应商成功发力的重要市场。例如，张家港亿利机械有限公司生产的脱标机，对于任意形状大小、热收缩或是粘结的产品都可达 97%以上的脱标率；而传统的脱标技术，不论手工脱标还是机械脱标，通常都只能达到 70%左右。

节能与环保很多时候并不是独立的，判断产品本身或加工过程是否节能或环保，往往需要从整个产品的生命周期或产品产业链的角度全面考虑，这样才能体现出企业产品对提升客户竞争力的巨大作用，更有利于推动行业健康发展。

〔撰稿人：《CPRJ 中国塑料橡胶》段庆生、北京市化学工业研究院李润琳〕

符合 GMP 要求的 BM 系列医用二板直压式注塑机的结构性能及特点

一、医用注塑企业对设备的要求

（1）设备要能够保持产品成型区的环境洁净，能够符合 GMP 要求。

（2）具有一定的精度。

（3）效率高、速度快。

（4）节能。

（5）低压护模灵敏，从而保护模具。

（6）机器寿命长，耐用性高。

（7）许多企业在生产产品时多采用一模多腔，而且排得越多越好，因此，要求设备的拉杆间距较大，锁模力较大。

现有的设备未必能够全部满足以上要求。

二、现有国产医用注塑机的主要优缺点

医用注塑机以中小型为主，国内市场上使用的主要有肘杆式、全液压式（包括单缸充液式、外循环二板直压式）和全电动式。其中，肘杆式注塑机凭借价格低、节能、速度快、可以超载的优势而占领了大多数中、低端市场，全电动式注塑机及德国进口的二板直压式注塑机占领了高端市场，国产的单缸充液式和外循环二板直压式注塑机主要用于中端市场。众所周知，肘杆式的优点十分明显，但缺点也很突出，如开合模精度较差、受力不均、销轴等容易磨损；肘节和调模螺母等需要润滑，润滑油容易外漏污染制品出品区；调模不便，低压护模较差，开模容易振动，机器及模具寿命较短等。同样，单缸充液式注塑机的优点刚好就是肘杆式注塑机的缺点。但是,单缸充液式注塑机的缺点同样也很突出,如成本高、锁模力不能超载、速度慢、能耗高等。

由于现在企业竞争激烈,生产医疗器械产品(如一次性针筒等)的加工费已经很低,所以从短期利益考虑,医疗器械企业只能首先选择价格低、速度快、能耗低的设备。机器的价格及能耗(用电)效率很直观,而机器的精密度、耐用性、可靠性比较隐性。肘杆式注塑机带来的附加费用并不低,同时,它的合模精度较差,容易使产品飞边或厚薄不均,无形中增加了成本。肘杆式注塑机的低压护模不灵敏,一旦压到产品就可能损伤模具;除了模具的维修费用外,从洁净厂房中拆出模具维修都会破坏整个生产节奏和生产环境。

三、二板直压式注塑机的技术及发展

随着塑料工业的发展,二板式合模机构以其结构简单、高效精密等特点逐渐成为注塑机合模机构的一种重要形式。现有的二板式合模机构主要有复合型和直压型两类。一般中小型注塑机采用直压型二板式合模机构,二板直压式合模机构不需机械装置,也不需二次动作,直接由锁模液压缸将模具锁紧。常见的直压型二板式合模机构主要有无循环、外循环和内循环三种。

无循环二板式合模机构主要是由欧洲人发明的。在20世纪80年代末,由当时广东顺德恒利机械有限公司黄步明发明并开发成功的四缸差动注塑机,是世界上第一台外循环直压型两板注塑机的雏型。在此基础上,黄步明及其团队又开发出了全液压四缸直锁二板式注塑机,外循环合模机构的移模通过移模液压缸来进行,移模液压缸直径小,能较大限度地提高开合模速度;锁模则通过直径较大的锁模液压缸来进行。在移模过程中,锁模液压缸的左右腔通过外部液压管路相通进行排补油动作。这种合模机构结构简单,与单缸充液式产品相比,速度、节能方面都有很大提升。但是,由于锁模液压缸左右两腔的液压油,在通过外部管道循环时,阻力较大,因此在移模时,锁模液压缸活塞会受到较大阻力,使速度的提高受到限制,能耗依然较高。内循环式合模机构也是在90年代初出现在欧洲,现有内循环式的锁模液压缸有双外伸活塞杆,该结构的优点是速度较快、能耗较低,但该结构的活塞和活塞杆加工要求高,当活塞小时无法安装通断阀,故中小型机无法采用。而且活塞小时,油路通道较小、阻力大,速度的提高受到限制。

四、新一代内循环二板直压式注塑机的结构及性能特点

1. 结构特点

BM系列注塑机是广东正茂精机有限公司发明并自主开发的内循环二板直压式注塑机。BM系列注塑机见图1。

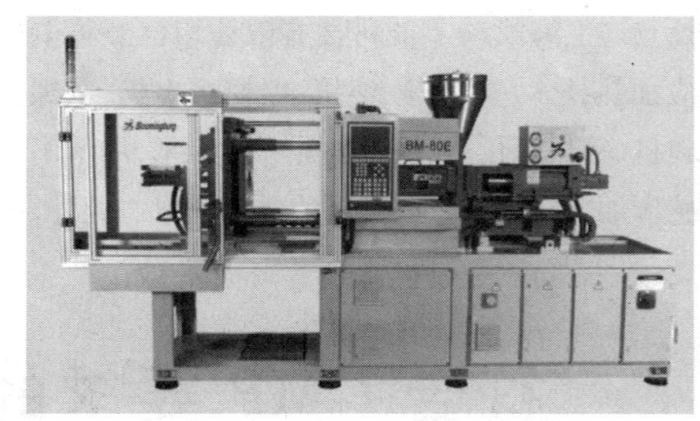

图1　BM系列注塑机

BM系列注塑机在结构上有重大创新,它不需要双外伸活塞杆,通断阀直接利用整个活塞,结构非常简单,零件极少,通油能力大,阻力小,可以用在各种大、中、小型的机器上(第一台样机锁模力为500kN)。锁模液压缸结构见图2。

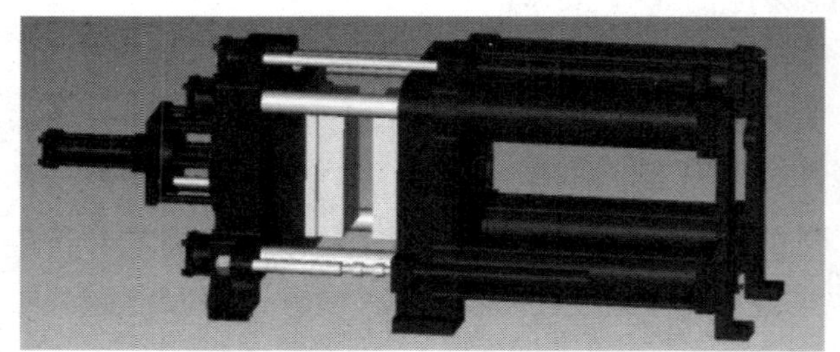

图2　锁模液压缸结构

2. 主要性能及优点

彻底解决了全液压式注塑机速度慢、能耗高、锁模力小且不能长时间保持的问题。它比肘杆式注塑机速度更快、更节能。与现有全液压式注塑机

相比，具有如下特点(以锁模1 200kN机为例)。

(1)开合模速度更快。开模速度平均可达600mm/s，理论可达800mm/s，而传统直压式产品仅在300 mm/s以内，升压速度提高1倍；升压时间0.7s(从0~26.8MPa)，传统直压式需1.5s或以上。

(2)降低能耗30%以上。以上比较是在相同液压泵的情况下，与机铰式产品相比其能耗也降低。

(3)锁模力提高20%。锁模液压缸几乎为零泄漏，故锁模力可在液压泵不工作时长时间保持，对需要长时间保压的产品尤其重要。

(4)机身短20%，占地面积少20%以上，而且更加洁净。

另外，它采用了双层动模板，其锁模力与单缸充液式产品一样作用在动模板的中心，减少了模具的变形和制品的飞边。

锁模液压缸见图3。

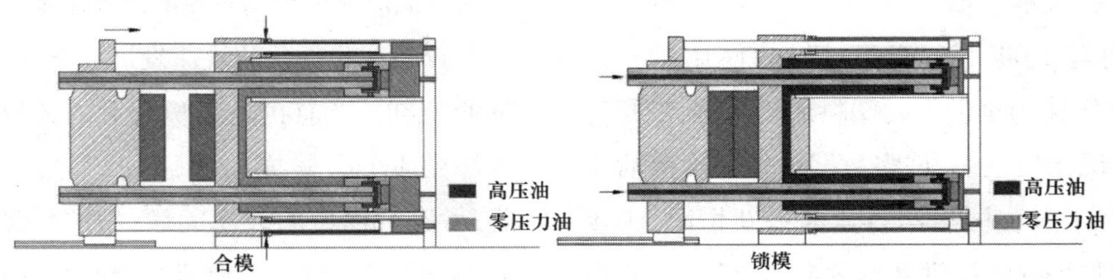

图3　锁模液压缸

3.其他优点

(1)锁模液压缸装在定模板上，减小了机器长度，减少并杜绝了污染源。

(2)锁模部分可插入洁净厂房内，不影响操作。

(3)机架下方三个面是空的，方便从不同方向取出制品及安装输送带。可以将模具从机架下方向上起吊安装，洁净厂房的高度减少0.5m以上。

(4)采用一线式注射，排除了双缸式注射不同步带来的一系列问题，如注射液压缸活塞杆偏磨，断螺杆，三小件容易磨损等。

(5)锁模力可以在电脑面板上设定，直观、方便、准确。可利用改变锁模力来调整制品的厚度。

五、BM系列医用二板直压式注塑机的应用

1.精度高

实测制品的重量重复误差为0.1%左右，大多数在0.1%以内，故制品的成品率很高，稳定性好。许多厂家都采用全自动生产，只需定期取走制品。

2.模具受力均匀，一般不出现飞边

即使原有模具在其他注塑机生产时出现飞边，只要不是太大，在直压机上使用就不再出现飞边。所有制品的厚薄均匀度好。经实测，在一模多腔情况下，平均可节省材料重量4%以上，多的可达10%。例如常州某医疗器械厂生产一出48腔5mL的注射器外套，每模可节省材料约4.3g，一年可节省材料6.72t，折合价值逾9万元。

3.缩短周期，减少能耗

与相同规格、相同液压泵电动机的肘杆式注塑机相比，用直压式注塑机的制品生产周期可缩短10%以上，能耗可节省5%~10%以上。

4.可将锁模装置与注射装置隔离

将锁模装置单独放在洁净区，可有效减少洁净区的面积，从而减少洁净区的投资成本及运行费用。

5.可减少润滑油的费用和清污费用

以上分析可以看出，内循环二板直压式注塑机能够同时满足医用注塑产品的洁净环境，同时又具有高速度、高效率、高精密、节能、稳定可靠、耐用性高等特点。随着对注射成型制品性能要求的日益提高，同时在国家“节能型社会”“节能减排”的科学号召下，新型的内循环二板式注塑机取代现有注塑机，将成为必然趋势。

〔撰稿人：广东正茂精机有限公司黄步明〕

我国滚塑行业的历史、现状及研究状况

滚塑是大型和复杂中空塑料制品重要的加工成型方法，自1855年诞生世界上第一个旋转成型的专利以来，滚塑的发展极其缓慢，直到20世纪60年代后才有所缓解。截至2011年年底，全世界的滚塑企业约有3 000家，滚塑材料的使用量至少153万t。我国作为全世界的塑料加工大国，滚塑行业的整体状况比较模糊，许多数据已经极度落后于现实。因此，了解我国滚塑行业的最新情况，为今后的发展和趋势判断提供基本的参考，已经是业内迫切的愿望。

一、我国滚塑行业的历史

从现有可查询到的资料来看，我国开展滚塑研究并不很晚。1970年，上海塑料三厂应贵州汞矿要求开始研制烘箱式滚塑机，使用聚乙烯粉末试制钢衬塑汞罐，是目前公开文献中可查到的最早开展滚塑研究的报道。20世纪70年代中期，北京玻璃钢研究所开发成功滚塑尼龙容器并应用于森林灭火器等产品。1982年，大连塑料研究所的“双轴滚塑成型工艺和设备”通过技术鉴定，这是有据可查的滚塑行业得到的最早的国家层面关注。

1983年，佳木斯二塑引进了国内第一台进口滚塑机——德国恩斯特莱茵哈特的滚塑试验机组，1986年，江苏省东台县塑料总厂引进了日本ATMO的穿梭式滚塑机组和磨粉机组，这是我国聚乙烯滚塑大规模工业化生产的开始。1989年9月，福建省三明市达发科研所引进了全塑船专利技术，建立了滚塑生产线，批量生产全塑船等专利产品。11月，该所研制的“4.1m全塑工作艇”通过了福建省级第I类新产品技术鉴定，经专家论证，属国内首创。1990年1月，齐鲁石化为了开发滚塑级的LLDPE材料，成立的烟台齐鲁联合塑料制品厂正式投产，引进了美国大型三臂三工位滚塑机组，主要产品为船和大型储罐。20世纪90年代初期，涌现出一批如无锡海溪、慈溪远东、珠海波利玛等优秀企业，20多年来带动当地形成了相当规模的产业集群。

我国滚塑行业的快速发展起始于20世纪末和21世纪初，当前我国滚塑行业的大部分龙头企业都是在那个时候成立的，如做军品箱的河北金后盾，做医教模型的天津天堰，做游乐设施的温州永浪、南京万德，做全塑储罐的台州仁生，做工程机械部件的宁国天亿，做滚塑模具的上海春旭，做滚塑设备的烟台方大等。

随着滚塑工艺和滚塑产品逐渐被社会接受，国内滚塑行业也逐渐加强了和世界其他国家的沟通交流。2005年，中国塑料加工工业协会滚塑专业委员会主办的第一届国际滚塑论坛，使得国内滚塑同行逐步认识到滚塑工艺的延展性和产品的多样性。2005年至今，我国滚塑行业迎来了持续的高速扩张时期，这期间，滚塑厂家不断增加，新型滚塑产品层出不穷，应用领域不断扩大。

二、我国滚塑行业现状

笔者自2004年开始接触滚塑行业，一直从事滚塑专用料的研究开发和销售工作。由于业务关系走遍了全国大部分地区，联系和接触了很多滚塑企业，基本摸清了我国滚塑行业的状况。

截至2012年年底，我国滚塑相关企业一共有900多家，主要分布在浙江、江苏、上海、广东、山东等地，这与我国塑料生产的地区分布类似。其中，浙江宁波地区、温州台州地区、江苏无锡地区、广东广州佛山地区都是滚塑企业最为集中的区域，上海、北京和天津的滚塑企业也较为集中。我国滚塑企业的省市分布见表1。

表1　我国滚塑企业的省市分布

名称	数量	名称	数量	名称	数量	名称	数量
浙江	260	四川	15	重庆	5	青海	2
江苏	218	河南	14	甘肃	4	云南	2
上海	84	辽宁	12	广西	4	内蒙古	1
广东	82	湖北	10	吉林	3	山西	1
山东	56	江西	7	陕西	3	台湾	1
天津	34	新疆	6	贵州	2	澳门	0
河北	28	福建	5	海南	2	西藏	0
北京	24	湖南	5	黑龙江	2		
安徽	19	香港	5	宁夏	2		

我国滚塑行业产业规模约89亿元，尚没有大型企业，最大的滚塑制品企业2012年年产值约3亿元左右，中型企业也不足50家，整体呈小而散的局面。全国滚塑制品企业材料使用量约为25万t/a。我国滚塑企业规模及材料用量见表2。

表2　我国滚塑企业规模及材料用量

企业产值规模类别	数量（家）	总产值预估（亿元）	年材料用量预估（万t）
合计	912	89	25
1亿元以上	10	25	3.2
5 000万~1亿元	20	15	2.6
1 000万~5 000万元	100	25	7.5
500万~1 000万元	250	19	8.8
500万元以下	532	5	2.9

我国滚塑行业生产的主要产品集中在游乐设施、防腐管道、防腐设备、储罐等方面，与国外生产情况有较大区别。在美国，游乐设施和储罐占滚塑产品应用的60%左右，我国仅占28%；在国外数量很少的防腐方面的应用，在我国却占到近四成。按照国家统计局的标准分类方法，我国的滚塑制品已经在至少46个行业中得到应用。我国滚塑行业主要产品应用方向见表3。

表3　我国滚塑行业主要产品应用方向

产品应用	制造商数量（家）	行业年产值（亿元）
游乐设施	150	20
防腐管道	100	20
防腐设备	130	15
储罐	70	5
包装箱	20	5
皮划艇	20	2
交通设施	20	1.5
灯饰	30	1
车辆配件	15	1

三、我国滚塑技术的研究状况

我国开始滚塑技术研究较早，但受重视程度远远不够，多年来很少有高质量的研究成果出现，乐观估计，我国的滚塑技术水平还落后欧美20年左右。

2005年后，我国滚塑技术申请的国家专利数量几乎每两年就增长一倍。到2012年底，我国公开的滚塑技术专利总数为436篇。1988—2012年我国滚塑技术专利公开数量见图1。

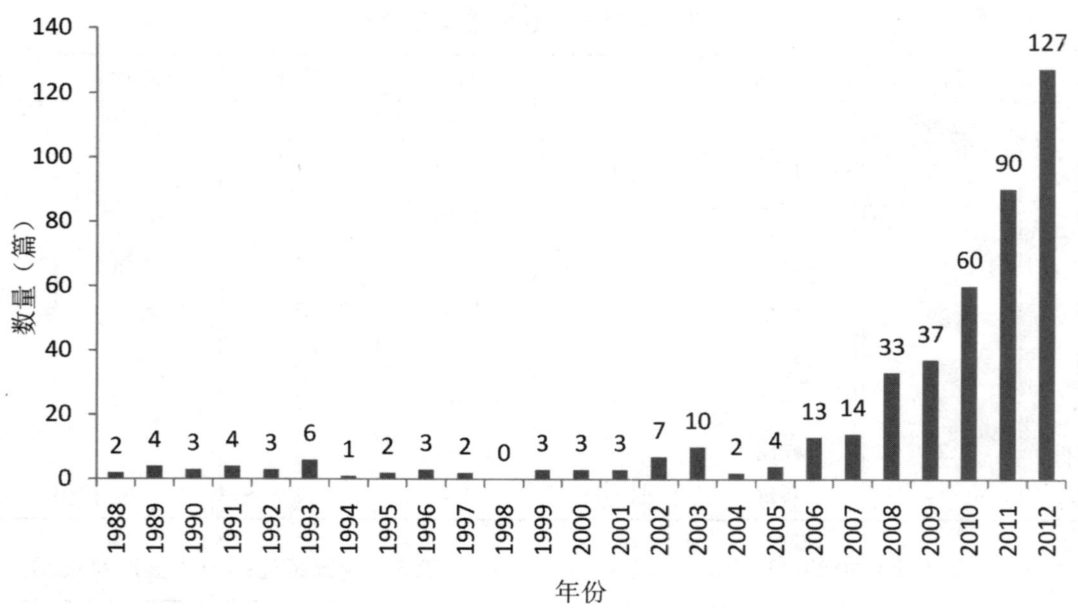

图1　1988—2012 年我国滚塑技术专利公开数量

1979—2012 年的 33 年间，我国滚塑技术公开文献发表的很少，只有 2005 年中国塑料加工工业协会滚塑专业委员会成立后带来了公开文献发表的小高峰，但近三年来，年文献数量又日渐减少，到 2012 年底，公开发表的滚塑文献总数量仅有 358 篇，而其中介绍性和综述性的文献就占到 2/3 左右。1979—2012 年我国滚塑技术文献公开数量见图 2。

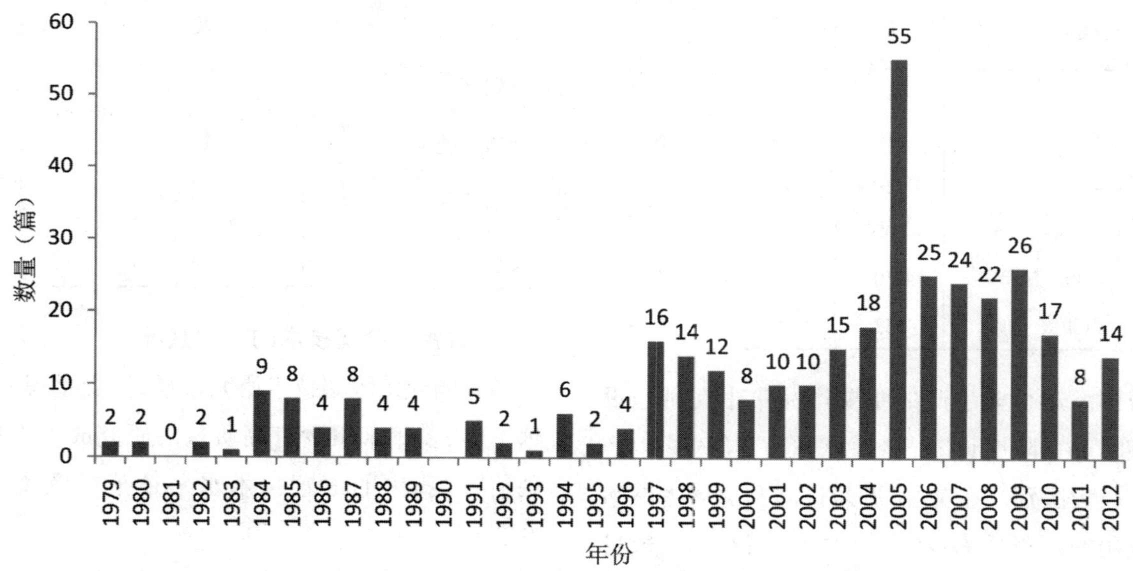

图2　1979—2012 年我国滚塑技术文献公开数量

我国有 115 所高校具备高分子或塑料专业的硕士研究生和博士招生资格，到 2012 年，仅有 6 所高校进行了 11 次滚塑方面的研究工作。这么多年来，我国仅出版 6 本滚塑方面的专著，其中还有 2 本译著。以上情况说明，我国的滚塑技术基础研究还异常薄弱，行业技术人员对滚塑技术的关注度、参与度远远不够，这是我国滚塑产业落后于世界发展水平的真实写照，也是制约我国滚塑行业发展的瓶颈所在。

〔撰稿人：浙江瑞堂塑料科技有限公司温原〕

滚塑行业未来最具投资价值的产品

产品名称	市场目标	市场容量	市场价格	产品优势	客户群	市场策略	市场风险
尿素箱	配合SCR技术在汽车行业应用	≥100万只/年	180~240元/个(7~8kg)	国家强制执行	主机厂、汽车改装厂、发动机厂	配合主机厂和国家法令对汽车尾气排放的要求进度实施	成熟后被吹塑取代的可能性很大；关注人多，未来竞争激烈，价格较低
仪器箱	取代铝制工具箱、仪器箱	≥1 000万只/年	240元/个，440mm×290mm×190mm	耐摔、防水、轻便	年出货量在1万台以下的小型精密仪器生产商	在色彩上和铝箱拉开差别，走精品路线，自我开发市场	顾客分散，目前行业对滚塑认知度低，推广有难度
救生圈	取代挤出—热熔焊生产技术	≥10万只/年	100元/个。聚乙烯外壳，填充聚氨酯泡沫，2.5kg/个	不漏水、工艺简单，投资少	不限制	高品质，低价格，提高销售量；和现有生产厂家联合生产；如开发成功PE发泡填充，可取得巨大质量优势	产品需要多种认证
火车罐车	增加防腐特性延长使用寿命	≥1 000辆/年	约10万元/辆。聚乙烯内衬，焊钢网	应用范围广，工艺相对简单	中国北车西安轨道交通装备有限责任公司	利用现有汽车罐车经验，参与设计，逐步推广	需有铁路部门的人脉，市场集中，产品质量风险大
浮标	取代铁浮标	≥3 000个/年	约5万元/个	长寿命(防腐)，耐生物附着，对水体污染小	海洋航标和内河航标，气象航标，海洋环境监测浮标，波力发电浮标，北斗GPS定位浮标	和现有航标厂联合开发	质量要求高，需配套的部件多
公用小便斗	和陶瓷小便斗竞争	≥50万只/年	约250元/个(中档品牌)，320mm×255mm×680mm	安装方便，运输不怕损坏，轻便，易清洗，易着色	不限制	区域代理机制自我营销，和知名陶瓷厂家联营，做仿岩石纹理拓展品种，可LED结合做娱乐业市场	易仿造

（续）

产品名称	市场目标	市场容量	市场价格	产品优势	客户群	市场策略	市场风险
内河渔船	取代木船和玻璃钢船	5万~10万条/年	2 500元/条(3m玻璃钢船),4 000元/条(5m玻璃钢船)	环保,寿命长,易修补,轻便	内陆渔民	移动车载生产	价格敏感
集装箱车排气管	取代注塑、吹塑组合件	60万套/年		整合目前4个独立组件为一个滚塑部件,不易损坏,成本低,易安装	汽车主机厂	介入车辆开发阶段整合	开发周期长,量产慢

〔撰稿人:《国内外滚塑报道》史春才〕

1993～2013

20年

风雨同舟二十年，再创辉煌展新篇

中国塑料机械工业协会
China Plastics Machinery Industry Association

协会领导拜访中国塑料机械工业协会第一届会长

《中国塑料机械工业年鉴（2011）》发布仪式

中国塑料机械工业协会四届六次理事会

中国塑料机械工业协会行业优势企业颁奖

2012年先进挤出工艺技术及理论高级研修班

中国塑料机械工业协会四届六次常务理事会

“数控一代”装备创新工程（塑料机械分行业）座谈会

2012年主要活动掠影

中国塑料机械工业协会代表团赴美参观美国塑料工业展览会

协会领导与德国VDMA塑料和橡胶机械协会代表会谈留念

协会领导与土耳其塑料制造研究发展与教育基金会负责人会谈留念

协会领导与日本产业机械工业协会代表会谈留念

中国塑料机械工业协会张静章会长一行访问博创机械股份有限公司

中国塑料机械工业协会张静章会长一行访问浙江博创机械有限公司

中国塑料机械工业协会张静章会长一行访问浙江申达机器制造股份有限公司

中国塑料机械工业协会粟东平秘书长走访无锡格兰机械集团有限公司

中国塑料机械工业协会张静章会长一行访问广东伊之密精密机械股份有限公司

中国塑料机械工业协会张静章会长一行访问泰瑞机器股份有限公司

宁波市塑料机械行业协会

◎ 宁波市塑料机械行业协会连续获宁波市优秀行业协会组织称号
◎ 坚持双向服务，构筑沟通平台
◎ 开展调查研究，掌握产业动态
◎ 推进诚信活动，优化产业环境
◎ 开展宣传活动，大力弘扬行业和企业的优势
◎ 加强协会基础建设，不断完善服务水平

宁波——中国塑机之都

第四届会员大会

宁波市塑料机械行业协会于2002年10月开始筹建，2003年3月28日正式成立，由宁波市经济与信息化委员会主管、宁波市民政部门监管的社会团体，目前有团体会员87家。现任会长为宁波海天塑机集团有限公司总裁张剑峰先生，秘书长为陈栋先生。协会的任务是：调查研究，提供建议，组织协调，自律管理，信息引导，全面服务。协会着重发挥以下作用：

——面向企业，服务企业。特别在国家编制产业调整和发展规划过程中，代表企业向政府提出意见和建议，起好桥梁和纽带作用。

——为行业发展构筑较高的起点和平台。协会工作充分与国际接轨，加强国内外信息交流，组织同业考察，举办展销会、博览会，向国内外市场推介宁波品牌塑机。

——规范行业行为，强化行业自律管理，为企业创造公平有序的竞争环境。

2012年宁波市规模以上塑机企业实现工业总产值129.51亿元，销售收入124.42亿元，出口额30.37亿元，新产品产值达到48.09亿元，利润总额15.92亿元。主要出口到土耳其、巴西、美国、墨西哥等国家。行业龙头企业宁波海天塑机集团有限公司的塑机产品和销售收入两项指标均位居前列。

会长：张剑峰（海天塑机集团有限公司总裁）
协会地址：宁波江东区桑田路722弄16号604室

宁波塑机行业综合实力十强企业

为深入贯彻落实科学发展观，贯彻实施《塑料机械行业“十二五”发展规划》，展示宁波塑机企业整体形象，增强行业优势企业的知名度和竞争力，鼓励业内企业加快发展步伐，促进宁波塑机行业实现由大变强的历史跨越，根据《关于开展2012宁波塑机行业优势企业排序的通知》甬塑机（2012）07号精神，坚持申报条件和自愿申报原则及相应的评审程序，开展2012宁波塑机行业综合实力十强企业评定活动，并经市塑机协会三届八次理事会审定，确定2012宁波塑料机械制造业综合实力十强企业名单。

综合实力十强企业荣誉的获得，是对这些企业雄厚实力和持续快速发展的肯定。荣誉既是鼓舞，又是鞭策，更是新的起跑点。要求十强企业再接再厉，以更新的思路，更实的举措，加快推进科技创新和转型升级步伐，进一步做强做大。广大塑机企业要以十强企业为榜样，坚定信心，进一步理清企业发展思路，全面提升企业的产品质量和经济效益，加快新产品开发力度，产品要走专业化、功能化道路，达到细分市场，在激烈市场竞争中求生存、求发展的目的，推动宁波塑机产业全面进步和综合实力的提升。

2012宁波塑机行业综合实力十强企业

宁波海雄塑料机械有限公司
www.haixiongsuji.com
地址：宁波市北仑区甬江南路 36 号
电话：400-711-8688 传真：0574-56178113
邮箱：haixiong@haixiongsuji.com

宁波海星塑料机械制造有限公司
www.china-haixing.com
地址：宁波市高新区盛梅北路 567 号
电话：0574-88368836 传真 :0574-88487616
邮箱 :sales@china-haixing.com

宁波双马机械工业有限公司
www.shuangma-machinery.com
地址：宁波市北仑区小港街道纬三路 99 号
电话：0574-86179588 传真：0574-86179828
邮箱：sales@shuangma-machinery.com

富强鑫(宁波)机器制造有限公司
www.fcs.com.tw
地址：宁波市江北区海川路 115 号
电话：0574-56138688 传真：0574-56138699
邮箱：cnb@fcs.com.tw

宁波创基机械有限公司
www.log-machine.com
地址：余姚泗门镇工业园区［余姚大道泗门段 18 号］
电话：0574-62523826 传真：0574-62523801
邮箱：zd@logge.com.cn

宁波通用塑机制造有限公司
www.tongyongsuji.com
地址：宁波市鄞州区石碶街道横涨村朱韩工业区 1 号
电话：0574-88217538 传真：0574-88217658
邮箱：tongyong@tongyongsuji.com

宁波雄信塑料机械有限公司
www.china-sanshun.com
地址：宁波市东郊五乡工业园区爱民路 1-1 号
电话：400 066 6211 传真：0574-88412759
邮箱：sales@china-sanshun.com

宁波华美达机械制造有限公司
www.hwamda.com
地址：宁波市小港经济技术开发区东海路新唐家弄 336 号
电话：0574-86175111 传真：0574-86176890
邮箱：info@hwamda.com

张家港市塑料饮料机械出口基地

张家港市塑机饮机生产起始于 20 世纪 70 年代，到目前已跨过 40 个发展年头。

目前张家港市有大小塑机饮机企业 389 家，从业人员近 2.8 万人，其中年产值超 2 000 万元的企业 35 家，超亿元的企业 11 家；全市年产各类塑机饮机 2.5 万台（套），年产值超过 70 亿元。在全国范围内，张家港市是生产塑料机械种类全、规格品种较多的重点生产基地之一，塑机产值约占全国总产值的 18% 左右。其中，中空成型机与混合机产量约占全国产量的 45% 以上。

张家港市的饮料机械产值约占全国总产值的 45% 左右，是我国重要的饮料机械生产基地之一。张家港塑机饮机目前有国家高新技术企业 1 家、省级高新技术企业 8 家。多年来，张家港市塑机饮机企业通过学习、吸收、创新，申请了各种专利 180 多项，已被批准的 160 多项，其中发明专利 22 项。参与起草制定国家标准 6 个，其中 2 项国家标准由张家港市企业独立起草完成。在张家港市的机械行业中，塑机饮机行业是取得国家专利数较多，科技含量较高的行业之一。2011 年，张家港塑机产值超过 1 亿元的企业有 11 家，产值最高的接近 5 亿元，其他一些规模型企业也有一定增幅。2011 年，张家港塑机饮机行业通过自愿结合的原则，有 10 家企业组建了贷款联保，有两家企业被苏州市批准为苏州工程技术中心，目前张家港市共有 11 家企业获得苏州工程技术中心称号。

青岛市塑料机械行业协会

青岛市塑料机械行业协会成立于2009年3月，由山东省胶州市工商业联合会组织、青岛顺德塑料机械有限公司董事长赵桂旭发起。协会成立后，成立了专职的信息和监督机构，收到了很好的效果。

青岛市塑料机械是我国塑料挤出机械的发源地之一，在20世纪60年代就开始研究和制造各种形式的塑料挤出机械和模具，经过40多年的发展，其研发和生产规模由小到大、由简单到复杂、由低端到高端。到目前为止，已经形成了品种齐全、技术先进、规模较大的塑料挤出机械的研发和制造基地。其中，有土工格栅生产线、PP/PE管材生产线、PP/PVC木塑板材生产线、PP/PE/PET板材生产线、PET打包带生产线、PP/PVC排水管生产线、PVC异型材生产线、PP/PVC单臂/双臂波纹管生产线等18种产品获国家重点新产品、国家支撑计划、国家星火计划、国家创新基金等，拥有100多种发明和实用新型专利，其技术水平达到或超过世界领先水平。

QINGDAOSHI SULIAOJIXIE HANGYEXIEHUI

宗旨：

- 信息共享
- 公平竞争
- 共同提高
- 互相约束
- 追求一流

青岛市塑料机械行业协会
地址：山东省胶州市北京路时代国际中心三号楼一单元1501室　　邮编：266300
电话：0532-82205805　　E-mail:jiaozhou.suji@163.com

机械研究所

品的差距。多年来，制定和推广了大量的塑料机械标准，为规范全国塑料机械产品的制造以及产品质量的监督提供了有力的技术依据。

机械工业塑料机械产品质量监督检测中心主要负责相关部门下达的各项塑料机械产品质量监督抽查、统检等检验任务。此外，还为国内用户提供塑料机械产品质量仲裁检验、塑料机械新产品投产前的质量鉴定检验、采用国际标准的塑料机械产品质量验收检验、国内塑料机械科技鉴定、各种评优及公证要求的检验以及塑料机械产品质量检验方面的技术咨询和服务等。该中心的质量方针是：检验工作质量第一，确保公正、科学、权威。

《塑料机械》期刊是由机械工业塑料机械科技信息网和大连塑料机械研究所主办的国内塑料机械行业专业技术性刊物，双月刊，大 16 开版本，全年 6 期，面向全国塑料机械行业、部分橡胶机械厂家、塑料加工行业、配套件厂、大专院校及科研院所等发行、赠阅。《塑料机械》创刊于 1960 年，原名《橡胶塑料机械技讯》，1976 年又改名为《橡胶塑料机械》，一直由大连塑料机械研究所主办。1983 年改名为《塑料机械通讯》，由大连塑料机械研究所和机械工业塑料机械科技信息网主办。1994 年，中国塑料机械工业协会成立以后，《塑料机械通讯》改名为《塑料机械》。经过几十年的发展，《塑料机械》已成为有一定影响力的塑料机械行业技术交流平台。

解决方案系统化

信易可以从成型整厂之辅助设备为您规划实施，包括塑胶原料存储、干燥输送到计量混合，从模具的温度控制到成型设备的冷却系统，从自动化机械手到废料的粉碎回收等。

Yearbook
China Machine Tool & Tool Industry
B15

弘讯科技自1984年于中国台湾创立以来，一直专注于塑料机械自动化控制领域，致力于成为塑料加工行业一流的自动化系统总成供应商，为中高端塑料机械制造商提供优质的自动化系统解决方案。当前主营产品主要有塑料机械控制系统、伺服节能系统和塑料机械网络管理系统三大类。

◎塑料机械控制系统

发展至今，弘讯已成为中国规模领先的塑料机械自动化控制系统供应商之一。多年来，注塑机控制系统销量在国内注塑机领域稳居行业前茅。在此技术基础上，相应开发其他塑料机械的控制系统如挤出机、吹瓶机、辗环机、压铸机等。同时，亦积极投入研发塑料机械周边设备集成控制模组，包括热流道控制器、电力计、机械手等。

◎伺服节能系统

引领塑料机械行业向节能降耗、绿色环保方向发展的先锋产品。当前，自主研发的油电复合伺服节能系统性能优良、节能效果显著，相比传统油压系统可节省40%~70%。同时，不断潜心研发多轴控制、全电机等高端塑料机械的系统总成的开发。

宁波弘讯科技股份有限公司
NINGBO ACT TECHNOLOGIES CO., LTD.

弘訊科技

◎塑料机械网络管理系统iNet

面向塑料机械终端用户的管理系统。基于塑料机械控制系统的软体，通过网络将多台塑料机械设备连接，实现对多台设备的同步监控和生产管理。2009年始，新增3G技术的应用，实现音频视频辅助维护、提供地图式定位、线上即时向导式诊断等功能，是塑料制品生产车间自动化管理必备工具，实现工业生产领域的全面升级。

当前弘讯全球服务据点分布于美国、巴西、伊朗、印度等地，提供全球塑料机械用户及时、有效的终端服务。

弘讯科技将始终朝向更高端的技术开拓创新，引领塑料加工自动化行业的发展，期许自动化控制普及应用于地球人类的生态环境，给予地球人类更美好的生存环境。

ACTTECH

http://www.acttech.cn

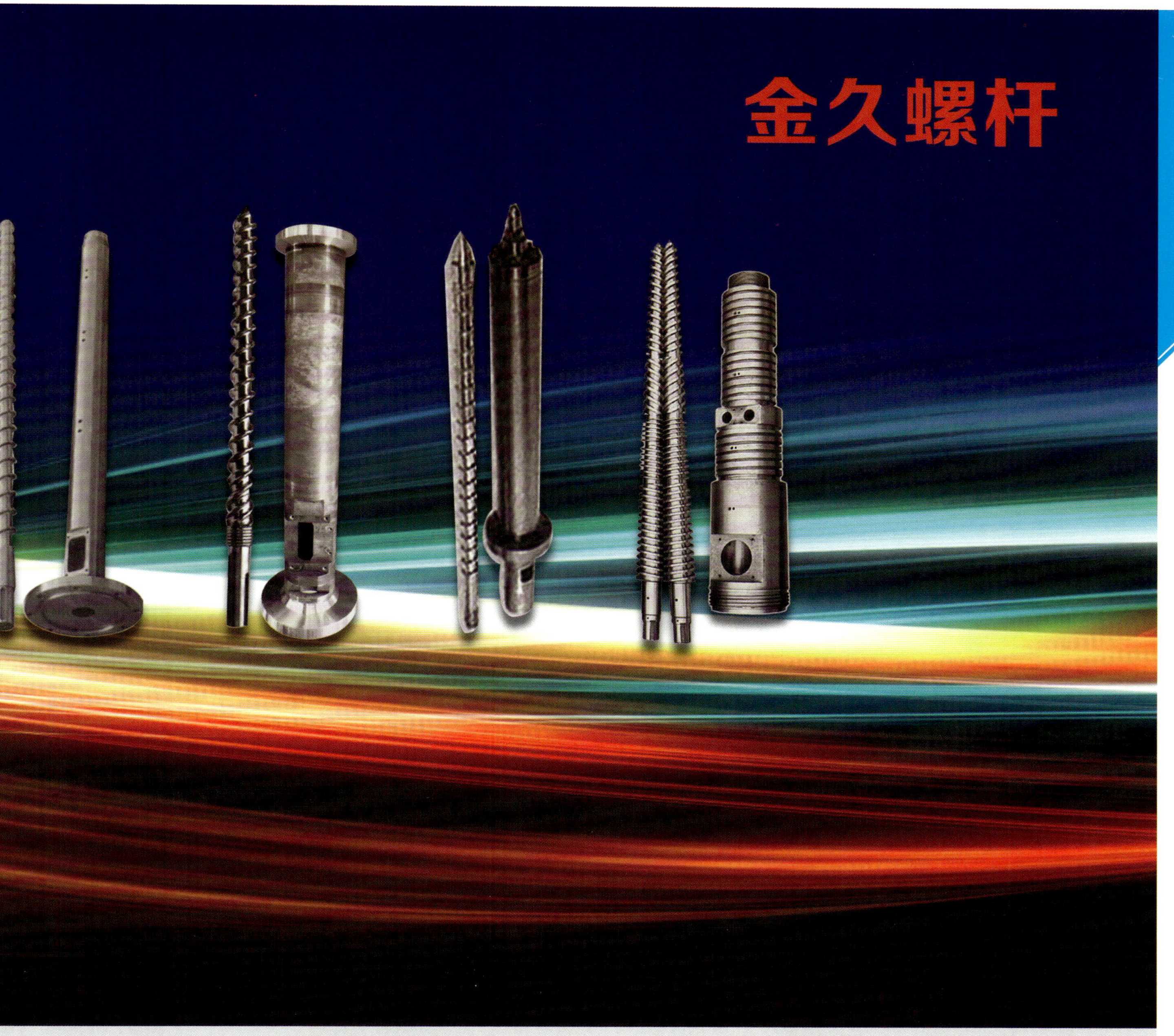

Zhoushan City Jinjiu Machinery Co., Ltd.is located in the same island city, Zhoushan city, as the Putuo Mountain of China.

The company specially produces screws and molten-rubber cylinders for homemade and imported 30–20 000 gram plastic injection machines, ϕ 15–300mm single screw extruders, ϕ 30–200mm parallel double screw extruders and ϕ 35mm/ ϕ 70mm– ϕ 92mm/ ϕ 188mm tapered double screw extruders , rubber machinery, petroleum machinery, etc. Using quality steel 38CrMoAlA, all products accord with the national standards after the treatment of structural improvement, nitriding, grinding, and polishing. The company can make the screw cylinder made of GH113 Nickel-based alloy which can also be sprayed various alloys. We provide products for machine factory, universities and research institutions.Meanwhile, we provide the services of mapping, design, and maintenance, and change extruder's equipments.

The company is ISO9001:2000 international quality system certification, we ensure the quality levels of products to strictly enforce the international standards.

The company will provide high quality and low price products for all users with the principle of first quality and uppermost credit. Welcome to our company and welcome to contact us.

逐一分析塑料机械行业各分行业的发展方向

FORSTAR
新协力·科仕特

FORSTAR
新协力·科仕特

行业概况

塑料注射成型机

2008年以来，我国政府陆续出台的一系列扩内需、保增长的政策措施，实施的“汽车下乡”“家电下乡”“以旧换新”等政策，拉动塑料机械行业快速发展。2011年，面对国内外较为复杂的经济形势，我国塑料机械行业克服多重困难，实现了行业的平稳快速发展。全年规模以上塑料机械企业产量达到290 427台，同比增长1%；全行业工业总产值和销售产值同比增长16%和17%；出口交货值更是出现33%的增长。2009—2011年我国塑料机械行业主要经济指标见表1。

表1　2009—2011年我国塑料机械行业主要经济指标

（单位：亿元）

年份	工业总产值	工业销售产值	出口交货值
2009	258.48	246.05	36.46
2010	421.06	400.65	59.57
2011	464.51	444.46	80.59

注：数据来源于水清木华研究中心。

在我国，注塑机、挤出机和吹塑机是塑料加工成型机械的三大产品，占整个塑料机械行业总产值的80%以上。其中，注塑机一直处于塑料加工机械领域的主导地位，产值占比约为40%。而目前，美国、日本、德国、意大利、加拿大等国家的注塑机产量占塑料加工机械总量的比例达到60%～85%。随着注塑机产量的逐年增加，其在塑料加工机械中的比重也在逐年加大。我国注塑机在塑料加工机械中的比重见图1。

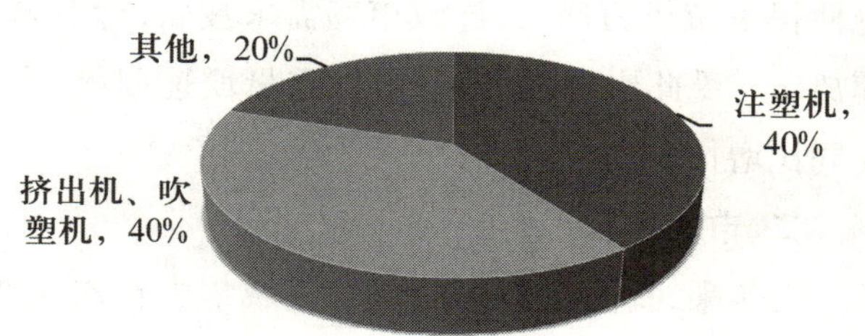

图1　我国注塑机在塑料加工机械中的比重

注：数据来源于中国塑料机械工业协会。

一、生产基本情况

我国注塑机行业已经形成了门类齐全，基础牢固，具有世界最大规模、一定技术水平和相当国际竞争力的产业体系，能够基本满足国民经济的需求。截至2011年年底，我国注塑机产量已经连续10年位居世界第一，成为世界注塑机生产大国、消费大国和出口大国，并且具备了实现由大变强的坚实基础。

2000年以来，我国注塑机保持平稳发展态势，年增长率在20%以上。2006年我国注塑机产量57 600台，占世界总产量91 480台的62.97%。2008年下半年，受国内外经济增速放缓，建材、家电、电子通信等下游行业对塑料加工需求的减少以及增值税改革预期导致客户短期延后发出订单的影响，我国注塑机月度产量从同比快速增长转变为下降，特别是11月同比下降25%；全年产量6.01万台，低于2007年的6.26万台。

2009年上半年，为应对全球金融危机带来的不利影响和严峻挑战，国家适时出台了一系列扩大内需、促进经济平稳较快增长的宽松货币政策。随着国家4万亿元投资及产业调整振兴规划的实施，国内经济稳步回升，同时在增值税改革后，鼓励企业投资设备等积极因素的作用下，注塑机需求逐渐回暖，2009年注塑机行业稳健上扬，注塑机市场同比增长 9.3%,实现产量 6.56 万台。

2010 年,我国注塑机行业在下游市场的带动下,实现恢复性增长,全年产量同比增长 40% 左右,约 9.15 万台。2011 年上半年延续了 2010 年的增长趋势,但在 6 月份以后,紧缩宏观控制政策的实施使得下游压力增大,导致市场需求疲软,行业增速放缓。受此影响,我国注塑机产量增速回落,全年同比增长 3% 左右。

二、市场情况

近年来,我国注塑机的消费领域集中在汽车、家电、食品饮料包装、建材塑料、电子通信等领域。其中,汽车(以汽车配件为主)和家电(冰箱、彩电、洗衣机壳体等)领域应用较广,共占注塑机消费量的 51%;通用塑料应用行业(包括玩具、文具、日用品、家具、装修材料等)所占比重则达到了 28% 左右;包装饮料业(主要用于 PET 瓶坯、塑料瓶、瓶盖等)占比约为 12%。我国注塑机主要消费领域及占比见图 2。

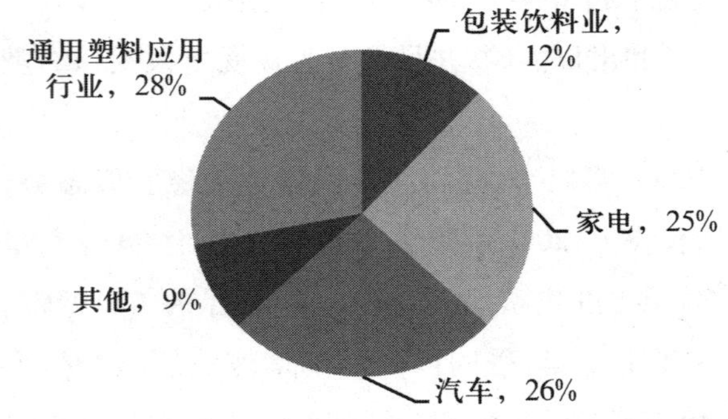

图 2 我国注塑机主要消费领域及占比

注:数据来源于水清木华研究中心。

2011 年下半年起,由于我国实施货币紧缩政策,下游中小企业融资困难,需求减弱;而大型企业凭借较强的抗风险能力以及产品精度高、节能效果良好的优势依然获得较多、较好的订单。2011 年,我国注塑机行业实现销售额 249.4 亿元,同比增长 16%,仍旧保持了较高的水平。2012 年,我国注塑机行业环境复杂多变,但随着高精度、高节能注塑机需求的增加以及设备成本投入的增加,全年有望达到 286 亿元。2009—2012 年我国注塑机销售额见图 3。

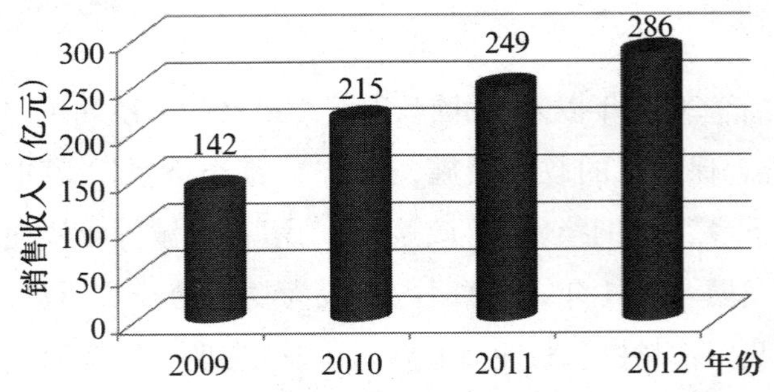

图 3 2009—2012 年我国注塑机销售额

注:数据来源于水清木华研究中心。

三、进出口情况

2011 年,我国主要塑料机械产品进口 21.8 亿美元,同比增长 9%;出口 14.6 亿美元,同比增长 28%;全年贸易逆差 7.2 亿美元,呈逐步缩小趋势。2011 年从日本、德国和中国台湾省进口的塑料机械数量相对较多,进口额占比也较大,累计占进口总额的 75.1%。

注塑机是我国塑料机械第一大出口产品,占比在 50% 左右。2011 年我国注塑机进口量和进口额均同比下滑,但出口却保持快速增长。2011 年我国出口塑料机械 51 665 台,合 14.6 亿美元,其中注塑机出口 24 721 台,合 8.24 亿美元,分别占塑料机械出口量和出口金额的 47.8% 和 56.2%。

1. 进口情况

2010 年我国进口注塑机 9 705 台,同比下降 7.24%;进口额 9.3 亿美元,同比增长 79.10%。2011 年,我国累计进口注塑机 7 435 台,同比下降 23.4%;进口额 8.42 亿美元,同比下降 9.7%。这表明我国对高技术含量、高附加值注塑机的进口需求减少。2008—2012 年我国注塑机进口情况见图 4。

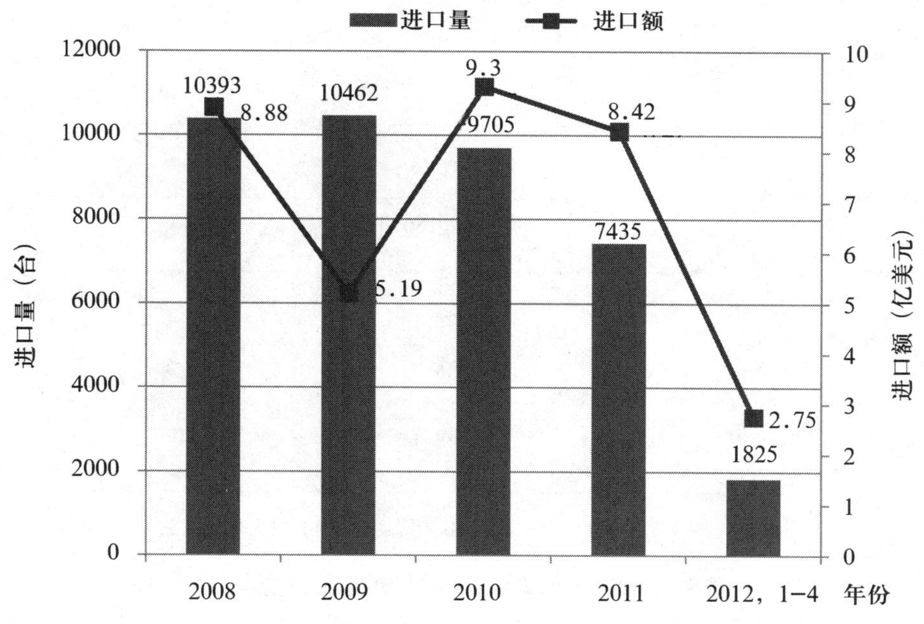

图4　2008—2012 年我国注塑机进口情况

注:数据来源于海关总署。

进口来源相对集中,主要为日本、德国、韩国等国家和中国台湾省。2011 年我国从日本进口注塑机 4 173 台,进口额5.08亿美元。其后依次是中国台湾省、德国、韩国、意大利等。2011 年我国注塑机进口情况见表 2。

表 2　2011 年我国注塑机进口情况

国家或地区	进口额（万美元）	进口量（台）
日本	50 848	4 173
中国台湾省	11 890	1 800
德国	7 041	415
韩国	5 994	478
意大利	2 270	69
奥地利	1 895	123
其他	4 282	377

注:数据来源于海关总署。

从进口目的地看,2011 年我国境内进口注塑机最多的地区是广东深圳,全年进口注塑机 8 754.6 万美元,占我国注塑机总进口额的 10.4%;其次是广东东莞和江苏昆山,分别占我国注塑机总进口额的 9.7% 和 4.4%。

2. 出口情况

受益于我国注塑机企业制造技术的逐步成熟和成本较低的优势,近年来,我国注塑机产品国际竞争力明显增强,出口量不断增长。2008 年,我国出口注塑机占全球注塑机出口市场的 8.9%,特别是在中低端产品领域,市场占有率超过 50%。2009 年受金融危机影响,我国注塑机出口受阻,出口量同比下滑 39.3%,出口额下滑 34.2%。2010 年,随着全球经济的复苏以及贸易环境的好转,我国注塑机出口大增,全年出口 18 694 台,同比增长 69.58%;出口额 6.24 亿美元,同比增长 73.61%。2011 年,我国注塑机行业继续保持良好的出口贸易形势,全年累计出口注塑机 24 721 台,出口额8.24 亿美元。2008—2012 年我国注塑机出口情况见图 5。

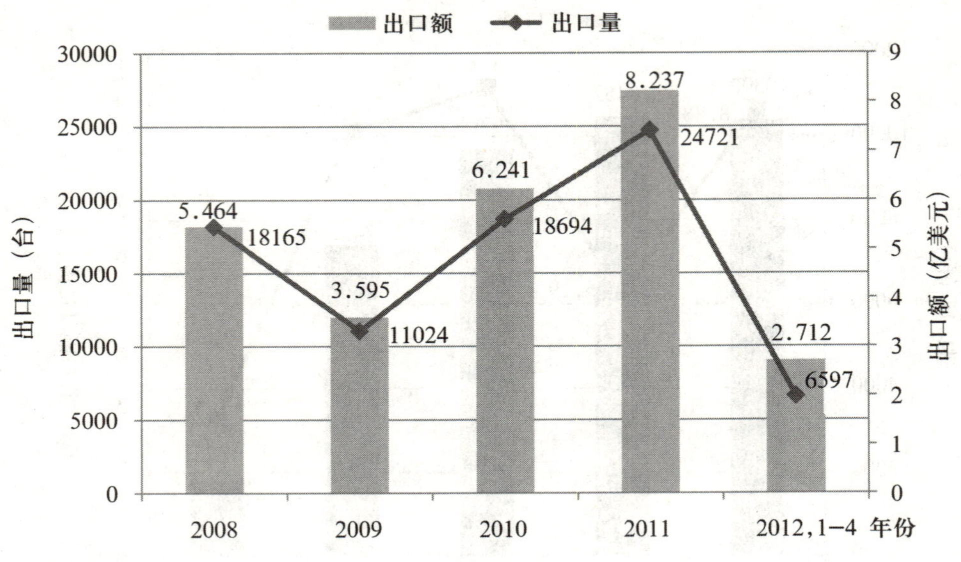

图5　2008—2012 年我国注塑机出口情况

注:数据来源于海关总署。

我国注塑机主要出口到巴西、伊朗、土耳其、越南、马来西亚等国家。根据海关数据,2011 年我国注塑机出口最多的国家是巴西,出口额为 8 816.34 万美元,达 2 352 台;其次是土耳其和印度尼西亚,出口额分别为 7 749.96 万美元、5 437.17 万美元。2011 年我国注塑机出口情况见表 3。

表3　2011 年我国注塑机出口情况

国家或地区	出口额（万美元）	出口量（台）
巴西	8 816	2 352
土耳其	7 750	1 542
印度尼西亚	5 437	1 436
泰国	4 922	853
伊朗	4 211	1 516
越南	3 895	1 333
马来西亚	3 303	909
俄罗斯	2 834	906
韩国	2 481	759
美国	2 328	379
日本	2 323	647
印度	2 147	557

注:数据来源于海关总署。

四、行业竞争

1. 区域竞争

经过多年发展,我国塑料机械行业已经形成了鲜明的地区特色。注塑机主要集中在广东的南部,上海及江苏一带,浙江的宁波、杭州等地。

浙江宁波是我国最大的注塑机生产基地,素有“注塑机之都”的美誉,拥有注塑机企业 200 多家,整机产量占国内注塑机总产量的 50% 以上(未含台湾省数据),占全世界 1/3 的份额。在宁波,最大的注塑机生产基地是北仑注塑机特色产业基地,2009 年北仑注塑机产业基地实现工业总产值73.52 亿元,同比增长 6.91%;销售收入 72.67 亿元,同比增长 10.47%,其中该区的注塑机整机销售额为 64 亿元,占我国注塑机总销售额的 45%,而利润所占比重则达到 50%。2011 年,北仑注塑机特色产业基地实现工业产值 143.34 亿元,销售收入 139.88 亿元,分别比上年增长 18.82% 和 16.66%;企业研发投入总额达 3.01 亿元,比上年增长 39.83%,北仑已成为国际重要的注塑机生产制造基地。2009—2011 年北仑注塑机产业基地工业总产值及销售收入见表 4。

表 4　2009—2011 年北仑注塑机产业基地工业总产值及销售收入

（单位:亿元）

年份	工业总产值	销售收入
2009	73.52	72.67
2010	120.60	119.90
2011	143.34	139.88

注:数据来源于水清木华研究中心。

截至 2011 年年底,北仑注塑机基地共有注塑机及相关产业生产企业 63 家,其中包括全国创新型企业 1 家、国家重点支持的高新技术企业 25 家以及数十家外资企业。北仑基地所拥有的港口优势和完善的产业配套装备,吸引了德国德马格、日本住友重机、韩国宇进、意大利英特姆以及中国台湾省永祥铸造等知名品牌落户于此。全球产量最大、产销量第一的海天集团也在该区。此外,北仑较先进的模具开发能力与注塑机产业技术互补,形成战略联盟,增强了北仑注塑机的竞争力。

20 世纪 90 年代以来,广东省塑料机械制造业一直高速、稳定发展。广东省已成为我国仅次于浙江省的塑料机械生产大省,汕头市已经成为我国塑料机械重点生产基地。江苏省是除浙江、广东以外,注塑机生产较为集中的省份。近年,江苏优化了塑料机械产业环境,也吸引了许多外资企业的进入,外资注塑机企业已经达到几十家。

2. 企业竞争

据不完全统计,我国注塑机生产企业有 400 多家,其中大型骨干注塑机生产企业大多是合资企业,通过引进国外先进的技术和管理模式,产品已从普通机型向大型机、全电动机、电液复合机和专用注塑机方向发展。

目前,在我国市场,海天国际在产品质量、产能、销售额等方面均居行业首位。自 2006 年上市以来,海天国际实现了长足发展,销售额从 31.76 亿元增至 2010 年的 70.57 亿元,年复合增长 22.1%;利润额相应地从 4.51 亿元增至 2010 年的 10.63 亿元,年复合增长 23.9%。2011 年,我国实施了多项货币紧缩政策,使得国内销售额出现回落,而海天国际凭借其国际品牌形象、扩大的新市场覆盖范围的以及出口产品的多样化,出口业务实现了较快增长,全年产量达到 2.7 万台,占到我国注塑机总产量的 28.6%。

另一方面,东芝、住友、赫斯基、德马格等国外大型生产商依靠资金、技术、品牌优势在高端市场上占据主导地位,并加大在我国市场的开拓力度,使得注塑机行业竞争加剧。

五、发展特点

目前我国注塑机行业呈现出质量效益稳步提升、科技创新不断加强、转型升级加快推进、节能产品纷呈迭出的良好趋势。

1. 质量效益稳步提升

面对国内外市场的严峻挑战,业内企业深刻地认识到:市场竞争的主要方面已经从价格竞争,逐渐转向了品质竞争。要想在更高层次上参与国内外市场竞争,必须把质量摆在重要的战略位置,在产品质量上狠下工夫,努力打造一批高质量的品牌产品。

2011 年以来,全行业牢固树立“质量兴则企业兴”的理念,全面树立质量观念,坚持走以质取胜、质量强企之路,把质量视为产品的生命,不断增强质量意识,着力加强企业质量管理,对产品设计、生产、制造、营销、服务等实施全过程质量管理。如注塑机行业的领军者海天塑机集团在全公司范围内开展了“精益生产”活动,采取做优“质量”、做好“存量”、做高“增量”的有力措施,认真做好提升产品质量的大文章,切实提高产品的质量和附加值,着力增强“我国塑机制造”的新优势。

同时,业内企业积极参与技术标准体系建设,深入贯彻实施国家标准,如《橡胶塑料注射成型机通用技术条件》《橡胶塑料注射成型机检测方法》《橡胶塑料注射成型机安全要求》《橡胶塑料注射成型机能耗检测方法》等,切实维护质量安全,全面提升产品的质量水平,进一步提高了我国注塑机产品的竞争力。随着产品质量的提升,国内外注塑机用户对“中国制造”的信心进一步增强，企业和行业的经济效益明显提升。

2. 科技创新不断加强

经历过国际金融危机考验的注塑机企业深知，自主方能自强，创新才有进步，科技创新是推动企业发展的重要“发动机”。为了在激烈的国际竞争中赢得发展的主动权，2011 年以来，业内企业大力实施创新驱动战略，积极推进创新型企业建设，大幅增加研发投入，着力建设高水平的研发机构，加快培养和集聚创新型科技人才，进一步深化产学研合作，加快建立健全以市场需求为导向，以产品开发为核心，研发设计、生产营销、售后服务一条龙的技术创新体系，大力提高企业自主创新能力，着力突破制约注塑机产业升级的核心技术、关键技术、共性技术，下大气力解决影响我国注塑机产业未来发展的重大科学技术问题，从而为提升我国注塑机产品的档次和科技含量，为确保企业和行业经济平稳较快发展，提供了强有力的支撑。同时，为全面贯彻落实《国家中长期科学和技术发展规划纲要（2006—2020）》，面向国民经济和社会发展的需求，重点解决经济社会发展中的重大科技问题，业内企业积极申报国家支撑计划，例如宁波海天塑机集团的“精密塑料注射成型装备研发”项目通过对精密塑料注射成型系统工程化技术的研究、精密塑料注射成型装备先进设计平台及关键结构技术研究、精密塑料注射成型装备电伺服机械传动及控制技术的研究、精密塑料注射成型装备电伺服液压传动及控制技术的研究，研发完成了达到国际先进水平的精密塑料注射成型装备，从而提升了我国塑料机械装备制造水平，形成了精密塑料注射成型装备研发与产业化基地，满足了塑料注射成型加工产业、航空航天业、电子、通信工程、汽车工业、包装行业、家电行业、IT 行业、医疗卫生等领域对精密塑料制品的需求。

3. 转型升级加快推进

（1）全电动注塑机的发展。以宁波海天塑机集团的长飞亚 VE 系列为代表的电动注塑机引进德国先进设计技术，集当今最先进的控制技术和优异的成型专业技术于一体，融合人性化设计理念，具备节能环保、高效精密、响应敏捷、运行可靠等优秀性能，整机技术填补了国内空白，达到国内领先、国际先进的水平。随着市场对高精密塑料制品需求的不断加大，电动注塑机的市场占有率也不断扩大。

（2）大型机二板化的推进。由于大型注塑机钢材消耗量大，采用二板式的锁模装置，可大幅减少钢材用量，不仅降低了成本，还环保节能，因此在绿色节能成为当今发展主题的同时，二板式注塑机在大型注塑机领域的应用也越来越普遍。以海天国际的 JU 系列为代表的二板式注塑机借鉴和引入了国际上最新大型二板式注塑机技术，凭借出色的机器稳定性、良好的安全可靠性、超强的机械部件、功能完善的人性化操作系统、超长的机器寿命等性能特点，赢得了注塑机用户的青睐和推崇。

4. 节能产品纷呈迭出

进入 2011 年，全行业紧紧抓住节能环保产品成为市场热点的机遇，相继推出了高效节能型注塑机产品，不仅覆盖了塑料制品加工工业的各个领域，满足了各类生产厂家对批量化塑料制品生产及精密制品生产的不同需求，而且适应了航空航天、国防、石化、海洋、电子、光电通信、建筑材料、包装、电器、汽车及交通、农业、轻工业等国民经济各行业的更高要求，受到市场的青睐。例如，宁波海天塑机集团公司继成功研发和生产 MA 系列伺服节能塑料注射成型机之后，又推出了天剑 PL/j 系列伺服节能注塑机等高效节能型产品，引起了国内外用户的关注。又如，东华机械有限公司研发的全自动伺服驱动注射成型机、无锡格兰机械集团有限公司研发的 JSe 二板式全自动伺服驱动塑料注射成型机、宁波海达塑机公司研发的 HDJS 伺服节能塑料注射成型机、浙江申达机器制造股份有限公司研发的 SE90 伺服节能高效精密注塑机、富强鑫（宁波）机器制造有限公司研发的节能型精密射出成型机、宁波双马机械工业有限公司研发的 BL100FE 节能环保型全电动注塑机等产品，均具有显著的节能效果。目前，这些高效节能型产品不仅满足了国内客户绿色发展、节能环保的需求，而且销往全球 170 多个国家和地区。

〔撰稿人：海天塑机集团有限公司傅南红〕

塑料挤出机

作为三大合成材料之一的塑料自问世以来发展迅猛。随着以塑代钢、以塑代有色金属、以塑代水泥的逐步扩展，塑料广泛应用于农业、建材、包装、机械、电子、汽车、家电、石化、国防以及人们日常生活等各个领域。挤出成型是塑料加工的最主要形式，发展塑料挤出成型技术与设备具有重要意义。塑料挤出机是塑料挤出成型设备中的核心部位，其技术的创新发展是开发不同塑料制品及不断扩大应用领域的重要技术支撑。在人力资源渐渐匮乏、劳动力成本不断增加、资源慢慢枯竭的形势下，挤出机将向多样化、智能化、大型化、精密化、模块化、高效化、多功能化以及节能降耗减排发展，以适应市场的多方面多层次需求。

一、生产情况

2011 年初到 2011 年下半年，受欧债危机的影响，我国的经济增长速度放缓，国内塑料机械行业经济总量也有所下降，但是国产塑料机械设备在国内市场的占有率却保持稳步增长的势头。

2011 年我国塑料机械制造业主要经济指标见表 1。2011 年我国塑料机械市场容量见表 2。2011 年国产塑料机械在国内市场份额占比走势见图 1。

表 1　2011 年我国塑料机械制造业主要经济指标

月份	产量		工业总产值		工业销售产值		出口交货值		主营业务收入		利润总额	
	数量（台）	同比增长（%）	金额（亿元）	同比增长（%）	金额（亿元）	同比增长（%）	金额（亿元）	同比增长（%）	金额（亿元）	环比增长（%）	金额（亿元）	环比增长（%）
1	23 469	31	31.36	42	30.31	44	6.03	40	55.93	4.92		
2	18 192	13	26.13	31	26.20	44	4.26	19				
3	24 488	8	40.01	33	39.76	38	6.55	71	39.31		3.81	
4	30 663	25	42.74	30	39.53	22	6.17	27	35.85	-9.0	3.82	0.3
5	27 368	13	41.02	18	38.37	14	6.05	34	43.3	21.0	3.88	2
6	27 442	2	44.17	15	42.53	19	8.06	64	43.41	0.3	3.28	-15
7	26 523	2	42.17	16	40.04	13	6.81	16	38.29	-12.0	3.87	18
8	26 674	-4	39.88	9	37.87	8	6.92	41	40.11	5.0	3.18	-18
9	25 263	-16	41.34	14	39.24	12	7.66	49	42	5.0	3.69	16
10	22 862	-16	37.67	7	34.73	5	7.07	35	37.29	-11.0	2.86	-22
11	17 454	-10	38.68	2	37.26	6	7.32	14	37.49	0.5	3.33	16
12	20 029	-19	39.34	-1	38.62	4	7.69	8	41.28	10.0	4.23	27
合计	290 427	1	464.51	16	444.46	17	80.59	33	454.26		40.87	

注：数据来源于国家统计局。

2011年我国塑料机械产量为290 427台，出口交货值稳步上升33%。这说明我国塑料机械技术水平不仅让绝大部分国内客户满意，也得到了国际客户的认可。

表2　2011年我国塑料机械市场容量

月份	国内塑料机械市场容量（亿元）	其中：进口产品（亿元）	其中：国产产品（亿元）	进口占比（%）	国产占比（%）
1	36.75	13.45	23.30	36.6	63.4
2	29.95	8.61	21.34	28.7	71.3
3	50.59	17.82	32.76	35.2	64.8
4	47.56	12.24	35.32	25.7	74.3
5	45.27	12.16	33.12	26.9	73.2
6	46.49	11.25	35.23	24.2	75.8
7	47.34	12.89	34.45	27.2	72.8
8	43.43	12.07	31.35	27.8	72.2
9	43.08	10.98	32.10	25.5	74.5
10	39.58	10.27	29.31	25.9	74.1
11	39.68	10.22	29.46	25.8	74.2
12	42.15	12.06	30.09	28.6	71.4
合计	511.87	144.02	367.83	28.1	71.9

注：数据来源于国家统计局和中国海关。

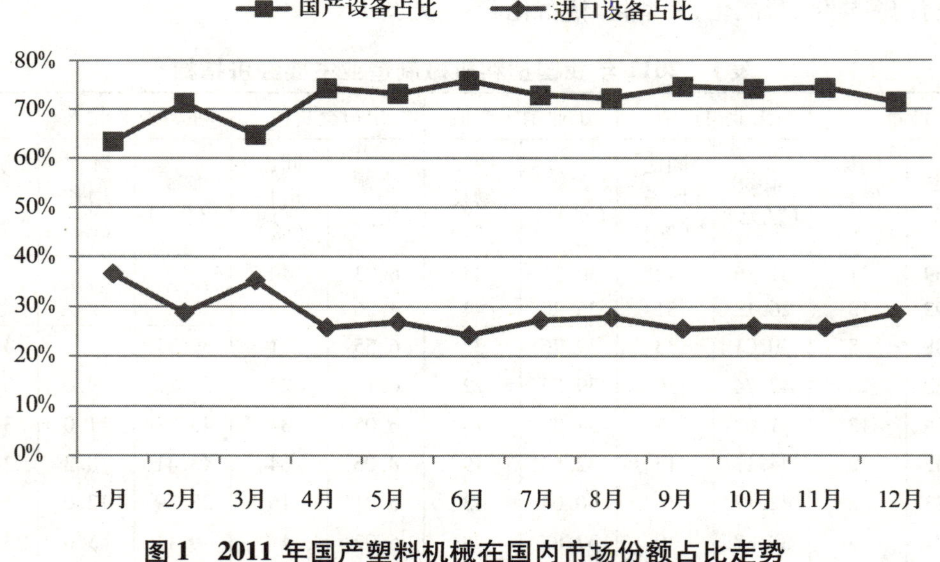

图1　2011年国产塑料机械在国内市场份额占比走势

注：数据来源于国家统计局和中国海关。

二、塑料挤出机现状及发展情况

螺杆挤出机因其结构简单、物美价廉、生产效率高的特点，一直是塑胶管材、板材、片材、异型材等最重要的成型加工设备。随着技术的不断进步以及人们对螺杆认识的提高，多种不同结构的挤出机陆续面世。

1. 单、双螺杆挤出机

单螺杆挤出机适用于一般材料的挤出加工，应用最为广泛。无论在塑化造粒还是成型加工领域都占有重要地位。单螺杆挤出机发展的主要标志是关键零件螺杆的发展。通过对螺杆的大量理论和实验研究，至今已开发成功近百种螺杆，常见的有分离型、剪切型、屏障型、分流型与波状型等。总体而言，单螺杆挤出机向高速、高效、专用化方向发展。但随着高分子材料和塑料制品的不断发展，还会涌现更有特点的新型螺杆和特殊单螺杆挤出机。近年来，双螺杆挤出机高速发展。双螺杆挤出机具有摩擦产生的热量较少、物料的剪切比较均匀、螺杆的输送能力较大、挤出量比较稳定、物料在机筒内停留时间长和混合均匀等特点。双螺杆挤出机喂料特性好，适用于粉料加工，且比单螺杆挤出机具有更好的混炼、排气、反应和自洁功能，在加工热稳定性差的塑料和共混料时优势明显。SJSZ 系列锥形双螺杆挤出机具有强制挤出、高质量、适应性广、寿命长、剪切速率小、物料不易分解、混炼塑化性能好、粉料直接成型等特点，并配有温度自控、真空排气等装置，适用于管、板、异形材等制品的生产。随着人们对挤出技术认识的不断提高，又出现特种单螺杆挤出加工技术替代多螺杆技术的趋势，已实现系列化和商品化，生产的厂商也较多。

尽管单、双螺杆挤出机已有很大的发展，但仍存在局限性。单螺杆挤出机混炼功能弱，难以用于加工粉料，共混物的质量也不易控制，产量相对较低。作为混炼使用的同向双螺杆挤出机无法解决螺杆背压较低的问题，不能加工密实性较高的透明型物料，因而多用来加工密实性较低的塑料原料。而根据常规螺纹元件几何学，对自扫型啮合同向双螺杆螺纹元件，一旦顶角和螺纹线数确定，螺槽深度和螺杆直径的比值就相应确定。在螺杆转速一定的条件下，若想通过增加螺槽深度以提高挤出流量、增加产量，则必须相应增加螺杆直径。由于螺杆几何学的复杂性，同向双螺杆螺棱侧面角必须等于啮合角，即推进侧面和拖曳侧面形状相同，从而使得螺槽深度受到限制。

同样由螺杆几何学可知，啮合异向双螺杆常规螺纹元件的螺棱侧面角无需等于啮合角，螺杆侧面角可以在一个较大范围内自主选择，并且在中心距一定的情况下，可以使用三线螺纹，这虽在一定程度上提高了螺杆的输送能力，但程度有限，仍不能满足制品生产量日益增长的要求。此外，由于塑料热传导性能差，随着螺槽深度的增加，物料在深的螺槽中受热不均匀，每个螺纹料腔中可能存有大量的“静态”物料，导致塑化不均匀。虽然提高螺杆转速可以减少“静态”物料的滞留，但速度过高，又会引起层状过热，以至引起流痕变粗，使加工的物料表面扭曲，制品表面质量差。若增加螺杆长径比，则因为螺杆支撑属于悬臂梁结构，如果支撑轴承和螺杆材料刚度不够，螺杆将产生径向圆跳动，从而长径比也受到了限制。

2. 三螺杆挤出机及多螺杆挤出机的发展

当前，虽已研发成功新型螺杆来提高单、双螺杆挤出机的混合能力、混合质量和产量，并得到了广泛的应用，但共混改性的发展要求混合物中组分物料进一步细化，以达到更好的分布效果和分散效果，新型螺杆的提升能力还是有限。而如果采用小直径、小长径比的多螺杆组合，则可以在不产生“静态”物料的前提下，增加流道的有效横截面积，增加挤出流量。

三螺杆挤出机除具有双螺杆挤出机的塑化能力强、混合效果好及有较好的自洁性能等优点外，与双螺杆挤出机相比，螺杆每旋转一周都会增加物料混炼、均化、揉捏和剪切的次数，设备的混炼、熔融和分散混合的能力更强，在多相多体系物料的共混改性和连续挤出成型中，其优点更为凸显。三螺杆挤出机螺杆在机筒中的排列有一字排列、V 字排列和正三角形排列三种。螺杆的啮合区增多，碾压剪切面积成倍增加。螺杆在运转中可对物料产生高效的挤压、破碎、揉捏、压延和拉伸作用。正是这种高效的捏炼作用，使三螺杆挤出机无需单螺杆或双螺杆的大直径或大长径比，就可获得与之同等质量、同等产量的生产效能。由于三螺杆挤出机具有高效的混合特性、紧凑的结构和良好的经济性，在挤出机领域正逐渐推广应用。随着挤出机的发展，又出现了四螺杆挤出机、行星螺杆挤出机等多螺杆挤出机。

3. 动态三螺杆挤出机的发展

长期以来，传统螺杆挤出机研究和开发的重点主要集中在挤出机的螺杆，通过加大螺杆直径和长径比，在螺杆上增设各式各样的混合、混炼元件及改善螺杆表面质量等方法以改善塑化效果，提高产量。然而，通过大长径比和增加螺杆数目来满足各种工艺要求的设计思想存在一定的局限性。随着长径比和螺杆数目的增多，对机器的制造精度、结构设计和驱动功率的要求越来越高，成本也相应增加，稳定性则相对降低。为了能够顺利完成加料、输送、压缩、塑化、混炼、排气、均化等一般挤出机的功能，又同时满足尽量简化制造工艺、降低成本的要求，华南理工大学聚合物新型成型装备国家工程研究中心研制开发了新型聚合物动态三螺杆挤出机。该产品在聚合物物料输送过程中引入振动力场以强化物料塑化、混炼效果，在塑化、混炼挤出机理上突破了以往设计思想的局限性，是一种振动力场诱导的多螺杆塑化混炼挤出设备。

当前，虽然已出现多种类型的动态三螺杆挤出机，但还是以啮合同向的动态三螺杆挤出机为主。一方面，啮合同向三螺杆挤出机因其优异的分散性混合和分布性混合性能，主要用于聚合物改性，如共混、填充、增强和反应挤出等混合作业。另一方面，啮合同向三螺杆挤出机具有良好的自洁性能，通过两根全啮合的螺杆在回转过程中相互清洁彼此螺杆表面，使得整个挤出流道不存在死角，缩短了物料停留时间。在某些高速高扭矩应用中，停留时间可以缩短至5~10s，可以避免物料在挤出过程中停留时间过长而导致过热降解。因而该机共混物性能均一，产量高，能耗低。

三、新型挤出机技术

1. 挤出机超切变塑化新技术

当前，电阻加热与螺杆输送塑化依然是最主要的塑料熔融塑化方式，但业界一直探索不同的熔融方法。华南理工大学提出了电磁动态塑化理论与技术，而电磁感应加热技术也正为越来越多的挤出、注射加工与设备制造企业所应用。市场上也出现了多种新的熔融塑化技术。

华南理工大学瞿金平教授发明的超切变塑化挤出机，采用正应力作用的输运机理，完全不同于传统螺杆挤出机的剪切和摩擦的输运和塑化机理。该挤出机由若干组叶片塑化挤出单元串联而成，每一组叶片塑化挤出单元的结构都类似于液压系统的叶片泵，由泵体、偏心转子及叶片组成。工作时物料从偏心腔体的大端进入，然后被叶片推至腔体小端并挤出到下一单元，期间物料完全在正应力的作用下被研磨、压实、排气和塑化。这一过程中，物料的输运量是由泵中腔体的容积变化量决定的，输运效率基本不受物料流变性能的影响。因此在挤出过程中挤出量受模头压力影响很小，挤出特性硬；而且物料在挤出机中的停留时间更均一，减少了物料的热历程差异。

2. 高效配混的多螺杆技术

挤出加工的配混造粒技术，可以应用于大多数塑料加工的领域。因此，挤出技术在塑料加工业的应用比例很难用数字来估量。满足更广泛的材料配混要求，提高材料的配混效率是挤出技术的重要发展方向。

广东轻工职业技术学院轻化系高分子教研室徐百平博士研究的混沌流强化技术获得了国家发明专利。该技术通过在单螺杆螺槽内插入小螺杆实现动边界扰动，将分散熔融、混沌混合及强化传热技术应用于新的螺杆造型。由于小螺杆的螺距设计不同，其轴向输送能力及大小螺杆在运转过程中漏流间隙发生周期性变化，整个螺槽内的压力场呈现组合波动效应，强化了分散混合，可达到更好的混合与脱挥效果。

格诺斯公司开发的MRS多螺杆挤出机主要针对PET片材生产线开发，能够将回收的PET瓶装薄片直接加工成片材，而不需要经过预先的结晶和干燥工序。采用专利技术的多螺杆结构，使MRS

具备非常大的交换面积，可以提供无可比拟的排气功能。

3. 手提式挤出机研制成功

北京化工大学成功开发一种超高速微型手提式单螺杆挤出机。该机器螺杆直径仅12mm，机器总重量不到2.5kg；螺杆工作转速800～1200r/min，可实现连续或间歇工作。此外，由于加工物料具有高壁面滑移性以及极易架桥的特点，该螺杆机配有专门设计的强制加料装置；挤出机为手提式操作，设计了特殊的多路排气装置，充分保证气体的排出。此外，该机器还具有深槽大螺距，两种驱动方式可选（电动、气动），整机易于清理、保养、维修等特点。该机最初为加工一种特殊的低密度低粘度物料设计，也可用于各种低粘度物料的挤出加工，如热熔胶、低分子量树脂、各种石蜡、燃料、颜料、化妆品等的加工成型。

超微型挤出机的研究开发制造过程中，面临着一般设备设计加工过程难以想象的困难，其开发的关键在于解决微型挤出机的加料、排气、低温挤出输送等问题。

4. 磨盘挤出机实现商业化

国内多个厂家已完成磨盘挤出机的开发，实现了磨盘挤出机的商业化生产。

高填充物料使用普通单螺杆或双螺杆挤出机加工存在较大的难度。双螺杆挤出机用于玻纤增强配混时，若玻纤含量超过45%，加工就会变得相当困难；在加工磁性材料时，通常磁粉的添加量高达60%～70%，有时甚至达到90%以上，用普通挤出机对磁性材料加工与造粒几乎是不可能的。国内一些厂家和科研院所，根据国内磁性材料以及其他高填充物料的需要，悉心研发独立设计成功磨盘挤出机。典型例子如北京凤记和北京化工大学合作研制的磨盘挤出机。

磨盘挤出机可以通过调整磨盘组合以适应不同高填充材料，如玻纤增强、磁性塑料、导电材料、新型陶瓷等物料的挤出加工。为了适应高填充物料的挤出加工要求，北京化工大学也在进行磨盘挤出机直接挤出成型的试验研究，并成功完成多种复合材料的挤出成型加工试验。

5. 往复螺杆挤出机系列化

往复螺杆挤出机曾是不同厂家显示技术实力的标志性产品。尤其是双螺杆挤出机厂家纷纷推出往复螺杆挤出机。但由于双螺杆挤出机市场异常火爆，往复螺杆挤出机市场相对平淡，各挤出机生产厂家还是以双螺杆挤出机为主推产品。南京金沃化工设备有限公司与北京化工大学合作研发出多种规格的往复移动单螺杆挤出机，初步实现了往复移动挤出机的系列化。南京金沃化工设备有限公司推出的系列化产品共包括45、78、110和140四种规格，其中45和78两种规格已经研发成功，即将推出110和140两种机型。

往复移动式单螺杆挤出机最大的特点是适用于不同物料的高填充加工，特别适用于高填充物料的加工，具有非常广阔的市场前景。当用于加工玻纤增强物料时，玻纤的添加量可以达到50%以上。往复移动式单螺杆挤出机独特的往复式结构，不能很好地满足建压的要求，因而一般不适用制品的直接挤出成型。通常用于成型加工时，还需要配备专用的成型挤出机。

6. 密炼式三螺杆挤出机

密炼式三螺杆挤出机是一种新颖独特的三螺杆挤出机，为21世纪新型挤出机，填补了世界空白，必将成为今后塑料行业生产设备的主力军。当前该机为60型，三螺杆呈倒“品”字形排列，螺杆直径60mm，中心距54mm，长径比30∶1，螺杆转速500r/min，主电动机功率55～75kW，采用变频调速或直流调速，配置独特的水环热切装置。机组已经过两年多在各种条件下的考验，运转平稳，安全可靠。

（1）剪切效率高，塑化效果好。一对螺杆有一个啮合点，而三根螺杆却有三个啮合点，即相当于三对双螺杆，因此剪切效率高、物料容易塑化。在对颜料含量为15%的蓝色母粒进行实验时，抽出螺杆检验，发现物料在螺杆全长的中部就已完成塑化，说明其塑化效果好。

(2)密炼功能、分散效果好。三根螺杆呈倒"品"字形排列，在中心区形成一个闭合空间。螺杆每转动一周，在同一截面该中心区空间通径面积由 7.5mm^2 变到 321mm^2，变化三次，即当压缩比为 43 倍，螺杆转速为 500r/min 时，变化 $3 \times 30 \times 500 = 45\,000$次，如物料在机内停留 20s，则物料在机内将受到 15 000 次强力挤压和揉捏，因而塑化均匀分散。该机是集密炼和挤出为一体的分散性非常好的挤出机。实践证明，生产炭黑母料时炭黑含量达 55%，低烟无卤阻燃电缆料氢氧化镁含量达 90%，PP 或 PE 母料碳酸钙添加量达 85% 时，密炼挤压效果很好。

(3)产量高、能耗低。其产量是同规格、同功率双螺杆挤出机的 2 倍。生产相同产量的产品，所需的人力、场地等成本成倍降低，并因其长径比小，可减小主机功率和加热器功率，实现节能。

(4)排气性能好。该机的排气口为物料几乎都被吸入螺杆中心的密炼区，密炼区相当于一台熔体泵，因此不会有物料积存，更无冒料、堵塞等现象。所以，可以达到很高的真空度，提高了产品的质量。

(5)物料在机筒内停留时间短，不易被降解。该机的长径比小(现在是 22，对于某些物料还可以更小)，22 长径比相当于双螺杆的 66 长径比，物料在机筒内停留时间却可以缩短 1/3，因此，该机适合于热敏性和易降解的物料。

该机型经过各种物料试车后，已经顺利通过设备的中试，其性能比国内任何双螺杆挤出机都要优越，特别适合生产高档产品，已系列化批量投放市场。

以上几种螺杆挤出机，是当前我国市场上具有一定代表性的产品。尽管我国挤出机市场发展迅猛，推出了不少新机型，但我国挤出机技术与国外发达国家相比还有较大差距，如在超大型和微型设备领域还落后于国际先进水平。

四、行业发展趋势

随着挤出机应用领域的不断拓展和技术的不断进步，挤出机市场仍然保持一定的上升势头，但国产挤出机价格大幅下跌已成现实。部分厂家粗制滥造和恶性价格战已经影响到国内塑料机械的整体形象和市场竞争力，也阻碍了塑料加工业的发展。

挤出机主机和生产线将向高技术含量方向发展，价格更趋走低。从成型设备来看，国产挤出机基本以锥形双螺杆挤出机和单螺杆挤出机为主，技术较成熟，市场销量最大，但这类通用规格产品已供大于求，产销量只能维持在市场顶峰期的 50% ~60%。

国内主机市场今后的重点在于发展平行异向双螺杆挤出机，以适应大挤出量的成型需要。平行同向双螺杆挤出机要向第六代、第七代高速、大长径比方向发展。

而单螺杆挤出机是一种低能耗、低成本的机型，只要技术先进，结构设计合理，同样可以达到双螺杆挤出机的效能。单螺杆挤出机向超大型、超微型、大长径比、高产出、良好的排气性等方向发展，而适应特殊加工需要的螺杆机筒结构，则成为企业争相研发的重点。高技术含量的单螺杆挤出机正在某些领域逐步取代双螺杆挤出机。

由于多螺杆挤出机具有高效的混合特性、结构的紧凑性和良好的经济性，在挤出机领域正逐渐推广应用。我国多螺杆技术尚不成熟，加工难度大，已出现的三螺杆挤出机、四螺杆挤出机、行星螺杆挤出机等多螺杆挤出机还没有普及，还处在发展推广阶段。

〔撰稿人：上海金纬挤出机械制造有限公司岳崇少、夏春生〕

中空塑料吹塑成型机

一、行业基本情况

中空吹塑成型机又称为中空机、吹塑机，是塑料加工行业的三大重要装备之一。前几年石油化工、汽车、食品、医药、日用化工和物流等众多行业的迅猛发展，带动了我国塑料中空包装制品业的发展，也推动了中空塑料吹塑成型机行业的快速发展。

我国已经形成较大规模的中空塑料吹塑成型机生产能力，能批量生产各种规格、型号的全系列吹塑机产品，是世界中空吹塑成型机的重要研发基地和生产基地。中空塑料吹塑成型机的产量已稳居世界第一，产品多年来不仅畅销国内市场，还出口到60多个国家与地区。全行业年生产、销售中空塑料吹塑成型机3 300～3 700台；实现销售产值10亿～12亿元，加上配套设备共约16亿元。2011年中空吹塑成型机出口1 320台，实现出口额3 575万美元，占塑料机械出口总额的3.17%。

我国中空塑料吹塑成型机的主要产地集中在陕西宝鸡，广东开平、顺德，江苏张家港等地。规模较大的设备生产厂家主要有陕西秦川机械发展股份有限公司、香港雅琪集团广东开平塑料机械厂、苏州同大机械有限公司、广东乐善机械有限公司、张家港华丰重型设备制造有限公司、中山凤记机械有限公司、张家港普信机械有限公司等，除陕西秦川机械发展股份有限公司是国有大型股份制上市企业外，多数为台资、港资、民营企业。

2011年，受国际金融危机、欧债危机以及中东地区多个国家社会不稳定的影响，我国中空塑料吹塑成型机的销售受到一定冲击，产销量明显下降，设备出口减少，部分企业销售产值降幅较大，许多企业开工不足。但是少数明星企业因重视技术创新与管理创新，不断地开发市场，产销仍能保持一定的增长速度，一些明星企业的产销量达到了历史最高水平，取得了“十二五”的开门红。其中，陕西秦川机械发展股份有限公司、香港雅琪集团广东开平塑料机械厂、苏州同大机械有限公司2011年中空吹塑机销售产值均达1.5亿元以上，与2010年相比均有一定增长，特别是苏州同大机械有限公司逆势上扬，销售产值增长幅度较大。

在中国塑料机械工业协会组织的“2012中国塑料机械行业优势企业排序”中，苏州同大机械有限公司、陕西秦川机械发展股份有限公司、广东乐善机械有限公司进入2012中国塑料中空成型机行业3强。

近年来，行业自主创新和新产品研发进程加快，许多关键技术取得重大进展，少数中空成型机生产厂家的技术水平与产品质量已达到国际一流水平。但行业总体研发、制造技术水平与发达国家相比还有一定的差距，品牌效应不强，产品的销售价格还远低于发达国家同类产品的水平。

二、主要企业生产、研发情况

1.陕西秦川机械发展股份有限公司

陕西秦川机械发展股份有限公司主要研制、生产30～1 500L的大中型中空塑料吹塑成型机，在国产200L塑料桶吹塑机设备产销中占有较高的比重。公司生产的SCJ230系列大型中空成型机附带专用的径向壁厚控制系统，适用于生产单层及双层200L双L环化工桶。该产品在国内同类产品市场中占有较高的份额，2011年销售38台（套），累计生产188台，继续保持良好的销售势头。SCJC500×6多层燃油箱大型中空成型机组技术已经非常成熟，在国产相关产品中占有较强的技术优势，在多层燃油箱产品替代进口设备方面作出了较大的贡献。该机组已累计生产十余台，2011 年销售 2 台(套)，主要用于生产轿车用多层塑料燃油箱。2011 年陕西秦川机械发展股份有限公司的中空成型机技术水平进一步提高，研发、制造的 SCJ1000L、SCJ1500L 大型中空成型机销售 7 台(套)。

2. 香港雅琪集团广东开平塑料机械厂

香港雅琪集团广东开平塑料机械厂主要设计、生产塑料瓶、塑料桶的高速中空吹塑机生产线。2011 年，该公司产销量均比上年有较大提升，实现销售产值 2 亿元以上，继续保持 2010 年的良好发展势头。该公司研发、制造的中小型中空成型机组、生产线具有独特的技术优势、设备质量优势和优良的性价比，许多成套设备及模具远销多个发达国家，受到海外众多吹塑制品高端客户的好评。该公司独立创新研制成功的 AE－70－TS 电动吹瓶机生产线技术水平先进可靠，结构新颖，外形美观大方，性能稳定可靠，操作容易，维修方便，在国内外均处于领先水平。在此技术基础上，该公司进一步研发出多款适销对路的中空吹塑成型机生产线。这些生产线突破了常规设计，将传统的液压驱动更换为伺服电动机驱动，节能效果好，经测算节能达到 30%，并且生产速度快、噪声小、无污染，可满足高度净化条件下的高环保要求。2011 年，公司在 1 000L IBC塑料桶以及吹塑托盘的研发生产中也开展了更多的技术创新。当前，正在研发更大型的中空成型机生产线。

3. 苏州同大机械有限公司

苏州同大机械有限公司主要研发、设计、生产 10mL～2 000L 全系列中空塑料吹塑成型机及成套生产线，产品销往海外 60 多个国家与地区。2011 年公司进一步加快技术创新步伐，研发、制造了多种不同规格的高端吹塑机，生产销售各种型号的中空成型机组与生产线 400 台(套)，其中设备出口占 45% 左右；实现销售产值 2.3 亿元，继续保持上年的良好发展势头。

2011 年，该公司加大了对大型先进加工设备的固定资产投入，增添了超大型数控钢板切割机、大型零部件喷砂室、大型涂装喷漆室等大型设备，在改进中空成型机大型机架加工、应力消除、外观喷漆保护等多方面取得了很大的技术进步，在提升我国中空成型机的质量方面起到了较好的作用。这些关键设备的不断投入和技术改造步伐的加快，使得产品质量不断提升，得到了国内外客户的广泛认可。

2011 年，苏州同大机械有限公司研制的年产 12 万块高强度吹塑托盘的 TDB－2000L 高速生产线获得国家科技部 2011 年度“863”火炬计划项目证书，这是吹塑机行业唯一获此殊荣的重大项目，同时还获得江苏省高新技术产品证书。该生产线由公司研发的 TDB－2000L 吹塑托盘高速生产线，配套该公司研发成功的高强度塑料粉碎机、全自动脉冲式中空塑料上料机、混料机等辅机而成。该公司在此基础上进一步研发、制造出更为节能、高速的 TDB－1600L 吹塑托盘生产线，已销往新疆中石油管业公司，主要用于生产 1 600mm × 1 400mm × 150mm 规格以内的各种吹塑托盘。

在“动则灵”柔性曲环径向动态口模控制系统与静态芯模控制系统的基础上，该公司又对多种尺寸的柔性环口模与芯模开展了大量的研发试验工作。

2011 年，该公司继续开展高效塑化系统的改进与研发工作，并且不断优化各种储料机头与连续挤出机头的流道设计，提高机头的加工精度，加快了机头的换色、换料速度，缩短了相应的换色、换料时间。此类技术改进在 2011 年取得了较快的进展，提升了公司吹塑机的技术优势。

2011 年，该公司创办中空成型机吹塑技术培训班，当年即为国内客户培训吹塑技术人员和调试人员 120 多名。组织讲课老师编写教材，从事现场技术指导。

三、发展趋势

随着国内外吹塑制品制造企业技术创新的不断开展，其对吹塑机也提出更高、更新的技术要求，吹塑机公司必须加大技术创新力度，提高自身装备水平，积极研制高端新产品，为占据国内外高端市场奠定基础。国内一些明星吹塑机设备生产厂家尽管不断进行技术创新，努力推出节能、高速、稳定的吹塑生产线，但质量稳定、配套完善的高档节能生产线尚不能满足国内高端客户需求。

为满足塑料瓶、塑料桶、汽车配件和工业吹塑件等许多吹塑制品规模化生产的需要，中空塑料吹塑成型机生产企业应着力研制生产各种大中小型高速、稳定、节能、辅机配套完善的专业化、全自动生产线，研究集约化生产与经营、少人化操作乃至无人化操作技术。

1. 大型、超大型中空成型机组、生产线

(1)吹塑托盘生产线。近20年来，注塑托盘行业运用国产大型、超大型注塑机及模具已经获得迅速发展，技术上取得较大进步，塑料托盘市场上注塑托盘占有极大的比重。但受塑料原材料及成型机理的固有限制，注塑托盘在使用环境温差较大以及高强度频繁使用的条件下，寿命较短，容易掉块破损，危及操作人员的人身安全与包装物的安全。高强度吹塑托盘具有高抗冲击强度、耐低温性能优良、经久耐用等优势，被列为高强度塑料托盘的首选，其市场需求年均增长率在20%左右，而国内高强度吹塑托盘的年生产能力基本在100万块以内，还不能满足市场的需求。高强度吹塑托盘在国内没有获得较快普及推广，除吹塑托盘本身价格较高以外，国产大型、超大型吹塑托盘吹塑生产线尚不完善和设备的投资较大也是重要原因。

当前国内生产的许多大型中空机多以通用机型为主，既用于1 000L IBC塑料桶的生产又用于吹塑托盘的生产，设备能力不能充分发挥。为此，行业内一些企业应加大力度研发、制造高质量、配套齐全、自动化程度高、操作人员少的专业生产吹塑托盘的大型、超大型中空成型机生产线。随着对吹塑托盘成型机理研究的深入，应研发与制造新型吹塑设备。

(2)大型IBC塑料桶连续生产线。近年来国内已经有多家中空成型机生产企业，研发、制造大型1 000L IBC塑料包装桶的大型中空成型机组。但是国产1 000L中空成型机很少配置塑料型坯壁厚径向控制装置，造成产品四角处的壁厚控制不均，产品质量不高，塑料原料消耗加大。近年来，1 000L IBC桶模具制造企业在模具设计与制造方面进行了相应的改进与创新，将局部负压技术应用到大型模具的制造中，改善了1 000L IBC四方塑料桶的成型过程，取得了较好的效果。吹塑机制造厂应着力研发塑料型坯径向控制技术，研制节能、高效、稳定、可靠的专业生产线。

2. 各种规格功能完善的中空成型机自动生产线

随着吹塑制品行业向集约化、规模化生产的快速发展以及世界中空成型机制造基地向我国转移，我国中空成型机制造企业必须加大自主创新和研发力度，以满足国内外高端客商的需求。

(1)进一步完善中空成型机主机的研发与制造技术。在设备高效运行，节能，提高稳定性、可靠性，提高换色、换料速度等方面进一步开展技术创新，不断提高设备的技术质量与可靠性水平。

(2)进一步提高各种辅机的工作可靠性与联动性能。如自动去飞边机、自动贴标机、自动称重机、自动输送机、自动打包机、粉碎机、自动混合机、自动上料机等工作辅机的有机组合与可靠联动，特别是应对不同规格设备的联动控制进行深入研究与技术创新。

(3)加强中空成型机设备制造厂家与国内大学研究机构的联合。进一步深入开展各种塑料吹塑成型机理的研究工作，并且将理论尽快应用于生产实践。

〔撰稿人：苏州同大机械有限公司邱建成〕

塑料吹膜设备

塑料机械是对高分子类新型材料进行成型加工的技术装备，随着高分子材料的性能、功效的不断开发与突破，高分子材料与其他材料（金属、木材、纤维、无机材料等）复合化的不断创新，以及塑料制品在制造业和生活领域中的广泛应用，塑料机械行业发展前景极其广阔，在制造业中占据非常重要的地位。

当前，塑料机械行业已经成为我国先进制造业的重要组成部分，并逐渐向节能环保的方向发展。塑料薄膜是塑料加工工业应用最广的产品，广泛应用于日常生活、工农业生产、医疗卫生、建筑施工、交通运输等各方面。作为塑料薄膜的加工成型装备，塑料薄膜吹塑设备在促进下游薄膜产品应用的技术提升、成本降低和市场需求扩大等诸多方面意义重大。

一、行业环境分析

1. 塑料加工工业

根据中国塑料加工工业协会的统计，2011 年规模以上企业（销售收入 2 000 万元及以上）塑料薄膜产量达 843.64 万 t，占塑料制品总产量的 15.4%，是塑料制品加工应用最广的门类之一。2011 年规模以上塑料加工企业经济指标见表 1。

表 1　2011 年规模以上塑料加工企业经济指标

产品类别	产量（万 t）	同比增长（%）	工业总产值（亿元）	同比增长（%）	利税总额（亿元）	同比增长（%）
塑料制品	5 474.31	22.35	16 079.8	27.5	1 082.4	28.8
塑料薄膜	843.64	11.17	2 129.7	28.1	134.9	41.3

2011 年，规模以上塑料薄膜加工企业的三个关键指标（产量、工业总产值、利税总额）的增长率和塑料加工工业呈现出不同的发展态势。这一方面说明薄膜加工工业的产品结构发生了变化，低端普通薄膜产品增长有限，而高附加值高技术含量薄膜产品比重增加；另一方面也说明薄膜企业在加强管理、提升企业生产经营效益方面取得了长足进步。

2. 塑料机械工业

根据国家统计局对我国塑料机械工业 330 家规模以上企业的数据统计，2011 年工业总产值、工业销售产值、出口交货值等三项主要经济指标分别达到 464.51 亿元、444.46 亿元和 80.59 亿元，同比分别增长 16%、17% 和 33%，均保持快速增长的势头，创历史新高。

二、行业发展趋势

1. 多层化、大型化、精密化是塑料机械发展的主要方向

（1）多层化。终端市场对薄膜要求的提高促进了多功能薄膜材料的发展，通过不同薄膜材料的多层复合搭配满足市场需求已成为未来薄膜生产技术发展的必然趋势。

生产企业要求的设备既具有专业化又能兼顾灵活性。五层吹膜机可以满足层间比例从 1:1:1 到 1:5:1 的大跨度要求，并兼顾生产三层共挤薄膜，将逐渐取代三层共挤来生产高品质的 PE 薄膜；同时九层共挤也逐渐成为高阻隔薄膜行业热点。未来，多层化的优势将更加凸显。

（2）大型化。塑料机械的大型化是指机器设备功能的集成化及设备生产能力的大规格化。机械

大型化可以有效提升设备产能，降低单位产品能耗和分摊的固定成本，使薄膜制品宽幅增大，减少拼接，提高密封性能。

(3)精密化。精密是指成型塑料制品的精密度，主要体现在塑料制品的厚薄均匀度等。提高塑料机械的精密度，能够显著提高制品质量，减少次品率，从而有效减少原材料及能源的消耗。当前，广东金明精机股份有限公司先后开发成功了可自动调节薄膜厚度的吹膜模头、可自动调节薄膜厚度的自动风环，可以实现对吹塑薄膜厚度的自动检测、反馈、调整的闭环控制，极大缩短了薄膜厚度的调整时间，节约了成本。

2. 从简单的设备供应向一站式服务发展

塑料制品行业发展空间巨大且具有资本导向特征，不断吸引民间资本进入。因此塑料机械供应商不仅需要提供设备，还需要提供包括塑料制品、工艺配方、生产设备、人员培训和售后服务在内的一站式服务。

3. 环保、高效、节能成为行业关注焦点

可持续发展是实现经济、社会长期稳定发展的根本保证。达到环保安全、生产高效、节能降耗的目的，是塑料机械体现竞争力和可持续发展目标的基本要求。

华南理工大学瞿金平教授开发的叶片式动态塑化挤出技术，在以往应用于薄膜挤出、中空格子板成型的基础上，开始在多层共挤生产线和注塑行业应用。广东金明精机股份有限公司开发成功的高含量碳酸钙挤出吹膜生产线，适合加工碳酸钙最高含量达70%的原料，大大节约了不可再生的树脂塑料资源的用量。

4. 国产高档塑料机械"替代进口"效应逐步显现

近年来，我国塑料机械产品的质量和技术水平大幅提升，与世界先进水平的差距正在缩小，部分产品已接近世界先进水平；国产高端塑料机械具有明显的性价比优势，在国内高端市场的份额不断扩大。据中国塑料机械工业协会统计，2011 年我国塑料机械出口交货值达到 80.6 亿元，同比增长 33%，国内塑料机械市场的国产设备占有率达到 72%，国产塑料机械"替代进口"效应明显。

5. 产业链携手合作

塑料机械以机械设备为加工手段，以塑料原料为加工对象，以塑料制品为最终产品，因此，原料厂家、设备厂家携手合作为制品厂家定制开发原料、设备成为降低制品厂家生产成本，减少新产品开发风险的有效手段。

多年来，行业内塑机制造企业通过与埃克森美孚、陶氏化学、巴斯夫等世界知名原料供应商进行战略合作，根据原料商研发的新型材料的特性研制相关生产设备，或者根据设备的特性开发相应的配方，通过合作举办新材料展会等方式引导下游市场需求的发展，在向下游厂商推广新材料的同时激发设备使用者对新设备的关注和购买。

三、行业发展主要影响因素

1. 有利因素

(1)下游塑料制品行业增长迅速，带动塑料机械需求。我国作为塑料消费大国，年消耗量居世界第二。2006—2011 年我国塑料制品产量年均增长超过 20%，可见我国塑料消费增长稳定，发展潜力仍很大。新材料、新产品的推出也不断产生对技术含量更高的中高端塑料机械的需求。

(2)国家产业政策的支持。塑料行业是关系国计民生的重要行业，塑料机械尤其是高端装备的自主研发及产业化一直是国家产业政策鼓励的发展方向，重点将朝着"组合结构、专用化、系列化、标准化、复合化、精密化、大型化、个性化、智能化方向发展，同时要满足节能、节材、高效的要求"。2012 年 2 月 14 日，国家工信部、科技部、财政部和国资委联合颁发了"关于印发《重大技术装备自主创新指导目录》的通知"，其中塑料机械作为成型加工装备单列行业。

(3)技术水平不断提高，并呈现"替代进口"趋势。近年来，在国家产业政策的扶持下，我国塑料机械行业经历了从引进吸收国外先进技术到自主创新的过渡，技术水平大幅提高。以薄膜吹塑机为例，我国吹膜设备在薄膜厚薄均匀度、最大宽幅、多层共挤层数、单位能耗、计算机集中控制等技术指标上已达到或接近国际先进水平。国内薄膜吹塑机技术水平的提升改变了我国高端薄膜吹塑机长期依赖进口的局面。

2. 不利因素

(1) 人民币汇率上升仍然是最大的经济制约因素。我国的塑料机械具有性价比高的优点，部分产品出口到很多发展中国家，且一般以美元结算。中国外汇交易中心的信息显示，2011 年人民币对美元汇率全年涨幅达到 5.1%，再创 2010 年汇改以来的新高。人民币对美元汇率的上升进一步削弱了我国塑料机械出口的价格优势，进而影响了产品出口。

(2) 高端外协产业发展较慢。由于塑料机械产品结构专业且复杂，各大型厂商一般对部分非标准机械加工件采用外协加工的生产模式，而将主要的生产能力集中在附加值较高的环节。由于我国塑料机械的外协加工企业数量不多，在高端塑料机械领域的精密外协企业更少，且没能很好地与各塑料机械产业形成产业集群，外协机械加工件的加工质量、加工精度、交货时间等不能充分满足塑料机械行业的需求，给行业发展带来一定的影响。

四、行业竞争情况

1. 竞争格局及市场化程度

2011 年，我国塑料机械行业规模以上企业为 330 家，比上年减少 234 家，而全行业工业总产值同比增长了 16%，这其中虽然有国家统计指标体系口径调整的原因，但同时也说明行业的集中度得到进一步提高，行业骨干企业正在不断壮大，龙头企业加快了由大变强的步伐。

市场化程度方面，一般说来，技术含量较高且应用于新兴领域的设备所处的细分行业被少数技术领先企业所垄断，而产品附加值低、技术壁垒不高的行业则处于充分竞争状态。

2. 行业内主要竞争企业

在全球范围内，薄膜吹塑设备的知名厂商主要如下：

(1) 德国温德默勒与霍尔舍公司 (W&H)：成立于 1869 年，是全球吹塑机市场份额最高的企业，当前占据国内多层高阻隔吹膜设备的大部分份额。

(2) 德国莱芬豪舍公司 (Reifenhauser)：成立于 1911 年，主要生产薄膜吹塑机、流延机、热成型板机等。

(3) 意大利马奇公司 (Macchi)：成立于 1961 年，主要生产薄膜吹塑机和流延机，在意大利、法国、西班牙、葡萄牙、韩国等市场占有率较高。

(4) 加拿大宾顿公司 (Brampton)：成立至今已经 30 多年，主要生产薄膜吹塑机，在加拿大、美国、亚洲、中东、拉丁美洲和新西兰地区具有一定的竞争优势。

(5) 大连橡胶塑料机械股份有限公司：成立于 1907 年，2001 年 8 月在上海证券交易所上市，主要生产橡胶机械专业设备和塑料机械专业设备。

(6) 湖北轻工机械股份有限公司：成立于 1958 年，主要生产薄膜吹塑机，年生产制造能力约 200 台(套)。

(7) 上海昆中机械有限公司：成立于 1992 年，主要生产薄膜吹塑机、印刷机械、复合设备及分条机械。

(8) 广东金明精机股份有限公司：成立于 1987 年，主要生产薄膜吹塑机和中空成型机，年生产制造能力接近 200 台(套)，2011 年营业收入 2.6 亿元，同比增长超过 30%。

公司掌握的核心技术——多层共挤技术代表塑料机械行业的未来发展方向，其在该技术领域已实现九层共挤，达到了国内同行业的最高技术水平；在五～七层共挤领域实现了大规模产业化，处于国内同行领先地位。公司近年成功研制出用于生产多层宽幅农用膜、输液袋膜、糙面土工膜等产品的设备，打破了上述设备依赖进口的局面。

此外，公司加大了将多层共挤领域的研究成果进行产业化的力度，并积极与上下游知名企业合作，努力开拓下游应用领域，推出适用于各种需求的塑料生产设备，应用领域也逐渐从包装行业拓展到医疗卫生、农业、汽车零部件、建筑工程及军工等领域。

在农膜设备领域，公司瞄准国际先进国家的农业生产和农膜应用技术，成功开发外涂敷PO农膜吹塑设备，解决了农膜制备、电晕处理、在线涂覆、烘干、冷却、收卷等诸多技术难题，大大延长了国产农膜的使用寿命，提高了产品档次和技术水平。

2011年，公司IPO项目顺利实现并成功发行股票，成为社会公众公司，标志着公司的发展水平和治理结构迈上了新台阶。公司已经着手二期厂房建设，为规模发展和产能提升做准备。

〔撰稿人：广东金明精机股份有限公司陈浩〕

滚塑加工成型设备

一、基本发展情况

作为塑料加工业的一个组成部分，滚塑行业在我国已发展近半个世纪。伴随经济的快速发展，我国滚塑加工行业与其他塑料加工业一样，也经历了飞速发展的过程——知名度不断提高，产品种类快速增加，市场规模日益扩大。2011年以来，面对欧债危机导致的国际经济疲软和国内经济增速下滑的严峻局面，我国滚塑行业依旧稳定增长，2011年滚塑产品的年产值已经突破20亿元。

当前，我国有300多家企业涉及滚塑加工业，是世界上滚塑企业最多的国家。滚塑企业基本以民营企业为主，主要分布在私营经济较为发达的沿海地区。这些企业使用的滚塑设备，在加热方式上，分为直火摇摆式和热空气封闭旋转式两大类型。直火摇摆式设备再细分为完全敞开式、半敞开式等；热空气封闭旋转式设备又按工位数或转臂数细分。此外，在一些小型产品或衬塑产品的生产中，少量企业还在使用电热辐射式设备。热油式等其他类型的设备当前国内尚未有企业采用。

滚塑工艺的特性，决定了滚塑加工的原料基料绝大多数是高熔指的聚乙烯材料（PE）。由于国内滚塑原料市场较小，规模效应还没有显现，专门生产滚塑基料的效益十分有限，只有齐鲁石化、茂名石化等少量企业在生产。与此同时，从韩国、泰国等国家进口的滚塑基料在国内用量占比较大，这是因为进口的原料与国产原料的价格相差不大，甚至接近，某些性能甚至略优于国产原料。据不完全统计，2011年，我国滚塑原料的表观用量已逾10万t。

二、市场拓展情况

现代滚塑加工行业是由西方发达国家建立并发展起来的，他们在理论研究和生产实践方面积累了很多值得我国学习借鉴的技术成果。在注重拓展国内滚塑制品及其加工设备市场的同时，一些主要的滚塑企业还把目光放在国际滚塑制品市场，积极参加各类国际行业活动。

1. 参加国内外展会

2011年11月，国内的两家主要滚塑企业——慈溪德顺容器有限公司和上海春旭集团首次参加了美国国际滚塑展，向世界展示了我国滚塑行业的风采和实力，受到国际滚塑界的关注。2012年4月，慈溪德顺容器有限公司和烟台方大滚塑有限公司又参加了在上海举办的第二十六届中国国际塑料橡胶工业展览会。2012年5月，上海春旭集团代表我国滚塑企业参加了在澳大利亚墨尔本举办的滚塑展会。2012年6月，国内主要的滚塑军品生产企业河北金后盾公司参加了在法国巴黎举办的国土安全与防卫展，展示了该公司一系列军用滚塑产品。2012年9月，我国滚塑游乐设施主要生产企业温州永浪集团有限公司赴德国参加了纽伦堡国际风景园林设备展。这些企业积极拓展海外市场，不仅提高了在国际市场上的知名度，还接获了一批模具和滚塑制品的订单，取得了显著成效。

2. 海外市场开拓

上海春旭集团还与韩国军队建立了合作关系，帮助韩国后勤部研发了一系列滚塑军用箱产品。该产品可替代木板、钢板制作的军用箱，具有防冲击、防腐蚀、坚固强度高、搬运方便、外表美观、不易损坏等优势，野战运血箱还可保温到－13℃。这些突出的优势，获得了韩国军队系统的好评。

3. 海外并购

2011年9月，山东烟台方大滚塑有限公司买断了英国老牌滚塑设备生产商艾伦·约克滚塑设备公司的世界最节能滚塑设备的生产和控制技术，从而使我国滚塑设备的生产水平与欧洲站在同一起跑线上，为今后滚塑设备出口欧洲打下了坚实的基础。

三、产品技术发展情况

1. 技术创新

烟台方大滚塑有限公司2011年申请1项发明专利和5项实用新型专利，申报1项山东省科技发展计划项目和1项烟台市科技计划项目。获得烟台高新技术产业园区2011年度科技创新明星企业称号。2011年11月，烟台市科技局批准成立了以该公司为依托的烟台高端滚塑装备工程技术研究中心，为高端滚塑设备的研发奠定了基础。2012年，该公司10 000 m^2 二期厂房开工建设，设备生产能力扩大到30套/a。

长期以来，12m以下的实用船艇材料绝大多数是木材、钢铁和玻璃钢。浙江嵊泗洋山滚塑游艇科技开发有限公司响应国家创新绿色低碳产品的号召，着手开展小型节能环保滚塑船艇研制项目，该项目被列为浙江省重大优先科技攻关项目。经过多年努力，该公司终于用一次成型的滚塑工艺，成功开发出12m以下各型聚乙烯船艇，并获得国家2项发明专利。这是小型船艇制造材料上的一次革命。以渔船为例，由于聚乙烯船艇不受水的腐蚀，不再需要像木制和钢制船艇每年上岸维修涂漆，节约了工时，减少了油漆对水域的污染，还保护了森林资源。由于聚乙烯良好的韧性和可回收再利用性能，滚塑船艇解决了玻璃钢船碰撞后船壳容易脆坏、废弃后无法回收等问题。由于聚乙烯密度比水小，制成船艇后自重轻、浮力强，还可节约燃料，降低使用成本。在2012年9月举行的第二届中国海洋博览会上，实用滚塑船艇的展出引起轰动。

2011年浙江嵊泗洋山滚塑游艇科技开发有限公司成为浙江省第一批省级科技型企业。当前，该公司生产的一系列灯光围网捕鱼船、渔家乐休闲船、渔业养殖船等受到市场的热捧。鉴于我国巨大的市场规模和迅速发展的海洋经济，该公司也成为我国滚塑设备行业最有发展潜力的企业之一。

2. 技术交流

2011年，研发出世界首个滚塑生产控制系统——Rotolog和全电脑仿真滚塑操作系统Rotosim的Paul Nugent博士首次来我国进行滚塑技术专题讲座，吸引了国内数十家滚塑企业派员学习听讲。

2012年6月，中国轻工机械协会和北京化工大学在北京联合举办了滚塑技术高级研修班，这是我国首次举办的由国内专家授课的滚塑专题活动。来自国内数十家滚塑企业的相关人士参加。

3. 引进先进设备

河北省廊坊市全振汽车配件有限公司投入巨资，从美国著名的滚塑设备制造商FERRY公司引进了迄今亚洲最大的滚塑生产设备——M－5500梭式和RS－2600独立臂旋转式滚塑生产线，使我国的滚塑生产加工装备已接近国际先进水平。

四、发展方向及需要解决的问题

我国滚塑产品的使用范围已经从以往的各种大型容器、储罐、游乐设施、交通设施、皮划艇等扩展到越来越多的领域，如畜牧业喂养设施、人体模特教具、沼气池、小汽车车身、化工电解槽、实用小型船艇、家具和灯具、道路检查井等。滚塑产品应用领域的不断扩展是这个行业快速发展的标志，因此国内滚塑行业的发展前景十分广阔。

2012 年 4 月，中国塑料加工工业协会发布了《塑料加工业“十二五”发展规划指导意见》，其中对滚塑行业的发展和规划进行了明确的阐述：滚塑制品已广泛应用于大型中空容器、游乐设施、城市景观、灯饰和家具等，而且在汽车、船舶、航空航天等领域有着广泛的发展前景。要重点推广高效节能型烘箱式滚塑成型装备，逐步替代高能耗的直火燃烧式滚塑成型设备；加强滚塑新材料的研发以满足滚塑制品在不同领域的应用需求。要加快滚塑制品在汽车、生物医学工程等高端制造业的推广应用。要鼓励滚塑制品为新农村建设服务，推广滚塑沼气池、雨水收集罐等节能减排的滚塑制品。

近年来我国滚塑行业虽然已经取得了较快发展，但与世界先进水平相比，仍存在着诸多不足。我国还只是一个滚塑大国，要建成滚塑强国还任重道远。主要体现在：滚塑制品的开发设计能力薄弱，具有自主知识产权的创新产品不多，滚塑产品应用范围还有待扩展；国产滚塑原料单一，原料的开发和生产尚不能满足滚塑行业需求；滚塑混配专用料的品种亟待增加，质量亟待提高；生产工艺落后的滚塑设备还占有相当大比重，能源利用率低，生产效率较低；滚塑制品的行业标准缺乏，产品质量良莠不齐，行业竞争混乱无序等。这些问题都阻碍着我国滚塑行业的健康发展，如何破解这些难题是我国滚塑行业今后的一项重要任务。

〔撰稿人：上海华塑商务咨询有限公司鲍志成〕

圆 织 机

一、发展现状

在现代装备制造业中，塑料机械已经成为航空航天、国防、石化、海洋、电子、光电通信、生物医药、新能源、建筑材料、包装、电器、汽车及交通、农业、轻工业等国民经济各领域的重要技术装备。塑料机械制造能力的强弱和制造水平的高低，已经成为衡量一个国家装备制造水平的重要标志之一，直接影响国民经济各行业的发展。进入 21 世纪以来，伴随着科学技术的发展，以及循环经济与新型工业化的大趋势，塑料逐步引起了国民经济各行业的重视。随着塑料机械工业科技水平和制造能力的不断提高，塑料等高分子材料的应用范围得到新的拓展，从而迎来了更加广阔的发展空间。

塑料机械中的编织类机械主要由塑料拉丝机、塑料圆织机、塑料挤出复膜机和制袋机四大部分组成。包装行业的发展也促使这类机械不断进行技术改造。

圆织机作为塑编设备的代表性产品，从最初小六梭圆织机的发明，到逐步弥补技术创新的不完善，再到小六梭圆织机的完善与成熟，直至用户逐渐接受并广泛使用，走过了近十年艰苦的历程。圆织机从四梭圆织机升级为小六梭圆织机，单机产量从 1 600 ~ 1 800m/d 提升到 2 600 ~ 2 800m/d，实现了革命性的变化。

圆织机脱胎于纺织机械，其编织原理与纺织行业一脉相承，但所用材料具有塑料单丝的特性，与纺织的纤维有着根本不同的特性，所以一直游走于纺织行业和塑料行业的边缘。这说明塑编圆织机可以借鉴纺织机械的编织原理，但技术特性则与纺织机械完全不同，需要塑编设备生产企业深入研究。纺织机械经过几百年的发展,已经拥有的一整套完整的技术理论体系,是支持其技术创新与发展的基础。而一直以来,众多厂家都以龙头企业欧洲的STARLINGER公司的圆织机为学习模仿对象,虽然不断地在进行技术改造、技术创新,但归根结底还是引进、消化、吸收,走的是一条仿制之路,缺少对圆织机编织技术的深入研究,更谈不上技术理论体系了。而面对越来越多的仿制同行的竞争,塑编机械企业已经逐步走入微利时代。

随着塑编行业新的国家标准的出台和用户对编织袋质量标准的认识加深,塑编行业开始注重质量成本效益。但塑编行业在圆织机环节存在的用人多、效率低、质量把控难的现状依然未得到根本改变。因此,突破核心技术才是塑编机械企业发展的必由之路。只有形成有自主知识产权的产品,才能从同行中脱颖而出,引领市场。

二、评价指标

圆织机来源于纺织机械,随着技术进步,纺织行业织布机的最高速度已经可以达到2 000r/min,圆织机是否可以进一步提高转速、提升产量和效率,是摆在塑编设备制造企业,特别是圆织机生产企业面前的一个课题。圆织机的核心要素是:转速、效率、能耗和人性化设计,这几个要素最终都落实到实际产量这一指标上。所以,评价圆织机是否先进的唯一标准就是:低能耗标准下,单位时间内符合质量标准的实际产量。

转速(投梭率)和效率是圆织机的核心要素和重要指标。转速与梭子数量构成投梭率,投梭率高就意味着产量有可能高。效率是单位时间内实际产量与理论产量的比值。理论产量指在某一转速和特定的丝宽条件下,在设定的时间范围内的产量(未考虑其他一切停机时间)。一台圆织机只有同时具备高投梭率和高效率两个条件,才能得到高产量。

影响效率的因素有:①正常纬纱换纱而产生的停机时间损失,与设备可用纬纱的直径大小直接相关;②设备故障或零件更换而产生的停机时间损失,与设备质量和零部件质量相关;③过多的经纬纱断纱而产生的停机时间损失,与设备的开口设计及梭子设计的合理性有关。以上三点影响圆织机效率的因素最终以设备的设计水平和制造质量体现。

举例而言,假如一个厂家的圆织机可以达到180r/min,但在实际开机中,因设备故障停机维修1天,或因开机不顺断丝频繁,那么一个月的产量可能还不如一台没有故障、稳定转速在130 r/min的设备产量高。所以,转速高一点的圆织机产量不一定高于转速略低的圆织机。

塑料编织产业是劳动密集型、能耗高的产业,因此塑编机械如果能够解决效率和能耗两大问题,将给塑料编织产业带来新一轮的发展机会。塑料机械企业只有在核心技术上下功夫,不断开发研制新产品,促使行业产品升级换代,才能为企业创造利润空间,才能让企业不断壮大和发展。

三、主要企业及产品创新

一个优秀的塑编设备制造商必须拥有具有竞争力的圆织机并且不断推陈出新,否则很难在竞争中取胜。

1. 赛奥机械(广州)有限公司

赛奥机械(广州)有限公司(以下简称赛奥)一直致力于圆织机研究开发与生产制造,曾在四梭圆织机升级为小六梭圆织机的开发中为行业作出过突出贡献,拥有多项技术创新。经过多年的理论与实践,赛奥独创了圆织机“矩形曲线理论”和“碳纤维构架梭子”,使得赛奥小六梭圆织机达到200 r/min的最高转速,正常工作转速达到180 r/min,保证了在2.5mm标准丝的情况下,日产量达到3 300m,效率可达85%,布面质量和布幅偏差达到国家标准。这两项新技术的实施,使得设备在180r/min的高速状况下的开机噪声仅为78dB,远远低于国家标准,对改善工人工作环境和降低劳动强度,有着积极的意义。

2013年,赛奥的新一代圆织机全面推向市场,采用这些新技术的产品涵盖了从小四梭圆织机到大型十梭圆织机的全部编织尺寸的各类机型。采用创新技术的新一代圆织机，必将为塑编行业带来新的价值标准，为塑编企业创造更好效益提供了有力“武器”。

2. 常州市恒力机械有限公司

常州市恒力机械有限公司（以下简称恒力公司）是主要从事塑料挤出编织机械的专业厂家，主打产品有塑料拉丝机、塑料圆织机、塑料挤出复膜机和制袋机。经过二十几年的努力，恒力公司已经成为行业佼佼者。多年来，恒力公司一直以技术进步作为产品最大的卖点，孜孜不倦地向市场灌输一个理念：一个产品只有不断地进行技术进步，才能拥有强大的生命力。

塑料圆织机是恒力公司的主打产品之一，公司除了完善产品规格，使产品适用于各种用途的包装外，同时以为用户降低成本、创造效益为己任，不断进行技术改造，以达到高速高效、低能耗的目的。

恒力公司刚涉足圆织机的时候，采用了台湾的小凸轮技术。这种凸轮采用比曲线的原理，滑块在曲线槽内运动的同时带动连杆上下运动，实现编织过程。这种技术造成产品结构复杂、备件损耗多、噪声大，而且滑块在曲线槽内的运动必须进行油润滑，给清洁生产带来很大的麻烦。因此，从长远的角度看，这种技术不利于整个行业的发展。

通过跟踪欧洲技术，恒力公司2005年在国内首推了平面凸轮小六梭圆织机，其凸轮重量轻、惯性小，大大降低了圆织机的能耗，而且首度将六梭圆织机的速度提高至150r/min，理论综合能力比传统圆织机提高47%；而且平面凸轮的应用去除了传统双曲线凸轮必须进行油浴润滑的过程，为清洁化生产提供了良好的条件。恒力公司不断地进行新品开发，将平面凸轮的技术运用到其他规格的圆织机上，开发出了八梭、十梭、十四梭等大型圆织机。国内大部分圆织机都已应用这一技术。

针对效率和能耗两大问题，恒力公司首先考虑的是如何提高产品的效率，因此购进了大量先进的加工设备，为提高产品速度打下基础；同时，应用先进的控制技术，提高产品的自动化程度，降低机器的故障率，达到减轻工人劳动强度的目的。

由于塑编产品的总体能耗很大，因此，恒力公司把降低每台机器的能耗作为开发硬指标，投入大量的资金，集中开发力量，不断寻求更好的控制技术。通过不懈的努力，在意大利的一次工业控制技术展览会上，发现了可以应用到挤出机的大功率低速恒扭矩同步电机。该同步电机可替代传统的减速机，大大简化了产品的结构。从综合指标上看，明显提升了产品的技术水平。

同步电机在挤出机上成功应用后，恒力公司开始寻找将同步电机应用于圆织机的方法。由于国际上还没有适用于圆织机的同步电机，恒力公司只能由自己的设计人员先对圆织机的结构进行改进，然后寻找专业的电机生产厂商，设计出专门用于恒力圆织机的同步电机。通过反复试验，不断改进，终于试制出国际上第一台使用同步电机的圆织机。该机器在外表上找不到传统的驱动部分，高速运转时非常平稳，没有传统圆织机的振动和噪声，理论能耗降低15%以上，经济效益惊人。

这一技术打破了国内塑编机械只能跟踪国外技术的局面，也让欧洲企业对国内的塑编企业刮目相看，将成为我国塑编技术的一个里程碑。恒力公司将以此为新的起点，为我国的塑编机械发展作出更大的努力。

3. 常州市永明机械制造有限公司

常州市永明机械制造有限公司是国家级重点高新技术企业，专业生产塑料编织成套机械。与北京化工大学、南京理工大学以及中科院等国内知名高校院所长期开展产学研合作，多次承担国家和江苏省科技部科技项目，建有江苏省多功能高产塑料编织拉丝机技术研究中心，是国内塑编产业中唯一获得国家质量监督检验检疫总局认定的“中国名牌产品”企业。

常州市永明机械制造有限公司占地面积10万m^2，拥有6万m^2的现代化高标准厂房和国际先进的五轴联动加工中心、四轴联动加工中心、三轴联动加工中心和激光切割机等高精度加工装备。

公司主导产品有塑料挤出平膜扁丝机组、塑料圆筒编织机、涂膜复合机组、塑料挤出板片材机组四大系列,销售网络不仅遍及国内石油化工、化肥、水泥、塑编包装大型企业,而且远销南美洲、东欧、独联体、中东、非洲、东南亚等30多个国家和地区。经江苏省经济和信息化委员会、常州市科技局鉴定,“永明”系列产品主要技术和性能指标在国内同行业中处于领先地位,具有国际先进水平。

常州市永明机械制造有限公司设计制造的圆织机有:适用于各种规格编织袋生产的小凸轮高速四梭、六梭圆织机;适用于各种规格的编织袋、集装袋、土工布、篷布、广告灯箱布等生产的平面凸轮高速六梭、八梭、十梭、十二梭圆织机。

设备特点:

(1)运行速度高、噪声低,实现人机界面控制,其技术性能达到国际先进水平。

(2)设计理念力求简约、人性化。从用户的实际使用考虑,操作更方便、更直观。从降低用户的维修成本考虑,摈弃昂贵的进口或稀有及单一企业垄断的机械配件,充分考虑用户的可维修性。

(3)精良的加工及装配工艺,性能稳定耐用。

(4)各种机型所织布面平整度好,折丝率低。

(5)高效、低能耗,高速小六梭圆织机运行电流5A,日产量达到2 800m以上。

(6)伺服提升系统,避免稀挡及挤丝。

(7)精密的完纬、断纬和断经检测系统,提高了成品率。

(8)人性化的设计和先进的控制系统,操作简便,每人最多可操作6台,极大地提高了劳动效率。

〔供稿单位:赛奥机械(广州)有限公司、常州市恒力机械有限公司、常州市永明机械制造有限公司〕

塑料挤出发泡成型设备

一、行业发展情况

泡沫塑料作为一种以气体为填料的新型复合材料,不仅质量轻、比强度高、而且具有隔热、隔音、缓冲等性能。随着泡沫塑料在工业、农业、交通运输以及航空航天等高技术领域的广泛应用,塑料发泡成型机械在塑料机械领域中的地位也日益提高。

20世纪80年代以后是泡沫塑料行业快速发展的阶段,据统计数据,1998年泡沫塑料的产量是1980年的7倍,年均增长率超过10%。泡沫生产企业数量巨大,其制品广泛应用于家具制造、家电产品、包装材料、餐具、石油化工、冷库、制冷设备和绝缘材料等各个领域。80年代初期,泡沫行业中国有大企业占主导地位,进入90年代末期,为数众多的集体和私营中小企业成为行业的主体。

2012年,尽管受国际金融危机、外部政策环境、产业上下游需求等众多因素的影响,塑料发泡产品依然在宏观环境复杂多变、全国经济增速回落的背景下保持又好又快的发展势头,出口创汇又创佳绩,实现了稳定的发展。可喜的是,我国塑料发泡设备技术水平不断提升,产品产出持续增长,国家产业政策鼓励塑料发泡设备产业向高技术含量产品发展,国内企业新增投资项目逐渐增多。国内塑料发泡设备企业为了获得更大的投资收益,不断提高生产规模和产品质量,投资者对塑料发泡设备市场的关注越来越密切。

当前,塑料发泡机械行业已拥有规模以上生产企业100多家,板、片、膜、网、异型材、管、棒等9大系列、200多个品种的塑料发泡机械产品,具备年产

5 000 多台(套)的生产能力,产品远销近 200 个国家和地区。

二、生产发展情况

塑料发泡材料品种繁多,分类方法也多种多样,根据发泡倍率分为高发泡和低发泡两种;根据泡体质地的软硬程度,可分为硬质泡沫塑料和软质泡沫塑料以及半硬质泡沫塑料;根据泡孔结构可分为开孔泡沫塑料和闭孔泡沫塑料;根据发泡方法又分为物理发泡和化学发泡。

塑料发泡按照发泡原理可分为物理发泡、化学发泡和机械发泡三种,其中机械发泡由于发泡率低、泡孔分布不均匀、生产耗能较大,应用范围不广。当前,国内塑料生产企业主要生产物理发泡和化学发泡塑料挤出成型设备。

(一)物理发泡塑料挤出机械

1. 市场应用及分布情况

塑料物理发泡是在挤出成型过程中利用发泡剂的物理相态变化,形成大量气体并均匀分布在高分子材料中的过程。物理挤出发泡主要用于生产发泡倍率在 4 倍(一般达到 20 ~ 60 倍)以上的产品。由于发泡倍率较高、质轻,其主要代表产品有 XPS、PSP、EPE 及 EPP 等。

据不完全统计,我国专业从事物理发泡塑料挤出机械的厂家 70 余家,但规模以上企业不到 20 家,形成一定规模并在国内外市场具有一定影响力的企业有山东通佳机械有限公司、上海金纬机械制造有限公司、河北广兴泡塑机械有限公司、青岛德意利塑料机械有限公司、南京法宁格机械有限公司和重庆捷成机械有限公司。随着减振包装和建筑节能保温等领域高倍率发泡材料的广泛应用,我国物理发泡塑料挤出机械产业发展较快,产业规模迅速扩大,当前已形成山东地区和长江三角洲地区两大产业基地,产品种类齐全、市场竞争力强,可有效替代进口,产业规模 20 亿元以上,年生产能力超过 4 000 台(套),每年为下游用户创造社会产值1 000 多亿元,新增就业岗位 30 多万个。

当前,XPS、PSP、EPE、EPP 等物理发泡塑料挤出机械除在国内市场占有绝对优势外,国际市场竞争力也不断增强,已出口到 100 多个国家和地区,外销市场也由原来以发展中国家市场为主,拓展到工业发达国家和发展中国家市场协调发展。近几年,出口量呈快速上升趋势,由 2005 年的不足1 000 万美元上升至 2010 年的近 1.2 亿美元,2011 年达到 1.5 亿美元,2012 年达到 1.46 亿美元。2006—2012 年物理发泡塑料挤出机械出口创汇情况见表 1。

表 1 2006—2012 年物理发泡塑料挤出机械出口创汇情况

(单位:万美元)

年份	XPS	EPE	PSP	其他	累计
2006	1 300	650	400	450	2800
2007	2 900	820	500	680	4 900
2008	3 700	1 200	980	1 520	7 400
2009	4 600	1 800	1 200	1 600	9 200
2010	5 800	2 000	1 600	2 000	11 400
2011	7 000	3 600	2 200	2 200	15 000
2012	6 000	3 500	2 500	2 600	14 600

2. 产品技术创新与国际市场竞争能力

(1)HCFC(氟利昂)发泡剂替代技术和装备。当前,国内塑料物理发泡生产企业大都采用 HCFC22 或 142B 作为发泡剂,因其含有氟氯分子,对大气环境和臭氧层具有一定的破坏作用。根据"蒙特利尔"约定,发展中国家在 2020 年以前要逐渐减少和冻结其产量,在发达国家该产品已经被禁止使用,我国也在 2013 年开始冻结 HCFC 的产量,并在 2030 年完全禁止 HCFC 的生产和应用。CO_2 发泡技术将成为 HCFC 的理想替代产品。

泡沫行业分为四个子行业:①聚氨酯软泡,主要生产各类海绵;②聚氨酯硬泡,主要生产保温管道、保温板材、喷涂保温层等;③自结皮泡沫,主要生产扶手、汽车方向盘等;④聚烯烃(PS/PE)泡沫,主要生产水果网套、泡沫餐盒、建筑保温板材等。在泡沫行业淘汰消耗臭氧层物质(ODS)之前,该行业普遍使用氯氟烃（CFCs）作为发泡剂。CFC－11用在PU泡沫行业，即聚氨酯软泡、硬泡和自结皮子行业，CFC－12用在PS/PE子行业。90年代末期，哈龙的生产和消费迅速下降，泡沫行业成为中国最大的ODS消费行业，1999年，泡沫行业的ODS消费占全国总量的44%。

泡沫行业从我国加入议定书开始实施ODS淘汰项目。1992—1999年，我国共申请多边基金批准了114个泡沫行业CFC－11淘汰项目，27个CFC－12淘汰项目，共获得资金8200多万美元，淘汰ODS 15 139t。但由于经济的快速发展，我国泡沫行业的ODS消费量在20世纪90年代末期仍然持续增长。1999年，我国泡沫行业消费CFC的企业超过1 000家。

1999年以后，我国确定将逐步停止单个项目的申报，PU泡沫子行业准备CFC－11整体淘汰计划，在PS/PE子行业以伞形项目方式进行淘汰。2001年12月，《中国聚氨酯（PU）行业CFC－11整体淘汰计划》获得多边基金第35次执委会的批准，赠款金额5 384.6万美元，目标为淘汰CFC－11共10 651（ODP）t。PS/PE子行业陆续获得了共5个伞形项目，赠款金额1 936.2万美元，淘汰CFC－12共3 931.7t。

在PE/PS泡沫行业，我国向世界多边基金申请并获批氟利昂淘汰项目30个（包括5个伞形项目），涉及100多家企业，共获得多边基金赠款3 000多万美元，从2013年起，HCFC淘汰项目将全面进入设备订购阶段，淘汰计划的实施将为国内的塑料发泡机械生产企业提供良好的市场机遇。

（2）PET发泡工艺技术。聚对苯二甲酸乙二醇酯（PET）是乙二醇和对苯二甲酸的缩聚反应产物，是高结晶度、高熔点的线性大分子。作为一种热塑性工程材料，PET具有良好的力学性能、电绝缘性、耐化学药品性及耐蠕变、耐疲劳及耐摩擦等特性。当前除用于生产纤维外，还进一步拓展到各类容器、包装材料、薄膜、胶片、工程塑料等领域。

发泡PET因性能优越已应用于生产生活中的多个领域。但由于普通PET达到熔融温度后熔体强度低，很难发泡成型，所以需要高其具有足够的熔体强度。当前，挤出发泡法能实现连续化生产，可成型各类制品，是发泡PET工业化生产的主要方法。欧美一些发达国家已经掌握了PET挤出发泡的生产技术并实现了工业化生产，而我国在这一领域还处在起步阶段，因此需要从配方、工艺、设备等各方面开展研究工作，使我国尽快实现PET发泡成型的工业化。

（3）木塑发泡技术。木塑复合材料虽具有很多优点，但是树脂和木粉的复合，会使其延展性和耐冲击性下降，材料脆，密度也比传统的木制品大3～4倍，其力学强度（拉伸和弯曲）比未填充的塑料小，限制了其广泛应用。为了克服上述缺点，扩大木塑复合材料的使用范围，将发泡技术引入木塑复合材料的加工过程中，取得了良好的效果。经发泡的木塑复合材料由于良好的泡孔结构，可钝化裂纹尖端并有效阻止裂纹的扩张，从而显著提高材料的抗冲击性和延展性，大大降低制品的密度，不仅节约原料，而且隔音、隔热性能也较好。在建筑结构材料、汽车内饰、航天、物流、园林、室内装潢等方面得到极为广泛的应用。

（4）PVC系列化学发泡板材生产技术及设备。随着化学发泡工艺技术的进步，应用也日益广泛，特别是在家装和以塑代木等领域，已经得到了市场认可，并呈逐年上升的态势。采用结皮发泡技术和共挤复合芯层发泡技术制备的PVC发泡板和PVC木塑发泡板材，由于具有优越的物理性能，在替代木材方面优势突出，因此具有广阔的市场空间。

（二）化学发泡塑料挤出机械

1.市场应用及分布情况

塑料化学发泡是指将发泡剂均匀地布散在树脂中，在一定温度下，迅速分解产生气体，从而形成以气体为填充的复合材料。由于化学发泡剂产生的气体一般为N_2和CO_2，而N_2和CO_2在塑料熔体中的溶解度远没有物理发泡剂大，所以添加剂量一般较少，发泡倍率则只有0.5～5倍。由于PVC发泡材料、PVC 木塑发泡材料、PE 低发泡材料和 PS 低发泡材料等化学发泡材料的密度较大，具有优良的力学性能，一般应用于装饰、家装等领域。

当前生产化学发泡塑料机械的厂家较多，主要以生产 PVC 化学发泡板材和 PVC 木塑发泡装饰型材与建筑模板机械为主，PS 发泡镜框和 PE/EVA 低发泡密封片材生产设备市场需求量也呈逐年上升趋势。塑料挤出化学发泡产品种类繁多，生产设备也多种多样，机械装备与模具生产企业分布较广，但主要集中在山东、长江三角洲和珠江三角洲地区，具有代表性的企业有山东通佳机械有限公司、上海金纬塑料机械有限公司、上海金湖挤出机械有限公司、上海一柯模具有限公司和青岛三益塑料机械有限公司等。

2. 产品技术创新情况

(1) PE/PP 聚烯烃木塑芯层发泡技术。木塑复合材料虽具有很多优点，但由于是树脂和木粉的复合，其材料脆，延展性和耐冲击性较低，密度也是传统木制品的 3 ~4 倍，力学强度（拉伸和弯曲）比未填充的塑料要小，并且在挤出成型过程中材料产生极大的内应力使 PE 木塑材料在使用过程中易发生翘曲变形。为了克服上述缺点，扩大木塑复合材料的使用范围，将发泡技术引用到木塑复合材料的加工过程中，取得了良好的效果。经发泡的木塑复合材料由于具有良好的泡孔结构，可钝化裂纹尖端，有效地阻止裂纹的扩张，从而显著提高了材料的抗冲击性能和延展性，且大大降低了制品的密度，不仅节省原料，而且隔声、隔热性能也较好。在建筑结构材料、汽车内饰、航天、物流、园林、室内装潢等领域得到极为广泛的应用。

(2) 发泡绝缘同轴电缆。发泡绝缘同轴电缆主要应用于数据传输和信号传导，由于材料中均匀分布细小泡孔，材料的绝缘介电常数减少，介质的信号损耗系数降低，信号的有效传输距离增加，从而提高了数据传输容量，并能够节省材料和能源。南京艺工电工设备有限公司等企业当前已完全掌握同轴电缆发泡挤出成型技术，并已实现批量化生产。

(3) PVC 系列化学发泡板材生产技术及设备。随着化学发泡工艺技术的进步，发泡板材的应用也日益广泛，特别是在家装和以塑代木等领域已经得到市场认可，并呈逐年上升的态势。采用结皮发泡技术和共挤复合芯层发泡技术制备的 PVC 发泡板和 PVC 木塑发泡板材，由于具有优越的物理性能，在替代木材方面优势突出，具有广阔的市场空间。

（三）其他塑料发泡机械

PE、PP 交联发泡材料具有耐高热、弹性好、手感细腻、耐撕裂等特点，按照其交联方式可分为化学交联、辐射交联和硅烷交联等。

随着加工技术和制造技术的进一步完善，我国已具备 XPP、XPE、IXPE、EVA 交联发泡材料生产装备的生产能力。当前，山东通佳机械有限公司、上海金纬塑料机械有限公司已成功生产制造 XPE、IXPE 交联发泡片材生产线十多套，并成功交付客户使用，填补了国内空白，有效替代了进口，并实现了出口创汇。

硅烷交联物理发泡 PE 片材生产工艺及技术装备当前也形成产业化生产。硅烷交联聚乙烯物理发泡片材设备利用大长径比的特殊螺杆推进原料，先注入硅烷交联剂，经过螺杆元件的压缩与强力混合，逐渐塑化熔融接枝成为均质的塑料熔体，届时再注入低沸点丁烷物理发泡剂，在螺杆中进行混合和冷却，在口模的作用下，通过挤出发泡成为优质的塑料泡沫片材。材料在挤出过程中在过氧化物的催化下，引发自由基，并进行硅烷接枝反应，制成遇水分子进行水解交联反应，形成三维立体空间网状结构。这种片材耐温可达 120℃，不仅适用于较高温度场所，同时因材料的无毒、无味和耐药性可用于食品的包装，以及环境条件比较苛刻的场所，如油、酸、碱、高温及潮湿等环境。

塑料发泡挤出机械产业在不到 20 年的时间内，因市场需求旺盛，得到了较快的发展。但由于我国塑料机械产业，特别是塑料发泡机械产业起步比较晚，在很多方面还存在不足，主要表现在两个方面:一是自主研发能力不足,基础装备不够精良;二是我国塑料发泡机械行业还没有国家标准,厂家良莠不齐,产品价格竞争激烈,不少小型企业和作坊式小企业以低价冲击国内、国际市场,严重扰乱市场秩序,对市场的健康发展极为不利。

塑料发泡机械产业要保持快速健康的发展,必须加大基础装备的投入,加大自主创新能力建设。另外,还要加快行业标准的制定,形成良性竞争和有序发展的局面,进一步促进产业稳定、持续、健康发展。

三、塑料发泡生产装备市场的发展现状

随着时间的推移,塑料发泡制品的应用从20世纪50年代每年几十万吨发展到现在每年1 000多万t。近几年,塑料发泡制品需求的高速增长和多样化需求,促进了发泡产业技术的进步,企业更加重视产品的开发与新技术的引进,不断地增加新产品的研发投入,积极寻求研发技术伙伴。当前,国内发泡塑料行业已经拥有200多项发明和新型技术专利。

塑料发泡装备制造业正朝着专业化、规模化的方向发展。发泡塑料机械总的发展趋势是高效、节能、环保、精密、高附加值,其精细化和规模化进程的加快和市场需求的不断扩大,将为塑料发泡装备业带来新的发展机遇。

塑料发泡装备行业应该在现有基础上,不断缩小与国际先进塑料机械装备技术的差距,逐步跟进并实现超越;不断依靠国家“十二五”规划和产业政策,发展循环经济,为建设环境友好型社会做出积极贡献。

四、塑料发泡机械产业的发展方向及前景

面对我国巨大的发泡塑料市场需求,随着发泡塑料技术水平的不断提高,发泡塑料产业朝着高发泡、高填充的方向发展。随着塑料工业的高速发展,一些新型复合材料的开发应用,塑料发泡材料的应用范围和种类越发多样化,在高端应用和高端附加值领域的应用需求越来越大,在飞机、航天、汽车、高铁、军工等领域的保温隔热、结构填充等方面起到了不可替代的重要作用。

塑料发泡机械装备企业应该把精力用于新产品的开发和国外市场的开拓上。全行业应该加紧提高设备的研发水平,在市场的导向下,对重点产品加大投资力度和科研力量的投入,尽快实现产业化推广。

在研发方面,加强自动化技术研究,注重设备的人性化设计,减少人力资源成本。不断涉足高科技领域,提高产品的技术含量和附加值。在新兴发泡技术方面,开发微孔发泡材料加工技术和塑料加工节能技术;在氟氯烃发泡剂替代技术方面,开发水发泡剂或空气发泡剂,市场前景广阔,增加产品的社会效益。

〔撰稿人:山东通佳机械有限公司张建群〕

分析塑料机械行业主要经济指标及进出口情况

统计资料

1991—2011 年塑料机械行业工业总产值及占比

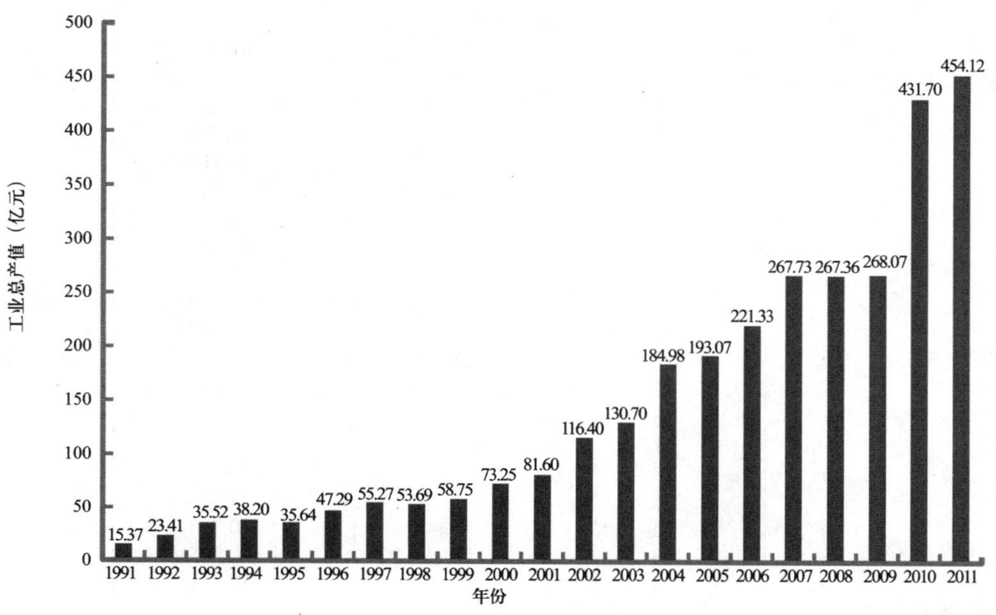

1991—2011 年塑料机械行业工业总产值

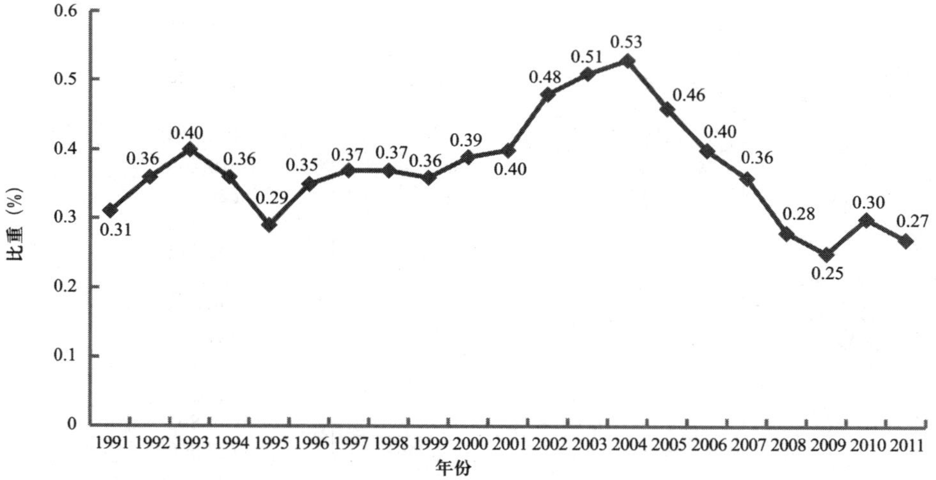

1991—2011 年塑料机械行业工业总产值占机械工业总产值比重

注：1. 1998 年以前全国机械工业企业单位的统计口径分为两种，即产值产量部分为全国乡及乡以上工业企业，财务指标部分为全部独立核算工业企业资料；1998 年年报国家统计局将上述两种口径统一调整为全部国有和年产品销售收入 500 万元以上的非国有工业企业；2007 年调整为辖区内全部主营业务收入 500 万元及以上的工业法人企业。

2. 数据来源于中国机械工业联合会。

2011 年塑料加工专用设备制造业主要经济指标

项　　目	企业数（家）	其中:亏损企业（家）	工业总产值（万元）	工业销售产值（万元）
合　计	**347**	**37**	**4 541 156**	**4 344 186**
一、按企业所在省市分列				
北京市	1		6 625	6 625
天津市	1		4 294	4 294
河北省	5		46 315	46 298
山西省	1		1 592	1 747
内蒙古自治区	1	1	2 500	2 500
辽宁省	6	1	120 432	118 551
黑龙江省	1		7 713	7 703
上海市	22	4	456 700	444 218
江苏省	72	7	513 983	496 047
浙江省	123	12	1 745 774	1 666 669
安徽省	2		11 094	8 892
福建省	5		68 368	67 579
江西省	1		10 785	10 732
山东省	23	1	327 720	317 143
河南省	5		27 881	27 677
湖北省	6		30 745	29 300
广东省	68	10	1 100 925	1 031 327
四川省	4	1	57 711	56 885
二、按企业注册类型分列				
国有企业	1		1 592	1 747
集体企业	1	1	3 606	3 606
股份合作企业	3		24 630	21 687
国有独资公司	1		2 702	3 205
其他有限责任公司	43	6	389 489	383 788
股份有限公司	5		111 359	110 929
私营独资企业	16		124 523	123 020
私营合伙企业	4		19 408	19 206
私营有限责任公司	147	12	1 229 628	1 173 722
私营股份有限公司	4		35 278	34 019
其他企业	2		35 025	26 485
与港澳台商合资经营企业	19	3	449 165	415 024
与港澳台商合作经营企业	2		25 035	23 068
港澳台商独资经营企业	39	8	1 084 287	1 038 552
港澳台商投资股份有限公司	1	1	11 852	11 849
中外合资经营企业	15	1	220 216	206 102
中外合作经营企业	1		5 863	5 863
外资企业	43	5	767 500	742 315
三、按企业规模分列				
大型	3		762 999	714 198
中型	38	3	1 295 747	1 229 756
小型	300	32	2 469 178	2 387 180
微型	6	2	13 233	13 053
四、按企业控股情况分列				
国有控股	3	1	6 613	7 252
集体控股	4	1	54 948	53 202
私人控股	228	19	1 967 710	1 891 474
港澳台商控股	54	10	1 497 117	1 418 153
外商控股	49	4	909 362	874 044
其他	9	2	105 408	100 061

（续）

项　　目	其中:出口交货值（万元）	从业人员平均人数（人）	流动资产合计（万元）	应收账款（万元）
合　计	**669 950**	**61 146**	**2 868 763**	**677 436**
一、按企业所在省市分列				
北京市	5	152	3 468	945
天津市	147	110	2 460	414
河北省		537	7 135	2 475
山西省		145	1 803	377
内蒙古自治区		310	6 607	409
辽宁省		1 208	99 613	4 355
黑龙江省		38	9 105	
上海市	172 851	3 873	249 500	83 043
江苏省	86 362	8 588	316 746	79 644
浙江省	290 606	25 558	1 380 891	302 132
安徽省	680	123	2 330	188
福建省		980	14 349	4 935
江西省		263	1 196	179
山东省	12 064	2 543	74 280	7 891
河南省		648	3 720	349
湖北省	779	670	9 337	2 797
广东省	106 456	14 807	680 130	184 909
四川省		593	6 092	2 395
二、按企业注册类型分列				
国有企业		145	1 803	377
集体企业	213	139	8 781	1 034
股份合作企业	4 899	405	4 346	393
国有独资公司		294	3 022	727
其他有限责任公司	19 098	5 875	198 800	52 040
股份有限公司	19 884	2 735	162 735	8 926
私营独资企业	969	1 375	14 865	8 111
私营合伙企业	9 734	469	11 793	3 756
私营有限责任公司	129 324	19 760	548 250	149 146
私营股份有限公司	1 170	386	3 459	1 139
其他企业	1 272	632	11 440	4 870
与港澳台商合资经营企业	66 874	4 621	333 531	82 850
与港澳台商合作经营企业	3 397	270	22 898	2 102
港澳台商独资经营企业	101 268	13 348	970 703	195 124
港澳台商投资股份有限公司		250	21 243	2 165
中外合资经营企业	26 951	2 431	111 881	29 835
中外合作经营企业		86	2 037	31
外资企业	284 897	7 925	437 178	134 810
三、按企业规模分列				
大型	53 737	6 983	634 708	59 230
中型	299 234	17 488	872 648	218 775
小型	316 124	35 237	1 340 380	392 802
微型	855	1 438	21 027	6 629
四、按企业控股情况分列				
国有控股	374	527	27 602	5 754
集体控股	16 907	800	37 181	6 034
私人控股	186 482	31 804	971 980	235 393
港澳台商控股	152 237	17 622	1 308 244	269 560
外商控股	301 063	9 277	487 381	151 649
其他	12 889	1 116	36 376	9 044

（续）

项目	存货（万元）	其中：产成品（万元）	固定资产合计（万元）	固定资产原价（万元）
合计	**951 152**	**306 217**	**1 063 895**	**1 505 855**
一、按企业所在省市分列				
北京市	343	54	842	1 188
天津市	902		2 279	2 827
河北省	2 629	1 856	3 837	4 331
山西省	637	310	518	3 014
内蒙古自治区	144	144	1 853	1 875
辽宁省	9 126	1 243	45 269	66 307
黑龙江省	670	670	1 801	3 150
上海市	107 491	28 814	59 061	96 185
江苏省	110 982	31 148	97 151	151 061
浙江省	456 389	154 520	427 912	627 142
安徽省	1 226	46	4 130	4 515
福建省	6 685	2 610	7 812	10 033
江西省	502	80	577	771
山东省	15 859	3 581	155 323	176 844
河南省	506	50	3 253	3 573
湖北省	3 960	1 140	12 553	14 987
广东省	231 359	79 655	225 190	315 446
四川省	1 744	295	14 534	22 609
二、按企业注册类型分列				
国有企业	637	310	518	3 014
集体企业	4 085		2 902	4 601
股份合作企业	2 914	1 827	1 635	4 240
国有独资公司	1 366	847	7 164	8 880
其他有限责任公司	54 762	17 726	126 851	167 327
股份有限公司	22 715	6 710	24 622	37 871
私营独资企业	3 386	2 058	23 348	34 776
私营合伙企业	1 048	35	4 146	6 473
私营有限责任公司	165 216	49 685	324 025	429 143
私营股份有限公司	1 270	1 048	8 992	11 626
其他企业	4 142	432	9 663	11 233
与港澳台商合资经营企业	149 176	36 480	122 756	168 498
与港澳台商合作经营企业	9 528		8 036	7 519
港澳台商独资经营企业	301 798	122 964	234 599	356 305
港澳台商投资股份有限公司	6 948	2 819	13 005	15 005
中外合资经营企业	32 785	14 087	27 787	36 712
中外合作经营企业	1 832		2 126	3 362
外资企业	187 546	49 189	121 721	199 270
三、按企业规模分列				
大型	217 412	75 596	195 138	280 897
中型	265 650	95 332	321 611	475 678
小型	465 467	135 040	542 241	743 089
微型	2 623	250	4 905	6 191
四、按企业控股情况分列				
国有控股	8 669	2 547	9 780	15 901
集体控股	17 904	5 982	5 693	12 783
私人控股	251 015	79 119	533 622	709 447
港澳台商控股	455 764	160 572	363 834	528 477
外商控股	200 481	53 474	137 171	218 200
其他	17 318	4 524	13 796	21 047

（续）

项　目	累计折旧（万元）	其中：本年折旧（万元）	资产总计（万元）	流动负债合计（万元）
合　计	**562 611**	**103 323**	**4 416 820**	**1 934 014**
一、按企业所在省市分列				
北京市	346	74	10 672	1 615
天津市	548	54	5 033	807
河北省	1 053	463	12 957	4 559
山西省	2 496	84	2 354	3 162
内蒙古自治区	640	53	8 619	7 733
辽宁省	24 792	3 553	159 069	9 685
黑龙江省	1 348	294	10 906	10 260
上海市	38 103	5 999	318 158	183 522
江苏省	55 554	12 108	459 464	263 357
浙江省	232 274	38 922	2 091 436	912 211
安徽省	410	122	6 582	4 890
福建省	3 310	363	22 249	10 220
江西省	194	30	1 773	
山东省	66 646	17 988	257 926	24 346
河南省	320	134	7 278	1 217
湖北省	2 993	211	23 851	16 082
广东省	123 510	20 587	997 384	472 887
四川省	8 075	2 284	21 109	7 461
二、按企业注册类型分列				
国有企业	2 496	84	2 354	3 162
集体企业	1 699	135	12 992	11 120
股份合作企业	2 605	546	9 740	1 303
国有独资公司	1 717	79	11 450	9 377
其他有限责任公司	63 923	12 809	378 547	146 580
股份有限公司	13 809	2 789	214 596	31 866
私营独资企业	11 746	3 300	41 250	20 115
私营合伙企业	2 334	460	21 547	12 085
私营有限责任公司	154 762	36 745	1 021 218	531 218
私营股份有限公司	3 383	1 144	12 785	1 823
其他企业	3 127	765	21 687	7 608
与港澳台商合资经营企业	54 387	9 902	576 843	258 498
与港澳台商合作经营企业	2 602	95	34 439	13 574
港澳台商独资经营企业	143 323	17 239	1 272 331	473 236
港澳台商投资股份有限公司	1 999	1 039	37 067	27 716
中外合资经营企业	10 919	2 477	151 783	76 893
中外合作经营企业	1 236	186	4 163	
外资企业	86 545	13 531	592 030	307 841
三、按企业规模分列				
大型	101 987	12 417	958 965	323 282
中型	176 132	32 672	1 348 832	572 455
小型	282 863	57 765	2 080 674	1 023 569
微型	1 630	469	28 350	14 708
四、按企业控股情况分列				
国有控股	6 122	321	44 472	37 853
集体控股	7 090	849	55 665	23 753
私人控股	254 662	59 353	1 731 485	758 686
港澳台商控股	195 523	26 925	1 865 614	744 819
外商控股	91 346	14 722	666 109	339 328
其他	7 869	1 154	53 475	29 575

（续）

项　目	其中:应付账款（万元）	负债合计（万元）	所有者权益合计（万元）	其中:实收资本（万元）
合　计	**655 907**	**2 076 363**	**2 292 491**	**869 413**
一、按企业所在省市分列				
北京市	785	2 186	8 486	4 200
天津市	27	807	4 226	170
河北省	373	4 559	8 397	1 876
山西省	－789	3 162	－808	3 324
内蒙古自治区		7 733	886	1 724
辽宁省	1 045	23 329	135 740	41 721
黑龙江省	372	10 260	646	
上海市	106 140	197 483	120 676	62 429
江苏省	88 266	289 248	170 216	106 578
浙江省	273 211	933 003	1 158 433	373 578
安徽省	484	4 890	1 692	1 700
福建省	5 513	10 683	10 453	6 285
江西省		428	1 340	800
山东省	8 312	44 552	175 529	99 598
河南省	364	1 944	5 334	1 121
湖北省	4 696	16 226	7 625	4 039
广东省	165 322	518 410	469 971	158 360
四川省	1 785	7 461	13 648	1 910
二、按企业注册类型分列				
国有企业	－789	3 162	－808	3 324
集体企业	3 085	11 501	1 491	1 080
股份合作企业	705	2 503	7 237	3 073
国有独资公司	1 390	9 377	2 073	2 000
其他有限责任公司	36 804	165 195	175 516	93 319
股份有限公司	6 563	38 511	174 439	24 646
私营独资企业	4 040	20 946	20 298	4 451
私营合伙企业	2 876	12 137	9 410	7 442
私营有限责任公司	132 118	574 819	446 380	171 078
私营股份有限公司	997	4 659	8 126	1 799
其他企业	1 527	10 330	11 357	8 050
与港澳台商合资经营企业	75 981	271 803	305 039	73 598
与港澳台商合作经营企业	3 491	17 820	16 619	11 759
港澳台商独资经营企业	188 398	498 262	765 687	276 937
港澳台商投资股份有限公司	3 610	30 206	6 861	7 760
中外合资经营企业	30 948	76 893	74 890	32 824
中外合作经营企业		2 018	2 145	1 800
外资企业	164 163	326 222	265 729	144 473
三、按企业规模分列				
大型	91 289	337 367	621 598	153 948
中型	246 673	607 028	732 889	245 758
小型	315 251	1 117 131	924 491	457 737
微型	2 693	14 837	13 513	11 969
四、按企业控股情况分列				
国有控股	2 677	37 853	6 619	6 324
集体控股	6 505	24 268	31 397	12 508
私人控股	190 821	838 946	853 233	306 803
港澳台商控股	265 189	785 886	1 071 346	365 884
外商控股	182 726	357 709	308 400	169 463
其他	7 989	31 701	21 496	8 430

（续）

项　　目	其中					
	1. 国家资本（万元）	2. 集体资本（万元）	3. 法人资本（万元）	4. 个人资本（万元）	5. 港澳台资本（万元）	6. 外商资本（万元）
合　计	**4 961**	**1 542**	**110 773**	**263 531**	**317 013**	**171 308**
一、按企业所在省市分列						
北京市				4 200		
天津市				170		
河北省				1 876		
山西省			3 324			
内蒙古自治区			1 724			
辽宁省			8 745	32 976		
黑龙江省						
上海市		387	703	3 352	4 173	53 814
江苏省		200	25 255	33 496	22 477	25 150
浙江省	1 234	165	45 504	62 208	214 054	50 414
安徽省				1 700		
福建省				1 788	2 881	1 616
江西省			800			
山东省			3 127	96 322	149	
河南省			500	621		
湖北省	2 000	95	1 241	416		287
广东省	1 727	694	19 570	23 496	73 280	39 306
四川省			280	910		720
二、按企业注册类型分列						
国有企业			3 324			
集体企业				1 080		
股份合作企业			10	3 063		
国有独资公司	2 000					
其他有限责任公司	2 727	789	7 274	80 890	1 640	
股份有限公司			8 130	16 516		
私营独资企业			1 300	3 151		
私营合伙企业				7 442		
私营有限责任公司		165	35 220	134 457		1 236
私营股份有限公司			1 050	749		
其他企业				8 050		
与港澳台商合资经营企业	234	55	24 719	1 494	43 601	3 496
与港澳台商合作经营企业		332	8 445		2 982	
港澳台商独资经营企业			1 290		255 177	20 471
港澳台商投资股份有限公司			898		6 862	
中外合资经营企业		200	17 877	942	549	13 257
中外合作经营企业				1 800		
外资企业			1 237	3 898	6 203	132 849
三、按企业规模分列						
大型					153 048	900
中型		165	46 244	67 950	58 084	73 316
小型	4 961	1 377	64 529	195 471	105 880	85 233
微型				110		11 859
四、按企业控股情况分列						
国有控股	3 000		3 324			
集体控股			7 943	4 565		
私人控股		460	49 606	250 864	2 631	3 242
港澳台商控股	234	387	32 796	871	307 630	23 967
外商控股			14 364	4 248	6 752	144 099
其他	1 727	694	2 739	2 984		

（续）

项　　目	主营业务收入（万元）	主营业务成本（万元）	主营业务税金及附加（万元）	其他业务利润（万元）
合　计	**4 410 366**	**3 497 880**	**15 191**	**20 848**
一、按企业所在省市分列				
北京市	6 625	3 817	31	77
天津市	4 294	3 037	52	
河北省	44 907	38 214	78	
山西省	14 009	13 774	1	
内蒙古自治区	2 403	2 118	14	
辽宁省	118 388	84 766	918	161
黑龙江省	8 811	7 799	31	
上海市	469 586	381 508	369	2 369
江苏省	501 469	413 413	2 094	1 847
浙江省	1 673 209	1 251 903	6 676	12 744
安徽省	8 725	7 852	4	19
福建省	67 570	47 672	49	
江西省	10 677	8 328	64	
山东省	358 778	304 459	954	11
河南省	27 572	22 844	533	
湖北省	21 068	15 247	97	59
广东省	1 014 762	838 859	2 946	3 561
四川省	57 513	52 269	280	
二、按企业注册类型分列				
国有企业	14 009	13 774	1	
集体企业	3 600	2 755	8	
股份合作企业	21 685	17 166	152	
国有独资公司	3 206	3 011	23	59
其他有限责任公司	417 313	350 377	1 441	377
股份有限公司	110 010	76 065	569	337
私营独资企业	122 383	107 611	958	181
私营合伙企业	19 187	16 006	84	87
私营有限责任公司	1 163 176	976 567	4 297	5 159
私营股份有限公司	33 619	31 116	212	
其他企业	26 488	22 634	81	
与港澳台商合资经营企业	409 360	306 987	1 620	1 627
与港澳台商合作经营企业	23 068	18 808	92	16
港澳台商独资经营企业	1 053 980	783 004	3 476	8 244
港澳台商投资股份有限公司	11 835	9 618	40	286
中外合资经营企业	201 741	159 849	469	487
中外合作经营企业	5 863	4 808	59	
外资企业	769 844	597 724	1 609	3 988
三、按企业规模分列				
大型	731 373	490 401	3 140	4 586
中型	1 236 522	984 419	3 306	7 487
小型	2 429 399	2 011 457	8 698	8 594
微型	13 072	11 603	47	181
四、按企业控股情况分列				
国有控股	19 515	18 641	25	171
集体控股	53 207	40 817	255	70
私人控股	1 908 329	1 590 066	8 098	6 064
港澳台商控股	1 426 666	1 063 090	4 845	10 101
外商控股	902 621	702 206	1 838	4 369
其他	100 028	83 060	130	74

（续）

项　　目	营业费用（万元）	管理费用（万元）	其中:税金（万元）	财务费用（万元）
合　计	**231 385**	**275 528**	**11 135**	**37 033**
一、按企业所在省市分列				
北京市	129	1 604	7	－8
天津市		702	20	－1
河北省	1 186	1 643	19	84
山西省	124	339		7
内蒙古自治区	36	303		0
辽宁省	9 264	9 712	945	48
黑龙江省	39	78	14	
上海市	26 852	32 271	575	1 822
江苏省	19 438	36 922	803	4 751
浙江省	116 353	114 217	2 824	16 938
安徽省	276	305	34	127
福建省	1 487	3 004	338	2 298
江西省	406	876		177
山东省	11 822	11 956	1 092	4 869
河南省	533	590	24	301
湖北省	571	1 783	115	150
广东省	42 551	53 187	1 972	5 322
四川省	317	6 035	2 354	150
二、按企业注册类型分列				
国有企业	124	339		7
集体企业	240	794	14	260
股份合作企业	647	1 448	19	19
国有独资公司	159	803	88	134
其他有限责任公司	18 639	23 461	1 393	5 303
股份有限公司	3 817	7 786	223	980
私营独资企业	1 752	8 780	2 652	1 085
私营合伙企业	983	1 365	95	176
私营有限责任公司	37 745	71 864	2 320	13 151
私营股份有限公司	274	495	35	46
其他企业	1 086	736	76	361
与港澳台商合资经营企业	30 411	25 003	1 304	4 253
与港澳台商合作经营企业	682	2 334	87	116
港澳台商独资经营企业	77 119	60 140	1 138	4 662
港澳台商投资股份有限公司	657	1 678	95	1 217
中外合资经营企业	5 091	11 078	213	1 332
中外合作经营企业	193	281		1
外资企业	51 769	57 143	1 384	3 931
三、按企业规模分列				
大型	82 680	45 179	43	3 633
中型	56 602	78 687	3 141	8 887
小型	91 604	150 359	7 780	24 300
微型	499	1 303	171	213
四、按企业控股情况分列				
国有控股	461	1 719	182	690
集体控股	2 347	4 650	72	536
私人控股	63 754	117 922	6 622	22 421
港澳台商控股	105 219	84 183	1 866	8 892
外商控股	55 702	62 390	1 544	3 873
其他	3 901	4 663	848	621

（续）

项　目	其中:利息支出（万元）	营业利润（万元）	投资收益（万元）	补贴收入（万元）
合　计	**35 924**	**409 022**	**4 249**	**14 197**
一、按企业所在省市分列				
北京市		1 152	24	
天津市	3	504		
河北省	94	3 703		
山西省	5	27		
内蒙古自治区		－69		
辽宁省	21	13 851		
黑龙江省		863		
上海市	1 964	30 875	1	1 216
江苏省	3 908	26 667	－35	70
浙江省	15 542	192 105	8 609	10 993
安徽省	125	237		55
福建省	3 852	6 584	－5 300	
江西省	43	858		
山东省	4 625	24 203		158
河南省	277	2 454		
湖北省	141	653	1	
广东省	5 178	100 336	948	1 705
四川省	149	4 019		
二、按企业注册类型分列				
国有企业	5	27		
集体企业	260	－207	250	
股份合作企业	4	1 363		30
国有独资公司	135	－876	1	
其他有限责任公司	4 735	22 448	86	765
股份有限公司	827	21 097		362
私营独资企业	949	8 909		19
私营合伙企业	225	840	168	
私营有限责任公司	12 427	69 127	427	2 417
私营股份有限公司	13	1 488		
其他企业	245	1 592		63
与港澳台商合资经营企业	2 698	46 463	6 200	2 695
与港澳台商合作经营企业		1 091		1
港澳台商独资经营企业	6 536	143 676	－2 871	6 975
港澳台商投资股份有限公司	1 326	－1 089		
中外合资经营企业	1 619	32 964	－85	70
中外合作经营企业		522		
外资企业	3 919	59 589	74	800
三、按企业规模分列				
大型	1 695	122 096	7 708	8 469
中型	11 372	116 503	1 242	1 912
小型	22 675	170 834	－4 701	3 778
微型	181	－412		38
四、按企业控股情况分列				
国有控股	696	－1 600	1	
集体控股	610	4 921	250	490
私人控股	20 395	124 630	593	3 082
港澳台商控股	9 446	184 255	3 330	9 607
外商控股	4 140	88 144	74	800
其他	638	8 671	1	218

（续）

项　　目	营业外收入（万元）	利润总额（万元）	应交所得税（万元）
合　计	**14 646**	**422 343**	**67 321**
一、按企业所在省市分列			
北京市	57	1 208	181
天津市	78	581	145
河北省		3 701	97
山西省	2	26	
内蒙古自治区		−69	
辽宁省	2 283	16 133	2 045
黑龙江省		861	
上海市	492	31 749	6 519
江苏省	3 073	28 708	3 840
浙江省	4 366	195 061	38 019
安徽省	11	281	8
福建省	65	6 579	354
江西省		851	
山东省	92	27 782	3 356
河南省		2 454	332
湖北省	973	1 618	211
广东省	3 143	101 246	12 027
四川省	12	3 574	186
二、按企业注册类型分列			
国有企业	2	26	
集体企业	53	−199	
股份合作企业	21	1 316	211
国有独资公司	891	6	2
其他有限责任公司	1 060	27 100	4 095
股份有限公司	2 779	23 830	3 082
私营独资企业	143	8 113	746
私营合伙企业	97	846	204
私营有限责任公司	2 701	71 913	9 395
私营股份有限公司	13	1 342	347
其他企业	0	1 651	85
与港澳台商合资经营企业	999	47 016	9 707
与港澳台商合作经营企业	397	1 480	319
港澳台商独资经营企业	2 026	143 703	24 626
港澳台商投资股份有限公司	34	−1 079	
中外合资经营企业	494	33 313	2 680
中外合作经营企业	35	557	2
外资企业	2 901	61 407	11 819
三、按企业规模分列			
大型	999	121 949	23 902
中型	6 509	122 437	15 563
小型	7 117	178 342	27 677
微型	21	−386	179
四、按企业控股情况分列			
国有控股	896	−719	2
集体控股	517	5 479	920
私人控股	6 501	133 430	17 583
港澳台商控股	3 394	185 226	33 877
外商控股	3 196	90 218	13 909
其他	141	8 709	1 030

（续）

项　　目	本年应付职工薪酬（贷方累计发生额）（万元）	本年应交增值税（万元）	本年进项税额（万元）	本年销项税额（万元）
合　计	**284 964**	**95 899**	**512 096**	**548 210**
一、按企业所在省市分列				
北京市	1 064	389	736	1 126
天津市	701	406	304	705
河北省	1 272	1 364	343	365
山西省	530	18		
内蒙古自治区	930	64	345	409
辽宁省	5 391	4 724	10 204	14 565
黑龙江省	112	276	1 222	1 498
上海市	34 371	4 124	45 048	35 560
江苏省	39 775	10 075	62 502	66 402
浙江省	116 136	32 635	225 760	234 185
安徽省	189	29	296	247
福建省	5 274	883	1 821	2 295
江西省	477	440		
山东省	8 381	13 321	28 522	38 036
河南省	1 628	637	1 125	1 623
湖北省	2 364	746	2 160	2 735
广东省	64 452	23 273	124 483	138 838
四川省	1 919	2 495	7 225	9 621
二、按企业注册类型分列				
国有企业	530	18		
集体企业	600	103	508	567
股份合作企业	1 954	157	3 946	4 017
国有独资公司	1 279	188	429	578
其他有限责任公司	19 375	14 309	41 526	52 619
股份有限公司	6 711	3 447	9 683	11 225
私营独资企业	4 565	4 463	11 314	15 213
私营合伙企业	1 568	586	2 425	1 651
私营有限责任公司	77 011	30 335	138 919	155 939
私营股份有限公司	1 113	1 312	3 094	4 524
其他企业	3 263	548	2 183	2 730
与港澳台商合资经营企业	25 398	8 730	41 348	42 158
与港澳台商合作经营企业	1 305	950	3 234	2 999
港澳台商独资经营企业	63 079	14 663	150 365	156 509
港澳台商投资股份有限公司	1 190	330	3 099	3 193
中外合资经营企业	10 592	5 190	18 091	20 575
中外合作经营企业	430	293	633	926
外资企业	65 001	10 277	81 301	72 788
三、按企业规模分列				
大型	43 065	10 181	100 499	104 805
中型	89 469	21 056	141 451	136 434
小型	151 840	64 481	266 874	302 821
微型	590	181	3 273	4 150
四、按企业控股情况分列				
国有控股	2 063	212	818	973
集体控股	4 096	366	5 966	5 894
私人控股	116 759	55 951	213 543	248 131
港澳台商控股	87 613	23 178	189 502	195 388
外商控股	70 654	13 597	91 238	84 654
其他	3 779	2 594	11 030	13 169

（续）

项　　目	产值利税率（%）	主营业务收入利润率（%）	工业资金利税率（%）	流动资产周转率（次）	资产负债率（%）
合　计	**11.75**	**9.58**	**13.56**	**1.54**	**47.01**
一、按企业所在省市分列					
北京市	24.58	18.23	37.78	1.91	20.48
天津市	24.19	13.52	21.91	1.75	16.03
河北省	11.10	8.24	46.87	6.29	35.19
山西省	2.86	0.19	1.96	7.77	134.31
内蒙古自治区	0.37	-2.85	0.11	0.36	89.72
辽宁省	18.08	13.63	15.03	1.19	14.67
黑龙江省	15.15	9.77	10.72	0.97	94.08
上海市	7.94	6.76	11.75	1.88	62.07
江苏省	7.95	5.72	9.88	1.58	62.95
浙江省	13.43	11.66	12.96	1.21	44.61
安徽省	2.82	3.22	4.85	3.75	74.29
福建省	10.99	9.74	33.89	4.71	48.02
江西省	12.57	7.97	76.42	8.93	24.13
山东省	12.83	7.74	18.32	4.83	17.27
河南省	13.00	8.90	51.97	7.41	26.71
湖北省	8.00	7.68	11.24	2.26	68.03
广东省	11.58	9.98	14.08	1.49	51.98
四川省	11.00	6.21	30.78	9.44	35.35
二、按企业注册类型分列					
国有企业	2.86	0.19	1.96	7.77	134.31
集体企业	-2.46	-5.54	-0.76	0.41	88.53
股份合作企业	6.60	6.07	27.18	4.99	25.70
国有独资公司	8.03	0.20	2.13	1.06	81.89
其他有限责任公司	11.00	6.49	13.16	2.10	43.64
股份有限公司	25.01	21.66	14.86	0.68	17.95
私营独资企业	10.87	6.63	35.42	8.23	50.78
私营合伙企业	7.81	4.41	9.51	1.63	56.33
私营有限责任公司	8.66	6.18	12.21	2.12	56.29
私营股份有限公司	8.12	3.99	23.02	9.72	36.44
其他企业	6.51	6.23	10.80	2.32	47.63
与港澳台商合资经营企业	12.77	11.49	12.57	1.23	47.12
与港澳台商合作经营企业	10.08	6.42	8.15	1.01	51.74
港澳台商独资经营企业	14.93	13.63	13.43	1.09	39.16
港澳台商投资股份有限公司	-5.98	-9.11	-2.07	0.56	81.49
中外合资经营企业	17.70	16.51	27.90	1.80	50.66
中外合作经营企业	15.50	9.50	21.83	2.88	48.47
外资企业	9.55	7.98	13.11	1.76	55.10
三、按企业规模分列					
大型	17.73	16.67	16.30	1.15	35.18
中型	11.33	9.90	12.29	1.42	45.00
小型	10.19	7.34	13.36	1.81	53.69
微型	-1.20	-2.95	-0.61	0.62	52.34
四、按企业控股情况分列					
国有控股	-7.29	-3.69	-1.29	0.71	85.12
集体控股	11.10	10.30	14.23	1.43	43.60
私人控股	10.04	6.99	13.12	1.96	48.45
港澳台商控股	14.24	12.98	12.75	1.09	42.12
外商控股	11.62	10.00	16.92	1.85	53.70
其他	10.85	8.71	22.79	2.75	59.28

注：1. 产值利税率（%）= 利税总额/工业总产值 ×100。

2. 主营业务收入利润率（%）= 利润总额/主营业务收入 ×100。

3. * 工业资金利税率（%）= 利税总额/（流动资产年平均余额 + 固定资产净值年平均余额）×100。

4. * 流动资产周转率（次）= 主营业务收入/流动资产年平均余额 ×12/累计月数。

5. 资产负债率（%）= 负债合计/资产总计 ×100。

6. 由于数位取舍合计数与分项之和稍有出入。

* 因资料中缺少流动资产年平均余额和固定资产净值年平均余额，故上述公式中凡涉及该指标时分别用流动资产合计和固定资产合计代替。

1991—2011 年塑料机械行业主要经济指标汇总

年份	企业数（家）	工业总产值（当年价）（亿元）	工业销售产值（亿元）	出口交货值（亿元）	工业增加值（亿元）	主营业务收入（亿元）	利润总额（亿元）	利税总额（亿元）	资产合计（亿元）	负债合计（亿元）	从业人员年平均人数（万人）	全员劳动生产率（元/人）
1991	258	15.37			4.39	15.10	0.91	1.65			5.39	8 145
1992	252	23.41	22.27		7.07	30.94	0.09	1.22			5.79	12 211
1993	326	35.52	27.35		10.59	31.36	2.48	3.83	35.63	23.97	5.81	18 227
1994	316	38.20	33.97		10.85	27.17	1.56	3.01	42.76	27.28	4.71	23 036
1995	349	35.64			10.58	32.63	1.17	2.81	49.66	32.50	5.46	19 377
1996	379	47.29	43.86		11.60	39.92	1.82	3.57	55.31	34.86	6.04	19 205
1997	344	55.27	50.91		16.02	44.78	2.36	4.93	62.73	38.62	6.26	25 591
1998	166	53.69	48.81		13.79	47.23	2.63	4.74	69.51	45.47	3.87	35 633
1999	158	58.75	56.39		15.66	53.54	3.99	6.47	72.69	45.45	3.49	43 152
2000	170	73.25	69.24	5.30	19.29	66.44	5.74	8.78	94.02	57.53	3.99	48 346
2001	185	81.60	77.68	6.80	21.39	74.71	5.89	9.24	106.69	65.71	4.15	51 542
2002	215	116.40	111.27	10.00	30.66	105.79	10.43	14.70	130.69	79.77	4.14	74 058
2003	253	130.70	125.49	11.70	34.19	124.79	10.03	14.69	139.65	87.71	4.21	81 211
2004	410	184.98	187.02	28.04	45.71	180.84	16.40	22.35	197.55	111.78	5.46	83 718
2005	379	193.07	181.88	30.15	50.01	183.25	14.60	21.16	192.62	115.34	4.79	104 405
2006	413	221.33	216.08	42.82	57.68	215.66	18.18	25.58	212.12	128.15	5.05	114 218
2007	454	267.73	260.61	53.04	74.25	256.51	22.34	31.14	255.77	147.23	5.39	137 811
2008	546	267.36	251.89	59.45		247.78	16.25	23.74	286.78	165.49	6.07	
2009	544	268.07	260.28	37.70		259.70	18.20	27.15	315.39	170.79	5.60	
2010	565	431.70	413.34	65.40		415.81	39.50	51.99	390.75	202.98	6.49	
2011	347	454.12	434.42	66.99		441.04	42.23		441.68	207.64	6.11	

注：1. 1998 年以前全国机械工业企业单位的统计口径分为两种，即产值产量部分为全国乡及乡以上工业企业，财务指标部分为全部独立核算工业企业资料；1998 年年报国家统计局将上述两种口径统一调整为全部国有和年产品销售收入 500 万元以上的非国有工业企业；2007 年调整为辖区内全部主营业务收入 500 万元及以上的工业法人企业。

2. 工业增加值指标在 1993 年以前为工业净产值。

3. 数据来源于中国机械工业联合会。

2012年我国塑料机械出口情况

出口目的地	数量单位	出口量	出口额（万美元）
整机合计	**台**	**183 700**	**247 631.00**
注塑机(84771010)	**台**	**24 839**	**89 962.77**
阿富汗	台	2	8.34
巴林	台	3	13.60
孟加拉国	台	333	1 128.16
缅甸	台	94	264.24
柬埔寨	台	15	77.58
塞浦路斯	台	2	1.17
朝鲜	台	34	80.49
中国香港	台	845	2 366.58
印度	台	457	2 228.52
印度尼西亚	台	1 613	6 435.53
伊朗	台	731	2 304.74
伊拉克	台	427	117.36
以色列	台	103	453.32
日本	台	572	2 453.00
约旦	台	120	256.34
科威特	台	6	14.93
老挝	台	1	0.14
黎巴嫩	台	28	106.69
马来西亚	台	974	3 142.42
蒙古	台	4	172.28
尼泊尔	台	5	10.67
阿曼	台	8	39.66
巴基斯坦	台	253	959.89
巴勒斯坦	台	1	16.00
菲律宾	台	380	1 539.45
沙特阿拉伯	台	195	892.60
新加坡	台	184	688.36
韩国	台	883	3 092.73

（续）

出口目的地	数量单位	出口量	出口额（万美元）
斯里兰卡	台	302	253.35
叙利亚	台	76	275.60
泰国	台	1 666	10 086.93
土耳其	台	1 147	6 107.49
阿拉伯联合酋长国	台	146	227.80
也门	台	26	240.94
越南	台	1 329	3 935.06
中国台湾	台	486	1 142.50
哈萨克斯坦	台	97	410.13
吉尔吉斯斯坦	台	8	26.37
塔吉克斯坦	台	11	57.07
土库曼斯坦	台	7	18.42
乌兹别克斯坦	台	200	992.85
阿尔及利亚	台	198	851.74
安哥拉	台	7	120.79
贝宁	台	3	56.37
喀麦隆	台	13	73.17
刚果	台	3	17.65
吉布提	台	1 622	48.14
埃及	台	662	1 744.93
埃塞俄比亚	台	61	151.48
加蓬	台	9	45.31
加纳	台	76	245.63
几内亚	台	10	56.68
科特迪瓦	台	25	62.27
肯尼亚	台	67	376.18
利比亚	台	18	86.41
马达加斯加	台	1	2.32
马拉维	台	8	31.48
毛里塔尼亚	台	1	3.60
摩洛哥	台	41	105.11
莫桑比克	台	10	41.41
纳米比亚	台	1	2.96
尼日利亚	台	220	762.12
卢旺达	台	1	1.88

（续）

出口目的地	数量单位	出口量	出口额（万美元）
塞内加尔	台	2	7.23
塞拉利昂	台	1	3.16
南非	台	231	1 516.05
苏丹	台	42	166.10
坦桑尼亚	台	78	349.02
多哥	台	15	35.51
突尼斯	台	71	368.83
乌干达	台	17	82.63
刚果(金)	台	15	110.84
赞比亚	台	7	17.09
津巴布韦	台	5	14.88
马约特岛	台	4	7.20
南苏丹	台	4	20.40
比利时	台	4	78.59
丹麦	台	5	24.35
英国	台	35	167.61
德国	台	125	565.09
法国	台	42	177.60
意大利	台	139	795.25
卢森堡	台	12	604.64
荷兰	台	21	93.96
希腊	台	15	13.38
葡萄牙	台	11	47.86
西班牙	台	47	187.57
阿尔巴尼亚	台	20	29.35
保加利亚	台	16	31.26
芬兰	台	21	47.81
匈牙利	台	8	56.00
波兰	台	200	1 386.57
罗马尼亚	台	16	106.63
瑞典	台	9	58.17
瑞士	台	1	1.12
爱沙尼亚	台	5	50.88
拉脱维亚	台	31	66.71
立陶宛	台	46	121.90

（续）

出口目的地	数量单位	出口量	出口额 （万美元）
格鲁吉亚	台	10	28.14
亚美尼亚	台	5	35.45
阿塞拜疆	台	3	17.13
白俄罗斯	台	67	376.41
摩尔多瓦	台	3	5.85
俄罗斯	台	996	3 161.41
乌克兰	台	268	373.08
斯洛文尼亚	台	19	101.81
克罗地亚	台	10	27.70
捷克	台	32	183.74
斯洛伐克	台	17	83.30
前南斯拉夫马其顿	台	1	0.54
塞尔维亚	台	30	77.90
黑山	台	1	5.90
阿根廷	台	364	1 357.97
玻利维亚	台	6	29.32
巴西	台	1 522	6 567.02
智利	台	1 102	344.20
哥伦比亚	台	280	963.25
哥斯达黎加	台	8	34.60
古巴	台	1	10.31
多米尼加共和国	台	1	6.22
厄瓜多尔	台	65	262.84
危地马拉	台	17	57.88
圭亚那	台	3	16.50
海地	台	4	17.78
洪都拉斯	台	24	51.00
墨西哥	台	524	2 997.08
巴拿马	台	9	5.40
巴拉圭	台	12	106.52
秘鲁	台	160	539.58
萨尔瓦多	台	3	13.19
苏里南	台	40	0.05
特立尼达和多巴哥	台	2	6.07
乌拉圭	台	32	92.92

（续）

出口目的地	数量单位	出口量	出口额（万美元）
委内瑞拉	台	292	1 052.86
加拿大	台	32	163.52
美国	台	622	5 261.06
澳大利亚	台	83	451.23
斐济	台	2	18.41
新西兰	台	15	119.49
其他注射机(84771090)	**台**	**1 110**	**2 198.13**
孟加拉国	台	102	81.45
中国香港	台	5	6.52
印度	台	11	16.89
印度尼西亚	台	93	385.83
伊朗	台	18	53.56
以色列	台	10	47.31
日本	台	5	25.93
约旦	台	2	4.90
科威特	台	1	40.19
黎巴嫩	台	1	1.41
马来西亚	台	6	18.44
蒙古	台	1	4.29
巴基斯坦	台	28	57.12
菲律宾	台	19	17.05
沙特阿拉伯	台	3	15.95
新加坡	台	7	16.10
韩国	台	7	33.73
泰国	台	18	90.31
土耳其	台	10	52.64
阿拉伯联合酋长国	台	2	10.88
越南	台	114	136.66
中国台湾	台	7	16.87
哈萨克斯坦	台	238	5.57
土库曼斯坦	台	6	15.00
阿尔及利亚	台	1	1.77
吉布提	台	3	3.74
埃及	台	3	21.12
埃塞俄比亚	台	6	8.68

（续）

出口目的地	数量单位	出口量	出口额（万美元）
肯尼亚	台	9	17.75
利比亚	台	1	3.27
摩洛哥	台	192	24.27
莫桑比克	台	3	3.15
尼日利亚	台	27	37.43
南非	台	4	23.51
苏丹	台	1	6.85
坦桑尼亚	台	6	48.57
津巴布韦	台	1	5.00
英国	台	1	0.52
德国	台	3	4.96
法国	台	1	2.16
意大利	台	3	19.05
葡萄牙	台	11	81.03
奥地利	台	3	3.60
匈牙利	台	1	6.00
罗马尼亚	台	2	12.03
立陶宛	台	1	7.70
阿塞拜疆	台	1	0.76
白俄罗斯	台	1	5.81
俄罗斯	台	13	108.88
乌克兰	台	5	25.25
阿根廷	台	17	68.00
玻利维亚	台	2	2.57
巴西	台	13	38.29
哥伦比亚	台	6	16.02
厄瓜多尔	台	20	91.34
墨西哥	台	9	46.38
秘鲁	台	13	39.59
波多黎各	台	7	0.08
委内瑞拉	台	2	239.02
美国	台	4	19.35
塑料造粒机(84772010)	**台**	**3 538**	**6 535.60**
孟加拉国	台	14	19.59
缅甸	台	11	11.85

（续）

出口目的地	数量单位	出口量	出口额（万美元）
柬埔寨	台	8	11.52
朝鲜	台	13	25.92
中国香港	台	24	23.00
印度	台	150	427.46
印度尼西亚	台	487	290.38
伊朗	台	39	233.38
伊拉克	台	5	1.50
以色列	台	9	32.74
日本	台	42	263.36
约旦	台	13	35.76
老挝	台	2	7.28
黎巴嫩	台	4	13.18
中国澳门	台	1	0.10
马来西亚	台	99	245.93
蒙古	台	2	5.51
尼泊尔	台	1	0.95
阿曼	台	3	5.76
巴基斯坦	台	26	40.94
巴勒斯坦	台	1	4.31
菲律宾	台	33	28.86
卡塔尔	台	1	47.28
沙特阿拉伯	台	72	186.78
新加坡	台	11	22.32
韩国	台	28	61.84
斯里兰卡	台	14	7.67
泰国	台	113	328.04
土耳其	台	59	284.79
阿拉伯联合酋长国	台	40	91.48
也门	台	18	21.36
越南	台	255	390.06
中国台湾	台	30	86.78
哈萨克斯坦	台	55	63.17
吉尔吉斯斯坦	台	4	3.79
乌兹别克斯坦	台	90	105.50
阿尔及利亚	台	149	117.48

（续）

出口目的地	数量单位	出口量	出口额（万美元）
安哥拉	台	4	13.43
喀麦隆	台	1	1.57
吉布提	台	2	1.12
埃及	台	198	124.11
埃塞俄比亚	台	22	24.83
加纳	台	97	31.06
几内亚	台	1	0.69
科特迪瓦	台	1	0.62
肯尼亚	台	7	3.94
利比亚	台	7	10.35
马达加斯加	台	2	0.58
马拉维	台	1	5.56
毛里求斯	台	1	0.18
摩洛哥	台	7	52.20
莫桑比克	台	7	3.34
尼日利亚	台	54	64.99
塞内加尔	台	2	1.40
南非	台	51	118.94
苏丹	台	34	80.99
坦桑尼亚	台	93	42.60
多哥	台	4	4.03
突尼斯	台	36	21.43
乌干达	台	19	5.02
刚果(金)	台	3	3.90
赞比亚	台	6	5.73
津巴布韦	台	9	3.74
比利时	台	3	1.48
丹麦	台	2	31.46
英国	台	7	23.92
德国	台	22	147.13
法国	台	3	19.08
意大利	台	5	26.26
荷兰	台	3	2.26
希腊	台	57	17.62
葡萄牙	台	1	10.25

（续）

出口目的地	数量单位	出口量	出口额（万美元）
西班牙	台	5	12.75
奥地利	台	7	8.44
保加利亚	台	8	20.13
芬兰	台	6	16.57
匈牙利	台	2	10.46
冰岛	台	1	0.23
波兰	台	30	65.88
罗马尼亚	台	16	19.59
瑞典	台	1	0.36
爱沙尼亚	台	1	0.10
拉脱维亚	台	8	99.44
立陶宛	台	9	25.56
格鲁吉亚	台	3	14.16
白俄罗斯	台	2	10.01
摩尔多瓦	台	3	1.15
俄罗斯	台	216	567.30
乌克兰	台	41	44.00
斯洛文尼亚	台	2	4.06
克罗地亚	台	4	28.87
捷克	台	2	1.60
黑山	台	3	38.10
安提瓜和巴布达	台	1	0.70
阿根廷	台	25	150.44
玻利维亚	台	3	3.96
巴西	台	97	214.30
智利	台	39	48.67
哥伦比亚	台	18	38.23
多米尼加共和国	台	2	0.28
厄瓜多尔	台	21	76.01
危地马拉	台	1	0.92
洪都拉斯	台	15	25.53
牙买加	台	2	1.67
墨西哥	台	133	196.92
巴拿马	台	3	25.58
巴拉圭	台	2	4.29

（续）

出口目的地	数量单位	出口量	出口额 （万美元）
秘鲁	台	18	60.93
萨尔瓦多	台	1	2.75
苏里南	台	1	0.50
乌拉圭	台	9	5.23
委内瑞拉	台	35	86.73
加拿大	台	2	12.31
美国	台	30	91.28
澳大利亚	台	7	37.24
斐济	台	2	0.82
新西兰	台	2	7.96
所罗门群岛	台	1	0.14
其他挤出机（84772090）	**台**	**8 542**	**27 380.69**
巴林	台	2	7.19
孟加拉国	台	97	513.77
文莱	台	2	0.46
缅甸	台	37	325.48
柬埔寨	台	7	27.24
塞浦路斯	台	2	0.37
朝鲜	台	10	53.37
中国香港	台	119	335.68
印度	台	463	1 452.10
印度尼西亚	台	364	1 967.78
伊朗	台	411	1 489.06
伊拉克	台	9	30.20
以色列	台	14	119.51
日本	台	98	342.59
约旦	台	26	125.45
科威特	台	3	3.45
老挝	台	2	7.83
黎巴嫩	台	19	101.31
马来西亚	台	352	536.99
蒙古	台	4	9.96
尼泊尔	台	1	6.98
阿曼	台	2	8.22
巴基斯坦	台	225	433.29

（续）

出口目的地	数量单位	出口量	出口额（万美元）
菲律宾	台	53	209.72
卡塔尔	台	10	31.11
沙特阿拉伯	台	117	736.16
新加坡	台	59	169.21
韩国	台	126	350.02
斯里兰卡	台	34	86.55
叙利亚	台	8	30.37
泰国	台	320	1 677.33
土耳其	台	121	1 015.53
阿拉伯联合酋长国	台	38	268.25
也门	台	11	22.42
越南	台	329	1 252.23
中国台湾	台	144	511.50
哈萨克斯坦	台	270	1 043.00
吉尔吉斯斯坦	台	12	22.37
塔吉克斯坦	台	9	54.57
土库曼斯坦	台	1	4.90
乌兹别克斯坦	台	181	317.79
阿尔及利亚	台	85	379.68
安哥拉	台	14	59.89
贝宁	台	1	6.56
博茨瓦纳	台	2	7.23
布隆迪	台	3	1.80
吉布提	台	11	68.70
埃及	台	129	410.35
赤道几内亚	台	3	40.95
埃塞俄比亚	台	23	134.28
冈比亚	台	1	4.41
加纳	台	44	69.48
几内亚	台	2	11.00
科特迪瓦	台	28	13.19
肯尼亚	台	8	90.02
利比亚	台	43	81.37
马达加斯加	台	6	16.05
马拉维	台	6	2.57

（续）

出口目的地	数量单位	出口量	出口额（万美元）
毛里塔尼亚	台	1	1.20
毛里求斯	台	1	0.37
摩洛哥	台	26	90.52
莫桑比克	台	6	36.95
尼日利亚	台	88	219.55
卢旺达	台	1	1.90
塞内加尔	台	18	30.44
塞拉利昂	台	2	4.28
南非	台	128	213.28
苏丹	台	29	88.22
坦桑尼亚	台	32	269.21
多哥	台	9	67.41
突尼斯	台	9	57.86
乌干达	台	5	16.12
布基纳法索	台	1	1.00
赞比亚	台	7	24.49
比利时	台	2	9.54
丹麦	台	2	4.32
英国	台	48	86.92
德国	台	219	627.71
法国	台	2	34.40
爱尔兰	台	1	4.47
意大利	台	19	34.64
荷兰	台	13	80.59
希腊	台	7	44.42
葡萄牙	台	31	58.05
西班牙	台	15	162.11
阿尔巴尼亚	台	6	38.61
奥地利	台	17	12.09
保加利亚	台	8	22.96
芬兰	台	35	127.58
匈牙利	台	6	22.06
波兰	台	37	153.98
罗马尼亚	台	10	50.00
瑞典	台	44	84.66

（续）

出口目的地	数量单位	出口量	出口额（万美元）
瑞士	台	6	23.13
爱沙尼亚	台	4	7.98
拉脱维亚	台	5	13.53
立陶宛	台	10	41.61
格鲁吉亚	台	11	109.35
亚美尼亚	台	3	9.86
阿塞拜疆	台	11	31.87
白俄罗斯	台	18	34.18
摩尔多瓦	台	8	33.19
俄罗斯	台	1 983	2 621.74
乌克兰	台	145	217.37
斯洛文尼亚	台	1	2.69
克罗地亚	台	20	81.41
捷克	台	4	35.49
前南斯拉夫马其顿	台	1	0.60
塞尔维亚	台	4	52.37
黑山	台	23	6.93
阿根廷	台	63	269.88
玻利维亚	台	4	20.36
巴西	台	251	952.78
智利	台	51	272.94
哥伦比亚	台	19	121.22
多米尼加共和国	台	4	4.84
厄瓜多尔	台	50	136.03
危地马拉	台	8	12.27
圭亚那	台	7	22.91
洪都拉斯	台	13	15.86
墨西哥	台	58	420.83
尼加拉瓜	台	3	5.68
巴拿马	台	2	20.31
巴拉圭	台	9	45.80
秘鲁	台	18	161.86
萨尔瓦多	台	1	1.00
苏里南	台	18	39.02
特立尼达和多巴哥	台	1	0.10

（续）

出口目的地	数量单位	出口量	出口额（万美元）
乌拉圭	台	4	7.08
委内瑞拉	台	58	250.05
加拿大	台	40	248.86
美国	台	124	726.87
澳大利亚	台	62	345.69
斐济	台	2	5.43
新西兰	台	9	69.24
挤出吹塑机(84773010)	**台**	**1 847**	**5 311.44**
阿富汗	台	4	6.20
巴林	台	1	2.33
孟加拉国	台	36	51.35
缅甸	台	66	101.71
柬埔寨	台	2	4.21
朝鲜	台	30	26.95
中国香港	台	68	218.50
印度	台	58	521.88
印度尼西亚	台	95	392.26
伊朗	台	72	153.77
伊拉克	台	7	23.47
以色列	台	9	121.51
日本	台	7	85.81
约旦	台	10	25.19
黎巴嫩	台	5	20.25
中国澳门	台	1	1.27
马来西亚	台	48	290.14
蒙古	台	8	43.57
尼泊尔	台	1	0.19
巴基斯坦	台	13	54.30
巴勒斯坦	台	3	6.48
菲律宾	台	15	25.18
沙特阿拉伯	台	43	112.41
新加坡	台	5	82.02
韩国	台	4	12.21
斯里兰卡	台	12	21.82
叙利亚	台	1	2.70

（续）

出口目的地	数量单位	出口量	出口额（万美元）
泰国	台	54	169.07
土耳其	台	10	35.04
阿拉伯联合酋长国	台	18	46.89
也门	台	6	12.42
越南	台	162	319.93
中国台湾	台	7	17.68
哈萨克斯坦	台	81	59.93
吉尔吉斯斯坦	台	1	6.39
塔吉克斯坦	台	1	2.40
土库曼斯坦	台	1	1.75
乌兹别克斯坦	台	52	124.38
阿尔及利亚	台	150	65.20
安哥拉	台	1	3.37
贝宁	台	2	2.20
博茨瓦纳	台	2	1.56
刚果(布)	台	1	0.30
吉布提	台	2	1.74
埃及	台	58	146.36
埃塞俄比亚	台	25	27.21
加蓬	台	2	2.75
加纳	台	20	16.89
几内亚	台	1	8.08
肯尼亚	台	6	44.35
利比亚	台	4	13.10
马达加斯加	台	2	4.04
毛里求斯	台	1	3.94
摩洛哥	台	8	5.01
莫桑比克	台	2	0.55
尼日利亚	台	42	61.44
塞拉利昂	台	2	2.91
南非	台	20	80.61
苏丹	台	43	69.16
坦桑尼亚	台	6	21.97
多哥	台	16	12.70
突尼斯	台	9	21.13

（续）

出口目的地	数量单位	出口量	出口额（万美元）
乌干达	台	1	5.60
刚果(金)	台	5	27.65
赞比亚	台	4	3.34
津巴布韦	台	4	0.94
英国	台	4	45.79
意大利	台	11	31.63
希腊	台	3	6.70
葡萄牙	台	2	5.48
西班牙	台	4	11.37
保加利亚	台	2	6.37
芬兰	台	1	5.24
匈牙利	台	3	12.53
冰岛	台	1	5.63
波兰	台	3	14.61
爱沙尼亚	台	1	5.47
立陶宛	台	6	18.07
格鲁吉亚	台	7	1.45
亚美尼亚	台	2	2.49
白俄罗斯	台	2	3.57
俄罗斯	台	71	234.70
乌克兰	台	23	122.10
斯洛文尼亚	台	4	13.30
塞尔维亚	台	2	1.84
阿根廷	台	15	53.92
玻利维亚	台	1	6.00
巴西	台	19	110.90
智利	台	30	120.54
哥伦比亚	台	9	65.39
哥斯达黎加	台	1	1.37
多米尼加共和国	台	15	32.56
厄瓜多尔	台	6	20.70
危地马拉	台	4	12.67
海地	台	1	1.36
洪都拉斯	台	2	0.14
墨西哥	台	31	70.78

（续）

出口目的地	数量单位	出口量	出口额（万美元）
巴拿马	台	8	14.35
巴拉圭	台	3	4.56
秘鲁	台	22	44.88
特立尼达和多巴哥	台	1	1.02
乌拉圭	台	9	11.05
委内瑞拉	台	30	105.12
加拿大	台	2	22.42
美国	台	21	148.17
澳大利亚	台	8	56.45
斐济	台	1	1.05
注射吹塑机(84773020)	**台**	**774**	**873.94**
孟加拉国	台	5	7.54
缅甸	台	1	1.20
塞浦路斯	台	1	2.05
朝鲜	台	1	0.40
中国香港	台	2	7.72
印度	台	29	22.93
印度尼西亚	台	18	24.30
伊朗	台	6	6.17
伊拉克	台	3	3.44
以色列	台	4	0.96
日本	台	21	169.70
约旦	台	2	2.17
马来西亚	台	4	11.39
蒙古	台	1	18.50
尼泊尔	台	12	11.88
巴基斯坦	台	5	24.35
菲律宾	台	7	17.21
卡塔尔	台	2	14.76
沙特阿拉伯	台	1	2.32
斯里兰卡	台	1	1.16
泰国	台	8	36.77
土耳其	台	1	8.50
阿拉伯联合酋长国	台	400	3.99
也门	台	11	15.66

（续）

出口目的地	数量单位	出口量	出口额（万美元）
越南	台	12	18.61
中国台湾	台	1	0.10
东帝汶	台	2	10.39
哈萨克斯坦	台	1	0.30
乌兹别克斯坦	台	2	1.66
阿尔及利亚	台	3	4.08
埃及	台	11	37.83
埃塞俄比亚	台	1	3.94
加纳	台	1	0.80
科特迪瓦	台	3	10.92
肯尼亚	台	7	5.83
利比亚	台	1	0.90
马达加斯加	台	1	1.84
毛里塔尼亚	台	5	7.93
摩洛哥	台	1	0.62
尼日利亚	台	16	15.72
塞内加尔	台	1	8.50
南非	台	3	0.75
苏丹	台	2	2.26
坦桑尼亚	台	17	18.20
乌干达	台	1	0.60
赞比亚	台	1	1.52
德国	台	6	7.37
法国	台	1	1.40
意大利	台	3	46.97
葡萄牙	台	1	4.98
西班牙	台	2	9.98
保加利亚	台	1	3.38
匈牙利	台	11	1.17
罗马尼亚	台	1	6.05
立陶宛	台	1	6.37
俄罗斯	台	16	32.73
乌克兰	台	1	3.21
阿根廷	台	2	2.58
巴西	台	21	41.04

（续）

出口目的地	数量单位	出口量	出口额（万美元）
智利	台	3	1.60
哥伦比亚	台	1	0.88
洪都拉斯	台	1	1.30
墨西哥	台	4	11.58
尼加拉瓜	台	1	2.08
巴拿马	台	2	1.73
秘鲁	台	1	14.47
萨尔瓦多	台	1	6.09
委内瑞拉	台	10	7.80
加拿大	台	3	3.88
美国	台	38	84.68
澳大利亚	台	2	1.87
巴布亚新几内亚	台	1	0.41
其他吹塑机(84773090)	**台**	**16 772**	**9 427.93**
巴林	台	2	5.47
孟加拉国	台	124	194.26
文莱	台	1	1.42
缅甸	台	46	107.63
柬埔寨	台	7	357.67
朝鲜	台	17	22.11
中国香港	台	15	15.72
印度	台	188	282.56
印度尼西亚	台	190	457.52
伊朗	台	152	218.77
伊拉克	台	21	59.17
以色列	台	29	104.65
日本	台	30	225.69
约旦	台	41	64.72
科威特	台	2	4.45
黎巴嫩	台	11	24.53
中国澳门	台	1	0.32
马来西亚	台	197	351.88
马尔代夫	台	3	2.53
蒙古	台	18	12.02
尼泊尔	台	3	1.28

（续）

出口目的地	数量单位	出口量	出口额（万美元）
阿曼	台	6	10.07
巴基斯坦	台	85	101.90
菲律宾	台	65	88.62
卡塔尔	台	3	5.44
沙特阿拉伯	台	99	159.95
新加坡	台	15	36.20
韩国	台	16	114.18
斯里兰卡	台	28	45.63
叙利亚	台	14	23.87
泰国	台	232	645.79
土耳其	台	15	63.46
阿拉伯联合酋长国	台	51	128.10
也门	台	7 591	172.55
越南	台	218	478.49
中国台湾	台	22	141.39
哈萨克斯坦	台	69	46.89
吉尔吉斯斯坦	台	9	21.84
乌兹别克斯坦	台	58	67.83
阿尔及利亚	台	181	182.85
安哥拉	台	9	55.05
博茨瓦纳	台	2	1.25
布隆迪	台	1	1.03
喀麦隆	台	15	79.94
吉布提	台	19	28.65
埃及	台	186	94.70
赤道几内亚	台	1	35美元
埃塞俄比亚	台	30	55.76
加蓬	台	1	1.36
加纳	台	191	165.55
几内亚	台	8	18.13
科特迪瓦	台	17	56.65
肯尼亚	台	52	155.47
利比里亚	台	1	0.56
利比亚	台	185	174.52
马达加斯加	台	2	2.21

（续）

出口目的地	数量单位	出口量	出口额（万美元）
马拉维	台	8	10.50
毛里求斯	台	5	2.51
摩洛哥	台	50	49.61
莫桑比克	台	50	67.95
纳米比亚	台	3	2.97
尼日利亚	台	558	425.25
塞内加尔	台	12	24.65
塞舌尔	台	3	7.77
南非	台	81	226.45
苏丹	台	50	86.02
坦桑尼亚	台	773	34.32
多哥	台	20	20.15
突尼斯	台	22	25.79
乌干达	台	25	87.58
布基纳法索	台	1	0.72
刚果(金)	台	6	9.09
赞比亚	台	9	16.57
津巴布韦	台	15	18.53
厄立特里亚	台	5	8.90
比利时	台	1	1.07
英国	台	5	2.54
德国	台	3	2.71
法国	台	11	247.94
意大利	台	1	2.65
荷兰	台	1	2.63
希腊	台	7	28.62
葡萄牙	台	1	0.78
西班牙	台	22	37.17
阿尔巴尼亚	台	8	14.12
保加利亚	台	5	14.31
芬兰	台	75	89.50
马耳他	台	1	0.19
波兰	台	3 518	46.42
罗马尼亚	台	10	8.77
爱沙尼亚	台	2	3.72

（续）

出口目的地	数量单位	出口量	出口额（万美元）
拉脱维亚	台	8	25.25
立陶宛	台	4	10.32
格鲁吉亚	台	12	16.88
亚美尼亚	台	2	4.71
阿塞拜疆	台	3	4.36
摩尔多瓦	台	4	3.09
俄罗斯	台	142	248.45
乌克兰	台	10	37.55
斯洛文尼亚	台	5	11.25
克罗地亚	台	2	2.80
捷克	台	1	2.00
前南斯拉夫马其顿	台	2	4.96
波黑	台	3	11.36
塞尔维亚	台	2	8.46
黑山	台	2	2.72
安提瓜和巴布达	台	1	1.10
阿根廷	台	15	52.43
阿鲁巴岛	台	1	0.68
玻利维亚	台	9	42.86
巴西	台	43	161.90
智利	台	61	93.50
哥伦比亚	台	52	98.36
哥斯达黎加	台	1	3.47
古巴	台	1	1.57
多米尼加共和国	台	8	34.37
厄瓜多尔	台	28	72.74
危地马拉	台	28	23.00
圭亚那	台	3	4.35
海地	台	2	2.90
洪都拉斯	台	10	64.69
牙买加	台	2	1.25
墨西哥	台	52	110.42
尼加拉瓜	台	2	4.29
巴拿马	台	21	11.45
巴拉圭	台	17	21.13

（续）

出口目的地	数量单位	出口量	出口额（万美元）
秘鲁	台	48	67.84
波多黎各	台	3	15.13
萨尔瓦多	台	5	9.21
特立尼达和多巴哥	台	6	6.94
乌拉圭	台	9	34.66
委内瑞拉	台	74	166.77
加拿大	台	15	25.36
美国	台	63	278.69
澳大利亚	台	8	23.37
斐济	台	8	6.82
新西兰	台	7	10.51
巴布亚新几内亚	台	2	6.83
萨摩亚	台	1	1.35
马绍尔群岛	台	1	3.63
帕劳	台	1	1.48
塑料中空成型机（84774010）	**台**	**914**	**4 236.21**
孟加拉国	台	27	146.05
缅甸	台	12	50.98
柬埔寨	台	3	14.87
朝鲜	台	3	3.05
中国香港	台	3	3.58
印度	台	39	178.75
印度尼西亚	台	78	456.03
伊朗	台	19	90.98
伊拉克	台	1	8.31
以色列	台	7	22.88
日本	台	3	15.30
约旦	台	4	17.53
黎巴嫩	台	9	35.87
马来西亚	台	22	52.83
蒙古	台	3	1.20
尼泊尔	台	4	3.15
阿曼	台	3	16.80
巴基斯坦	台	16	90.39
菲律宾	台	5	15.11

（续）

出口目的地	数量单位	出口量	出口额（万美元）
卡塔尔	台	1	1.45
沙特阿拉伯	台	13	67.40
韩国	台	6	24.90
斯里兰卡	台	5	18.95
叙利亚	台	4	26.10
泰国	台	30	97.13
土耳其	台	15	42.41
阿拉伯联合酋长国	台	16	50.80
也门	台	1	3.20
越南	台	37	127.60
中国台湾	台	7	11.92
哈萨克斯坦	台	8	66.45
吉尔吉斯斯坦	台	1	2.57
乌兹别克斯坦	台	23	26.05
阿尔及利亚	台	18	56.08
安哥拉	台	1	3.17
喀麦隆	台	4	8.55
吉布提	台	3	8.89
埃及	台	28	80.60
埃塞俄比亚	台	1	2.14
加纳	台	3	2.42
几内亚	台	1	5.37
科特迪瓦	台	4	67.73
肯尼亚	台	8	7.41
马拉维	台	1	1.17
毛里塔尼亚	台	7	1.42
摩洛哥	台	4	14.95
莫桑比克	台	5	17.90
尼日利亚	台	99	330.16
卢旺达	台	1	1.19
塞内加尔	台	1	0.53
索马里	台	4	3.36
南非	台	16	148.87
苏丹	台	2	5.23
坦桑尼亚	台	12	64.81

（续）

出口目的地	数量单位	出口量	出口额（万美元）
多哥	台	4	17.93
突尼斯	台	11	32.58
乌干达	台	1	5.95
刚果(金)	台	1	2.68
津巴布韦	台	1	2.08
南苏丹	台	3	4.64
英国	台	1	4.19
德国	台	11	198.18
法国	台	10	0.90
意大利	台	4	52.94
希腊	台	1	1.00
葡萄牙	台	1	6.52
阿尔巴尼亚	台	2	3.52
马耳他	台	1	0.69
波兰	台	4	15.09
罗马尼亚	台	2	8.40
爱沙尼亚	台	1	8.69
拉脱维亚	台	3	74.31
格鲁吉亚	台	3	1.70
阿塞拜疆	台	3	1.92
俄罗斯	台	22	164.00
乌克兰	台	4	87.96
斯洛文尼亚	台	1	12.10
克罗地亚	台	5	7.73
塞尔维亚	台	1	0.89
阿根廷	台	10	52.75
巴西	台	26	88.00
智利	台	15	161.43
哥伦比亚	台	2	5.28
哥斯达黎加	台	3	12.53
古巴	台	1	13.81
厄瓜多尔	台	2	1.43
危地马拉	台	5	6.64
墨西哥	台	28	147.78
尼加拉瓜	台	1	3.78

（续）

出口目的地	数量单位	出口量	出口额（万美元）
巴拿马	台	2	10.98
巴拉圭	台	8	32.68
秘鲁	台	4	10.40
特立尼达和多巴哥	台	1	11.04
委内瑞拉	台	14	65.44
加拿大	台	1	0.66
美国	台	32	190.14
澳大利亚	台	5	41.19
新西兰	台	2	41.13
塑料压延成型机(84774020)	**台**	**2 098**	**2 391.30**
巴林	台	1	1.25
孟加拉国	台	9	97.85
文莱	台	2	20.44
柬埔寨	台	46	11.22
朝鲜	台	1	0.77
中国香港	台	17	15.77
印度	台	308	395.53
印度尼西亚	台	42	207.92
伊朗	台	5	32.13
伊拉克	台	7	2.59
以色列	台	3	0.54
日本	台	11	2.02
约旦	台	39	4.83
科威特	台	36	3.52
中国澳门	台	2	0.59
马来西亚	台	40	44.87
蒙古	台	57	9.12
阿曼	台	2	177.34
巴基斯坦	台	5	106.06
菲律宾	台	26	8.06
沙特阿拉伯	台	34	133.28
新加坡	台	6	7.46
韩国	台	37	103.08
斯里兰卡	台	83	2.31
泰国	台	115	27.24

（续）

出口目的地	数量单位	出口量	出口额（万美元）
土耳其	台	14	289.88
阿拉伯联合酋长国	台	5	6.37
也门	台	6	17.24
越南	台	44	139.32
中国台湾	台	13	41.00
哈萨克斯坦	台	12	21.41
吉尔吉斯斯坦	台	1	3.22
塔吉克斯坦	台	15	1.80
乌兹别克斯坦	台	2	1.71
阿尔及利亚	台	6	29.40
吉布提	台	1	10.08
埃及	台	6	13.75
加蓬	台	2	10.22
加纳	台	61	1.99
肯尼亚	台	22	0.19
摩洛哥	台	1	0.27
尼日利亚	台	3	1.76
南非	台	80	4.81
乌干达	台	6	20.47
赞比亚	台	1	7.00
英国	台	271	1.94
德国	台	1	0.32
意大利	台	8	9.33
荷兰	台	67	24.18
希腊	台	6	0.05
西班牙	台	1	0.26
阿尔巴尼亚	台	2	5.71
奥地利	台	1	0.14
保加利亚	台	2	2.19
马耳他	台	2	0.23
波兰	台	20	14.14
罗马尼亚	台	4	0.44
瑞典	台	1	0.12
拉脱维亚	台	54	0.89
格鲁吉亚	台	2	0.20

（续）

出口目的地	数量单位	出口量	出口额（万美元）
亚美尼亚	台	3	0.21
摩尔多瓦	台	8	0.15
俄罗斯	台	56	108.13
乌克兰	台	18	31.75
斯洛文尼亚	台	1	0.30
克罗地亚	台	1	0.31
阿根廷	台	4	27.36
玻利维亚	台	1	3.00
巴西	台	18	32.34
智利	台	9	26.85
哥伦比亚	台	2	3.39
厄瓜多尔	台	2	3.74
危地马拉	台	20	0.24
海地	台	1	0.07
墨西哥	台	6	34.53
巴拉圭	台	40	0.32
秘鲁	台	2	7.30
委内瑞拉	台	2	4.52
加拿大	台	112	0.94
美国	台	44	2.79
澳大利亚	台	5	3.29
新西兰	台	51	1.74
法属波利尼西亚	台	15	0.20
其他真空模塑机及其他热成型机器(84774090)	**台**	**5 072**	**4 725.99**
阿富汗	台	2	7.25
巴林	台	1	3.67
孟加拉国	台	83	97.39
缅甸	台	14	49.42
柬埔寨	台	4	4.81
朝鲜	台	17	7.22
中国香港	台	40	21.59
印度	台	207	485.55
印度尼西亚	台	641	397.66
伊朗	台	36	86.43
伊拉克	台	12	13.70

（续）

出口目的地	数量单位	出口量	出口额（万美元）
以色列	台	38	3.58
日本	台	142	122.78
约旦	台	17	32.72
科威特	台	7	2.24
老挝	台	2	0.96
黎巴嫩	台	10	4.09
中国澳门	台	1	0.16
马来西亚	台	85	94.59
马尔代夫	台	3	2.03
蒙古	台	28	38.25
阿曼	台	4	3.34
巴基斯坦	台	68	74.64
菲律宾	台	86	105.66
卡塔尔	台	2	0.78
沙特阿拉伯	台	23	42.15
新加坡	台	76	26.13
韩国	台	78	174.07
斯里兰卡	台	1	0.82
叙利亚	台	1	0.05
泰国	台	174	344.30
土耳其	台	85	122.32
阿拉伯联合酋长国	台	15	44.84
也门	台	2	2.10
越南	台	118	168.98
中国台湾	台	130	273.47
哈萨克斯坦	台	34	80.74
吉尔吉斯斯坦	台	2	6.92
塔吉克斯坦	台	2	4.75
乌兹别克斯坦	台	18	26.64
阿尔及利亚	台	67	171.40
安哥拉	台	1	1.10
乍得	台	1	2.68
吉布提	台	9	6.95
埃及	台	32	30.43
埃塞俄比亚	台	3	0.89

（续）

出口目的地	数量单位	出口量	出口额（万美元）
加纳	台	9	13.61
肯尼亚	台	4	4.86
利比亚	台	2	4.20
毛里求斯	台	9	3.55
摩洛哥	台	4	8.82
莫桑比克	台	5	5.95
尼日利亚	台	20	32.17
塞内加尔	台	1	0.36
南非	台	36	35.48
苏丹	台	6	1.35
坦桑尼亚	台	2	7.62
多哥	台	2	0.16
突尼斯	台	7	3.09
赞比亚	台	1	8.00
比利时	台	2	4.13
英国	台	270	27.20
德国	台	81	37.88
法国	台	56	5.80
意大利	台	1	3.00
荷兰	台	24	10.06
葡萄牙	台	10	0.03
西班牙	台	4	18.35
阿尔巴尼亚	台	1	2.18
奥地利	台	1	1.39
保加利亚	台	2	0.01
芬兰	台	7	4.47
匈牙利	台	1	136.76
波兰	台	162	21.58
罗马尼亚	台	1	0.86
瑞典	台	70	6.26
立陶宛	台	10	4.91
格鲁吉亚	台	16	2.61
亚美尼亚	台	3	6.06
阿塞拜疆	台	1	0.81
白俄罗斯	台	2	3.12

（续）

出口目的地	数量单位	出口量	出口额（万美元）
俄罗斯	台	351	243.88
乌克兰	台	33	29.77
斯洛文尼亚	台	4	5.90
克罗地亚	台	7	25.91
斯洛伐克	台	3	
前南斯拉夫马其顿	台	3	5.46
塞尔维亚	台	1	4.00
阿根廷	台	78	34.46
玻利维亚	台	6	11.73
巴西	台	257	106.81
智利	台	19	22.95
哥伦比亚	台	15	79.58
哥斯达黎加	台	2	1.56
古巴	台	3	7.68
多米尼加共和国	台	3	6.97
厄瓜多尔	台	2	6.42
危地马拉	台	13	17.76
洪都拉斯	台	2	6.63
牙买加	台	1	0.40
墨西哥	台	268	148.22
尼加拉瓜	台	2	7.71
巴拿马	台	8	2.68
巴拉圭	台	3	6.39
秘鲁	台	18	55.25
苏里南	台	3	5.69
特立尼达和多巴哥	台	1	6.20
乌拉圭	台	2	4.56
委内瑞拉	台	16	21.03
荷属安的列斯	台	1	0.14
加拿大	台	3	10.42
美国	台	316	103.06
澳大利亚	台	212	103.82
新西兰	台	161	14.05
用于充气轮胎模塑或翻新的机器及内胎模塑或用其他方法成型的机器 84775100	**台**	**1 168**	**4 800.02**
孟加拉国	台	8	14.45
缅甸	台	1	8.31

（续）

出口目的地	数量单位	出口量	出口额（万美元）
朝鲜	台	15	5.06
中国香港	台	22	14.27
印度	台	3	8.74
印度尼西亚	台	86	639.95
日本	台	36	145.81
老挝	台	3	13.57
马来西亚	台	17	89.94
蒙古	台	7	0.45
巴基斯坦	台	66	166.08
菲律宾	台	12	145.77
新加坡	台	36	5.47
韩国	台	1	52.14
泰国	台	111	1 706.84
土耳其	台	4	21.97
阿拉伯联合酋长国	台	72	41.68
越南	台	5	18.35
中国台湾	台	5	3.96
哈萨克斯坦	台	9	20.61
吉尔吉斯斯坦	台	1	3.95
吉布提	台	4	2.63
埃及	台	1	7.13
肯尼亚	台	12	4.72
马达加斯加	台	1	8.36
马拉维	台	23	4.51
莫桑比克	台	3	3.40
南非	台	3	8.61
赞比亚	台	19	18.98
英国	台	2	1.28
意大利	台	1	3.27
葡萄牙	台	11	0.61
西班牙	台	1	1.79
立陶宛	台	11	3.08
亚美尼亚	台	2	4.17
俄罗斯	台	27	69.59
乌克兰	台	6	4.82
克罗地亚	台	15	5.90
巴西	台	112	1 394.95

（续）

出口目的地	数量单位	出口量	出口额（万美元）
智利	台	2	12.39
哥斯达黎加	台	3	0.13
厄瓜多尔	台	31	25.18
巴拿马	台	22	3.52
秘鲁	台	2	29.24
委内瑞拉	台	13	35.04
加拿大	台	1	12.58
美国	台	308	4.54
澳大利亚	台	10	0.23
新西兰	台	1	0.72
巴布亚新几内亚	台	1	1.28
其他模塑或成型机器(84775900)	**台**	**4 187**	**8 842.90**
阿富汗	台	13	23.40
孟加拉国	台	37	60.93
文莱	台	9	10.24
缅甸	台	21	713.93
柬埔寨	台	8	2.43
朝鲜	台	18	35.43
中国香港	台	66	59.43
印度	台	248	1 052.90
印度尼西亚	台	293	1 243.79
伊朗	台	87	156.43
伊拉克	台	18	27.53
以色列	台	12	2.56
日本	台	238	204.45
约旦	台	5	4.64
黎巴嫩	台	15	2.53
马来西亚	台	173	105.63
马尔代夫	台	1	0.09
蒙古	台	7	10.00
阿曼	台	2	0.30
巴基斯坦	台	58	94.10
菲律宾	台	25	41.51
卡塔尔	台	6	78.81
沙特阿拉伯	台	44	32.39
新加坡	台	96	59.76
韩国	台	67	123.32

（续）

出口目的地	数量单位	出口量	出口额（万美元）
斯里兰卡	台	12	32.08
叙利亚	台	3	4.90
泰国	台	167	250.41
土耳其	台	48	487.61
阿拉伯联合酋长国	台	16	15.72
也门	台	2	2.22
越南	台	175	738.61
中国台湾	台	46	347.08
哈萨克斯坦	台	27	29.72
吉尔吉斯斯坦	台	4	12.44
塔吉克斯坦	台	1	4.44
乌兹别克斯坦	台	15	19.69
阿尔及利亚	台	37	61.27
安哥拉	台	2	19.89
贝宁	台	1	0.17
喀麦隆	台	2	1.98
吉布提	台	6	13.13
埃及	台	37	99.67
埃塞俄比亚	台	10	11.62
加蓬	台	2	1.15
加纳	台	4	34.92
科特迪瓦共和国	台	6	21.98
肯尼亚	台	8	8.83
利比亚	台	5	21.03
马达加斯加	台	1	1.52
马拉维	台	4	17.92
毛里求斯	台	1	0.64
摩洛哥	台	12	33.54
尼日利亚	台	22	33.21
南非	台	112	74.56
苏丹	台	2	21.06
坦桑尼亚	台	29	40.48
突尼斯	台	9	9.71
乌干达	台	4	0.30
赞比亚	台	2	17.49
津巴布韦	台	1	1.31
厄立特里亚	台	1	1.80

（续）

出口目的地	数量单位	出口量	出口额（万美元）
南苏丹	台	4	0.31
比利时	台	1	35.05
丹麦	台	1	3.88
英国	台	12	16.86
德国	台	18	35.74
法国	台	32	0.29
意大利	台	4	28.90
荷兰	台	2	0.28
希腊	台	2	1.07
葡萄牙	台	11	14.15
西班牙	台	8	34.08
阿尔巴尼亚	台	3	30.97
奥地利	台	2	0.12
芬兰	台	82	27.14
匈牙利	台	4	1.12
马耳他	台	3	5.73
摩纳哥	台	5	10.10
波兰	台	18	80.66
罗马尼亚	台	49	49.45
瑞典	台	1	2.10
爱沙尼亚	台	4	12.50
拉脱维亚	台	5	1.57
立陶宛	台	5	7.43
格鲁吉亚	台	2	1.29
亚美尼亚	台	1	0.46
阿塞拜疆	台	2	0.02
白俄罗斯	台	1	4.64
俄罗斯	台	133	213.15
乌克兰	台	14	183.60
斯洛文尼亚	台	8	11.78
克罗地亚	台	2	13.38
捷克	台	3	9.80
波黑	台	1	1.36
黑山	台	1	3.50
阿根廷	台	30	70.97
巴哈马	台	20	6.20
玻利维亚	台	1	0.32

（续）

出口目的地	数量单位	出口量	出口额（万美元）
巴西	台	36	450.21
智利	台	7	25.28
哥伦比亚	台	10	63.20
哥斯达黎加	台	1	0.34
厄瓜多尔	台	24	231.40
危地马拉	台	8	9.05
圭亚那	台	1	12.00
海地	台	1	0.22
墨西哥	台	28	76.46
巴拿马	台	7	15.08
巴拉圭	台	6	12.25
秘鲁	台	9	21.69
波多黎各	台	5	0.08
苏里南	台	1	19.00
特立尼达和多巴哥	台	2	10.11
乌拉圭	台	2	11.91
委内瑞拉	台	57	223.97
加拿大	台	53	6.28
美国	台	547	39.62
澳大利亚	台	352	47.94
斐济	台	2	1.27
新西兰	台	130	4.91
其他机器(84778000)	**台**	**112 839**	**80 944.57**
阿富汗	台	8	10.37
巴林	台	22	28.97
孟加拉国	台	650	1 116.08
文莱	台	535	32.31
缅甸	台	599	3 098.51
柬埔寨	台	234	97.85
塞浦路斯	台	6	2.22
朝鲜	台	199	153.75
中国香港	台	1 682	1 000.70
印度	台	6 118	9 323.03
印度尼西亚	台	5 343	6 796.77
伊朗	台	2 215	1 488.33
伊拉克	台	390	91.80
以色列	台	292	292.77

（续）

出口目的地	数量单位	出口量	出口额（万美元）
日本	台	1 132	1 605.23
约旦	台	1 392	239.06
科威特	台	154	233.23
老挝	台	42	182.86
黎巴嫩	台	224	120.65
中国澳门	台	18	13.86
马来西亚	台	3 553	2 387.02
马尔代夫	台	11	4.69
蒙古	台	65	56.79
尼泊尔	台	467	16.62
阿曼	台	46	64.34
巴基斯坦	台	694	858.40
巴勒斯坦	台	6	1.41
菲律宾	台	1 013	715.73
卡塔尔	台	52	58.56
沙特阿拉伯	台	964	1 638.36
新加坡	台	1 511	455.97
韩国	台	23 217	1 296.13
斯里兰卡	台	580	530.50
叙利亚	台	169	110.65
泰国	台	5 006	6 550.32
土耳其	台	3 895	3 141.64
阿拉伯联合酋长国	台	931	482.50
也门	台	257	101.10
越南	台	2 830	3 621.51
中国台湾	台	1 705	1 031.50
哈萨克斯坦	台	182	559.53
吉尔吉斯斯坦	台	48	19.80
塔吉克斯坦	台	32	109.02
土库曼斯坦	台	22	62.82
乌兹别克斯坦	台	433	579.97
阿尔及利亚	台	1 097	719.23
安哥拉	台	457	48.39
贝宁	台	12	6.97
博茨瓦纳	台	6	6.48
布隆迪	台	1	0.09
喀麦隆	台	398	15.33

（续）

出口目的地	数量单位	出口量	出口额（万美元）
佛得角	台	5	0.10
刚果(布)	台	72	2.99
吉布提	台	99	16.70
埃及	台	2 349	1 750.44
赤道几内亚	台	3	11.31
埃塞俄比亚	台	201	209.03
加蓬	台	3	20.72
冈比亚	台	1	1.22
加纳	台	222	116.35
几内亚	台	15	1.63
科特迪瓦	台	44	72.01
肯尼亚	台	239	260.72
利比里亚	台	2	2.68
利比亚	台	1 334	169.73
马达加斯加	台	41	29.40
马拉维	台	7	6.06
马里	台	2	0.40
毛里塔尼亚	台	3	17.63
毛里求斯	台	17	45.50
摩洛哥	台	598	169.70
莫桑比克	台	120	41.00
纳米比亚	台	56	3.07
尼日尔	台	2	1.74
尼日利亚	台	869	1 228.98
塞内加尔	台	26	13.65
塞拉利昂	台	5	3.13
索马里	台	2	0.89
南非	台	1 313	819.67
苏丹	台	335	186.78
坦桑尼亚	台	284	311.70
多哥	台	41	54.41
突尼斯	台	224	248.03
乌干达	台	32	20.61
布基纳法索	台	1	0.77
刚果(金)	台	33	10.12
赞比亚	台	62	37.07
津巴布韦	台	73	63.81

（续）

出口目的地	数量单位	出口量	出口额（万美元）
厄立特里亚	台	8	2.60
南苏丹	台	11	2.17
比利时	台	621	181.92
丹麦	台	94	7.73
英国	台	315	434.35
德国	台	3 396	1 608.27
法国	台	283	76.85
爱尔兰	台	20	3.14
意大利	台	533	253.36
荷兰	台	289	107.09
希腊	台	59	53.58
葡萄牙	台	163	49.15
西班牙	台	350	224.06
阿尔巴尼亚	台	88	93.09
奥地利	台	242	17.77
保加利亚	台	81	144.24
芬兰	台	155	222.37
匈牙利	台	142	79.16
马耳他	台	17	17.24
挪威	台	138	3.57
波兰	台	504	498.55
罗马尼亚	台	387	655.43
瑞典	台	31	56.06
瑞士	台	57	13.25
爱沙尼亚	台	79	47.95
拉脱维亚	台	58	44.44
立陶宛	台	300	282.51
格鲁吉亚	台	86	107.11
亚美尼亚	台	121	23.09
阿塞拜疆	台	47	47.07
白俄罗斯	台	749	49.40
摩尔多瓦	台	8	4.02
俄罗斯	台	4 504	3 203.69
乌克兰	台	559	447.12
斯洛文尼亚	台	52	95.26
克罗地亚	台	72	38.23
捷克	台	35	41.63

（续）

出口目的地	数量单位	出口量	出口额（万美元）
斯洛伐克	台	18	86.40
前南斯拉夫马其顿	台	8	15.85
波黑	台	7	5.18
塞尔维亚	台	328	18.21
黑山	台	10	4.60
安提瓜和巴布达	台	2	0.80
阿根廷	台	552	599.60
巴哈马	台	10	3.96
巴巴多斯	台	5	0.27
玻利维亚	台	114	74.73
巴西	台	2 837	3 458.37
智利	台	939	613.53
哥伦比亚	台	619	441.99
多米尼克	台	3	1.48
哥斯达黎加	台	52	64.40
古巴	台	65	0.13
多米尼加共和国	台	148	98.48
厄瓜多尔	台	323	303.59
危地马拉	台	367	35.53
圭亚那	台	25	27.84
海地	台	11	9.66
洪都拉斯	台	131	63.49
牙买加	台	15	3.79
墨西哥	台	1 643	1 624.03
尼加拉瓜	台	8	3.65
巴拿马	台	64	110.10
巴拉圭	台	45	92.92
秘鲁	台	1 383	499.98
波多黎各	台	1	8.80
圣卢西亚	台	2	2.68
萨尔瓦多	台	71	7.60
苏里南	台	6	9.90
特立尼达和多巴哥	台	29	34.96
乌拉圭	台	169	107.91
委内瑞拉	台	2 075	660.69
荷属安的列斯	台	3	0.61
加拿大	台	309	427.59

（续）

出口目的地	数量单位	出口量	出口额（万美元）
美国	台	4 870	4 010.55
澳大利亚	台	882	870.21
斐济	台	16	17.48
新喀里多尼亚	台	7	3.75
新西兰	台	69	142.67
巴布亚新几内亚	台	292	7.33
所罗门群岛	台	1	3.05
萨摩亚	台	1	0.20
零件(84779000)	kg	**112 171 550**	**40 139.60**
巴林	kg	6 450	7.67
孟加拉国	kg	72 527	50.95
不丹	kg	10	0.56
文莱	kg	145	0.04
缅甸	kg	45 743	68.45
柬埔寨	kg	1 239	9.54
塞浦路斯	kg	246	0.90
朝鲜	kg	2 237	6.26
中国香港	kg	399 679	410.48
印度	kg	7 140 433	2 340.68
印度尼西亚	kg	1 312 725	800.96
伊朗	kg	362 583	286.77
伊拉克	kg	8 300	7.28
以色列	kg	74 800	77.37
日本	kg	24 828 023	9 066.45
约旦	kg	35 103	29.54
科威特	kg	3 661	6.74
老挝	kg	4 406	6.19
黎巴嫩	kg	39 976	39.10
中国澳门	kg	4 048	1.18
马来西亚	kg	1 033 153	586.80
马尔代夫	kg	613	2.73
蒙古	kg	7 980	7.42
尼泊尔	kg	465	2.57
阿曼	kg	25 718	21.71
巴基斯坦	kg	311 778	179.90
巴勒斯坦	kg	5 189	2.85
菲律宾	kg	205 666	129.17

（续）

出口目的地	数量单位	出口量	出口额（万美元）
卡塔尔	kg	4 344	5.42
沙特阿拉伯	kg	327 382	184.45
新加坡	kg	149 448	215.81
韩国	kg	11 215 889	2 606.96
斯里兰卡	kg	80 112	71.68
叙利亚	kg	36 033	19.72
泰国	kg	1 444 280	855.00
土耳其	kg	333 945	312.02
阿拉伯联合酋长国	kg	122 992	117.50
也门	kg	30 397	35.54
越南	kg	2 751 749	1 288.75
中国台湾	kg	15 322 479	2 948.72
哈萨克斯坦	kg	130 146	68.97
吉尔吉斯斯坦	kg	985	2.71
塔吉克斯坦	kg	61	0.01
土库曼斯坦	kg	30	0.01
乌兹别克斯坦	kg	38 684	14.32
阿尔及利亚	kg	139 711	60.09
安哥拉	kg	12 383	33.24
贝宁	kg	82	0.27
博茨瓦纳	kg	1 005	1.32
喀麦隆	kg	612	1.00
刚果	kg	100	0.82
吉布提	kg	1 923	0.41
埃及	kg	413 972	211.23
埃塞俄比亚	kg	46 513	24.89
加蓬	kg	585	0.32
加纳	kg	88 464	30.02
几内亚	kg	32 512	2.16
科特迪瓦	kg	25 172	12.19
肯尼亚	kg	25 308	31.82
利比亚	kg	6 154	8.90
马达加斯加	kg	7 258	6.79
马拉维	kg	287	0.36
毛里求斯	kg	4 083	9.34
摩洛哥	kg	85 462	82.67
莫桑比克	kg	10 527	11.09

（续）

出口目的地	数量单位	出口量	出口额（万美元）
纳米比亚	kg	7 918	5.56
尼日利亚	kg	125 432	133.04
卢旺达	kg	24	0.04
塞内加尔	kg	4 300	7.78
塞拉利昂	kg	123	0.07
南非	kg	262 129	207.46
苏丹	kg	14 236	19.31
坦桑尼亚	kg	23 338	54.22
多哥	kg	13 668	12.22
突尼斯	kg	19 061	17.49
乌干达	kg	14 532	38.99
刚果(金)	kg	997	1.77
赞比亚	kg	3 629	10.58
津巴布韦	kg	5 500	5.23
南苏丹	kg	43	0.25
比利时	kg	26 591	25.70
丹麦	kg	5 057	9.17
英国	kg	84 310	132.83
德国	kg	11 182 141	3 146.41
法国	kg	1 040 414	839.19
爱尔兰	kg	83	0.61
意大利	kg	2 084 902	757.53
卢森堡	kg	29 398	94.52
荷兰	kg	127 688	158.45
希腊	kg	43 232	42.93
葡萄牙	kg	10 573	9.01
西班牙	kg	71 590	58.48
阿尔巴尼亚	kg	4 831	2.07
奥地利	kg	8 378 978	1 201.63
保加利亚	kg	6 938	10.54
芬兰	kg	27 118	62.20
匈牙利	kg	9 901	7.72
马耳他	kg	3 625	5.81
挪威	kg	525	1.97
波兰	kg	279 586	165.80
罗马尼亚	kg	29 064	36.32
瑞典	kg	12 541	7.85

（续）

出口目的地	数量单位	出口量	出口额（万美元）
瑞士	kg	383 082	78.12
爱沙尼亚	kg	6 107	2.62
拉脱维亚	kg	3 471	2.83
立陶宛	kg	13 312	20.80
格鲁吉亚	kg	75	0.13
亚美尼亚	kg	401	1.27
阿塞拜疆	kg	7 111	5.59
白俄罗斯	kg	273 888	173.72
摩尔多瓦	kg	5 783	4.10
俄罗斯	kg	493 659	423.00
乌克兰	kg	90 348	92.52
斯洛文尼亚	kg	3 699	5.53
克罗地亚	kg	9 357	6.86
捷克	kg	29 128	35.25
斯洛伐克	kg	1 212	2.35
前南斯拉夫马其顿	kg	257	0.16
波黑	kg	1 106	1.70
塞尔维亚	kg	23 146	25.52
黑山	kg	4 254	3.01
阿根廷	kg	64 048	81.17
巴哈马	kg	8	0.01
玻利维亚	kg	6 670	8.51
巴西	kg	2 277 713	1 699.88
智利	kg	81 186	91.98
哥伦比亚	kg	39 998	67.26
多米尼克	kg	12 300	4.70
哥斯达黎加	kg	3 744	5.91
古巴	kg	3 640	9.99
多米尼加共和国	kg	8 864	7.07
厄瓜多尔	kg	40 204	44.25
格林纳达	kg	17	0.10
危地马拉	kg	9 991	7.63
圭亚那	kg	1 856	2.48
海地	kg	106	0.43
洪都拉斯	kg	27 852	19.58
牙买加	kg	475	0.63
墨西哥	kg	163 804	207.90

(续)

出口目的地	数量单位	出口量	出口额（万美元）
尼加拉瓜	kg	711	0.65
巴拿马	kg	50 316	16.27
巴拉圭	kg	2 258	2.24
秘鲁	kg	236 633	144.78
萨尔瓦多	kg	244	0.31
苏里南	kg	500	0.29
特立尼达和多巴哥	kg	1 353	1.90
乌拉圭	kg	1 717	4.29
委内瑞拉	kg	62 511	64.28
加拿大	kg	6 787 053	3 159.71
美国	kg	7 890 696	2 589.93
澳大利亚	kg	232 632	245.29
斐济	kg	812	1.46
新喀里多尼亚	kg	168	0.44
新西兰	kg	26 801	36.98
巴布亚新几内亚	kg	4 992	8.21
所罗门群岛	kg	1 500	0.60
汤加	kg	800	0.12
法属波利尼西亚	kg		0.16

2012年我国塑料机械进口情况

进口来源地	数量单位	进口量	进口额（万美元）
整机合计	**台**	**32 325**	**311 703.00**
注塑机(84771010)	**台**	**6 622**	**80 929.09**
中国香港	台	4	6.89
以色列	台	3	12.88
日本	台	3 616	47 095.75
马来西亚	台	1	21.43
新加坡	台	8	52.10
韩国	台	483	5 667.10

（续）

进口来源地	数量单位	进口量	进口额（万美元）
中国	台	235	1 520.22
中国台湾	台	1 529	9 135.26
比利时	台	1	51.25
丹麦	台	1	1.90
英国	台	6	23.75
德国	台	416	7 114.47
法国	台	6	301.68
意大利	台	35	991.08
荷兰	台	3	25.30
西班牙	台	21	67.06
奥地利	台	84	1 558.94
瑞典	台	1	7.40
瑞士	台	76	5 623.05
加拿大	台	21	1 401.94
美国	台	71	234.93
澳大利亚	台	1	14.71
其他注射机（84771090）	**台**	**407**	**6 317.94**
伊朗	台	2	0.09
日本	台	113	1 591.00
新加坡	台	6	66.17
韩国	台	11	330.14
中国	台	2	3.40
中国台湾	台	126	918.26
苏丹	台	1	1.15
英国	台	1	35.76
德国	台	60	2 160.46
法国	台	9	110.54
意大利	台	22	545.62
葡萄牙	台	2	29.33
西班牙	台	3	6.93
奥地利	台	6	313.33
瑞士	台	2	118.80
加拿大	台	3	10.15

（续）

进口来源地	数量单位	进口量	进口额（万美元）
美国	台	38	76.82
塑料造粒机(84772010)	**台**	**275**	**20 206.83**
中国香港	台	3	20.88
日本	台	100	6 980.78
韩国	台	12	209.59
中国	台	1	2.42
中国台湾	台	43	1 604.16
南非	台	0	65.00
英国	台	3	62.91
德国	台	84	9 576.20
意大利	台	2	14.27
奥地利	台	25	1 413.58
美国	台	2	257.04
其他挤出机(84772090)	**台**	**889**	**43 573.55**
印度	台	2	155.95
印度尼西亚	台	5	6.84
以色列	台	2	78.76
日本	台	110	7 477.69
马来西亚	台	1	1.00
韩国	台	46	2 173.17
泰国	台	7	19.06
中国	台	3	21.53
中国台湾	台	304	8 390.96
英国	台	19	294.62
德国	台	214	19 004.23
法国	台	3	265.65
意大利	台	41	1 489.95
荷兰	台	3	25.26
西班牙	台	2	8.35
奥地利	台	10	712.24
芬兰	台	4	195.67
波兰	台	2	4.69
瑞士	台	10	562.64

（续）

进口来源地	数量单位	进口量	进口额（万美元）
巴西	台	3	0.31
加拿大	台	28	466.10
美国	台	68	2 174.14
澳大利亚	台	2	44.75
挤出吹塑机(84773010)	**台**	**98**	**6 771.18**
中国香港	台	3	0.89
印度	台	2	0.89
日本	台	9	609.88
韩国	台	11	178.78
泰国	台	2	28.22
中国	台	1	7.22
中国台湾	台	22	389.71
德国	台	28	4 280.11
意大利	台	5	642.87
瑞士	台	5	513.05
巴西	台	1	4.79
加拿大	台	3	64.70
美国	台	6	50.08
注射吹塑机(84773020)	**台**	**58**	**2 542.19**
日本	台	40	1 479.31
中国	台	3	29.20
中国台湾	台	2	30.30
德国	台	7	800.46
意大利	台	1	112.31
美国	台	5	90.60
其他吹塑机(84773090)	**台**	**140**	**15 325.69**
印度尼西亚	台	1	1.30
日本	台	3	120.14
韩国	台	1	17.54
中国台湾	台	19	326.94
德国	台	81	11 856.36
法国	台	15	2 083.19
意大利	台	6	313.12

（续）

进口来源地	数量单位	进口量	进口额（万美元）
捷克	台	1	110.57
美国	台	13	496.53
塑料中空成型机(84774010)	**台**	**89**	**2 091.28**
印度	台	1	0.54
日本	台	8	314.19
韩国	台	14	204.73
中国台湾	台	22	281.18
比利时	台	1	0.23
丹麦	台	1	0.51
英国	台	12	2.17
德国	台	16	913.00
意大利	台	2	23.07
瑞士	台	2	335.00
美国	台	10	16.69
塑料压延成型机(84774020)	**台**	**97**	**4 439.59**
日本	台	14	163.27
马来西亚	台	1	10.00
韩国	台	8	31.72
中国台湾	台	40	1 843.28
德国	台	9	373.21
意大利	台	18	1 903.05
荷兰	台	1	8.43
瑞典	台	1	0.29
美国	台	4	106.19
新西兰	台	1	0.16
其他真空模塑机及其他热成型机器(84774090)	**台**	**654**	**12 947.67**
日本	台	109	2 179.27
马来西亚	台	9	41.16
新加坡	台	4	14.14
韩国	台	68	730.24
泰国	台	11	34.06
土耳其	台	1	18.43
中国	台	1	4.29

（续）

进口来源地	数量单位	进口量	进口额（万美元）
中国台湾	台	221	1 460.06
丹麦	台	16	16.28
英国	台	8	6.32
德国	台	69	3 962.06
法国	台	15	463.69
意大利	台	20	2 113.40
西班牙	台	5	53.99
奥地利	台	11	374.85
挪威	台	1	5.83
波兰	台	2	9.51
瑞士	台	6	330.63
加拿大	台	3	99.79
美国	台	72	887.29
澳大利亚	台	2	142.38
用于充气轮胎模塑或翻新的机器及内胎模塑或用其他方法成型的机器（84775100）	**台**	**8 381**	**5 588.38**
日本	台	27	1 083.76
马来西亚	台	3	0.06
韩国	台	55	3 415.35
中国台湾	台	8 259	122.07
德国	台	9	321.21
法国	台	4	83.25
意大利	台	5	112.02
荷兰	台	2	27.45
罗马尼亚	台	13	362.07
美国	台	4	61.13
其他模塑或成型机器（84775900）	**台**	**1 153**	**17 488.97**
中国香港	台	2	15.97
以色列	台	30	236.33
日本	台	123	3 035.43
马来西亚	台	6	36.45
韩国	台	149	2 117.48
泰国	台	1	9.15

（续）

进口来源地	数量单位	进口量	进口额（万美元）
土耳其	台	5	0.38
中国	台	4	4.24
中国台湾	台	339	4 513.05
丹麦	台	5	9.39
英国	台	67	14.26
德国	台	86	1 711.12
法国	台	25	61.94
意大利	台	49	2 775.02
荷兰	台	10	876.38
奥地利	台	1	0.09
保加利亚	台	1	4.50
瑞典	台	6	12.67
瑞士	台	41	932.38
克罗地亚	台	16	297.09
加拿大	台	2	2.05
美国	台	184	816.37
澳大利亚	台	1	7.23
其他机器(84778000)	**台**	**13 462**	**93 480.85**
中国香港	台	8	4.74
印度	台	37	0.57
印度尼西亚	台	3	2.46
以色列	台	5	17.32
日本	台	1 333	14 678.63
马来西亚	台	50	141.33
菲律宾	台	2	6.94
新加坡	台	56	65.83
韩国	台	2 846	7 631.33
泰国	台	24	86.05
土耳其	台	6	26.53
越南	台	1	4.07
中国	台	71	137.47
中国台湾	台	2 961	11 297.01
比利时	台	11	288.43

（续）

进口来源地	数量单位	进口量	进口额（万美元）
丹麦	台	101	72.53
英国	台	90	1 790.68
德国	台	1 059	37 204.46
法国	台	73	4 375.69
爱尔兰	台	3	0.69
意大利	台	247	6 883.18
卢森堡	台	1	1.35
荷兰	台	38	464.89
葡萄牙	台	1	0.43
西班牙	台	111	66.41
奥地利	台	34	1 690.01
芬兰	台	10	106.96
匈牙利	台	8	105.86
挪威	台	2	8.88
波兰	台	8	75.08
瑞典	台	16	50.17
瑞士	台	42	1 411.08
斯洛文尼亚	台	3	483.83
捷克	台	9	365.16
斯洛伐克	台	3	133.46
巴西	台	3	9.14
墨西哥	台	2	5.15
加拿大	台	644	323.65
美国	台	3 535	3 437.18
澳大利亚	台	5	26.20
零件(84779000)	kg	**10 246 819**	**37 032.61**
巴林	kg	97	0.20
中国香港	kg	212	9.75
印度	kg	7 586	41.22
印度尼西亚	kg	552	1.49
伊朗	kg	11	0.23
以色列	kg	230	5.02
日本	kg	2 171 788	9 891.78

（续）

进口来源地	数量单位	进口量	进口额（万美元）
马来西亚	kg	58 490	53.92
菲律宾	kg	19	0.43
沙特阿拉伯	kg	4	0.27
新加坡	kg	2 843	99.32
韩国	kg	584 011	1 331.06
斯里兰卡	kg	10	0.00
泰国	kg	82 195	260.18
土耳其	kg	912	1.86
阿拉伯联合酋长国	kg	60	1.33
越南	kg	3 975	8.22
中国	kg	106 301	154.87
中国台湾	kg	1 574 865	2 110.10
加纳	kg	150	0.16
南非	kg	235	0.25
突尼斯	kg	1 155	0.46
比利时	kg	6 582	36.91
丹麦	kg	989	25.17
英国	kg	4 974	56.77
德国	kg	2 158 699	9 069.94
法国	kg	382 342	2 426.56
爱尔兰	kg		7 美元
意大利	kg	376 607	1 921.65
卢森堡	kg	4 339	53.92
荷兰	kg	341 693	2 679.45
希腊	kg	73	0.16
葡萄牙	kg	761	9.39
西班牙	kg	6 801	36.65
奥地利	kg	1 667 039	1 640.10
芬兰	kg	935	3.14
匈牙利	kg	2 901	14.90
马耳他	kg		0.07
波兰	kg	733	8.84
罗马尼亚	kg	3 870	18.90

（续）

进口来源地	数量单位	进口量	进口额（万美元）
圣马力诺	kg	7	0.44
瑞典	kg	12 410	56.44
瑞士	kg	90 646	994.93
格鲁吉亚	kg		0.04
阿塞拜疆	kg	60	0.10
乌克兰	kg	1	0.00
斯洛文尼亚	kg	76	2.29
克罗地亚	kg	34	0.31
捷克	kg	19 172	64.98
斯洛伐克	kg	124	2.81
阿根廷	kg	35	0.96
巴西	kg	164	2.61
哥伦比亚	kg	1	0.13
多米尼克	kg		0.06
多米尼加共和国	kg	53	0.16
墨西哥	kg	218	2.27
加拿大	kg	147 325	1 363.58
美国	kg	416 150	2 553.25
澳大利亚	kg	936	4.97
新西兰	kg	312	4.20
其他	kg	4 056	3.42

中国塑料机械工业年鉴 2012

产业集群

介绍塑料机械行业特色产业集群，展示企业风采

产业集群

宁波塑料机械行业

一、宁波塑料机械行业总体状况

(一)宁波塑料机械行业基本情况

2012年宁波市规模以上塑料机械制造企业为75家,期末资产总额达192.74亿元,全部从业人员1.53万人。全市塑机规模企业实现工业总产值129.51亿元,销售收入124.42亿元,出口交货值30.37亿元,利润总额15.92亿元。产品主要出口土耳其、巴西、美国、墨西哥等国家。塑料机械是装备制造行业,主要用于塑料制品业,其制品使用涵盖汽车、医疗器材、精密零部件等客户群体。

(二)国内塑机发展现状

随着我国经济整体稳定、持续、健康发展,塑料机械工业经过"十五"实现了跨越式的发展,产业规模扩大,连续8年主要经济指标逐年递增,发展速度与主要经济指标在机械工业所辖的194个行业中名列前茅。塑料机械行业不断发展壮大,塑料机械年制造能力约20万台(套),门类齐全,在世界排名第一。

当前我国塑料机械制造企业近400家,大、中型企业200家左右,上规模的骨干企业15家。新兴的塑料机械企业进行了科技创新、制度创新和管理创新,并掌握了一些新技术,已引起国内外同行的注目。

我国塑料机械企业主要分布在东南沿海、珠江三角洲一带,其中宁波地区发展势头最猛,现已成为中国最大的注塑机生产基地,年生产量占国内注塑机总产量的1/2以上,占世界注塑机的1/3。

(三)宁波塑料机械行业特点

1. 丰厚的企业文化

宁波市塑机工业发端于20世纪70年代的宁波塑料机械总厂。此后,"树大分枝",形成了一批"总厂系"塑机企业。20世纪90年代,民营经济崛起,宁波涌现了以海天为首的"海字系谱"塑机企业,奠定了宁波塑机产业集群的发展基础。20世纪末21世纪初,国际塑机巨头登陆宁波与我国民营企业交流融汇,使宁波塑机行业实现了新的跨越。过往经历,形成了宁波塑机产业丰富独特的企业文化,锤炼出宁波塑机产业集群较强的抗击外部风浪能力,造就了宁波塑机企业的文化优势。

2. 产业聚集度高,集群优势明显

宁波市目前有塑机整机生产企业130余家,其中规模以上整机生产企业75家,这种高度聚集的塑料机械产业群国内外罕见。

3. 技术和品质国内同行业中领先

宁波生产的注塑机门类齐全,有普通机、电脑机、全液压机、液电复合机和电动机等,塑机注射量小的15g,大到50kg,最大锁模力达到36 000kN,能基本满足国内不同用户的需求。多年来,宁波塑机产品先后获得中国机械名牌产品、中国出口名牌产品称号,6项产品获省级名牌称号,十余项产品市级名牌称号。2006年9月,宁波海天集团生产的"HT"牌注塑机获中国名牌产品称号,实现了塑机产品中国名牌产品零的突破。32家企业通过了ISO 9001质量管理体系认证,20家企业通过了欧洲CE安全认证。宁波市优势骨干企业自主研发的大型二板机、高速机、伺服节能注塑机、全电动注塑机等机型,在技术性能方面处于国内领先地位。

4. 专业化程度高

注塑机部件按其功能和工艺特性可分为六大类部件:钣金类零件(底架、料斗、护板等),铸件类零件(模板、曲臂、机身),轴类零件(拉杆等),螺杆料筒类部件,液压系统(液压缸、泵、阀等),电气驱动和控制系统(电机、电器、电脑等)。六大部件中的钣金件、轴类件,少数规模较大的整机企业(约占全部规模整机企业的 20%)能自制配套解决,绝大部分整机企业则通过外购或外协取得。而生产六大部件的供货商,分布在宁波周边 50km 半径范围内,形成了星罗棋布的产业链。

(四)宁波塑料机械行业产品细分情况

宁波塑机企业以生产注塑机为主,是国内外公认的注塑机研发、生产、营销基地。全球每 3 台注塑机,就有 1.5 台是我国生产的,而其中 1 台则是宁波产品。由于比较优势明显,2006 年中国机械工业联合会授予宁波"中国塑机之都"称号。2007 年宁波海天集团生产的"海天"牌注塑机荣获"中国名牌产品"称号。

随着宁波塑机产业规模的日益壮大,市场容量相对饱和,宁波塑机产业不断调整自身产业和产品结构,逐步向多元化、多品种方向发展。宁波海天集团在确保行业龙头地位的前提下,近几年上马加工中心项目,2009 年已形成近 10 亿元的市场规模,形成集团经济新的增长点;宁波海太、宁波力劲除了继续做精注塑机产品外,同时涉足金属压铸机;宁波方力集团独辟蹊径,以生产挤出机为主,该机器系拉制波纹管的工作母机,由于技术水平领先国内同行,在市场上抢得先机,从 2006 年起,挤出机年销售额迈上了亿元大关;余姚华泰橡塑机械公司以生产橡塑机械为主,还生产部分吹塑机;也有个别塑机企业生产切粒机、吸塑机,但规模偏小,总量不大。

二、宁波塑机行业上下游配套、产业聚集情况

1. 配套产业齐全,专业化程度高

宁波现有各类注塑机配套生产企业上百家,已形成完整的工艺协作配套体系。近几年随着中国台湾永祥铸造、天星螺杆、将军哥林柱、弘讯控制电脑、震励轴承、永和兴精加工,中国香港宝成机械、长河机械以及意大利英特姆、迪诺美克液压马达等 20 余家知名配套企业的加盟,宁波注塑机的产业体系进一步完善。出口机型所需的名牌部件均能在本地采购到。

2. 产业聚集度高,集群优势明显

2008—2012 年全国和宁波市塑料机械行业总体变化情况见表 1。

表 1 2008—2012 年全国和宁波市塑料机械行业总体变化情况

指标名称		2008 年	2009 年	2010 年	2011 年	2012 年
规模以上企业数量(家)	全国	473	521	565	330	365
	宁波市	85	80	85	75	75
资产合计(亿元)	全国	282.39		377.12		
	宁波市	115.8	134.17	147.94	170.57	192.74
负债合计(亿元)	全国	165.17				
	宁波市	47.8	61.63	67.54	67.56	78.52
工业总产值(亿元)	全国	260.06	258.48	377.83	464.51	462.06
	宁波市	92.18	90.78	148.10	148.12	129.51
产量(t)	全国				29.04	27.04
	宁波市	72.51				
销售收入(亿元)	全国	238.42	250.85	357.39	444.46	443.94
	宁波市	88.77	90.61	141.55	142.63	124.42

（续）

指标名称		2008年	2009年	2010年	2011年	2012年
利润总额（亿元）	全国	15.83		33.9	40.87	39.19
	宁波市	6.87	8.1	17.15	20.78	15.92
出口交货值（亿元）	全国	51.44	36.46	53.02	80.59	75.66
	宁波市	26.50	17.55	28.29	33.20	30.37
从业人员（万人）	全国	5.41				
	宁波市	1.52	1.4	1.4	1.6	1.5

三、宁波市发展塑料机械行业的优势

1. 硬件设施

宁波市的工业园区设施优良，交通通信十分便利，配合以鄞州高教园区和宁波大学为中心的北高教园区，拥有创业创新极佳的硬件环境。占宁波塑机销售收入约2/3的北仑区，拥有宁波经济技术开发区、宁波保税区、宁波出口加工区和宁波大榭开发区，为宁波塑机产业集群可持续发展提供了较好的外部环境。

2. 软件设施

（1）市政府扶持塑机产业集群持续发展的有关政策。2005年初宁波市政府办公厅颁布了《工业经济政策重要文件汇编》（7个意见、1个通知，简称7+1政策汇编），其中涉及塑机产业发展相关内容的要点："把宁波塑机产业列为我市重点优势制造业之一"，"提出要以宁波海天集团行业龙头企业为重点，加快开发具有自主知识产权的核心技术和产品，努力建设全国最大的塑机产品生产基地"。"加强企业创新体系建设，提高企业科技竞争力。设置重点产业科技专项资金，奖励企业技术中心，争创国家级省级技术中心等活动，对企业及科技人员获得国家发明专利授权的专利实施专利津贴"。"加快利用信息技术改造提升传统优势产业。对于企业信息化建设贷款给予专项贴息，重点信息化示范企业给予一次性奖励；行业信息化平台予以建设补助"。"加快产业基地建设。……宁波北仑已被国家科技部授予'国家火炬计划北仑注塑机产业基地'，要进一步完善功能，大力引进国际著名塑机制造企业和相关配套企业，着力打造世界级的塑机生产、研发、检测和销售基地"。"推动节能技术，开发节能产品。……政府设置节能扶助资金，对节能产品，节能技术，新工艺的推广和应用给予补助"。"加强人力资源的开发，为产业结构调整升级提供人才支撑"……以上一系列政策的出台，对提升宁波塑机产业集群竞争力，发挥了非常重大的影响。

（2）协会建设。宁波市塑料机械行业协会成立于2003年3月，是全国仅有的3家地方性塑机专业行业协会之一（其他两家是山东青岛胶州市塑料机械工业协会和张家港塑料机械行业协会）。协会自成立以来，开展了多次富有成效的主题活动。如制订行规行约，初步缓和了同业之间的无序竞争；承办宁波国际塑博会；组织国内外同业学习考察活动；举办行业培训活动；申报成功"中国塑机之都"；推荐申报注塑机中国名牌产品；组织行业反倾销活动，在规范行业行为、促进产业技术创新、维护行业权益等方面发挥了日益重要的作用。由于宁波塑机行业在国内处于举足轻重的地位，宁波市塑料机械行业协会作为团体会员加入中国塑料机械工业协会，并在其中担任副会长职务，这对于宁波塑机产业借助行业平台，广泛地参与国内外行业交流合作，提升产业集群竞争力起到了助推作用。

（3）国家塑料机械产品质量监督检验中心。位于宁波北仑开发区的国家塑料机械产品质量监督检验中心（简称国家塑机中心）是国家质量监督检验检疫总局及国家认证认可监督管理委员会授权成立的我国唯一一家塑机类产品国家检验机构。依照国际ISO/IEC 17025，国家塑机中心建立了自己的质量管理体系，具有中国实验室国家认可(CNAL)和计量认证(CMA)资质。所出具的检测报告不但在国内具有权威性，而且得到与CNAL签署双边互认协议的44个国家的认可，可覆盖欧美亚等主要经济区。

国家塑机中心落户宁波，是宁波塑机产业集群优势的体现。作为国家级检验机构，国家塑机中心不仅具有塑料机械、食品机械、金属加工机械和其他机械方面的检验能力，还可提供材料化学分析、物理性能、金相、无损探伤和精度等方面的检验服务，近年还开展了CE安全认证及产品的验货服务。

(4)企业研究中心和企业工程研究院。2004年，宁波海天集团与我国著名的塑料机械专科学府北京化工大学联手成立海天—北化研究中心，走上了塑机制造产、学、研一体化道路。2005年初，宁波海天集团企业技术中心，被科技部等6部委联合认定为“国家认定企业技术中心”。此外，宁波海达、宁波通用、宁波双马等企业通过与大专院校合作，致力于产品研发或者专业人才培养引进，努力提升企业自主创新能力。

四、宁波市塑料机械行业下一步的发展重点

“十二五”期间，宁波市将塑机产业作为重点扶持和优先发展的产业，政府将大力支持和发挥行业协会作用，坚决贯彻“关于坚持走新型工业化道路加快结构调整升级的若干意见”(甬政发〔2004〕115号)文件精神，为塑机产业的进一步发展提供良好的外部环境。以企业为主体，积极推进产业创新，扩大对外开放，全面提升塑机产业整体水平。

(一)发展目标

(1)“十二五”期末，宁波塑机的总体技术水平达到国际二流水平，即全面达到或赶超日本(德国塑机是国际公认一流水平，日本是国际二流水平)。

(2)把宁波打造成世界一流的塑机研发、生产、营销基地。①推动绿色制造，大力开发“节能、精密、高效”注塑机，包括节能伺服电液复合机，大型二板机、电动注塑机。②推行品牌战略，力争在“十二五”期末，全市塑机企业中获中国名牌3枚，省名牌8枚，市级名牌15枚。③产量、产值。2015年产量达8万台(套)，工业总产值180亿元。④出口。2015年创汇8亿美元。⑤替代进口。2015年进口用汇下降到10亿美元；从目前大型精密塑机产品几乎依靠进口，转变为50%由国产替代。

(二)保障措施

1. 改善企业结构，提前进行人才储备

宁波塑机企业具有民营企业灵活的体制机制优势，要进一步发扬优势，大胆探索，与时俱进，建立完善的产权制度，大力提倡和推行股份制的产权结构。在行业龙头企业的引领下，各级政府应加强对产业集群中第二层次企业的扶助指导，有条件的可以通过兼并重组扩大经营规模，增加产业集群中重量级企业的数量，改善产业集群内部规模结构。

宁波塑机产业在企业家、管理层和员工队伍建设等三个层面上已造就了一批优势人才，但与打造世界先进塑机产业基地还有相当距离。要努力从国外引进一批高级技术和经营管理人才，以技术、项目和新的经营理念为企业注入新的活力，带动整个产业集群的发展。行业协会要为产业人才引进、员工培训牵线搭桥，努力促进在宁波高等院校开设塑机专业或进行员工定向培训，为塑机产业的发展积蓄人力资源。

2. 加强产业集群创新能力

“十一五”期间，市政府设置了重点行业升级扶持资金和先进制造企业奖励资金，鼓励和推动企业采用先进技术，购置先进设备。政府仍应保持以上政策的连续性，逐步加大政策的调节力度。企业则应采取多种途径，不断加强自主创新能力，包括增加科研经费投入，继续引进国外先进技术，充分利用外资企业的技术溢出效应，加强企业与高校科研机构的合作攻关等。

3. 完善产业链协作配套体系

宁波北仑区聚集了海天、震雄、力劲、德马格、住重和宇进等国内外塑机巨头企业，其注塑机产销量均占全市产销量的65%以上，2005年宁波北仑被国家科技部授牌为“国家火炬计划北仑注塑机产业基地”。今后要进一步发展和完善基地功能，继续有选择地引进国外著名塑机企业，更要又针对性地引进品质良好的塑机配件企业，根据专业化协作原则，形成完善的产业链，达到最佳的集聚效应。协会组织要配合质量检测部门，加强对塑机配套协作件的质量监控，在产业集群大力宣传和推广优质配套件，努力避免劣质配套件拖累整机产品质量。

4. 引导企业研究市场

引导企业根据产品特点，做好市场定位，制订营销策略。在当前国际市场短期难以复苏的情况下，应加强对国内市场的研究和开拓，密切关注我国政府拉动内需的政策举措，从中发掘新的市场。同时，我国每年都有10亿美元注塑机的进口，要加强产品研发，设法满足国内高端用户的需求，争取在替代进口这块大蛋糕中切取较大的份额。要继续加大对国际市场的研究，有实力的骨干塑机制造企业要提高产品技术含量，提升产品附加值，努力向塑机高端市场进军，在与国际塑机巨头的角逐中，提高自身的国际竞争能力，最终打破高端市场长期被发达国家垄断的局面。要关注世界重要的塑机市场动态，加强信息收集分析，做好市场预警、预测，努力开拓新兴市场。要建立健全“企业、行业协会、政府”三位一体应对国外反倾销调查的联动机制，维护产业集群正当权益，为中国塑机更广泛参与国际市场竞争创造良好的外部环境。

〔供稿单位：宁波市塑料机械行业协会〕

张家港市塑料饮料机械行业

一、基本发展情况

2012年张家港塑料饮料机械制造行业走过了极其艰难的发展道路，塑料饮料机械实现产值85亿元左右，外贸出口2.2亿美元以上。

经历了2011年下半年的经济低潮，特别是受欧债危机愈演愈烈以及中东动荡局势的影响，张家港塑料饮料机械制造行业的外贸出口形势进一步恶化，外贸订单减少，出口出现下滑，塑料机械的出口形势尤为艰巨。虽然企业千方百计争取出口订单，2012年上半年的出口额仍同比下降10%～20%，下半年才出现上升势头，全年塑料机械总体出口同比下降约5%。受益于日益扩大的饮料市场持续增长的需求，张家港市饮料机械制造行业发展较快，仍处于高速发展期，2012年外贸出口较上年增长15%左右。国内供货继续增加，预计全年产值增长20%以上。

2012年，塑料饮料机械制造行业企业数比上年减少8家，降幅3.2%。从业人员进一步减少，从上年的1.6万人减少至1.55万人，比上年下降3.13%。主要是生产塑料饮料机械的小型企业持续减少，2012年全市有6家小型塑机制造企业和2家小型饮机制造企业转行。而大企业在扩能增产的同时，为压低企业生产成本也继续压缩非生产人员。

2012年，塑料饮料机械行业产值超1亿元的企业9家；超2亿元的3家，其中张家港新美星机械有限公司产值超5亿元；外贸出口超千万美元的企业3家，比2011年增加2家。

张家港塑料饮料机械行业有13家企业为省级

高科技企业，其中张家港新美星机械有限公司为国家级高科技企业。2012年塑料饮料机械行业申报国家专利15项，获批6项，其中1项为发明专利，5项为实用新型专利。

二、存在的主要问题

1. 外贸出口量大的企业受外部环境的影响更大

2012年，出口企业在欧洲和中东地区的交货量锐减，原先外商已定的货也是找种种借口推迟提货或者不提货，造成了出口企业的产品积压和资金周转困难，给企业正常生产和资金运转带来了不小影响。有的企业由于出口受阻，生产很不正常，急于寻找新的出路，投入了大量的人力成本但是收效甚微；有的企业看其他企业的产品销路好，也急着投入生产，进一步加大了企业的资金周转难度。

2. 企业小而全的做法，造成了很大的浪费

有的企业为了保持竞争优势，想方设法增强企业实力。一些较有实力的企业购买了加工中心，但是由于没有熟练的操作工，加工中心不能正常运转，长期处于闲置状态，浪费了企业的大量资金。另一方面，加工中心应是加工高精锐或者具有相当科技含量的配件，而现在有的加工中心大材小用，只干一些车工和铣工可以解决的活。

3. 市场的激烈竞争造成企业之间矛盾纷争

市场整体形势不好，需求不旺，企业间为了在市场争得一席之地，恶意竞争。2012年，两家挤出机生产企业为了抢客户，发生了相互交恶、肆意压价的事件。

4. 企业数量和行业从业人员继续减少

2012年，8家小企业承受不了市场竞争而被迫淘汰出局。大企业由于产品质量过硬、信誉度高，最终获得了越来越大的市场份额，而一些无品牌的小企业尽管凭一时的价格优势抢占了部分市场，但最终还是因产品质量不过硬被市场淘汰。另一方面，企业为了降本节支，不断压缩非生产人员；同时为了提高生产效率将部分人工改由机械代替，行业的从业人员继续减少。

三、应对困难的措施

2012年，在艰难困苦中挺过来的企业积累了很多实战经验，为以后应对各种困难奠定了基础。

1. 在艰难的经济环境中，积极探索企业生存的新路

张家港市塑机制造以挤出机为主、辅机为次。国家对房地产调控的进一步加紧，基本建设较大幅度地缩减，直接影响对管材、门窗框材料的需求，进而影响到对塑料挤出机械的需求；国际市场同样也因为受欧美国家紧缩政策的影响，特别是中东地区不稳定局势的影响，对挤出机的需求也大大减少。2012年挤出机生产总量较上年下降30% ~40%。部分生产企业虽然拿到了外贸生产订单，但设备生产出来后，却因为外商迟迟不来提货而无钱周转，日子极为难过。在这种情况下，企业为求生存，继续在艰苦的环境中探索新的发展道路。

（1）有的企业逐步转产有市场发展潜力的绿色环保产品——废塑料回收造粒机。塑料属再生可利用材料，加之国外的环保要求极为严格，催生了废塑料回收造粒机的需求市场，也使这一行业在张家港市塑料机械制造业中异军突起。随着需求市场的扩大，进入这一领域的生产企业越来越多，全市有十多家企业涉足，但因为市场需求总量不大，估计很快会饱和。

（2）有的塑机制造企业继续向塑机上下游产业延伸。当前全市已有多家塑机制造企业开始生产各种基本建设用的大型塑料构件，比如阴井接口和大型波纹管等各种塑料产品；一家企业生产科技含量较高的高分子管材及其他附属产品，正在积极开拓市场，以使这种高科技产品尽快市场化；2家塑机制造企业开始生产销售吹瓶机。

2. 在经营成本不断上涨的压力下，积极探索降本增效的新路

近几年，随着通胀及汇兑的损失，外加用工成本的不断增加，企业的生产经营成本逐年上升，塑料饮料机械的毛利由2008年以前的15% ~20%下

降到2011年的毛利5%~6%。在这种极其艰难的情况下,企业从进料到生产、销售的整个过程都要进行核算,不断降本节支、开源节流。企业也在成本不断上涨的压力下,改变经营思路,调整经营策略,逐步探索出一条化解用工成本上涨和抵御通胀的新路。因此,虽然2012年的经营形势逊于2011年,但整个塑料饮料机械行业的总体经济效益基本和上年持平,有的企业还有较大增长。

3.在艰苦的环境中,积极构建和谐的劳资关系

张家港塑料饮料机械制造业共有各类中小型企业近300家,整个行业除2家企业为股份制企业外,其余均为个人独资企业。2012年全市塑料饮料机械行业开展了行业工资集体协商活动,所有企业主对行业工资集体协商基本认可,于2012年11月10日正式举行了劳资双方工资集体协商签约仪式,为整个行业的健康有序发展注入了强大的生命力。

4.在降本节支的推动下,行业集体招标采购取得了新进展

2012年张家港市塑料饮料机械行业就集体招标采购事宜进行了反复讨论和论证,充分认识到零配件和原材料的集体招标采购有以下几大好处。

(1)集体招标采购可直接降低原辅材料和零配件的交易成本,有利于企业减少成本支出,直接为企业增加经济效益。

(2)集体招标采购可以确保原材料和零配件的产品质量,有利于整体提高塑料饮料机械的产品质量,可进一步增强塑料饮料机械产品在市场的竞争力。

(3)集体招标采购可以保证供货渠道的畅通无阻,节省企业的人力成本支出。塑料饮料机械行业决定先从变速箱和电动机这两类用量最大的器件做起,再进一步扩大到其他零配件及原材料的招标采购。该项工作正在积极推进中。

四、行业发展的设想

张家港塑料饮料机械行业发展了20多年,在经历了高速发展期后,逐渐步入了平稳发展期。根据当前国内外塑料饮料机械发展的总体情况,张家港塑料饮料机械行业要继续取得较大发展,必须做好以下几方面工作。

1.提倡科技创新,继续开发绿色高效的塑料饮料机械产品

当今塑料饮料机械的发展方向是低碳高效节能的绿色产品。企业在开发科技含量高、附加值高的产品的同时,还需要提高工效、降低成本,使相同型号、相同品质的产品更具有竞争优势。

2.不断优化创新经营模式

经营模式分为企业内部管理模式、市场营销模式以及资金周转模式,在这些经营模式上要不断进行探索和创新,不断积累经验。企业间的发展很不平衡,取得的经济效益也各不相同,这都是由企业的不同经营模式造成的,所以企业之间一定互相要多交流、多探索。企业的经营者、管理者一定要有一种宽容心理,要相互信任、取长补短,使自己的经营模式达到最优状态。

3.要向发展前景宽的行业靠近

张家港市塑料饮料机械行业生产各类产品,有的产品市场竞争能力较强,有的较差。就当前情况看,中空成型机市场相对较好,企业的外部发展环境和生存环境都要好于挤出机和注塑机行业。这一方面是因为生产中空成型机的企业较少,另一方面则是因为中空成型产品的需求量越来越大导致中空成型机的市场逐步扩大。随着人民生活水平的提高,对各类饮品的需求不断增长,带动了饮品灌装行业的发展,同时也带动了饮料机械行业的发展。

〔供稿单位:张家港市塑料饮机机械协会〕

深圳市塑料机械行业

一、广东省塑料工业发展情况

1. 产业规模

2011 年,国家统计局将规模以上工业统计范围内的工业企业起点标准从年主营业务收入 500 万元调整到 2 000 万元后,广东省塑料制品规模以上企业数为 2 992 家(比调整前减少 1 417 家),约占全国规模以上企业总数的 23%;规模以上企业从业人数 81.14 万人。

广东省塑料制品规模以上企业完成工业总产值 3 718.8 亿元,占全国塑料制品总产值的23.12%,同比增长 21.2%;销售产值 3 650.7 亿元,产销率 98.2%,同比增长 8.22%。

2. 主要塑料制品产量

2011 年,广东省塑料制品总产量 1 074 万 t,同比增长 13.86%,占全国塑料制品总产量的19.6%。广东省塑料制品产量增幅小于全国增幅,占比也降至 20% 以下,但总产量及比重仍居全国首位,为我国塑料制品第一生产大省。广东省塑料制品分类产品产量见表 1。

表 1　广东省塑料制品分类产品产量

产品种类	产量（万 t）	同比增长（%）	占广东省塑料制品总产量（%）	占全国塑料制品总产量（%）	在全国范围内的排名
塑料薄膜	136.4	2.45	12.7	16.2	2
泡沫塑料	58.6	24.56	5.5	41.5	1
日用塑料	129.9	11.32	12.1	28.3	1
其他塑料制品	730.0	13.70	68.0	19.3	1

2011 年,广东省塑料制品工业总产值增幅远大于产量增幅,产值占全国的比重也高于产量。主要原因:一是多年来全行业产品结构调整,塑料制品逐步向高端高附加值、配套多个行业方向发展;二是与原料价格、劳动力成本等生产成本趋高有关。

3. 产品进出口

2010 年,广东省塑料制品累计出口 183.2 亿美元,同比增长 29.03%,出口额占全国塑料制品出口总额的 32.42%;累计进口 50.11 亿美元,同比增长 10.88%,占全国塑料制品进口总额的 26.78%。尽管 2011 年外贸形势不乐观,广东省塑料制品出口仍保持较高增长,增幅高于全国平均水平,出口额占全国总额的 1/3。

2011 年全省塑料制品实现出口交货值 1 046.4亿元,占全国塑料制品出口交货值的 45.96%。其中,其他塑料制品完成出口交货值 325.6 亿元,日用塑料制品完成 278.7 亿元,塑料零件完成 147.6 亿元,塑料薄膜完成 106.9 亿元,分别占广东省塑料制品出口交货值总额的 31.1%、26.6%、14.1%和10.2%。出口产品结构仍以普通塑料制品为主,日用品、塑料零件等产品出口交货值占总额的72%。

4. 行业经济效益

2011 年,广东省塑料制品企业累计实现主营业务收入 3 532.5 亿元,同比增长 22.35%,占全国主营业务收入的 22.67%;实现利润总额 147.95 亿元,同比增长25.81%,占全国利润总额的16.77%;盈利企业平均利润额571万元。全省2 992家规模以上企业中,亏损企业403家,亏损面13.47%,亏损企业数占全国塑料制品亏损企业的32.4%;亏损额13.39亿元,占全国塑料制品亏损企业亏损总额的27.85%;亏损企业平均亏损额332万元。亏损企业及亏损额均占全国比较大比例。2011年广东省不同类别塑料制品企业经济效益见表2。

表2 2011年广东省不同类别塑料制品企业经济效益

企业类别	企业数(家)	占全国同类企业数(%)	实现利润(亿元)	占全国同类企业利润(%)	亏损企业(家)	占全国同类企业数(%)	亏损额(亿元)	占全国同类企业亏损额(%)
塑料薄膜企业	303	22.05	20.15	17.08	44	29.33	1.9	27.98
塑料板、管、型材企业	280	12.06	47.72	19.92	30	15.46	0.94	8.26
塑料丝、绳及编织品企业	86	4.96	5.13	4.59	4	0.38	0.02	1.09
泡沫塑料企业	172	24.09	3.87	9.44	17	28.33	0.37	26.24
塑料包装箱及容器企业	250	18.77	10.93	11.78	36	30.00	0.75	26.41
塑料零件企业	369	30.5	6.48	12.23	78	41.71	3.48	33.33
日用塑料企业	637	36.78	16.23	20.01	64	43.54	2.03	45.11
其他塑料制品企业	829	40.4	31.73	32.34	124	51.03	3.84	49.9

产品分类中,占全省塑料制品行业利润总额比重较大的是塑料管、板、型材(32.75%)、其他塑料制品(21.45%)、塑料薄膜(13.62%)、日用塑料(10.97%),占利润总额比重较小的是泡沫塑料(2.61%),塑料丝、绳、编织品(3.47%)。占亏损总额比重较大的是其他塑料制品(28.68%)、日用塑料(15.16%)、塑料薄膜(14.19%),均是广东省产量比重最大的产品。亏损面较大的分类产品生产企业为:塑料零件企业(21.14%)、其他塑料制品企业(14.96%)、塑料薄膜企业(14.52%)、塑料包装箱及容器企业(14.4%),均高于全省塑料行业企业亏损面平均比例。塑料制品产值利润率为4%,低于全国平均水平。按产品分类,产值利润较高的产品依次为塑料管、板、型材,塑料包装箱及容器,塑料薄膜、塑料丝、绳、编织品,分别为7.98%、4.5%、4.41%、4.27%和4.16%,均高于全省平均水平;最低的是塑料零件,产值利润率仅1.65%。广东省塑料制品整体产品结构利润偏低,总产值增长主要靠产量增长来实现。

5. 企业资产

2011年,广东省塑料制品企业资产总计2 072.02亿元,占全国塑料制品资产总计的21.94%;规模以上企业平均资产为6 925万元,略低于全国平均水平。按产品分类,平均企业资产较大的是塑料管、板、型材企业,塑料薄膜企业,塑料包装箱及容器企业,分别为12 646万元、10 363万元和8 064万元。平均资产偏小的是日用塑料企业,泡沫塑料企业,塑料丝、绳、编织品企业,其他塑料制品企业,分别为4 397万元、5 145万元、5 244万元和5 800万元,均集中于塑料行业传统产品制造和偏劳动密集类企业。全行业企业仍以中、小微型企业为主。

二、深圳市塑机行业发展情况

广东省是塑料加工设备制造大省。2011年,全国规模以上企业数564家,其中广东占65家;全国工业总产值431.70亿元,其中广东占83.0亿元;塑料加工专用设备产量全国350 707台,其中广东77 847台。

深圳市2011年塑料机械销售总额约为20亿元,其中震雄集团、力劲科技集团、仁兴集团几家龙头企业在深圳市场发展非常理想。深圳的许多大企业,如比亚迪股份有限公司、富士康科技集团、深圳市永高塑业发展有限公司等都采用该类企业的注塑机。过去深圳的塑料制品行业对精度要求并不是特别高，对产品更多的要求是价位适中、有品牌保证；而如今，随着深圳生产工业的不断提高，特别是电子制造业的快速发展，深圳对高精度以及大型塑机的要求不断提高，给更多的企业提供了良好的商机。深圳的汽车和电子信息业是目前各大塑机厂家追逐的主要市场。就市场反应程度来看，汽车产业整体塑胶行业生产链已经比较成熟，特别是对大型机械的需求非常大；电子产业的整个塑胶产业链正在逐渐完善，预计在未来3～5年内会有一个大的飞跃，对塑料机械的需求也会迅速增长。

三、深圳市规模以上塑料机械生产企业

1. 震雄机械（深圳）有限公司

在“2012年中国塑机制造业综合实力20强企业”名单中，震雄集团排名第二；在“2012年中国塑料注射成型机行业10强企业”名单中，震雄集团排名第二。震雄集团于1958年由蒋震博士在香港成立，迄今已有47年的历史，已成为全球注塑机产量最大的生产商，1998年迁入深圳市龙岗区坑梓镇震雄工业园。震雄集团秉承“精益求精”的精神、价值理念和团队精神，勇于改革，努力创新，产品从单一的注塑机发展到机械臂、球墨铸铁、精密模具、液压配件、震雄PET瓶坯注塑配套系统等，客户网络已遍及全球60多个国家和地区。最近集团下属的震雄机械（深圳）有限公司被深圳市科技局认定为第七批高新技术企业。深圳震雄精密设备有限公司被确认为“深圳市先进技术企业”。震雄机械（深圳）有限公司生产能力见表3。

表3　震雄机械（深圳）有限公司生产能力

序号	主要数控产品	产能（台/月）	先进性
1	Ai－02 注塑机控制器	800	国内领先
2	Ai－12 注塑机控制器	200	国内领先
3	Ai 系列伺服注塑机	200	国内领先
4	C2 系列伺服注塑机	100	国内领先
5	二板式伺服注塑机	20	国内领先

（续）

序号	主要数控产品	产能（台/月）	先进性
6	PET 瓶坯机系统	5	国内领先
7	PET 专用二轴重型机械手	5	国内领先
8	ichen 网络监控管理系统	50	国内领先

2. 力劲科技集团深圳领威科技有限公司

在“2012年中国塑机制造业综合实力20强企业”名单中，力劲集团排名第十；在“2012年中国塑料注射成型机行业10强企业”名单中，力劲集团排名第七。力劲科技集团深圳领威科技有限公司成立于1991年，是力劲集团在内地投资建设的首家工厂，位于深圳市龙华力劲高新技术工业园。占地面积12万m^2，由主厂房、办公楼、清华力劲压铸高新技术研究中心、镁合金产业化示范基地构成，是一家集科技、研发、生产于一体的大型机械制造企业。拥有各种大型进口先进加工设备90余台（套），以制造、销售热室压铸机、冷室压铸机、精密注塑机、镁合金压铸机、高精密数控加工中心为主，产品广泛用于航空航天、汽车工业、电子、电器、玩具礼品等行业，远销东南亚、欧美等地区，为全球最大的压铸机制造商之一。深圳力劲荣获“深圳高新技术企业”“深圳机械行业副会长企业”“全国外商投资双优企业”“外商投资先进技术企业”等称号。力劲PT80、PT130、PT160、PT200、PT250、PT320、PT400、PT480、PT560、PT650、PT850、PT1000、PT1300注塑机已列入《工业和信息化部节能机电设备（产品）推荐目录（第三批）》，并已通过国家级节能认证。力劲科技集团深圳领威科技有限公司生产能力见表4。

表4　力劲科技集团深圳领威科技有限公司生产能力

	主要数控产品	产能（台/月）	先进性
1	压铸机	650	国际先进
2	注塑机	420	国内领先
3	数控加工中心	450	国内领先

3. 仁兴机械(深圳)有限公司

仁兴集团成员内历史最悠久的仁兴机器厂有限公司,于20世纪50年代成立于香港,致力研制注塑成型机,是香港该行业始创者之一。创业至今都将质量及信誉奉为经营之道,60年来所研制的各系列注塑成型机均以质量优越而享誉国际。90年代初,仁兴集团在中国深圳市成立仁兴机械(深圳)有限公司,自筹资金兴建厂房及购置进口生产设备,更获ISO 9001质量保证证书。

公司一直对产品的性能、质量、精密度、稳定性、耐用性要求极高,选材精良,使用进口加工中心精确加工,装配过程精益求精,设计和技术人员拥有多年的工作经验。为了满足注塑成型发展及各种塑料产品的不同需要,已设计和制造出七大系列注塑成型机,分别为SP－A优质注塑机系列、SP－i优质节能注塑机系列、SK高速精密注塑机系列、MM双色成型注塑机系列、JS高级注塑成型机系列、HC直液压锁模大型机系列、EM全电动注塑机系列。锁模力由300～20 000kN,可依照市场和客户需求“量身定做”。

作为一个早期从事注塑机生产的香港品牌,在数十年精密机械制造的坚实基础上,充分研究了世界压铸行业发展趋势,将行业高质量压铸件对设备的特殊要求融入压铸机械设计理念中,开发锌、铝及镁合金专用压铸机及压铸技术,致力于为生产高质量压铸产品的客户提供专业服务。到目前为止,已设计和制造出镁铝合金冷室压铸机AMC系列、锌合金热室压铸机AMH系列、镁锌合金热室压铸机AMH－M系列。

四、塑料机械最新技术进展及发展趋势

近年来,国际注射成型技术发展迅猛,许多新技术、新设备层出不穷。世界工业发达国家的注塑机生产厂家都在不断提高普通注塑机的功能、质量、辅助设备的配套能力以及自动化水平。同时也大力开发、发展大型注塑机、微型注塑机、专用注塑机、高精度注塑机、生物材料注塑机、智能化注塑机,以满足市场对塑料制品的需求。注塑机控制系统朝着电子技术、计算机技术、网络技术、信息与塑机的机电一体化相结合等方向发展,向着高精度、高速度、节能环保等方向发展。

1. 注塑机控制器发展

注塑机控制器发展:继电器回路 → PLC控制 → 微机控制器。

现在注塑机95%以上采用微机控制器,控制系统就是注塑机的大脑,控制机器各部件完成相应任务,并达到工艺的精确控制要求。

随着注塑机技术的不断升级,注塑机对控制系统的需求如下:

(1)实现对注塑机整个工艺流程的控制;

(2)达到流量、压力、位置等的控制要求;

(3)能够自动控制料筒温度,达到所需精度;

(4)有良好的人机界面,能方便地修改参数,并实时显示注塑机的工作过程;

(5)满足各种通信接口需求,运行速度更高更快;

(6)实现工艺各个参量的PID闭环控制;

(7)通过总线通信方式,控制器直接控制伺服泵工作;

(8)直接驱动伺服阀,省却中间(放大板)控制环节;

(9)更多的网络功能,支持远程售后服务;

(10)自主开发应用程序。

微机控制器将由中低档微机控制器向中高档微机控制器发展,最后发展到高档微机控制器。

中低档微机控制器产品代表:国产品牌控制器(含大部分中国台湾品牌控制器)。中低档微机控制器以单片机为核心,由于计算能力有限,一般是开环控制,控制精度不高,属于市场逐步淘汰产品。主要应用于普通低端注塑机市场。

中高档微机控制器产品代表:中国台湾品牌少量系列产品。中高档微机控制器以高速DSP微处理器为核心,运算快,注塑机部分动作实现闭环控制,基本实现机器的精度需求,显示直观,但扩展能力有限,对周边产品适应性不够强,整合机器整体性能不够高。主要应用于一般注塑机、中型注塑机、部分高速注塑机。

高档微机控制器产品代表:如欧美品牌,KEBA电脑。高档微机控制器以工控机为核心,多数采用多任务、高速、高性能 CPU,运算能力超强,实现工艺各个参量的 PID 闭环控制,实现各运行参数的动态显示,使机器更精确、成品质量更优良。高档微机控制器可轻松配置周边设备,整合升级注塑机整机性能,可大幅提高注射速度、开合模速度,生产效率大大提高。同时,提供产品各种质量参数的分析模块,可保存及打印各种机器参数报表,可加快各种参数的调节进程,更适合多品种的现代生产模式。

塑料产品不断对注塑机提出高要求,也就相应地要求采用更高性能的控制器,需要更多更高的自动 PID 调节功能,兼容更多总线通信方式,扩展性更高,控制器画面直接调试伺服泵,控制器直接驱动伺服阀,产品性价比更高。

2. 注塑机液压驱动技术的发展

注塑机液压驱动技术的发展阶段:传统阀控→调速电机加阀控→第一代液压伺服控制→增强型液压伺服控制。

(1)传统阀控。采用比例阀调节流量及压力,缺点是精度低、能耗大、稳定性差。

(2)调速电机加阀控。一般采用变频器驱动油泵调整流量,使用比例阀调节压力及最终流量。和传统阀控相比,有效降低了能耗,但响应慢、精度差。

(3)第一代液压伺服控制。这是革命性的液压控制技术,在保证高响应性、高精度的同时,最大限度地降低了耗能水平。

(4)增强型液压伺服控制。在第一代液压伺服技术的基础上进行改进和提高,应用自适应模糊控制技术,改善各种工况下的控制性能,进一步提高响应性、精度以及稳定性,并拥有精密定位功能、闭环射胶等先进的功能。

3. 高速注射

对于一般注塑机而言,其注射速度为 80 ~ 110mm/s,如果达到 500 ~ 1 000mm/s,完全属于高速注射。利用传统的动力系统很难实现高速注射,可以采用以下解决方案来实现。

(1)采用氮气射胶。注射速度可以达到 500 ~ 1 000mm/s,甚至更高。

(2)注射单元采用单缸式注射结构。根据动力学和运动学原理,在实际注塑生产过程中,所需的注射推力 F 恒定不变,那么质量 m 越小,所获得的加速度 a 就越大,同时运动部件的速度达到 V_t 所需要的时间 t 就越短,确保系统在最短的时间内获得最大加速度和最大运动速度,即高速响应。

(3)锁模单元的结构。由于高速注射会在模具型腔内产生很大的冲击力,产品容易产生飞边,模具型腔有被胀开的可能,所以拟采用直压式锁模机构,以直推油缸(高压缸)作用在锁模中板的中心部位,与传统机铰模板的变形相比,模板的变形非常小;同时通过液压系统对直推油缸内的油液进行保压或二次锁模,确保模具变形小的同时型腔不被胀开或后退。

4. 精密控制

对于超精密塑料制品,其精度的控制非常关键,可以采用以下解决方案。

(1)注射动作的控制。采用当前世界上最先进的 MOOG 伺服闭环阀或德国力士乐的伺服闭环阀予以控制。该类型的油阀除了可以实现闭环控制外,还具有控制精度高、响应速度快、性能稳定等一系列优点。以确保在注射开始时快速获得最大加速度和最大的注射速度,在注射动作完成时快速获得最大减速度使注射速度降至零,从而获得最佳的位置控制。

(2)熔胶塑化。传统上利用油压马达熔胶,但由于油液具有可压缩性以及油马达存在内泄、运动惯性等特点,很难对熔胶动作实现精确控制,因而采用伺服电动熔胶。采用伺服电动熔胶后,伺服电动机的转速及转数可以通过伺服驱动系统实现闭环监测控制,而转数的控制可以达到 1/1024 转,从而实现精确计量。

(3)位置监测装置。多数采用电子尺或编码，但传统的电子尺分辨率都比较低，国内同行采用的电子尺，其监测精度只有0.1mm。采用悬浮式不接触电子尺的监测精度可以达到0.01mm，精度提高10倍，同时不接触式结构确保运行中不磨损，性能长期稳定可靠。

(4)螺杆的止逆元件。采用特殊结构，传统的止逆元件即过胶头、过胶圈，过胶介子在注塑开始时，没有封胶，可以横向滑动，导致在注射开始时胶料因压力变化而回流。通过采用特殊结构的止逆件(三小件)，在熔胶完成后，通过伺服电动机的微量反转(可控)，将通道提前主动封死，避免了注射时及注射过程中胶料回流的现象，从而实现非常精确的注射控制，确保产品的尺寸精度及重量偏差。

5.控制系统

从速度到结构等都做到精密控制，控制系统本身也要满足要求，才能保障高速、高精密的要求。可以采用以下解决方案。

(1)采用目前世界上最先进的控制电脑，即欧洲奥地利的KEBA电脑，其具有响应速度快、控制功能强大、性能稳定、可控制的绝对精度和重复精度高等优势性能。

(2)采用伺服优秀控制系统，即蒙德的伺服驱动系统，该公司的驱动系统专门针对注塑机行业进行针对性的功能研究，如动力系统的压力波动校正，油泵泄漏自动流量补偿等。

(3)超高速注射和较多项的精度控制要求，应用供应商原有的标准控制程序显然不能满足本项目的要求，可自主编写控制程序，以完成各项功能组合。

6.生物材料注塑

近年来，日益严重的石油资源短缺、环境污染等问题，迫使人们寻找到利用可再生资源、可降解材料逐步替代石油塑料的有效途径。随着全球低碳经济的迅速发展，对新型低碳环保塑料原料和制品的需求日益增大，低碳环保塑料产业的高速发展时代已经到来。目前，新兴起的生物塑料为原料的塑胶制品因其具有环保、污染低、可降解性等特点及人们环保意识的增强，为越来越多的用户所接受，相应的生物塑料工业发展迅猛。

生物塑料又称绿色塑料，低碳、低能耗，是在微生物作用下生成的塑料，或者是以淀粉等天然物质为基础生成的塑料。这种新兴的生物塑料可部分或完全替代通用塑料，应用于包装、薄生物塑料膜、购物袋、移动电话和饮料瓶等领域，在降低塑料对石油资源的依赖，推行低碳经济方面将发挥重要作用。

注塑成型优点突出，可生产结构复杂、尺寸精确的制品，生产周期短，自动化程度高，易于与计算机技术结合，适合于生物塑料在汽车、电子电器、建材、医疗器械等领域的产业化应用。但由于生物塑料自身物性及其加工性能的特点，导致生物塑料注塑成型加工时存在许多难题。例如这些材料加工温度低，加工温度与降解温度非常接近，加工窗口很窄，易氧化降解且易受水分影响，一旦受热时间长或温度过高，就会降解造成凝胶、黑斑或者黄变，严重影响制品外观和性能。传统注塑机生产生物塑料制品存在的问题见图1。

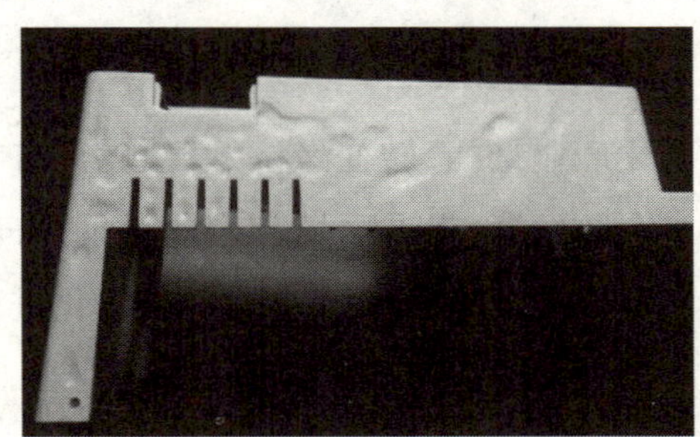

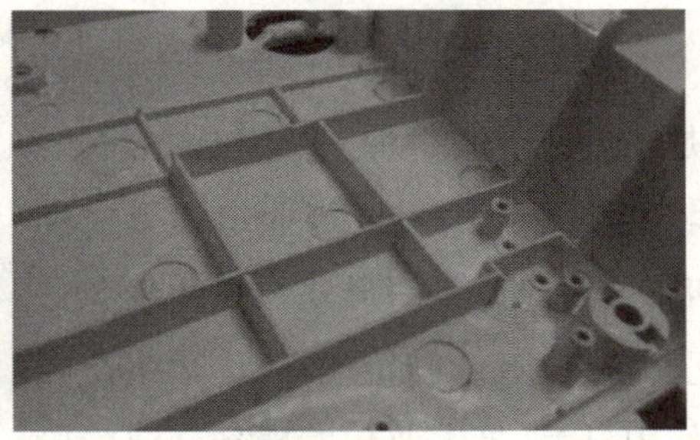

图1 传统注塑机生产生物塑料制品存在的问题

这些生物塑料自身物性和加工性能导致现有的传统注塑成型设备难以满足产业化生产性能优良的生物塑料制品需求。解决生物塑料注塑成型难题,将成为推进生物塑料广泛应用、实现资源和环境的可持续发展的关键因素之一。

针对难以在现有传统注塑成型设备上生产品质优良的生物塑料制品的现状,从机械、控制和材料等方面开展生物塑料的注塑成型关键技术研究,突破目前普遍采用传统塑料注射成型机加工成型生物塑料时存在的过度降解、充模困难、能耗较高和制品质量不稳定等技术瓶颈。通过低温低剪切高效塑化螺杆、低剪切浇口和流道模具等机械方面的创新设计,以及热流道和模具快速变温、伺服驱动节能以及成型全过程工艺参数智能反馈等控制技术方面的集成应用,研制开发基于短热机械历程技术的生物塑料注射成型系统,实现生物塑料的短热机械历程注射成型以及成型全过程工艺参数的智能反馈控制,力图应用新型系列设备对不同物性的生物塑料进行注塑成型,获得性能良好的生物塑料制品。

7. 微结构注塑

判定微结构注塑的依据是制成品的精度,即成品的尺寸公差、形位公差和表面粗糙度。要进行微结构注塑必须有很多相关的条件,而最基本的是注塑设备、模具、塑料材料和注塑工艺这四项基本因素。

作为微结构注塑机开发的核心技术,控制系统是提升注塑机整体技术水平的关键。传统的注塑机一般采用简单的开环控制,即按照预先设定值进行控制。在设备制造过程中,预先设定好参数值,例如锁模力、循环时间、温度等,由机器在生产过程中加以保持。例如模具温度可以通过控制加热流体的温度加以保持,塑化温度可以通过控制外加热装置的功率保持。这种控制方式结构简单,因而抗干扰能力差,控制效果也比较差。

微结构塑料制品的成型质量是微型注塑成型技术的最终目标,然而影响成型质量精度的因素较多,如浇口位置设计、流道设计、注射压力、注射速度、保压压力、型腔内的压力场、型腔内的温度场、熔料温度、模具温度、制品壁厚与形状、充模时间和保压时间等。在加工同一塑料制品时,也会因上述条件的不同而有很大差异,微结构塑料制品在成型工艺中很容易出现如短射、飞边、翘曲、熔接痕和尺寸超差等质量问题。因此,在微结构注塑成型过程中,从成型工艺角度精密控制微结构制品成型质量是微结构注塑的关键技术之一。

〔供稿单位:深圳市机械工程学会、广东省塑料工业协会注塑专业委员会〕

大连橡胶塑料机械产业

产业集群是工业经济的一种重要发展方式,现已成为我国区域经济发展的重要产业组织形式和载体。实践证明,这种产业组织形式在强化专业分工、发挥协作配套效应、降低创新成本、优化生产要素配置等方面作用显著,是工业化发展到一定阶段的必然趋势。培育和发展工业产业集群,有利于优化产业结构,转变经济发展趋势;有利于带动中小企业发展,提升区域和产业竞争;有利于统筹区域和城乡发展,加快工业化和城镇化进程。

大连是我国橡胶塑料机械装备制造业的发源地,是东北地区橡胶塑料机械装备制造业的集聚地,也是国内橡胶塑料机械制造基地之一。橡胶塑料机械在大连地区形成产业集群已经多年,大连品牌在国内外市场享有盛名。以大连橡胶塑料机械股份有限公司、大连三垒机器股份有限公司、大连诚信橡塑机械有限公司(二橡机)、大连华韩橡塑机械有限公司等为代表的一批知名企业,在改革开放以来取得了长足的发展,成果显著。2011 年大连地区的橡胶塑料机械行业,在遭遇百年不遇的金融危机之后,仍保持了略高的发展水平,实现销售收入 20 多亿元,为大连市工业经济不断实现新的跨越和全国橡胶塑料机械事业的发展作出了重大的贡献。

2012 年上半年,受欧债危机和全球经济形势不确定因素的影响,我国的工业经济受到较大冲击,下行压力明显加大,各行各业举步艰难。如何应对困难,需要行业、企业冷静思考。以中国机械工业 500 强企业、拥有百年历史被誉为中国"橡塑机械摇篮"的大连橡胶塑料机械股份有限公司和多元化、复合型的高新技术企业——大连三垒机器股份有限公司为代表的主导企业,具有创新思维,看准国际市场低迷,积极抓住机遇,大胆出击实施海外并购、合作,提升了企业自身的抗风险能力和竞争力。

大连橡胶塑料机械股份有限公司在国内行业市场占有一定的份额,是中国橡胶塑料机械行业主导厂和出口基地,2011 年全球橡胶机械供应商排序第 6 位(国内居前两位)。受欧美经济危机以及国际橡胶原材料价格不稳等因素的影响,国内外轮胎制造企业纷纷减产甚至停产,橡胶塑料机械市场也遭受严重冲击。在经历了"引进来""走出去"之后,大连橡胶塑料机械股份有限公司又开始大胆尝试"海外并购"。2010 年 10 月完成了对加拿大麦克罗机械工程有限公司的并购,2012 年 2 月又成功并购了捷克共和国布祖卢科股份有限公司。适时有技术含量的海外并购,使企业更加深入地融入全球经济,在国际化的跨越中发展壮大。

2011 年,刚刚完成搬迁的大连塑料机械厂在传统业务——滴灌带生产设备方面保持前两年的较高发展速度,市场份额持续提升。更为可喜的是他们紧跟市场需求,开发成功拥有自主知识产权的低碳环保石头纸高科技新材料项目,目前已经进入国内外市场,成为新的效益增长点。

大连诚信橡塑机械有限公司(二橡机)、大连宝锋轧辊有限公司、大连益达橡胶机械有限公司、大连云山机械有限公司等企业也趁势而上,积极调整产品结构,开发新产品,正在或准备扩大规模投资,蓄势待发。

作为地方性社团组织的大连市橡胶塑料机械协会,在全球经济萧条的危难时刻,向全体会员企业发出"抱团取暖,合力冲关,稳中求进"的倡议。要求各企业认识到"市场如战场,竞争如战争""敢为天下先,勇于争一流";做到"跟着市场走,围着市场转,随着市场变,从市场中崛起"。号召各企业充分利用好优惠政策来发展壮大自己,要在努力争取政策、资金和项目支持的同时,深入挖掘内部潜力,狠抓产品质量管理和产品结构性调整,在危机中实现蜕变,推动企业实现长足发展;要加大科技创新力度,注重人才和技术储备,加快转型升级步伐,提升产品质量,增强市场竞争力。同时协会也通过增强产业集群凝聚力,努力打造更多的"公共式服务平台"为会员企业服务。近年来先后为会员企业争取到大连市新产品独立申报资格、技改贴息及民营、中小企业发展专项资金项目,为企业申请到免费加入大连欧洲出口平台的优惠措施和多个国内展会展位费 50% 的政府补贴。同时利用协会这一平台,通过组团参加国内大型展会、组织企业参与军地共建等活动,使各会员企业互通互补、互惠互利,获取最大的利益和更快的发展。

〔供稿单位:大连市橡胶塑料机械协会〕

金塘塑机螺杆产业30年发展纪实

在杭州湾外缘、甬江入海口，金塘岛傲立东海。

金塘是舟山群岛新区的第四大岛，陆域面积88.2km^2，户籍人口约4.2万人，深厚的历史人文积淀使这里散发出独特的魅力。2008年5月，舟山市委、市政府批准设立舟山市金塘开发建设管理委员会，行使相关的市级经济管理权限和县级社会行政管理职能。舟山跨海大桥开通后，金塘成为甬舟两地沟通的桥头堡，区位优势更加凸显。随着打造国际物流岛战略的实施，这片“黄金海岸”前景璀璨。

如果说国际物流岛描绘的是金塘的美好未来，那么，蓬勃发展的塑机螺杆则展示出当今金塘岛传统产业的巨大能量。

20世纪80年代初，改革开放的春风孕育了金塘人创业的梦想，而螺杆的诞生，彻底改变了他们的命运。

1982年盛夏，当时的沥港农机厂接到了一份来自上海制笔机械厂的螺杆来料加工订单。螺杆究竟是什么样的产品？接到这笔订单，只是单一从事渔农机具加工的农机厂上下茫然。而上海方面却承诺，如果这批螺杆保质保量交货，今后会交付农机厂更多的订单。

面对这份特殊的订单，农机厂的技术骨干们，开始了自己的技术攻关之路。功夫不负有心人，经过近一个月日日夜夜的努力，第一根螺杆终于试制成功。之后，上海制笔机械厂也兑现承诺。不仅如此，上海丰华制笔厂、上海文教机械厂等陆续把加工塑机螺杆的订单交予沥港农机厂。

一根螺杆，让农机厂开辟出新的发展空间。更重要的是，当时国内塑机螺杆均由南京工艺装备厂独家制造的垄断局面从此被打破。

作为金塘塑机螺杆的发源地，沥港农机厂也是金塘塑机螺杆的“黄埔军校”。1985年之后，随着一批批产品出厂交货，螺杆加工技术日渐成熟，一批技术能手脱颖而出，开始了自己的自主创业之路。

没有资金、没有厂房、没有工人、没有政府的扶持政策，还要面对当时的计划经济体制，自主创业可谓难上加难。但是，金塘岛第一代塑机螺杆创业者凭借坚韧不拔的精神，攻克了一个个困难，逐渐向私营企业转型发展。

星星之火，可以燎原。第一代创业者的成功，让不少作坊里的学徒工人受益匪浅，技术学成之后也自立门户，纷纷办起了自己的工厂。20世纪90年代初开始，塑机螺杆加工企业在金塘岛上生根开花。适逢各级政府大力倡导发展个体私营经济，在一系列好政策的支撑下，创业者凭借敏锐的市场嗅觉、过硬的产品质量以及低廉的价格优势，迅速把塑机螺杆产品打入华东乃至更大区域的市场。

一座偏处一隅的悬水小岛，交通不便，信息闭塞，无论原料供应还是产品销售，都不占任何竞争优势，但是短短几年，金塘却成为国内塑机螺杆业内的一匹“黑马”。

金塘岛的塑机螺杆加工业快速崛起，而摆在当地党委政府和众多创业者面前的一大问题，则是如何把这一产业做大做强，打造具有持续、健康发展能力的支柱经济。当时，部分第一代、第二代创业者已基本完成原始积累，在政府的引导下，华业塑机、金星螺杆、舟山一机、东方螺杆、光明机械、精劲螺杆、通达塑机、栋斌螺杆、伟业塑机等企业纷纷投资兴建厂房、引进设备，同时，更多的熟练技术工人开始走向自主创业之路，塑机螺杆生产规模迅速扩张，产业层次也不断提高，特色明显的块状经济初步形成。

今天，金塘岛的塑机螺杆产业已经走过了30年。30年潮起潮落，金塘塑机螺杆经历了亚洲金融风暴、国际金融危机等一系列市场风雨的洗礼，依然闪耀着独特的光芒，称雄国内市场。2008年5月，中国机械工业联合会授予舟山定海“中国螺杆之都”的称号，而定海的核心就在金塘岛。2011年，全岛有塑机螺杆企业600余家，实现销售收入28.6亿元，在国内市场占据70%以上的份额。

30年，金塘岛塑机螺杆产业从无到有、从小到大，已经初步形成了专业化分工、上下游配套、产业链比较完善的块状经济体系。在原材料供应环节，金塘共有30余家经营螺杆原料38CrMoAl锻造的配套企业，年销售合金钢逾6.5万t，上海、江苏及浙江省钢铁企业均在金塘设有代理销售；在生产环节，岛内企业已形成专业化的分工协作体系，从粗加工到氮化热处理等一整套工序相互配套，一应俱全；在销售环节，根据国内塑机产业的布局特征，许多企业在注塑机生产相对集中的广东省及杭州、宁波等城市，挤出机相对集中的山东省及上海、北京、大连等城市设立了多个营销网点或办事处，产品销售遍及全国，一些重点龙头企业的产品已在日韩、欧美、东南亚及中国香港、中国台湾的市场占据一席之地。

30年间，金塘塑机螺杆产业也实现了由弱变强的一次次嬗变，核心竞争力不断提高。随着螺杆加工技术的日趋成熟和企业规模的日益扩张，行业企业拥有了一批现代化的标准厂房以及数控机床等专业化的成套设备，产业整体装备水平得到提升。企业在实现自我发展的过程中还不断注重质量的提升和品牌的创造，40多家塑机螺杆生产企业建立了符合ISO 9000要求的质量管理体系，100多家企业拥有自己的品牌或商标，并涌现出“华业”“金友”“金连海”等一批浙江省著名商标和浙江省名牌产品生产企业。2011年5月，汇聚塑机配件生产企业真实信息的“中国螺杆网”正式开通，这个网站由金塘开发建设管理委员会主管、金塘民营企业发展联合会主办，它为金塘的塑机螺杆企业搭建了公开、公正、公平的交流平台。目前，网站除了本地企业外，还吸引了40余家外省市企业主动加盟。产业区内建立了省内唯一的螺杆产品质量检测中心和市级技术创新服务中心。部分企业与大专院校合作，在装备技术、工艺流程、产品研发等方面得到技术支持，从而提升了企业档次，增强了企业综合竞争力。新产品的相继问世，也拓展了产业链，扩大了塑机螺杆的应用领域。

围绕华业、金星等一批年产值规模超亿元的中心企业，金塘岛也形成了数量较大、地域集中、分工明显的卫星企业，集群规模优势初现，由此实现了企业间高度专业化的垂直分工与协作，提高了生产效率和整体竞争力。螺杆料筒组件是塑料机械的核心部件，目前，金塘企业开发的螺杆料筒组件已形成平形、锥形、异形、单筒、双筒、双金属混炼等多种品种与规格，而且从小于15g微型至15 000g以上特大型组件系列规格产品都具备单次喂料能力。同时，针对市场和产业自身持续发展需求，近年来加大了塑机整机及其配件的研发力度，开发生产了机电一体化的各种型号挤出机、注塑机、塑木复合挤出机及油缸、哥林柱等塑机配件产品，并在质量、价格、信誉等方面均具有一定优势。

30年间，塑机螺杆让金塘岛声名鹊起。今天，螺杆是金塘的金字招牌，是最具亮点的符号。作为一项支柱产业，螺杆兴则金塘兴。多年来，以螺杆为主导的金塘工业经济始终充满活力，而岛内处处呈现的和谐民生，也要归功于塑机螺杆产业30年来的兴盛不衰。

如果把一项产业发展比作是人生历程，那30岁的金塘塑机螺杆产业已经跨入了而立之年，迎来如日中天的鼎盛时期。

东海潮涌，千岛璀璨。2011年6月，国务院批复设立浙江舟山群岛新区，舟山成为我国第四个国家级新区，舟山港综合保税区也于2012年10月宣告诞生。当前，金塘管委会正按照浙江省建设先进制造业基地和加快海洋经济建设的战略目标，坚持高起点规划、高标准实施，倾力把金塘打造成中国塑机螺杆城。同时，以西堠工业园区为重点，加快建设金塘塑机螺杆特色产业集聚区，并建设螺杆料筒的浙江省质量检测中心、舟山市技术创新服务中心和新产品研发中心，通过与高校及科研机构的合作，着力推进高端塑机整机及螺杆产品的研发，并实施名牌名品战略，以此推动金塘塑机螺杆产业的转型升级，增强产品和产业的核心竞争力。同时要瞄准国际大市场，让更多的螺杆产品走出国门，走向世界。

塑造伟业，事在人为。值得欣慰的是，正规科班毕业、拥有专业知识的第三代螺杆人已经开始接班，他们将带着强烈的创新、创造、创业意识，在老一辈30年丰厚积累的基础上，乘势而为，先行先试，在打造中国塑机螺杆城的进程中，书写新的辉煌！

〔供稿单位：舟山市金塘开发建设管理委员会、舟山市金塘民营企业发展联合会〕

企 业 风 采

用卓越品质服务全球

——新协力科仕特精密制造有限公司

一、企业基本情况

新协力科仕特精密制造有限公司(以下简称科仕特)成立于2007年，是广东省流通连锁龙头企业、广东省百强民营企业——新协力集团旗下子公司。

科仕特以集团的雄厚实力为依托，汇聚国内注塑机行业具有多年丰富经验的技术专家，组织高水平研发团队，并聘请高等院校、科研机构知名专家担任公司长期顾问。同时，公司高度关注国内外行业发展信息，务求与时俱进，前沿创新，并通过系统的完善实践，确保科仕特专业、精密的制造水平。

科仕特已先后通过ISO 9001:2008国际质量管理体系认证及CE认证。2010年，科仕特注塑机获中国塑料加工工业协会颁发的“最佳节能注塑机产品奖”和“最佳塑料机械企业产品优秀奖”。

2011年，科仕特被列入顺德区精密装备制造业转型升级规划，成为包括震德伊之密在内的六家重点打造企业中最年轻的成员。

2012年5月28日，科仕特新生产基地奠基仪式在开平市翠山湖工业区隆重举行。开平基地面积约9万m^2，所在的翠山湖新区是广东省产业转移工业园十大重点园区之一、广东省产业转移示范园区，毗邻重点院校，拥有便捷的交通，丰富的土地资源，完善的配套设施和高效的行政服务，综合优势明显。

科仕特藉此优越的投资环境及优惠的投资政策，完善、提升产业链，实现更好、更快地发展。同时，科仕特将以完善的大型产业基地为研发基础，增强大型及超大型设备生产能力，并依托专业的技术团队，参与区域产学研基地建设，为争取省级、国家级科技进步企业和高新技术企业打下坚实基础，为行业发展注入创新节能的新动力。

二、企业理念

在国家“十二五”规划大力提倡提高机械制造

企业技术及质量水平的今天，科仕特把"卓越品质服务全球"作为企业理念，以满足客户需求为己任，按"精心设计、精工制造、精密控制、精益求精"的方针为客户提供优质服务，以稳定的质量管理体系加上高性价比的产品服务打造注塑机行业品牌。

科仕特坚持以人为本、以市场为导向、以效益为中心、以科技领先为团队精神，精细管理，持续完善。结合实际情况，成功导入丰田 TPS 理念，建立科仕特 FPS 精益生产模式，并与 ERP、OA 信息化管理接轨，优化了公司各项资源，提升了公司的综合竞争力。

2012 年是科仕特的起航年，科仕特团队以环保低碳为核心，坚持技术创新，不断推出更加符合市场需求的节能产品。扩大技术力量，重点研发高速注塑机、高速瓶胚专用机及大型注塑机。不断完善产品水平，满足客户及市场需求。坚持客户、经销商、供应商、企业共赢原则，建立社会、客户、经销商、供应商、员工、企业的紧密利益共同体。

三、产品服务

科仕特拥有国际知名品牌高精度大型数控加工中心和数控卧式镗铣床等设备，硬件水平较高，具有锁模力 26 500kN 以下注塑机核心零件精加工能力；还具备多项具有国际先进水平和自主知识产权的专利技术。同时，科仕特引进国际标准检测设备，配合高要求质量管理体系，有效保障了产品质量。

至 2012 年，科仕特年生产能力已达到3 500标准台以上，拥有较强的大批量订单应对能力。所研发生产的机铰式变量泵节能注塑机、伺服节能精密注塑机、高速稳定的精密注塑机、电木热固性注塑机、UPVC 和 PET 专用机等产品，综合能效及性价比均保持行业领先，并可根据用户需要进行产品个性化组合设计，提供定制设备的系统解决方案，满足客户及生产厂家对设备的全面要求。

当前，世界发达国家的注塑机控制技术比较先进、成熟，其特点是普遍采用实时闭环控制，注重节能环保，这在一定程度上代表了注塑机控制技术的未来走向。纵观 2012 年国际各知名大型机械展会，业界对伺服节能系统技术的运用趋于成熟，伺服节能系统已是塑料机械必备的基本条件，不仅许多厂商投入生产及制造，研发技术方向也关注到直接垂直整合层面。面对这一趋势，科仕特秉承优势，引进多项国际领先技术，结合自主研发的核心技术，优化伺服系列机器（包括液压马达、控制器等）。通过不懈的努力，短短几年时间，科仕特注塑机就已在东欧、南美、东南亚等地取得了上佳口碑，销量亦逐年以 30% 以上的速度递增。

如今，在优秀营销团队的共同努力下，科仕特已在北京、天津、沈阳、青岛、上海、宁波（余姚）、常州、厦门、郑州、成都、重庆、广州、深圳、东莞、佛山、中山和江门等 50 多个城市架设销售渠道，并在我国华南、华东、华北及东南亚、美洲、非洲等地区设立技术服务中心，与科仕特出色的经销商一起，以整机保修 12 个月、配件保用最长 60 个月、24h 维护修理服务电话等保障，为客户提供先进、快速的产品支持，力求用卓越的品质服务全球。

四、品牌产品

科仕特以"精心设计、精工制造、精密控制、精益求精"为制造方针，通过配置国际最新技术和进口原材料，全面升级优化设备各项性能，以"高效、精密、节能、稳定"为基础，推出全新注塑机系列，进一步满足了精密塑料制品高精度、高准度的生产要求。

高效——运动分析软件优化机铰设计，运行平稳，速比高，开锁模较市场同档同价位机型更快；优化塑化系统，塑化能力强，系统高效、优质、量佳、快速；立体三维构图设计，有限元分析整机高刚性。全面的结构优化，使设备运转性能稳定。

精密——高精密电子尺检测位置精确；集多年经验设计优化的高精密三小件，全部进口材质保证产品重复运转精度；进口品牌泵、阀、控制器，动作协调匹配，程序优化。

节能——国际知名品牌比例变量泵，高响应、功率合宜，令注塑机液压系统输出与整机运行所需功率高度匹配，无高压溢流能量损失；加以变量匹配优势，与市场中同功率定量泵机型相比，节能30%～50%，节水30%以上。低油温令密封件寿命延长，机械磨损减少，大大降低停机维修几率，节省维护费用30%以上。

稳定——通过了ISO 9000全面的质量管理体系认证；全新的注塑机精益生产模式，领先的设计开发理念以及进口品牌检测设备，铸就了一流稳定的产品，为客户生产提供更优质的保证。

1. FST－V节能系列

科仕特在原KTV系列智能化联网精密注塑机系列基础上，着力推出了性价比更高的FST－V系列注塑机设备。FST－V系列在科仕特传统产品高效、精密、节能、稳定的基础上，通过应用国际最新技术、配置进口原材料，全面升级优化了设备各项性能，进一步满足了精密塑料制品高精准度的生产要求。

加倍优化的液压系统体现了专业精度和高性价比。标准配置进口电—液比例压力流量闭环控制型比例变量柱塞泵。通过压力传感器和斜盘角度传感器反馈压力和流量信号，利用比例阀对系统压力流量进行精确控制，更接近各个动作所需的压力和流量数值，较负载敏感控制型变量泵更节能，控制精度更高。

相同功率的机器可采用更大排量油泵，从而提高了开锁模速度，注射速率及塑化能力提高20%以上，过载能力强，适用于薄壁注射，更能缩短成型周期，提高效率。

液压流量闭环控制。输入信号电压—全截流压力特性曲线线性度极佳，输入信号电压—流量特性曲线近似正比例曲线，控制精度高、响应快，节能效果更理想。

液压系统节流、溢流损失大幅减少，无功功率损失更低，系统发热更少，油温更低，密封件使用寿命更长，减少机器冷却水用量，更节省厂房冷却设施的投资费用。

2. FST－S1伺服系列

科仕特FST－S1伺服系列是公司精心开发研制的一款高效节能、精密环保型注塑机。该机型结合了传统液压注塑机的所有优点及全电动注塑机的部分优点，引导了未来注塑机发展的新潮流。

S1系列注塑机和传统液压动力控制系统相比，噪声低、机台稳定性强、注射精度高、节能效果明显，实现注塑机省电、节能一次全新革命。

(1)节电性能超强。在理想工作状态下，比传统液压动力控制系统节能40%～80%。

(2)稳定性上佳。伺服电动机闭环精密控制，比传统液压动力控制系统重复精度大大提高。

(3)响应性能快速。灵敏的伺服电动机，快速起动时间仅需0.05s。

(4)运转噪声低。运行低噪声，低速运行更宁静，理想状态下低于70dB。

(5)保压性能可靠。压力闭环控制，保压时间可以更长、更稳定。

(6)持续运行温升低。伺服电动机精确控制系统流量，避免产生多余热量。温度低，液压油甚至不需冷却，大幅节约冷却水。

五、营销创新

2013年，翻开了顺德创业型城市建设的火热新篇章。在以切实支持保障创业梦想的大环境中，科仕特通过全新“精英创富计划”，协助创富精英打造创业计划。科仕特与创富精英合作，开设拥有品牌官方授权的科仕特“精英店”，使其成为科仕特品牌全系产品的经销商，以更为雄厚的资金支持，让创富梦想与现实更为接近，创造更大的利润空间。

科仕特的创新性举措，是基于对人才战略和渠道推广的深度思考；精英创富计划，也是科仕特开拓的面向全社会各行业招募创富精英人士的全新模式。科仕特创富基金平台，为有创业梦想的精英人士提供了资金及运营支持，实现了精英人士、企业、区域市场多方共赢的良性局面，进一步带动行业加速向区域市场的下沉。

〔供稿单位：新协力科仕特精密制造有限公司〕

实力铸就东华品质

——东华机械有限公司

东华机械有限公司(以下简称东华公司)成立于1986年,是一家以生产全自动电脑注塑机及其附属设备为主的合资企业。其在华南和华东建有生产基地,总占地面积20多万 m^2,固定资产超过2亿元,配备了一整套先进完备的设计、生产、加工、装配及检测设备,拥有各类金属切削设备80多台,其中加工中心20多台,数控机床近30台。

公司可一次性提供全套注塑机及其配套设备,注塑量43~50 000g,合模力220~40 000kN,共有90多个规格、百余种款式,现年产量5 000多台,产品遍及世界各地。

一、技术能力

东华公司自建厂以来,坚持以客户为中心,以科技为先导,极其重视研发和设计,每年都拿出销售额的3%~5%作为研究经费投入设计开发,并汇集内地的技术精英、中国香港的塑料机械权威工程师及德国、日本的技术专家,组建了拥有60多名高级技术人才的东华技术核心部门——工程系统。1994年,广东省科学技术委员会批准成立了以东华公司为依托的"广东省塑料机械工程技术研究开发中心",全面负责东华公司的新产品研制与开发,不断推出技术水平高、市场前景好的新产品。公司与北京化工大学、华南理工大学等高校建立战略性联盟,联合进行多项国际最新技术、产品等的研究,并结合国内雄厚的设计力量,使产品的开发"快、新、变",保证了公司所有产品均与世界先进水平同步。

由于坚持走自主研发创新及"焦点差异化"和技术领先的发展道路,20多年来,东华公司在多个项目的研发上屡创佳绩,曾经创造了多个国内第一,如国内第一台超大型注塑机(25 000kN锁模力,1993年),国内第一台两板液压式锁模大型注塑机(18 000kN锁模力,1999年),国内第一台全电动注塑机(2000年),国内第一台在线配混玻纤塑化式的大型注塑机(12 000kN锁模力,2006年)。2010年3月,公司1 800Se(锁模力为18 000kN)标准机成功地使用客户现用模具生产电器塑料件,耗电仅0.36kW·h,国家塑料机械产品质量监督检验中心现场验证了实际效果,评定该机为1级能耗标准,这是在行业里首台大型注塑机(锁模力在10 000kN以上)获此节能评级。2012年,Ge⁺全电动注塑机实现了系列化(55Ge、105Ge、155Ge、205Ge)生产并销往全国各地市场。

二、生产能力

在零件加工方面,东华公司配备了先进的加工设备,数控车床、CNC柔性加工中心、五面体加工中心、数控钣金设备、光学对刀仪、三坐标测量仪、超声波探伤仪、激光切割机、热处理车间、无污染涂装控制室等先进设备一应俱全。先进的加工设备结合先进成熟的加工工艺,是产品质量的重要保证。

在质量控制方面,东华公司是国内注塑机行业首家获得高新技术企业认定证书和ISO 9001质量管理和质量保证国际标准认证合格证书的企业,从1993年开始就全面推行ISO 9001质量管理和质量保证国际标准,对产品的制造实施全过程的质量监控,每一个生产岗位上的员工都经过严格的技能培训;每一道加工、装配工序都有严谨、科学的工艺规范;每一个过程都有严格的管理程序。在保证严格的零件、元器件检验、检测过程的同时,东华公司更注重全过程的检验和控制,通过定期对过程质量的审核、诊断和评定,确保人、机、料、法、环五大要素输入的适时有效性,从而形成有效的闭环控制系统。技术精良的制造队伍、完整的质量保证体系确保了产品的加工和装配精度,保证了产品的稳定性和可靠性。

三、公司荣誉

1993 年，东华公司在国内首先突破特大型注塑机的设计和工艺技术，成功设计制造出国内首台 25 000kN锁模力的 TTI－2500B 型特大型注塑机，填补了我国大型注塑机的空白，获得了国务院颁发的"中华之最"荣誉证书；同年，在国内塑料机械行业中首家获得高新技术企业认定证书和 ISO 9001 质量管理体系认证证书。1997 年，TTI 系列全自动注塑机被评为"广东省名牌产品"。1998 年，TTI 系列全自动注塑机被原国家机械工业局认定为"中国机械工业名牌产品"。1999 年，设计制造出国内第一台 TTI－1800T 二板式注塑机，并获实用新型专利，TTI－(550－800)F 系列注塑机获省机械工业科技进步奖一等奖。2000 年，研制出国内第一台环保节能高效的全电动注塑机。2004 年，被广东省科技厅评为"优秀高新技术企业"。2005 年，荣获"中国机械 500 强""中国橡塑机械 10 强"称号。2007 年，东华公司"h"牌注塑机荣获"中国名牌产品"称号。2009 年，东华公司被认定为首批"国家高新技术企业"，其生产的高效环保薄壁大容量餐盒注塑机荣获"广东省高新技术产品奖"。2010 年，东华公司的发明专利"化学发泡预压高速注塑成型方法"荣获东莞市专利优秀奖；同年，东华的 Se 系列机型成为全行业超大型注塑机（锁模力 >20 000 kN）唯一获得 1 级节能评级的产品。2011 年，东华公司连续第 6 年被评为"中国机械 500 强 "。2012 年，广东省首个"院士工作站"落户东华公司。

四、服务销售网络

东华公司的服务网点遍及世界各地，在国内各区域、各城市设立办事处达 30 个，在海外 50 多个国家和地区设有办事处或代理商，共有售后服务人员 180 多名，全部是机电一体化专业毕业，通过 ISO 9000 专业培训并持合格证，人员平均从事机械服务行业 5 年以上，具有丰富的判断、解决塑机故障能力及良好的人际沟通能力。

东华公司通过提供全方位的服务来更好地满足客户需求，并切合客户的实际需要提供从制品要求、原料、模具、工艺、机械设备、配套设备及工程的整体解决方案及具有价值的培训和预警服务。公司全方位地为客户进行免费培训；随时为客户设计、开发、提供机器附加功能设计参考；提供产品升级或改造服务；提供产能计算、产品打包服务；主动与客户联系，依据客户的时间安排，提前对机器进行检查保养，以最大限度地节约用户的时间成本，确保设备的正常运作；若出现需公司人员现场处理的事件，客户电话预约后，服务人员 4h 内到达客户现场，一般故障 2h 内解决使设备正常运转，特殊故障、系统问题 48h 内予以解决；提供 24h 全年无休维修服务，客户只需要拨打公司、各网络点服务热线，即可预约公司"全程管家"提供的先设计后安装、保养、清洁、维护的 360 度全方位服务，同时通过各售后系统建立"一站到位、一票到底"的服务流程，实现"一次服务用户，全部设备受益"的服务目的。

〔供稿单位：东华机械有限公司〕

技术创新促发展　精细管理铸品牌

——泰瑞机器股份有限公司

一、公司发展概况

泰瑞机器股份有限公司（以下简称泰瑞机器）作为行业著名的塑料注射成型机制造商之一，为实现建造一流的注塑机制造基地，于 2008 年 2 月投资建设生产基地，地址位于国家级开发区——杭州经济技术开发区内。公司总占地面积 8 万 m^2，厂房面积7万m^2,具有年产4 000台600~40 000kN锁模力注射机的能力。公司近三年凭借产品品种齐全、个性化机型众多、品质优异和全球无时差服务而闻名于业界。产品销往世界87个国家和地区,同时还在土耳其、巴西、澳大利亚、印度和意大利等国设立了办事处和代理商。2009年,泰瑞机器还在东南亚建立起第一个海外生产基地。公司投资上亿元建设的浙江泰瑞重型机械有限公司主要生产精密铸件及超大型注塑机,2012年开始赢利,成为德清县最具活力企业。

公司先后被评为国家火炬高新技术企业、浙江省高新技术企业、杭州市技术中心、杭州市专利试点企业、杭州市技术创新型试点企业、杭州市最具成长型中小企业和杭州市“百佳”创新型外经贸企业。以此为契机,公司加强了技术力量的培育,拥有了自己的研发中心,强化了新产品研发力量。2010年完成的年产1 000台伺服节能注塑机技术改造项目,极大地提升了产品质量和企业生产能力。如今,所有D系列伺服节能注塑机经国家权威检测部门检测达到国家一级节能标准,成为市场热销的节能新产品。

泰瑞机器始终以新技术、高精度为起点,以“打造泰瑞精品”为主线,通过引进、吸收国内外先进前沿技术,运用标准化、规范化、精细化管理手段,采用ERP企业信息化管理系统和UG设计软件,形成了产品技术先进、生产制造快速、成本控制有效的优势。成立至今,公司每年的各项经营指标增长速度多在50%以上,最高达130%,预计2013年销售收入将继续保持高速增长。泰瑞机器近年来突飞猛进,2011年成功进入中国塑机10强企业和中国塑料制造业综合实力20强企业。

二、完善各项管理体系,提升企业竞争实力

首先,公司在企业治理和组织架构上进行合理调整,按照企业经营功能设立了技术中心、质检中心、制造中心、销售中心、行政中心和财务部等部门,明确部门的岗位职责和权限,并建立起相应的绩效考核体系,保证公司按照正规化、先进性的管理模式运行。

其次,在生产组织上,为实现标准化、规范化、精细化管理,公司投资80万元引进了ERP管理系统,项目覆盖技术、财务、营销、制造、配套、计划与仓储物流等多个部门。由电子表格单据转化成系统单据,便于记录保存及统计;由手工做账转变为电脑做账,实现了生产需求分析以保证精确采购生产物料,降低了库存成本;采用系统进行排产,合理安排机台及人员作业,大大提高了机台与人员的效率,从而使产量逐年递增;应用系统对客户报价单进行统计分析,便于制造部门提前安排生产,缩短交货周期,成为营销利器之一。

通过产品订单的录入、生产计划生成、采购计划形成、采购指令单下达、生产配方模拟生产等一系列的操作流程,公司在实现精益生产的同时有效降低了生产成本,大大缩短了交货期,真正实现了以数据说话的精细化管理。同时,利用ERP的推进,对原有生产流程进行了梳理,基本改变了口头传递、纸质传递信息的传统。

第三,公司加大力度推行6S管理,提高产品品质,关注安全生产。通过6S管理的推进,员工的有序生产意识明显增强,生产现场明显改观,零部件堆放整齐了,区域划分明确了,消除了安全隐患,在提高管理水平的同时增强了企业的竞争力,为公司的飞速发展夯实了基础。

第四,重点加强人力资源的开发与培养。通过培训计划的实施和技能的应知应会测评,提高人才队伍的稳定性和知识的更新度;加强员工绩效考核,完善员工薪酬结构,提高员工的工作热情和积极性。公司目前有员工300余人。

第五,2009年10月,泰瑞机器应用了“OA管理系统”,加强了公司内部的行政管理。“无纸化管理”的实施,给公司带来管理便利的同时也增强了员工的环保意识。在OA中实施了人力资源管理模块,将人事信息、招聘信息等都录入系统,便于进行人力资源分析，以便整体调整人事结构；培训管理模块则记录了员工培训管理的课时；同时，还可实现办公用品管理、车辆管理、内部新闻等。公司还大量应用了OA中的工作流，制作了多达30余项工作流，做到责任分清、办事留底，杜绝了之前存在的内部工作“扯皮”的现象。

第六，在产品设计、制造中应用计算机辅助设计技术。在产品技术发展及公司对“造出好机器”强烈愿望的推动下，公司于2010年购买了西门子公司出品的UG三维设计软件，提高了新产品的设计效率。2013年，公司与浙江大学合作，开发运用PDM软件，必将进一步提升产品设计管理水平。公司生产的所有设备都有搭载工控机，通过应用杰佛伦、台湾宏讯的控制器，并配合公司自主研发的控制器软件，实施远程联网监控，实时了解机器运转参数及产能。

由于在信息化应用上取得的卓越成就，泰瑞机器荣获杭州市信息化应用试点企业称号。

三、积极研发新产品，提升企业核心竞争力

为了实现良好发展，泰瑞机器打破传统模式，大胆改革，不断从传统制造技术吸收机械、电子、信息、材料、能源及现代管理技术等成果，并将其综合应用于注塑机产品设计、制造、检测、管理、销售、使用和服务全过程，实现优质、高效、低耗生产。具体体现在以下几个方面：

1. 技术创新与质量管理

泰瑞机器拥有一支高效敬业的近40人的技术研发团队，已经开发形成7大系列产品：D系列热塑（热固）注塑机，锁模力600～40 000kN；TRX（M）系列高性能热塑（热固）注塑机，锁模力600～5 000kN；U（C）PVC、PPR、PE塑料管件系列专用注塑机，PET瓶坯高速机、瓶盖高速机及相关生产线；清（混）双（多）色、夹层（发泡）注塑机；多回路（电液复合）快速注塑机；D（梦想）系列注射机；气体辅助射出成型系统和配套各类塑胶模具和附机。引进先进适用的制造技术和管理技术，并把技术引进的重点放在消化吸收与发展创新上，将学习借鉴与发展创新相结合，从模仿为主的低层次消化吸收方式逐步上升到掌握关键、核心制造技术，形成自主开发创新能力的高层次消化吸收阶段。公司近两年开发的高科技注塑机有：40 000kN大吨位注塑机和J系列塑料管件专用注塑机等多个系列注塑机，其中TRX2200J管件专用注塑机被科技部列为2011年度国家火炬计划；TRX2800J管件专用注塑机荣获2011年度杭州市重点产业（工业和信息化专项）发展资金首台套项目，荣获浙江省机械工业科技进步奖一等奖。多种机型（D250/D1800/TRX80/300M机）入选《浙江省第七批节能导向目录》，并被推荐进入国家《节能机电设备（产品）推荐目录》，D100电液混合伺服节能塑料注射成型机研发项目正式作为杭州市技术创新项目立项。这些荣誉的获得，体现了社会各界对泰瑞机器的认可和肯定，也展示出泰瑞机器不断奋发图强、攀登品牌高峰的信心和气魄。

技术管理方面，公司全面推行项目负责制。根据新产品开发流程，每个项目组对项目进行充分的市场调研、信息资料收集，进行可行性分析，制作项目计划书，明确项目负责人和完成时间。项目小组实施项目成功率与收益相捆绑，有效地提高了研发人员的积极性。同时公司十分注重技术队伍的建设，每年都招聘50余名大专以上应届毕业生深入车间、研发中心等部门实习，建立技术人才储备库。

在质量管理方面，导入了ISO 9000质量管理体系和ISO 14000环境管理体系，完善了质量控制体系，有效改善了公司环境，促使产品质量迈上了一个台阶。2008年12月，公司通过了ISO 9000、ISO 14000认证以及CE安全体系认证。

公司在质量管理中还借助ERP管理系统，设立了合格供应商管理、过程工序检验合格率、出厂检验合格率、一次检验合格率、产品批次检验率等一系列考核指标，使产品质量与员工效益、企业效益挂钩。

同时在质量控制上针对制造过程中发现的质量问题，成立了 QC 项目小组进行改进，截至 2012 年年底，公司在产品工艺、质量上的改进项目达到 200 余项。

2. 品牌管理

公司大力推进品牌战略。专门成立公司高层牵头的创建名牌领导小组，制订了“以市场为导向的产品、技术及服务领先”的品牌战略定位，严格设计过程、生产过程和产品过程检验。泰瑞机器以产品品种齐全、特殊机型众多、生产交货及时、售后服务周到立足于塑机行业，产品 60% 以上出口国外，赢得了全球 87 个国家和地区用户的信赖。在售后服务上推行无时差服务，在国内十余个办事处和国外的土耳其、巴西、澳大利亚等地设立了服务备件仓库，配备专职服务工程师，配合全球泰瑞合作伙伴一起以最快的速度响应、满足客户需求。公司已经建立了完善的客户档案和产品档案，实现产品的有效跟踪，更好地实施售后服务。

为提高产品知名度和推广度，公司每年都组织参加在我国境内举办的中国国际塑料橡胶工业展览会、台交会、中国国际塑料橡胶工业展览会，以及在国外举办的德国杜塞多夫国际塑料及橡胶展览会、美国国家塑料展览会等专业展览，同时投入大量资金制作高速公路广告牌及成套产品宣传资料，包括建立公司网站宣传产品，拍摄 VCD 介绍公司生产经营及产品情况。

泰瑞机器的品牌管理包含品牌构架、品牌定位、品牌核心。品牌构架将以公司拥有的“泰瑞”“TEDERIC”两个注册商标为基础，不断增加海外国家地区的注册，已拥有国外注册商标多件，保护了品牌的合法地位；完善公司品牌管理体系，加大品牌的宣传和品质提升以及使用规范。品牌定位将结合行业特性，以“打造泰瑞精品”为主线，通过学习国外技术、在国内外开展产学研合作的方式，以“节能、高效、高精度”的产品为依托，不断研发新产品，提高产品质量。品牌核心将通过建立企业文化、塑造企业形象，使公司的日常经营与品牌战略有机结合。2012 年，泰瑞品牌的影响力进一步提升，产品分别获得杭州市质量技术监督局授予的杭州名牌产品称号和杭州市外经贸局授予的杭州市出口名牌产品称号；商标荣获浙江省著名商标称号。相信在不久的将来，泰瑞品牌将成为中国驰名商标并获得“中国名牌产品”称号。

公司充分利用互联网的宣传效应，企业影响力不断扩大。2011 年 3 月参加慧聪网提名注塑机十佳企业活动，通过企业形象宣传和用户意见反馈，荣获十佳塑机企业称号，这也为提高公司知名度、提升市场影响力奠定了坚实的基础。目前“泰瑞”无形资产有较大幅度的升值，对企业融资有良好的促进作用。

3. 节能降耗与环境保护

泰瑞机器的发展方向就是“节能、高效、高精度”。公司通过有效的环境治理，提高了员工的节能低碳意识。在环境管理方面，严格遵照公司管理制度，以“发展环保产业，力创环保品牌”为工厂的环境方针；特别培训与环境有重要关系的生产部门的所有管理人员。围绕环境方针，开展了一系列活动：识别重要环境因素，制定环境目标指标方案，进行合理性评价；开展节能降耗活动，取得了一定的绩效，环境意识大大提高。公司通过采用国家和省公布的或者其他有效的清洁生产工艺技术与装备改善管理，相继投入数百万元用于环境保护设施建设。注塑机冷却水的循环利用系统改造、注塑机液压油的过滤循环使用系统改造、建立危险化学品仓库和危险废弃物垃圾仓库等成效显著，能耗指标、物耗指标、水耗指标和污染物排放指标明显下降，服务水平及安全指标明显提高，能源利用成本大大降低。公司已经成为杭州市清洁生产验收合格企业。

公司研发的 D 系列伺服注塑机已经通过国家节能检测中心的检测，能耗等级一级，比传统注塑机节能 25% ~60%。产品能耗指标符合国家节能产品的技术要求，进入国家《节能机电设备(产品)推荐目录》。

在内部管理和生产运营方面，公司通过采用节能产品如精加工技术中心、节能伺服电动机、节能照明、智能供水等进行能耗控制，同时在使用新材料、新工艺上充分考虑节能降本因素。对于一些高能耗的传动装置，公司就改由液压传动代替。

四、实行人性化管理，秉承“价值共创共享”的价值理念

企业所有的成果都需要人进行创造和实施，尊重员工就是对产品、对用户的尊重。公司每年安排一定时间，投入一定的资金，开展“泰瑞杯”篮球比赛、拓展活动、登山活动以及其他文娱活动，丰富员工的业余生活。通过活动提升企业的凝聚力和向心力，增进员工的团队意识和个人荣誉感。泰瑞机器秉承“价值共创共享”的价值理念，在不断的发展中，为社会创造价值、为用户创造价值、为供方创造价值，同时也为股东和全体员工创造价值。为适应市场经济发展需要，提升企业管理能力，增强企业市场竞争力，公司在2012年被列入杭州市拟上市企业名单，完成了股份制改制工作。2013年是泰瑞机器上市申报的关键一年，为此，公司建立上市申报管理部门，负责协调处理企业上市的衔接工作，加快上市步伐。在产品研发方面，组建新产品研发中心和体系，计划投入5 300万元用于新产品制造技术改造，加快新产品特别是符合低碳经济、循环经济的节能型产品的开发。在销售网络建设方面，继续完善东南亚海外制造基地的建设以及国内、国外销售渠道建设，在注塑机需求的重点区域建立销售服务点，缩短与客户沟通、满足客户需求的距离，加快服务的响应速度、提升服务质量；加大产品和企业宣传的投入，进一步增强泰瑞机器在市场的美誉度和知名度；加大人才的引进力度，进行内部管理挖潜，降低生产成本，树立良好的企业形象和品牌影响力。力争在不久的将来能够跻身国内注射机行业第一集团行列。

〔供稿单位：泰瑞机器股份有限公司〕

超卓无限　引领中国机械制造产业新途

——宁波海星机械制造有限公司

宁波海星机械制造有限公司(以下简称海星公司)位于宁波国家高新区，是一家专业生产精密、节能注塑机、冷镦机的国家高新技术企业。海星公司创立于1999年11月，现拥有4万m^2的国际标准化厂房，设有十几台大型加工中心和大批先进的数控加工设备。海星公司成立十多年来，一直以过硬的品质保证、强大的研发力量、完善的服务体系为创业之本。如今，海星公司已发展成为我国一流的注塑机、冷镦机设备制造企业，产品销往全球60多个国家和地区。

海星公司视产品质量为企业的生命，信奉质量是企业发展壮大的根本，以“追求钻石品质”为质量纲领。“海星”牌注塑机、冷镦机引进世界先进的设计理念，配备世界一流的液压、电气及控制系统，实施“现场就是市场、细节决定成败”的全员及全过程控制，通过严格的装配、检验、调试，为客户提供符合国际高端标准的产品与服务。海星公司通过了ISO 9001质量管理体系认证和CE产品安全认证，“海星”牌注塑机是宁波市名牌产品，“海星”商标是浙江省著名商标。

海星公司是宁波市创新型企业，公司坚持自主创新发展，以创新为动力，以创新求发展，走出了一条适合自身发展之路。公司建有浙江省高新技术企业研发中心——海星精密节能机械研发中心，具有强大的研发设计创新能力。研发中心致力于注塑机、冷镦机的节能、环保、智能化研究，现已获得授权发明专利和实用新型专利十余项。公司自主研发的十几大系列、100多种型号的注塑机、冷镦机，是借鉴国内外先进技术并结合自身经验的完美力作，产品性能指标达到国内领先水平。

海星公司一贯诚信经营，深得同行的尊敬和认可，供应商更是以为海星提供配套业务为荣。诚信是最好的口碑，诚信是经营的基础，诚信赢得了客户的信任，也赢得了市场，为公司健康发展创造了良好的环境。海星公司先后荣获“宁波市诚信企业”“浙江省工商企业AA级重合同、守信用单位”等多项称号。

海星公司关心职工，重视企业文化建设，努力提高职工福利。公司为全体职工提供免费工作餐，所有领导不搞特殊化，与职工一同进餐。职工宿舍配有电视机、空调、热水器和网络等，有独立的卫生间。公司曾组织全体职工及部分家属港澳五日游和北京五日游，既开阔了职工的眼界，又增强了职工的凝聚力。公司是宁波国家高新区文明单位和宁波国家高新区和谐企业。

海星公司始终关心支持社会慈善事业，积极履行社会责任，千方百计回报社会。自2008年以来，已累计向各界捐款30多万元，并建有100万元的助学基金。公司非常关心困难职工，每年向困难职工发放慰问金。对因病（包括家属）致困职工，尽可能地给予资助。对因买房、建房资金一时有困难的骨干职工给予无息借款。职工家属没有工作的，只要职工本人申请，尽可能予以安排。公司获得了“宁波国家高新区慈善先进单位”称号。

海星公司凭借优秀的产品品质、优良的技术保证、专业的服务以及诚实有效的工作作风，赢得了广大客户的信任。公司在国内建立了完善的销售及服务网络，覆盖北京、天津、青岛、苏州、上海、余姚、温州、顺德、东莞和深圳等地；努力开拓国际市场，“海星”牌注塑机已被美国、墨西哥、阿根廷、南非、俄罗斯、西班牙、伊朗、印度、日本和泰国等50多个国家的客户使用。海星公司正逐步建立起以海星品牌为核心的面向国内、国际市场的营销体系。

海星公司愿与世界各地的客户携手共创美好未来。

〔供稿单位：宁波海星机械制造有限公司〕

追求卓越　塑造完美

——宁波海雄塑料机械有限公司

一、基本情况

宁波海雄塑料机械有限公司（以下简称海雄）成立于2003年。10年来，海雄人励志耕耘、锐意进取，现已发展成为中国塑料机械工业协会常务理事单位、宁波市塑料机械工业协会副会长单位、2012年宁波塑机行业综合实力十强第三名企业，2008年以来连续被认定为国家重点支持的高新技术企业，2010年“海雄”商标被认定为浙江省著名商标、企业资信等级连年被评为中小企业AAA级。公司新厂区占地面积7万多m^2，现有员工220人。在“为顾客创造价值，为员工创造机会”的企业使命驱动下，经营步步稳健，销量年年攀升，2012年注塑机产品实现工业总产值近3亿元。

二、制造实力

2011年末，海雄迁入了投资1.56亿元建造的新厂区。新环境开创新战略，根据注塑机产品的工艺规程，按照物流高效、安全环保、布局科学原则，占地面积逾42 000m^2的6栋生产车间被规划成机械零件制造车间、小型机装配车间、大型机装配车间、准备车间和库房等。在装备配置上，按照“走科技路，造高档机”的经营宗旨，一年多来，直接投资

1 300 多万元，新增 HMC63E 卧式加工中心、VMC1300 立式加工中心、X2012C 龙门铣床、TPX6113/2 铣镗床、CTOTA301515 三坐标测量仪等加工、检测设备 78 台（套），车间内配套的的水、电、油、气、吊装、运输和消防等基础设施规划前位、设置先进。与此相适应，公司立足传统求突破、锐意创新谋发展，开始运用标准化、规范化、精细化手段管理企业，6S 活动让公司成为一个有规律的工厂，有力印证了“好现场制造出好产品”；ERP 信息系统的实施使财务、生产制造等六大业务管理融为一体，成本、计划、流程控制跨上新的台阶；全方位培训机制、各层次例会制度，实现了海雄的高效率工作、无差错传递。硬件推进企业管理，管理带动设施高效，海雄业已具备年产 4 000 台注塑机的制造实力。迁厂让海雄告别了过去，投入使海雄产品接近高档机水平。

三、技术研发

多年来，海雄工程技术中心应用三维 CAD 辅助设计和二维参数化设计，采用 PDM 辅助数据管理。中心现有专业技术人员 15 人，高级工程师及设计开发骨干 8 人，多年与杭州某研究所保持研发合作关系。海雄工程技术中心于 2012 年被评为宁波市江东区优秀创新团队。海雄公司近三年投入的研发费用均超过 600 万元，列入市级新产品科技项目 16 项。目前公司持有 2 项发明专利和 11 项实用新型专利，在注塑机节能控制技术、射胶闭环控制技术、高速注射成型技术、二板式注塑机控制技术、清与混双色注塑机制造技术、曲肘连杆结构、导光板注塑机制造及 PET 瓶坯注塑机制造等方面，有着深入的研究和成功的应用。自 2011 年成功试制并销出 10 000kN 二板式注塑机后，公司又确立并开始实施全电动注塑机和大型管件专用注塑机两项重大科技项目。近年来，公司得益于台湾专家在注塑技术方面的帮助指导，潜心研究注射工艺，积累了丰富的成功经验和实践数据。为解决塑件成型瓶颈，每年都要研制出一两种特型机，同时针对用户的个性需求完成一些交钥匙工程。

四、品牌建设

海雄的品牌建设起步早、起点高。为全面保护商标权，早年就按文字、图形及两者组合三个版面注册了“海雄”商标。在此基础上，通过成立商标领导小组，制定商标管理制度，有力地维护了商标形象，推进了著名商标的认定管理。为了把“海雄”品牌推向市场纵深，公司高度重视展会和广告牌的宣传力度，从公司成立的 2003 年起，9 次参加了余姚国际塑料博览会，至今连续 5 次在 CHINAPLAS 展示了高压精密注塑机等研发成果。近年来，公司在注重本土广告投入的同时，连年大力资助广东、天津、江苏等多地代理商对海雄品牌的推广投入。

准确把握市场定位是海雄品牌建设的重要一环。海雄自成立以来，就十分注重把握市场脉搏，体察市场心声，竭力推出适销产品。自 2007 年推出伺服节能注塑机，2008 年相继推出清双色机和 12 500kN 大型机以来，“海雄”牌注塑机已形成 HXF 双比例电脑控制普通系列，HXM 伺服节能系列，HXS 和 HXS/h 清、混双色系列，HXW 变量泵节能系列，HXZ 二板系列，HXYD 油电复合系列六大系列和 PET 专用机、快餐盒专用机及电子导光板专用机等三大特殊机型。机器规格按锁模力划分，已具有 500 ~ 20 000kN 共 30 多种主打规格，被赞誉为替用户想得最多的规格划分。“海雄”牌塑机经多年打造，深受用户青睐，现已形成覆盖面较广的销售网络，在广东、福建、江西、浙江、上海、江苏、天津、湖北、河北、山东和成都等地区均建立了销售代理机构，产品畅销全国，远销欧美。

五、品质管理

2009 年，海雄通过了 ISO 9001:2008 质量管理体系换版认证。公司一贯坚持“用户至上，优质为先”的质量方针，通过开展以“过程零缺陷；整机优质品率大于 98%”为目标，以“优质小组竞赛活动”为载体的全员、全面、全过程质量管理活动，持续提高产品质量的保证能力。

海雄一直践行“产品是制造出来的”，生产管理对过程质量负第一责任，“工艺过程要像制造艺术品那样对待每个细节”已经成为共识。装配调试过程检验及成台终检推行点检制，追溯机制健全，对检验工作质量实施零缺陷管理，责任明确，绩效挂钩。

“诚”是海雄兴企之本，“用户至上”是公司服务的神圣承诺。海雄深刻领会到售后服务是市场竞争的延伸，高度重视用户心声。一是每年都要由公司领导带队逐地回访用户，诚恳倾听用户反映的问题甚至批评意见，每次回来都要召集会议，传递感受，分析原因，制定对策。二是严格执行售后服务回单的填交和审核管理制度，以确保用户与公司间的信息渠道畅通，确保用户满意度。海雄对外省推行“代理为主、公司为辅” 的服务体系，常年派出专业人员巡回各代理网点，注重培训服务人员，这种快速反应机制得到了用户的充分肯定。海雄售后服务部因一心为用户着想，深受用户和社会好评，连年被评为市级“五一文明岗”、区级“工人先锋号”。从2009年开始，公司利用量身定制的注塑机订单管理平台(软件)，全面记录了每台注塑机从装配成台到销售订单、再到维修服务的主要信息数据，为售后服务提供了可靠的信息来源。

六、人才战略

海雄自成立以来，董事会就高度重视人才管理，不拘一格用人才。迄今为止，从中层到总经理全是外聘而来，并且没有一人跳槽，全心全意践行“事业留人、感情留人、待遇留人”的人才战略。这可能就是公司快速成长的关键所在。

企业要发展，员工是基础。海雄一向注重全方位关心和尊重员工。首先是在劳资关系上。公司自成立以来，即使在2008年的国际金融危机冲击下，也不曾单方面提出终止劳动合同，从未发生劳动争议事件。二是十分注重为员工提供成长空间，几年来绝大多数中层领导都是从企业内部提拔。在专业学习和完成学业方面，公司每年总要安排骨干员工参加职称等相关方面的社会培训一到二次，鼓励员工参加在职大专、本科、硕士研究生的学历学习。三是为充实丰富员工文化生活，每两年要精选国内的重要游览项目(如上海世博会)，组织全体员工参加一次为期三天的外出旅游活动。每年要举办一次职工运动会，每月要开展如登山、棋牌、卡拉OK等时尚的专项游艺竞赛活动。四是用心营造温馨的工作生活环境，长期坚持为每一位员工过生日、看望每一位住院职工、年底慰问一次困难员工等活动。2011年迁入新厂后，公司对员工宿舍实行宾馆式管理，配备电视、网络和空调设施；春节派大巴车免费送江西、安徽、湖北员工回家过年等。这些举措深受员工好评。

海雄以人为本的企业管理文化，长期激励着员工的忘我工作热情，使企业焕发出无限生机，各方面工作硕果累累。“追求卓越、塑造完美”把海雄人带到了新的起跑线，不断满足和超越顾客需求，将激励海雄人为中国塑料机械产业作出自己更大的贡献。

〔供稿单位:宁波海雄塑料机械有限公司〕

历尽天华成此景　做专做强塑品牌

——杭州爱科机械有限公司

一、企业概况

杭州爱科机械有限公司(以下简称爱科)成立于2007年3月，是一家专业制造立式射出成型机的企业。凭借其创业团队在行业中积累的丰富经验和强大的核心战斗力，爱科实现了高速发展，已跻身国内立式注塑机行业的前列，拥有了可以和国外企业相媲美的技术优势，迅速积累了一批信赖与支持爱科的忠实用户。

成立之初，爱科理顺企业内部管理的一切事项，迅速建立起完善的销售网络，并以品质卓越的AT系列、AC系列、AK三大系列立式注塑机赢得了国际大客户的合作机会。随后，爱科进入了高速发展阶段，顺利研发并完善了高速机、多色多物料机、大型机及特殊机，大大丰富了产品系列。如今，爱科将发展重点放在了企业转型上，经营方向由做大做强转变为做专做强，将更加注重内部培训、新技术研发以及机型的改良，特别是开发创新和完善专用机型以及具有较高技术要求的一些大型机械。

今天的爱科，在国内设立了20个销售和售后服务办事处，培养了8个国外代理商；拥有了AT、AC和AK三大系列100多种型号的注塑机，锁模力250～6 500kN、射出量1～6 000g的一系列机型，年产量逾1 200台。现有产品全部采用欧洲、日本技术，产品品质已达到国际先进水平。

自2007年开始，爱科连续五年荣获塑料行业“十佳塑机”奖；2010年10月，在中国塑料加工工业协会举办的塑料创新与节能行业推荐评选活动中，“爱科”注塑机荣获“最佳独特优秀设计产品奖”和“最佳节能注塑机产品奖”两项大奖；2011年8月，爱科再次获得由香港荣格贸易有限公司颁发的“2011 塑料行业创新奖”的“最佳创新技术奖”；2012年4月，在弗戈传媒《现代塑料》创新成长的“十年记忆”颁奖活动上，“爱科”注塑机获得“2002—2012 中国塑料工业十年历程系列奖项之——创新节能主机奖（注塑机）”等一系列殊荣。

作为国内领先的立式注塑机制造企业，爱科本着“做专做强”的理念，凭借创新的科技、全面而完整的综合服务体系，多年来始终坚持为国内外客户提供高品质和高附加值注塑机产品。即使在金融危机的强烈冲击下，爱科依然坚持走中高端专业化发展路线，实现对用户的承诺。多年来，爱科每年均投入大量资金进行研发，汇集业界技术精英成立研发部门并长年聘请来自中国台湾、日本的技术顾问；还相继与日本、欧洲等著名公司开展合作，不断引进全球先进技术，并不断加以完善与创新，坚持走在行业的前端。在过去两年多的时间内，爱科开始限制销售量，进一步加大了对新技术、新产品的投入力度，淘汰较为低端的机型，进一步向高端机、专用机迈进。

二、产品优势和技术创新

2010年，爱科的发展模式由当初制定的“做大做强”转型到“做专做强”。所谓做“专”，就是摒弃国内许多企业“广撒网、多捞鱼”的想法，专注于中高端注塑机的生产和研发，以更专业化的姿态面向客户。进一步加强对新技术的开发和应用，坚持科技创新；完善内部管理，做到分工明确、责任到岗，最大可能地调动员工的积极性；深化与外协单位的合作伙伴关系，确保外协件的品质以及交货期的稳定可靠；对客户资源进行评估，有效选择客户，以便集中有限资源，更好地服务客户，建立更密切关系；加强对驻外办事处的管理，稳定销售和客服人员，确保服务体系更加快捷、有效。

当今市场，节能、低碳、环保不仅是一种趋势，更是一项重要国策，也是全球最关注的一大话题，因此政府全力倡导企业生产、研发要以环保、节能为前提。爱科制造的立式注塑机，向来以“节能性好、专用性强”为前提满足市场的各种需求，这也正是“爱科”产品的一大优势。爱科采用国际先进的注塑机控制及动力系统，成功开发出新一代AKMP伺服、电子泵节能系列注塑机。该机融合了爱科稳定成熟的注塑机制造技术及专用伺服电动机（电子泵）系统的高品质特性，实现了注塑机节能、低噪声、高精度等优异性能，符合现今最为提倡的节能、环保要求。

爱科人深知科技创新的重要性，始终坚持以创新为发展核心，在创新上投入了很大的人力、物力。公司每年投入产值的5%～8%用于产品的创新和研发，使产品无论在技术运用还是品质的稳定性上都能达到国际先进水平。根据市场需求，公司优化与完善了各种机型的结构、油路系统，成功开发了2 500~6 500kN大型机、550~5 000kN双色物料三工位转盘机、1 500kN以上BMC料射出成型专用机等新机型，着重优化与完善了各机型转盘机的结构、转动系统定位和缓冲系统，并首次在国内立式注塑机上运用了全闭环(半闭环)系统、漏料“风”闭系统、节能变量泵配置，在转盘机上运用了侧面定位系统、机械保护装置、伺服电动机驱动系统等国际先进技术。目前还有多台新型结构转盘机、滑板机正在调试中。

2008年，公司研发出新机型AK-4500，打破了只能靠国外设备才能生产大型包胶玻璃的传统观念，成为国内注塑机行业首家生产此类机器的企业。公司还成功地推出注射速度为800mm/s的精密立式注塑机和AKMP伺服节能系统。

2010年，爱科又推出了新一代AKMP伺服、电子泵节能系列注塑机。该系列注塑机融合了爱科稳定成熟的注塑机制造技术及专用伺服电动机(电子泵)系统的高品质特性，采用国际先进注塑机控制及动力系统，实现了注塑机节能、低噪声、高精度等优异性能。AKMP伺服节能注塑机具备的特点是：①节能系统压力、流量双闭环。液压系统按照实际需要的流量和压力来供油，克服了普通定量泵系统高压溢流产生的高能耗，预塑、合模、射胶等高流量工作阶段电机按照设定的转速工作，在保压、冷却等低流量工作阶段电动机转速降低，油泵电机实际能耗降低50%~80%。②压力精确稳定。压力闭环控制模式使系统压力非常稳定，压力波动量低于±0.5kg，提高了塑料产品的成型质量；重复精度高，采用闭环转速控制，注射运动位置重复精度高，生产出的产品精度高，一致性好；响应速度快，压力上升时间和流量上升时间快至30ms。

产品的研发要紧密结合客户的需求，为客户提供个性化的解决方案，提升客户的竞争力，同时还需要从操作简单、维护容易、安全等方面进行综合性考虑。爱科研制的以下三款设备均体现了绿色环保、低碳节能、精密、高效的特点，完全符合当今产业升级的发展方向。

(1)三缸直压转盘注塑机。采用三缸直压锁模设计，锁模力平均分布，模具保护精度更高；新颖简约的封装设计，整机比传统机占地面积节省15%，高度降低30%，操作台下降50%，不需要踏板，突破场地的局限性，为操作者提供了安全、可靠、舒适的操作环境；配合爱科新一代AKMP伺服节能系统，比普通液压系统节能70%，机器运作更加平稳、精准，适合高精密、高要求产品成型。这一款机型的外观设计、内部程序设置、操作安全性、节电节能，都是当前国内立式注塑机所没有的。

(2) AT-550.2R(3R)精密注塑机。一个上模，两个或三个下模在同一平面上180°或360°旋转交替，可提高工作效率50%~80%；采用优化的转盘机械结构，定位的平稳性、准确性更好。注射、保压、预塑背压过程均采用Rexroth的高频响伺服阀和DPQ射胶数字控制卡，实现对注射速度、保压压力、预塑背压的全闭环控制；实际注塑生产过程中可实现注射终点的精确位置控制，位置控制精度可达±0.1mm。

(3) AT-550 LED支架、LCP连接器专用高速机。采用ACC氮气储能装置，最高注射速度可达800mm/s。注射、保压、预塑背压过程均采用Rexroth的高频响伺服阀和DPQ射胶数字控制卡，实现对注射速度、保压压力、预塑背压的全闭环控制；实际注塑生产过程中可实现注射终点的位置控制精度可达±0.1mm。

爱科重视产品的内在品质，对于外在品质也一样不轻视。产品避开传统的机器颜色，统一采用新型研发出的颜色，外观清爽、大方。

爱科不仅向客户提供各系列的标准机型，还可以根据客户产品的要求、原料的特性专门制造一系列的专业机型，满足其特殊要求，提升客户在本行业中的竞争优势。例如爱科根据行业推出的大吨位的汽车玻璃包边专用机、汽车拉索专用机、汽车密封条专用机、氟塑料(PFA)专用机、IMD模内贴标专用机、LED 支架(LCP 连接器)专用机、热固性(含 LSR 液态硅胶)专用机、多物料多色专用机、空气滤清器专用机和冰箱隔板专用机等。爱科每年为客户提供600 台以上的专用机,得到了广大用户的一致好评!

另外,爱科在产品售后服务方面也有一套完整的服务体系。售后服务分为售前、售中、售后三大体系,2h 内反馈客户所提问题,终身进行维修。爱科用行动告诉所有人:爱科提供的不仅是设备,还有售前、售中、售后一整套完整的技术支持及服务,以解除客户的后顾之忧。

三、科学管理与人文建设

好的品质源于好的产品,又高于产品本身。品质要从细节上得到体现,从过程中得到控制。首先,爱科狠抓规范化管理。①规范性,即制定从零件加工、组装到检验的全套操作标准,实施全过程监控;②追溯性,即以文字、表格的形式对生产全程进行记录,确保责任到人。其次,加强培训,提高技能,培养理念。①在员工中宣扬"好品质就出在我手中""以客户的立场来审度我们的产品""每一个岗位都是重要的"等理念,让员工自觉地重视产品品质;②通过培训提高员工的技能;③奖励员工创新,给予员工发展的机会,保证人员的稳定性。

在企业管理创新方面,爱科特别强调以大爱之心来经营企业、管理人才、培养人才。爱科内部已形成人员聘用、任命、培训的管理体系。实行岗位责任制,大到公司的高层领导,小到流水线上的普通工人,责任分明。这种做法最大程度地保证了企业产品的品质,也培养了员工严谨踏实的工作作风。同时,丰富的业余生活,缩短了不同部门员工之间的距离,让每一位员工都产生一种被重视的归属感。规范的管理体系、完善的培训及员工发展系统、彼此尊重和真心相待,让员工产生"为自己做事业"的感觉,体现了"爱心造就和谐"。

先进的技术产品需要技术人员的支撑,而技术人员的支撑来源于技术和管理知识的汲取和更新。这样,对技术人员的培养也就至关重要了。爱科在这一点上严格把关,精挑细选。其技术人员基本是机械或电工专业出身,大部分技术人员在同一行业同一岗位上已经有 5 年以上的工作经验,有的甚至有 15 年以上的丰富经验。经过多年的车间现场实践、技术部门系统化理论培训,个人素质、岗位专业技术程度都有了较大的提升。正因为如此,爱科能够确保与客户进行有效的技术沟通,在第一时间明确客户的需求,进一步加深了客户的信任度。

摒弃原来"做大做强"的做法,转变为"做专做强",使爱科以更专业化的姿态面向客户,首先就要求企业在管理上更规范,技术上更先进,机器专业性上更强。具体可以归纳为以下 3 种方式:

(1)渐进式。针对员工制定了一套完善的培养体系,通过对现有员工进行循序渐进的内、外部培训,在提升专业技能的同时,努力提高其自觉性、责任观以及领导管理能力。爱科为每一位员工提供均等的学习机会和发展空间,发挥其才能和潜力。

(2)扩充式。不断引进优秀的专业人才,充实技术团队。技术团队的实力不断提升,公司的科研实力和技术水平得到了根本保证。

(3)联合互补式。加强与相关科研单位的合作,通过"取其之长,补己之短",不断吸收、完善和灵活运用新技术,进一步提升爱科的科研实力。

秉持"品质第一、服务客户、创新技术"的经营理念,不断地提升服务品质,爱科为客户提供售前、售中、售后的整体技术支持,并将持续完善自我,共赢共荣,永续经营,共同追求成功的每一天。

〔供稿单位:杭州爱科机械有限公司〕

聚焦节能创新　共创美好前程

——江苏维达机械有限公司

江苏维达机械有限公司(以下简称江苏维达)的前身为沙洲县橡胶机械厂,历经55年艰苦创业,现已发展成一家研发、生产与销售塑料机械及精密模具的科技型企业。公司现有职工200多人,其中工程技术人员150多人,公司占地面积5万m^2,固定资产8 000多万元,主要加工设备150多台(套),其中有数十台进口的加工中心等高精密加工设备。产品远销俄罗斯、西班牙、日本、巴西、中东和东南亚等30多个国家和地区。企业连续多年被评为重合同、守信用单位,并被认定为江苏省高新技术企业、江苏省明星企业、苏州市百强民营企业、张家港市双文明单位、张家港市信息化示范企业和江苏省AAA信用单位。

2003年3月,江苏维达发起成立了张家港市塑料(饮料)机械协会,董事长高学飞当选为首届会长。任职期间得到了会员企业的信赖,较好地促进了塑机行业的健康发展,取得了很好的社会效益。2008年3月,江苏省商务厅和江苏省财政厅批准在张家港市成立江苏省塑料(饮料)机械出口基地。2008年,江苏维达被慧聪塑料网评为“中国塑料行业十佳塑机企业”。2009年与苏州大学现代光学技术研究所共同成立了江苏省企业研究生工作站,合作开发热压成型及模具制造技术。2010年,受张家港市经济和信息化委员会的委托,公司以张家港市维达机电研究所的名义成立了苏州市饮料机械特色产业基地。

公司主要产品有MSZ系列“注—吹”三工位中空成型机; PET、PE、PVC、PP、PS、ABS、PMMA片、板材挤出生产线,SJ系列单螺杆挤出机,SJSZ系列平行、锥形双螺杆挤出机,PE、PVC、PPR等系列管材挤出生产线,各种规格的型材高速挤出生产线,SFFD系列螺纹密封带生产线,LY系列塑料注射成型机,以及上料机、干燥机、破碎机、磨粉机和混合机等辅助设备。

江苏维达在企业内推行现代化管理,注重人才和信息,致力于新产品新技术的开发。其开发的SJ45单螺杆挤出机获省优产品称号;SFFD—400螺纹密封带生产线填补了国内空白;MSZ系列塑料注吹中空成型机列入国家“八五”重点技术开发项目,并获1994年中国轻工业科学技术进步奖三等奖,为医药包装行业从玻瓶向塑瓶转型作出了重要贡献,市场占有率全国第一;PET片材生产线是国内最早采用挤出压光法生产PET透明片材的设备。上述产品还申报多项专利,拥有多项发明专利和自主知识产权注吹中空机、塑料片材机组、精密模具等产品已获得专利证书。江苏维达作为国内具有重要影响力的专业注吹机、片材生产线制造商,拥有众多具备高职背景和丰富专业知识的技术人才,广泛与国内的理论研究权威机构保持长期的科研合作关系,在科技运用上具有前瞻性。公司致力于新产品的开发,每年拿出销售收入的5%以上作为科研基金,至今已形成了广泛的产品系列,并具有提供成套设备和承接“交钥匙”工程的能力。此外公司有一支素质过硬的攻关队伍,并拥有一批长期合作、关系良好的优质配件渠道供应商,保证了公司产品的业内领先地位,凝聚了企业的强大竞争力。

秉持维达品牌一贯严谨的品质管理控制流程,江苏维达按照ISO 9001和CE的要求,在塑料机械产品制造及品质上的把关严密而细致。公司拥有业内最资深的技术团队,严苛设计方案的安全性、实用性和稳定性;拥有远高于行业标准的采购体系,从进厂的每一个配件抓起;坚持采用仪器检测和人工审核双重质量管理体系,牢牢地把控每个生产细节;严格的出厂测试和检验流程,从产品运行到成品误差把控,力求尽善尽美。维达品牌不仅是产品技术的发明者和领跑者,更是更高质量标准的苛求者和缔造者。

江苏维达的产品在经过了研发、制造、测试、品管的层层把关后进行销售,同时延续对用户的严格承诺,做到最优质的售后服务。每台机器、每个工程在交付后派驻顾问工程师,为用户提供全程的产前培训和技术指导。每个产品或交钥匙工程都能享受终身服务,提供终身回厂更新或升级支持,确保用户的可持续性生产要求。江苏维达坚持最优的品质、完善的在线服务诉求,让所有选择江苏维达产品的用户享受一流的售后服务。公司从服务热线到网络释疑等多个渠道提供 7 × 24h 服务支持:每个工作日的服务电话提供实时技术解答,采用网络意见回馈机制,让用户可以随时连线公司的技术工程师,配备专人直接维修送取,用户不用担心任何一个细小问题影响正常生产。

江苏维达经常举办健康有益的文娱、体育活动,组织青年员工进行各项拓展活动,活跃公司文化生活。这些活动,一方面展示了江苏维达员工积极向上、勇于进取的精神风貌,另一方面积极引导员工形成团队合作的意识和工作方式,较大地提高了员工的综合素质,公司的凝聚力不断增强。公司始终坚持以人为本、以厂为家的管理理念,为每个员工提供终身的职业生涯机会,让老员工代代相传,真正做到成长在维达、收获在维达。

江苏维达在以“诚信为本,创新为源,持续共赢”经营理念的指引下,继续遵循着“满足客户需求,创造客户价值,超越客户期望,成就客户事业”的企业使命,引导员工在推动企业发展的过程中提升自身素质,实现自身价值,朝着成为卓越品质的创造者和最优方案的提供商愿景前进。维达将始终以创新者的姿态,引领中国塑料机械创新发展,为国内外塑料制品行业提供专业、高效、可持续的生产线解决方案。

〔供稿单位:江苏维达机械有限公司〕

传承六十年经典,专业为您制造
——仁兴集团

一、60 年的仁兴传奇

仁兴集团成员内历史最悠久的仁兴机器厂有限公司,于 20 世纪 50 年代在香港成立。该公司致力于研制注塑成型机,是香港最早涉足注塑成型机设备的制造商之一,也是中国香港、中国内地以至东南亚等同行业的先驱。创业至今始终将质量及信誉奉为经营之道,研制的各系列注塑成型机均以质量优越而享誉国际。

90 年代初,仁兴集团在深圳市成立了仁兴机械(深圳)有限公司,自筹资金兴建厂房、购置进口生产设备,更通过了 ISO 9001 质量管理体系认证。近年又积极研制 AM 系列冷、热室金属压铸机。

仁兴集团另一个成员威信机械有限公司,致力于研制 PW 系列冷、热室金属压铸机。该系列集精密和高速于一身,受到国内外买家的欢迎。2003 年成功研制国内首台镁合金冷、热室金属压铸机。

为了进一步扩大国内市场,整合资源优势,2006 年仁兴集团在佛山市高明区建立了占地面积 13.3 万 m^2(200 亩)的大型生产基地,将原来零散的生产厂家进行重新整合,进一步扩大对国内市场的投入。除加强研制注塑成型机及金属压铸机外,还计划制造其他精密机械。

经过60年的稳步发展,仁兴集团已建造了多个重型设备的制造基地,除具备各种精密加工机械及工艺外,亦拥有了一支优秀的机械设计及制造和管理人才队伍,成为最具竞争优势的机械制造商。凭借丰富的企业管理经验,仁兴集团除在注塑成型机制造行业成绩卓越外,还积极投放发展金属压铸机械,亦取得了重大的成果。

二、紧跟时代转型发展

时间孕育一段悠久的历史,历史塑造一种优异的品质,品质铸造了仁兴60年经典的传奇。

20世纪50年代中期,当时的香港经济萧条。1950年初,梁烟先生创办了仁兴机器厂有限公司。成立之初,只为客户设计用于生产塑胶花且结构简单的手动式注塑机。这期间,在仁兴第一台柱塞式注塑机诞生。

仁兴应和着时代的步伐,不断致力于研发,力争成为业界的佼佼者。1959年开发生产出液压驱动式注塑机。时隔一年,仁兴又开发生产出预溶器注塑机,采用开关式电气元件和继电器控制。

50、60年代香港工业向现代化生产经营方向发展,纺织业和制衣业在出口总值中的比重逐渐下降,让位于机械、电子、玩具等工业。60年代末,香港制造工业产值已占本地生产总值的30%。70年代初,香港工业生产开始从过去的低档、劳动密集型向高档、技术密集型转变。70年代末,轻工业主导型经济模式已经难以驱动香港经济发展,经济结构向资本密集型、技术密集型演进。香港逐步成为亚洲地区制造业中心之一。

香港工业的整体转型必然影响个体,仁兴很早就着手更新设备,充实研发和技术力量,为打好这场整体转型战做好了准备。为适应转型期的发展,仁兴于1979年开发生产了数控注塑机。

70年代末80年代初,我国推行改革开放政策,香港厂家得以利用内地充裕而廉价的土地和劳动力资源,继续维持其在国际市场的竞争力。仁兴领导者又一次紧握住时代的契机,率先进入内地开办独资企业,在深圳市宝安区自筹资金兴建重型工业厂房。该厂房1991年正式运行,标志着仁兴机械(深圳)有限公司成立。现代化的设施,完善的配套和优美的厂区环境有利地促进了现代化生产,提升了产品质量。

三、与时俱进开拓产品线

伴随着新型科技的发展,仁兴与时俱进,始终以节能、耐用、环保、高效、精密和高速为目标,不断开拓新产品领域。90年代初开发生产的全电脑控制注塑机,已被应用于高科技行业制品生产上。90年代中期开发生产了直压式锁模精密注塑机。2000年同香港生产力促进局联合开发生产环保节能高效全电动注塑机。2003年开发生产大型两板夹齿开合锁模式液压注塑机。2005年开发生产油电混合式注塑机。2007年超微型注塑机研发成功。2008年双色注塑机荣获香港工业奖。

目前仁兴所生产的注塑机系列有:SP－A优质注塑机系列、SK高速精密注塑机系列、JS高级注塑成型机系列、SP－i优质节能注塑机系列、MM双色成型注塑机系列、HC直液压锁模大型机系列等,个别系列已取得欧洲CE安全标准认证。

近年来,随着塑料和合金的应用范围不断扩大,各行业对注塑制品及压铸制品的要求也日益提高。为适应市场和时代的发展需要,仁兴在研发更先进注塑机的基础上,致力于研发锌、铝及镁合金压铸机。2005年深圳第二期工业厂房正式运行,同时引进高科技技术开发压铸机项目。2006年在深圳仁兴正式诞生了第一台热室压铸机及冷室压铸机。2007年开发生产镁锌合金铸机。2008年集团成功收购香港宝弘压铸机品牌。

仁兴集团前期依靠注塑机品牌积累了丰富的技术经验、管理经验和良好的口碑,为研发压铸机奠定了良好的市场基础。高质电子产品生产商说:"创业之初到现在,我一直用的是仁兴机,质量不错。这么多年一直选择仁兴,因为它品质好,服务也有保障,公司的发展有赖仁兴的鼎力相助。现在市场变化快,仁兴的机器能适应市场变化,我们选择仁兴机可以使产品满足更高的市场需要。”

压铸机制造虽然对于仁兴而言是一个跨越产业的新项目,但集团将在广告宣传和企业形象宣传方面加大投入,扩大集团下属“Yan Hing”及“Pro－win”品牌的知名度。

当前,仁兴集团所生产的合金压铸机产品有:AMH密度王系列热室压铸机、AMC镁铝合金系列冷室压铸机 、AMH－M卫浴星系列热室压铸机。仁兴的产品广泛应用于汽车、建筑、家用电器、食品医药,齐全的产品类型和一流的品质服务,让仁兴产品销售网络延伸到了全球每一个角落。

四、成就经典仁兴

60年前的仁兴只有几名员工,现在的仁兴集团由二代经营者梁伟祥三兄弟共同经营。他们分工明确,一个总揽全局,一个执管市场、生产,另一个则负责行政、财务,齐心协力传承父亲留下来的基业,并将其发扬光大。

梁氏三兄弟依然秉承仁兴集团“质量第一、用户至上”的经营宗旨,“以质量求生存,以开发求发展,以管理求效益”的经营理念,坚持“每一项工作及每一件产品,都能满足每一个用户的要求”的服务理念。以质量和客户为中心的服务理念、高素质人才观及认真、务实、在稳中求发展的实际行动,是仁兴几十年来在激烈竞争中屹立不倒的秘诀,也是仁兴人共同努力的结果。

为保证产品优良的品质,仁兴一直大量采用进口原料,提高自主研发的科技含量。1999年仁兴获得英国BSI ISO 9001质量管理体系认证证书,标志着仁兴已进入现代企业管理行列。ISO 9001认证,全面提升了仁兴注塑机的品质,使设计、开发、生产、装配和服务体系得以保证,提高了工作效率;加强了图文资料的管理,明晰了管理权责,管理制度更加规范。仁兴集团凭借优良的品质和完善的服务,在国内外享有盛名。

仁兴还成立了专门的技术培训小组,对员工定期进行技术培训,聘请专业人士和多家顾问管理公司开展品质和管理专业职能培训,培养出一支高素质、高效率的人才队伍。优质人才队伍和一流的服务理念成为仁兴的核心竞争力,使其屹立于当今经济飞速发展的潮头浪尖。

无论是顺境还是困难重重,仁兴始终保持着一步一个脚印、脚踏实地的作风。时至今日,它依然是行业中较具知名度的大型机械制造集团,并且还将持续发展下去。

质量造就品质,品质造就经典仁兴。60年来,仁兴集团一直贯彻务实宗旨,将“重视质量、服务至上”作为主题,独树一帜。仁兴将紧跟时代脉搏,继续开发更多的产品,提升更多功能,让客户在行业中更具优势,努力打造一流的产品,一流的服务,一流的企业。仁兴集团正迈着稳健的步伐前行,用坚守的信念再续仁兴新篇章。

〔供稿单位:仁兴集团〕

台达绿色技术　助力橡塑节能

——台达集团

台达集团创立于1971年,为电源管理与散热管理解决方案的领导厂商,并在多项产品领域居世界级重要地位。台达营运据点遍布全球,在中国(包括台湾省)、美国、泰国、日本、墨西哥、印度、巴西以及欧洲等地设有研发中心和生产基地。

面对日益严重的气候变化,台达秉持“环保节能　爱地球”的经营使命,运用电源设计与管理的基础,整合全球资源进行创新研发,深耕“电源及零组件”“能源管理”与“智能绿生活”三大业务范畴。同时,台达积极发展品牌,以“Smarter. Greener. Together. ——共创智能绿生活”为品牌精神,持续提供高效率且可靠的节能整体解决方案。

台达持续重视企业社会责任,并与全球永续发展接轨。2012年,台达电子再度入选道琼斯永续性指数之“世界指数”及“亚太指数”,并荣获“全球ITC电子设备行业领导企业第一名”称号。

台达通过旗下子公司——中达电通股份有限公司自1994年开始在上海营业以来,保持着年平均增长率34.5%的高速发展态势,为工业级用户(如电信、数据中心、电力、石化、铁道、产业机械等)提供高效可靠的节能、新能源、工业自动化与视讯等综合解决方案,在通信电源领域的市场占有率全国第一,也是视讯显示及工业自动化方案的领导厂商。中达电通股份有限公司在全国设立了41个分支机构及服务网点、64个技术服务网点与12个维修网点,依靠训练有素的技术服务团队,为客户提供个性化、全方位的售前服务和最可靠的售后保障。

在自动化领域,台达整合控制、传动、驱动、运动和电能质量管理技术,为客户提供量身定制的自动化解决方案,以完善的售前咨询、全球联保的售后服务获得客户的一致肯定,在机床、纺织、印刷、包装、楼宇自动化、食品加工、电子设备、橡塑、电梯、暖通、木工等领域都有广泛应用。台达多年来在行业领域积淀深厚,以行业需求为导向,针对不同行业客户的特殊需求提供符合行业特色的高附加值产品和系统方案,促进行业设备升级,从而有效地避免同质化竞争。

橡塑行业作为能耗大户,节能必然是其今后的发展趋势。台达根据这一趋势,致力于油电混合系统技术的应用推广,为注塑机设备用户大幅节能,提高经济效益。传统的液压系统在注塑变压时设备满负荷运转,运转能源浪费严重。针对这一点,台达推出HES精密伺服油电节能系统,比变量泵油压系统省电40%,比传统定量泵油压系统省电60%,一举成为注塑机行业客户的首选系统。

还有一些解决方案也深受橡塑行业用户欢迎。比如台达20PM运动控制器在橡塑多契带成型机上的应用,台达三机一体M系列伺服在注塑机取出臂上的应用,台达VJ驱动双泵合流技术在注塑机上的应用,台达VJ驱动在油电伺服节能型注塑机上的应用,台达自动化产品在同向双螺杆挤出机上的应用等。

台达成立41年来皆致力于环保技能技术的开发和利用。结合“十二五”规划,台达未来将重点运筹布局四个领域:一是在节能减排方面,将陆续推出更多的低压变频装置,功率范围将扩展到几千马力(1马力=735.5kW);二是更加关注能量有效利用,提供改善电能质量的产品;三是结合城市化建设进程,针对电梯、供水、供暖等基础设施建设推出更多智能建筑解决方案;四是围绕自动化高速、高精需求增长推出新品,比如中型PLC、CNC数控系统、视觉系统、机械手臂等。相信,这些创新型绿色技术,必将为橡塑行业带来更多福音。

〔供稿单位:台达集团〕

发展中转变　转变中前行

——宁波弘讯科技股份有限公司

宁波弘讯科技股份有限公司(以下简称弘讯)始源于台湾,1984年开始拨指式工业电脑的研究开发,从1986年成功研发亚洲首部中文屏幕式注塑机电脑控制器开始,发展至今已是国家高新科技企业、省级专利示范企业，是行业标准的主要起草者，成为我国最领先的塑料机械自动化控制系统供应商。

一、以发展伺服节能系统为契机，助推角色转变

塑机电脑控制系统是弘讯历年来的基业产品，控制面板规格5~15in，面板显示语言多达20多国，满足了世界各国100~40 000kN不同机型注塑机控制单元的需求，同时也广泛应用于其他塑料机械，如挤出机、吹瓶机、制杯机、橡胶机、制鞋机等。目前该系统在国内市场的占有率居首，塑机电脑控制系统行业地位稳固。

近年来随着节能政策的推广，公司着重推出了伺服节能系统。传统液压动力系统转变成伺服节能型动力系统，在注塑机的升级换代起到了关键的作用。目前伺服节能系统主要包括油压伺服节能系统、油电复合伺服节能系统、全电式伺服系统三大类。

油压伺服节能系统节能效果显著，相比传统油压系统可节能40%~70%。该产品的广泛应用使塑料机械具有显著的节能效果与稳定的产品质量，自2009年小批量推向市场后，其近三年来年销量增长势头强劲。

油电复合伺服节能系统综合了全电式伺服电动机和油压式节能油路的优点，具备高效、精密的特点，能实现高精度、高重复性的全闭环控制，技术水平国内行业领先。该产品综合性价比在国内行业中最高，符合国内市场实际，未来市场需求量大，具有很大的应用空间。

全电式伺服系统整合了控制技术、伺服驱动技术、电机技术以及精密传感器技术，是全电式注塑机最核心的组件，附加值较高。该系统囊括了各类关键部件，如电脑控制系统、电机、驱动器、传感器等，同时为客户提供机电整合运用相关资源，有效提高了系统整合的匹配性，降低了客户分头采购、单独验样的诸多隐性成本。此外，弘讯为该系统总成提供全方面的售后服务，指导用户规范使用，为用户解决技术难题等。全电式注塑机作为精密、节能、环保、高效的代表机型，是未来高端注塑机的发展方向。目前该系统国内市场主要依赖进口，弘讯全电动系统已经实现了小批量生产，有助于实现全电式注塑机的国产化，市场前景可观。

弘讯从积累电脑控制系统研发生产经验开始，到如今完成动力伺服系统的研究与开发，掌握了塑料机械最关键核心部件的技术。当前该类系统总成已在江浙一带多家中大规模的塑机制造商中推广与应用，已逐渐成为塑料机械的系统总成供应商。公司在角色的转变中不断发展技术、提高生产力、增强竞争力，同时亦在不断的发展与提升中助推自身角色的转变，并最终成为国内一流的橡塑机械自动化系统集成供应商。

二、以发展iNet管理系统为基础，推动工业物联网的建设

随着人力成本的逐年上涨，信息业的迅猛发展，各行各业已全面推行计算机信息网络化管理。计算机信息网络化管理能够使管理优化、效益提升已获得行业共识。弘讯自主研发，为管理者量身成功打造了过程管理工具——注塑机联网制造管理系统iNet，完全突破了传统管理模式，从“人管人”升级为信息化、无人化管理，为信息时代的工业生产提供了变革手段。该系统特点如下：

1. 中央监控：快速应变、强化管理

（1）实时掌握车间中每台注塑机的生产情况，在办公室即可清楚了解生产情况。

（2）可以进行各类机器管理，技术人员更快速准确地发现生产异常，及时进行问题处理。

（3）可以自动报告生产情况，自动生成各种统计报表（代替人手统计），各种资料更加准确科学，为管理者的决策提供准确的数据支持。

（4）数据实时刷新，自动收集注塑生产信息，数据准确、科学；所收集数据皆可以永久保存。

2. 模具及工艺管理

(1)可直接保存注塑成型参数,减轻公司的人工调模压力。

(2)标准工艺参数直接从 iNet 系统上抛转,有效节省调模时间,避免参数设置错误。

(3)所有的工艺参数修改都会留下完整清楚的记录,可以清楚掌握修改人、修改时间及修改前、修改后资料,可以避免擅自修改参数的风险。

3. 生产过程分析

(1)记录生产过程中各段料管温度数据和监控数据:开模序号、关模低压计时、关模高压计时、开模计时、脱模计时、循环计时、开模位置、射出计时、保压转换位置、保压转换时间、保压转化压力、射出起点、射出终点和储料计时,并以数字或图形两种方式显示。

(2)实时掌握车间每一台机器的稳定度与操作性能,确保生产质量的稳定性。

4. 系统安全管理

(1)人员权限管理。针对操作工、调模师傅及管理人员设定权限等级,避免操作工擅自修改参数,可以有效地加强生产操作规范管理,较明显地提升产品质量。

(2)采用科学的信息管理模型,并采用软硬件结合的方式,通过对注塑车间、注塑机等生产数据的实时采集与信息数据的分析,实现车间生产状态和注塑机生产情况的实时监控,提高资源利用率,提高车间操作的可见度、透明度,增强管理上的有效性。

弘讯 iNet 系统经过近年来的业务推广,已得到国内多个行业用户的认可,如运动服饰行业李宁、耐克、阿迪达斯等的 OEM 厂商,家电行业的巨头海尔、格力集团等。该系统已成为通用集团推荐供应商使用的注塑车间管理系统。

无人化的管理已成为各行各业的发展趋势,iNet 的问世为塑料机械行业用户端提供了最得力的工具,实现了管理上的革命。iNet 当前最多可联 200 台机器,使管理者虽不在现场却能将生产现场的状况一览无遗。在忠实客户的批量使用、意见反馈与销售服务人员的不断追踪下,iNet 功能不断完善,性能进一步稳定。在此基础上,弘讯将借助当前最流行的 3G、Wifi 网络技术,外加自主研发的 T－Phone实现 web 模式远端维修服务功能,并新增定位搜索、影音对讲、拍照摄影、短信发送等功能,真正意义上搭建了塑料机械的物联网,有效地促进了国家鼓励的工业物联网产品的发展。

〔供稿单位:宁波弘讯科技股份有限公司〕

专注研发二十年　助力产业转型升级

——南通三信塑胶装备科技有限公司

南通三信塑胶装备科技有限公司(原南通三信电子有限公司)成立于 1992 年,集研发、生产与销售为一体,是江苏省高新技术企业、江苏省创新型企业、江苏省薄膜流涎成型装备工程技术研究中心。主营产品有电晕处理机、多层共挤流延薄膜机组和纺织面料等离子处理机。公司位于长江入海口北侧的江苏省启东市台角工业区,与上海隔江相望。崇启大通道开通后,公司全面融入大上海的一小时经济圈。

公司现有职工 160 人,其中大专以上科技人员 48 人,研发人员 25 人。注册资金 1 000 万元,建有厂房及办公用房 25 000m^2,总资产 5 000 多万元,拥有先进设备和仪器 130 多台(套)。

公司在电晕处理技术、塑料薄膜流延机组技术等领域开展了许多开创性工作,始终走在全国同行的前列。织物生态染色用常压低温等离子体处理设备,高速智能型多层共挤流延薄膜机组,废橡胶、塑料再生粒料挤出复合成型装备三项产品被认定为江苏省高新技术产品,列入国家火炬计划、江苏省科技支撑计划、国家中小企业创新基金项目。

公司从成立之初起就十分重视自主品牌建设,通过知识产权战略实施,已获授权专利16件(其中发明专利2件)。

公司在设备、人才、生产能力、技术条件等方面均处于国内同行业前列,在电晕处理机方面积累了丰富的技术和工艺经验。研制并生产的表面电晕处理机达10大系列100多个品种,适用于各种材料的表面改性处理。其中,CW3015电晕处理机曾被认定为国家重点新产品和高新技术产品,并被列入国家火炬计划项目。3DT曲面电晕处理机被认定为高新技术产品,并被列入国家火炬计划项目。生产的当前国内最大的单机功率达60kW的电晕处理机,适用于各种塑料薄膜、薄膜板材、电化膜、镀铝膜、铝箔、编织布、纸张、电线、电缆、管材、塑胶密封条及纺织纤维等材料的表面处理,可安装在吹膜机、流延机、片材机、印刷机、复合机、涂胶机、喷码机及各种生产线上。达因测试笔、进口陶瓷电极、高压接头、硅橡胶管产品已完成系列化,能满足薄膜制造、加工的配套需要。

多层共挤流延膜机组是公司重点研发的又一类产品。由于长期以来流延薄膜生产线主要依赖进口,该产业及产业的地区分布明显滞后于社会经济发展的需要。公司及时瞄准这一特点,联合国内高校和科研院所,同时引进国际先进的流延生产线制造技术,在国内率先推出了多层共挤流延薄膜生产线,当前已自主开发成功的CPP流延膜机组、PE缠绕膜/压纹膜/透气膜/打孔膜/保鲜膜机组、PVC保鲜膜机组、EVA太阳能电池膜机组、EVA/PVB玻璃夹膜机组、七层/九层共挤阻隔膜机组、BOPP双拉膜机组、挤出复合机组、特种膜实验机组等十多种流延薄膜生产线,均已投放市场,并出口美国、土耳其、越南等国家,取得了良好的经济效益。2012年新研发并销售的4.5m节能型CPP包装膜生产线,生产速度突破250m/min,日产量突破36t,被认定为高新技术产品。由于产品性价比很高,深受客户的欢迎。

公司近年研制并生产的织物生态染色用常压低温等离子处理设备,优化织物的前处理过程,显著改善润湿性,提高前处理效率;改进染色和印花工艺,使工艺高效环保、节能减排,是纺织行业新的突破。该产品被认定为高新技术产品,同时列入江苏省科技支撑计划以及科技型中小企业技术创新基金。

公司于2010年被江苏省科技厅评为江苏省薄膜流延成型装备工程技术研究中心,现有员工35人,其中研发人员15人。中心成立以来,先后承担了2个省以上科技计划项目,并实现了科技成果产业化。其中1项被列为江苏省科技支撑计划项目,1项被列入科技型中小企业技术创新基金,获江苏省著名品牌1个。

公司与南京理工大学、浙江大学、北京化工大学等科研院所保持长期稳定的技术合作关系,具有良好的产学研基础,2006年被南通市科技局认定为南通市产学研示范企业。近三年来,先后邀请各大院校的资深导师与研究学者来公司进行学术讲座、专业培训、技术咨询,指导和解决研发和生产中遇到的难题。同时,也邀请同行业资深人员针对销售、生产、售后等一系列问题进行指导。

公司制定、修订了鼓励发明创造的奖励制度,近三年用于奖励发明创造的经费总额超过200万元。

公司技术标准体系健全,所有开发的新产品均参照国际和国内标准制定企业标准;建有完善的质量标准体系,通过ISO 9001:2008质量管理体系认证。

公司建立有符合国际、国内财务管理制度和会计核算准则要求的财务核算体系,同时结合国际、国内年度财务审计和运作实际情况,不断对财务核算体系进行完善。遵照科技、财政部门的要求制定、修订了研发投入核算管理办法。

公司坚持“求实、高效、服务、创新”的企业宗旨，用5～10年的时间，成为资产优良、收入稳定、高成长性并拥有现代化生产设备、设施和高水平管理与服务的国内一流的包装装备制造基地。

〔供稿单位：南通三信塑胶装备科技有限公司〕

为客户创造价值

——宁波双马机械工业有限公司

宁波双马机械工业有限公司（以下简称双马）是成路集团的全资子公司，自创立以来，致力于打造中国乃至世界塑机行业的“千里马”。经过十余年的奋斗与发展，双马已成长为国内知名的注塑机械专业制造商，能自主研发、生产锁模力600～40 000kN精密机、超节能机、高速机、全电机、特殊材料专用机30大类100多款产品，承担“国家重点火炬计划项目”“国家重点新产品项目”等科研项目，被国家科技部认定为“国家高新技术企业”，列入“中国注塑机特色产业基地”3家骨干企业，“伯乐”商标被评为“浙江省著名商标”，产品被评为“浙江省名牌产品”。

双马始终坚持科技创新，引进我国注塑机行业唯一一套4台并网的马扎克FH－8800卧式柔性制造系统以及东芝数控加工中心、三菱加工中心等众多世界一流的加工设备，建立起2个省级工程（技术）中心，并于2008年建成使用双马工业园，拥有50 000m^{2}的标准化厂房和20 000m^{2}现代化办公场所。双马凭借强大的技术研发实力和快速的市场反应能力，每年有数十项高新技术及新型产品问世，确立了“以节能塑机为主攻方向，实施差异化竞争”的经营战略。

同时，双马积极推行ERP信息管理和6S现场管理体制，通过了ISO 9001:2008国际质量体系认证，制定高要求的内控标准，建立质量管理责任制，并实行考核跟踪，从每个班组的早会制度到最终产品出厂，每一个环节层层把关，实现人、财、物、产、供、销等全面高效运作。

双马始终坚持“以人为本”的理念，广阔的发展空间和舞台吸引了大批行业精英加盟，并吸纳了中国最出色的注塑机研发设计团队。他们具有研发制造全系列塑料注射成型机的实战经历，拥有丰富的设计与制造经验，可为客户量身打造专用高端注塑机，满足个性化需求。

“为客户创造价值”是宁波双马的梦想和为之不懈奋斗的目标。雄厚的资金实力支持与业界最优秀的研发、设计、制造、服务、营销团队相结合，必将产生最大的合力，制造出我国具有最高品质的注塑机。

〔供稿单位：宁波双马机械工业有限公司〕

携手英威腾，大力开拓伺服控制市场

——上海御能动力科技有限公司

一、企业概况

上海御能动力科技有限公司（以下简称御能动力）成立于2005年，属英威腾（股票代码：002334）控股的中外合资公司。御能动力由多名在自动控制领域卓有建树的留美博士领衔创办，成功地将海外知名大型企业数十年的技术开发和管理经验移植到中国,已发展成为集研发、生产、销售和服务于一体的科技创新型公司,并已拥有苏州御能和宁波君纬两家子公司。公司成立以来曾先后获得张江高科技园区科技型创业企业、上海市高新技术企业、上海市创新型企业、浦东新区企业研发机构等称号。

御能动力凭借其掌握的国际先进永磁同步电机、电力电子、数字控制及传感器等核心技术,开发了一系列高端伺服系统和设备专用电脑控制系统,致力于向机械及装备制造行业提供伺服驱动产品及机电一体化系统解决方案,立志成为受人尊敬、客户信赖、全球卓越的工业自动化产品和服务供应商。已申请发明专利 14 项,实用新型及外观专利 21 项,外观专利 8 项,软件注册 20 多项,拥有多个注册商标。

"KINWAY"牌产品已广泛应用于塑料机械、纺织机械、机床、工业机器人、包装机械等设备,广泛分布在油田、电子制造、光伏等领域,产品除销往中国台湾、中国香港外,正大踏步迈向国际市场,产品远销美国、韩国、俄罗斯、日本、巴西、越南及印度等国家。

二、集团化营销平台

英威腾致力于成为全球领先、受人尊敬的电气传动、工业控制、新能源领域的产品与服务供应商,目前拥有 11 家控股子公司、4 个大型生产基地,营销网络遍布国内及海外 60 多个国家和地区。英威腾掌握了电力电子、自动控制、电机控制、节能环保、物联网、信息化等关键技术,主要产品涵括高、中、低压变频器,电梯智能整体机,伺服系统,PLC,HMI,电机和电主轴,SVG,UPS,光伏逆变器等。通过整合集团产品资源,可以为客户提供工业控制的系统解决方案,实现一站式销售、一站式服务。

作为国内首家变频器上市公司,英威腾拥有非常丰富的渠道开发管理经验和渠道资源,英威腾正在筹建集团化的销售和服务平台,供集团及其下属 11 家子公司共享使用,以整个集团的资源优势及时、高效地服务于市场。

三、丰富的产品线

随着市场规模不断扩大,御能动力涉及的行业越来越多,对产品多样化的需求日益迫切。公司已规划、搭建了通用的软硬件技术平台,在通用平台的基础上选定特定细分市场进行专用化的二次开发,可为特定设备或客户开发个性化的产品。御能动力采用通用与专用产品相结合的方法,伺服系统规格 0.2 ~ 55kW,产品已可满足 80% 以上的市场需求。具有代表性的产品及解决方案主要有:

1. 通用伺服产品

小功率的 DB100 系列交流伺服系统,功率范围 0.2 ~ 5.5kW,该系列产品均内置制动单元和制动电阻。设计人性化,接线方便,调试简单,具有优异的高速反应性能,且内置共振抑制功能,可有效抑制机械结构的共振现象。

DB100 通用伺服系统

御能动力最新研发的 MH600 高精度伺服系统,自带 EtherCAT 通信功能;支持 17 位以上编码器和多种编码器接口;响应快速,精度高;可实现位置控制、速度控制和力矩控制;配有电子凸轮及电子齿轮。可适用于全电动注塑机、数控机床、工业机器人、印刷机械等高端领域。全电动注塑机的应用制品的重量重复精度可达到 0.008%。

MH600 高精度伺服系统

2. 电液伺服系统

御能动力在进行技术创新的同时深入研究注塑机械工艺流程及参数，将注塑机特定的工艺需求融入到控制软件算法中，使整个注塑机的能效和制品精度发挥到最佳状态。

据注塑机机型、流量和吨位的不同，御能动力提供四类伺服液压系统解决方案来满足不同客户需求，即单泵控制系统、多泵合流控制系统、多泵复合控制系统和多泵多模式控制系统。其中，多泵复合控制系统和多泵多模式控制系统旨在满足海外高端客户对大型注塑机的需求，已远销到韩国、俄罗斯等国家。

MH500 电液伺服系统

单泵控制系统的功率范围为 7.5 ~ 55kW，可满足大部分 4 000kN 以下注塑机的需求。更大锁模力的注塑机则采用多泵控制系统方案，主伺服驱动器根据上位机的需求，通过 CAN BUS 总线将数字命令传输给各个子驱动器进行协调控制，各伺服驱动器根据应用需求确定最节能的工作状态，协同控制各电机的力矩和转速，确保压力和流量的快速响应和稳定以及制动过程的平稳转换，多泵合流控制系统最多可实现 16 套伺服液压泵的联动，最大流量可达 4 000L/min。

多泵复合控制方案是在多泵液压注塑机中同时采用多组分流与合流的控制方案，与单纯的多泵合流系统相比响应更快、更节能，成型周期更短；多模式控制方式常用于 20 000kN 以上注塑机的液压控制，泵的数量在 3 个以上，泵与泵之间有 4 种组合应用模式。

此外，PQ 解耦控制方案、多段 PID 和双排量柱塞泵等多项特色技术的应用，对节能效果和响应速度都有显著提高，也进一步巩固了御能伺服电液系统在行业内的竞争力。该系统已在液压注塑机、鞋机、液压磨床等设备上成熟应用。

3. 纺机自动化产品

包含纺机行业的专用伺服系统和电脑控制系统，目前主要有 SL300 织机电子卷取送经系统、ML510 剑杆织机主轴伺服系统、ML510 提花机龙头伺服系统及 RS2200 剑杆织机全伺服电控系统。御能动力的纺机伺服控制产品具有操作简易、定位精度高、响应快速、高效率等特点，有效克服了机械卷取部件的缺陷所产生的隐档和停车档问题，提高了设备性能和布匹品质，比传统系统节能 20% 以上。可满足高性能喷水织机、喷气织机和剑杆织机的电控需求，促进织机自动化水平的产业升级。

SL300 织机电子卷取送经系统

四、用心经营，蓄势待发

2012 年 12 月，御能动力与英威腾集团合资建立的新厂房已在苏州奠基，将建成 10 万 m^2 的集产品开发、应用集成、测试认证、产品制造、业务培训和市场营销为一体的工业自动化产业园。预计通过3 ~ 5年的努力，新公司将逐渐成为英威腾的工业自动化基地，实现生产制造 50 万套产品和设备的能力，基地建成后将为公司带来 5 亿元以上的年产值，成为公司未来的利润增长点。

御能动力的产品服务于高端市场和新能源、节能环保领域，其开发的多款产品均填补了国内空白，积极推动了我国工业装备的产业升级。在以节能、环保和低碳为主题的今天，御能动力积极参与和推动伺服节能系统应用和普及，为节能减排、改善环境作出应有贡献。

公司始终坚守“客户至上、品质第一、以人为本、持续创新”的质量方针，以“以领先的伺服驱动及自动化技术提升装备制造业水平，为客户创造更多价值”为使命，为实现“成为受人尊敬、客户信赖、全球卓越的工业自动化产品和服务供应商”这一美好愿景而不懈努力。御能动力已形成浙闽大区，华南、西南大区，苏皖大区，东北、华北大区和华中、西北大区多个直属销售服务网络，经销商和代理商分布于全国大部分区域并发展到韩国等国家。御能动力正以良性发展的姿态向国际伺服市场进军，专注打造国际知名伺服品牌，力争在国际伺服市场上占据举足轻重的地位。

〔供稿单位：上海御能动力科技有限公司〕

专心专注　做好塑机

——宁波华美达机械制造有限公司

一、公司简介

宁波华美达机械制造有限公司（以下简称华美达）地处“中国塑机之都”——浙江省宁波市，是一家专业化生产塑胶注塑成型机械的高新技术企业。经过不断的技术创新，公司生产制造的产品已广泛应用于众多塑胶制品行业，目前，华美达已经成长为具有一定规模和雄厚竞争实力的注塑机械研发制造企业。

华美达公司拥有逾46 000m^2 的生产厂房，各种大型先进精密加工设备，300余名职工，培养了一支高素质的企业管理团队与技术创新队伍。公司一直致力于高效节能型注塑机的开发生产与市场推广，已成功推出伺服节能注塑机、传统变量泵/定量泵注塑机、PET高速瓶坯注塑机、精密高速单缸注塑机等多个系列以及胶木机、UPVC专用机、眼镜脚套专用机型等几十种规格型号产品。

为贴近客户，公司大力开拓国内外市场，在国内建立了40多处完善的销售及服务机构；华美达注塑机受到中东、南美、东南亚、东欧等各个国家和地区客户的使用和欢迎，逐步建立起面向国际市场的营销体系。

公司通过了ISO 9001质量管理体系认证以及CE产品认证，引进国际领先设计理念，生产的各系列注塑机均配备世界知名品牌的液压、电器及控制系统，通过严格的检验、装配、调试，为客户提供最优质的产品与服务。

一流的品质，是华美达执着追求的重要目标。公司已荣获一系列代表企业创新能力和品牌知名度的荣誉，获得国家高新技术企业称号和浙江省著名商标，华美达节能注塑机工程技术中心被认定为宁波市工程技术中心，产品被认定为节能型注塑机产品。华美达始终坚持“专心专注，做好塑机”的企业理念，尽力满足顾客需求，以精益求精、开拓进取的企业精神，为我国塑胶机械产业的发展和提高作出自己的贡献。

二、最新产品及技术

华美达公司全新推出的升级产品M8注塑机系列，主要包括M8－S精密伺服节能注塑机、M8精密变量泵注塑机、M8－DH精密高速单缸注塑机等，形成了锁模力涵盖600～22 800kN的多种配置的注塑机家族。M8系列注塑机规格全、结构精、涵盖范围广，在推广过程中以精密、快速、节能以及专为客户定制服务的模块化设计理念为客户所青睐。

华美达M8系列产品融合了国际前沿的注塑机技术，采用最新机械机构以及模块化设计理念，能最大限度地缩短客户定制时间，实现定制生产标准化的全新产品概念。M8 系列注塑机在设计时充分考虑客户需求，将各个部件接口尽量做成模块化，以方便快速地定制化生产。例如，M8 的油路系统可选用定量泵系统、变量泵系统或者伺服节能系统，全部可以在不改动任何零件的基础上实现。在机械部分的设计上，研发人员采用三维建模、有限元受力分析等手段对锁模及射台机械部件进行受力分析，反复优化设计方案，机械结构具有强度高、应力小、变形小等特点。锁模部分全新设计高刚性箱式模板，标配 T 形槽，方便各种模具的安装和拆卸。所有机型在设计的时候更是充分考虑到机器运行速度的问题，在各个动力油缸设计时，尽量减小运行阻力，例如射胶油缸采用差动活塞杆设计，以减小快速射胶的时候松退腔回油阻力。锁模油路系统采用差动油路设计，客户可自行选择运行模式，提高效率。M8 全系列产品在控制系统部分，均采用了进口奥地利 KEBA 控制器，具有运算速度快、稳定性好、控制精度高的优势。

M8 精密变量泵注塑机在油路设计时采用进口 YUKEN 变量泵作为动力单元，同等功率的电机可匹配比定量泵系统更大排量的油泵，比定量泵快 10% 以上，同时节能性能优异，比同等规格的定量泵机型平均节能 30% ~60%。另外，可节省厂区变压器容量，以 150kV · A 变压器为例，如配 1 280kN 定量泵注塑机最多可配 8 ~9 台，如采用变量泵注塑机则可配 10 ~11 台。

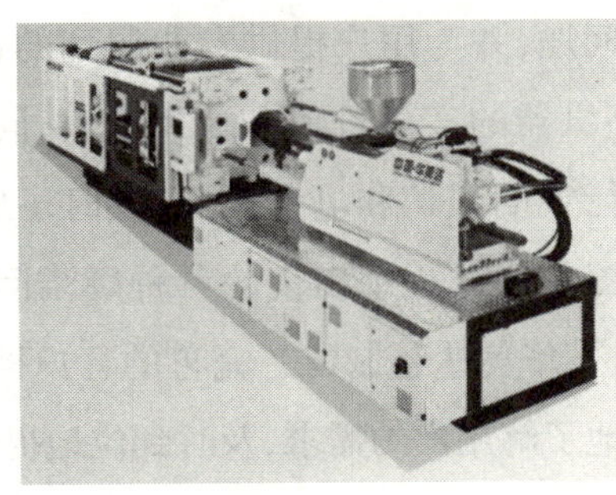

M8 –S 系列高效伺服节能注塑机

M8 –S 精密伺服节能注塑机系列采用同步伺服油电混合系统，配置进口伺服驱动电机以及专用控制器，具有精度高、响应速度快、节能节水的特点，伺服电机效率可以高达 90%，比同等规格定量泵机型平均节能 50% 以上，在大型注塑机的应用上极具节能优势。华美达生产的大型伺服注塑机锁模力 8 800 ~22 800kN，所有机型全部以 CAN 接口数字通信技术代替常用的模拟量控制技术，均采用同步永磁伺服控制技术、多伺服系统合流技术，采用压力、流量半闭环控制，具有抗干扰能力强、精确度高、节能率高、响应速度快等优点。另外采用先进的复合油路设计，可在开模的同时同步进行脱模或抽插芯动作，在整个循环中节省抽芯或脱模时间，提高注塑机效率。伺服节能型注塑机由于油温低，对冷却水需求量较常规机型小 30% ~50%，对与之配套的辅助设备要求比常规注塑机要求更低，客户在配置冷却塔或其他冷却设备时可酌情降低配置规格，节省成本。伺服注塑机在机器使用方面完全和常规注塑机相同，客户调试产品不需要改变任何成型工艺。在制品精度方面，由于伺服注塑机采用半闭环控制技术，相比常规开环控制精度更佳，制品误差率可以控制在 0.5% 以下。华美达生产的伺服注塑机能耗标准全部达到国家塑机检测中心公布的国家一级节能标准。

M8 –DH 系列精密高速单缸注塑机是公司最新推出的新款机型，采用国际先进注塑机控制技术，配备专利双回路油路系统和高精度全闭环伺服射胶阀，射胶过程压力、流量进行全闭环控制，精度高，适合成型高精密薄壁产品，可应用于手机导光板、医药、电子行业等超薄制品的高要求生产。机器性能参数达到国内领先水平，为高品质的注塑制品生产提供了更优性价比的解决方案。该系列产品具备以下特点：

1. 高速、高响应

采用单缸整体式射座，双线性导轨射移结构，单缸注塑，大幅减少射胶时的运动惯量，提高了注塑速度和塑化能力。射胶速度 700mm/s 以上，射胶压力可达260MPa以上,其他动作均高速进行,确保产品的高速低应力成型,尤其适合成型薄壁精密产品。

2. 射胶高精度

高精度全闭环伺服射胶阀,射胶过程压力、流量进行全闭环控制,高精度控制电脑,快速反应螺杆封胶结构,射胶精度误差小于0.3%。

3. 高速锁模系统

采用五点斜排机铰双连杆锁模机构,运动平稳。针对高速机特性经有限元分析设计的三大板,应力分布合理,变形小,锁模精度高,刚性好。特大的拉杆内距、容模量及开模行程可装载更大模具。二板采用集中稀油润滑,方便维护保养,大大提高了制品的清洁度。

4. 采用高速机专用专利油路

针对高速机特性,优化设计液压系统,配合大容量蓄能器,更好地发挥射胶伺服阀的性能。

5. 控制系统

配置原装进口奥地利KEBA射出成型机专业版精密电脑,功能强大。

三、服务及品牌

一直以来,华美达始终重视与支持技术创新体系的改革。对高新技术的持续投入和科研队伍的培养,在很大程度上促进了企业核心竞争能力的提升,而且在技术创新的基础上,实现了产品销售的同步增长。公司研发中心包括检验中心、情报资料中心、标准化小组和试制组,当前已掌握和使用的技术包括全闭环控制、高效节能控制、低噪声控制和高速注射成型等先进技术,研发队伍的整体实力和经验在同行业中处于领先水平。

"专心专注,做好塑机"是华美达自成立以来始终贯彻的企业理念。为了能够始终为客户提供具有信誉保证的高品质产品,华美达只集中全部的资源和力量投入注塑机产品的生产、市场推广和品牌建设,尽力满足顾客的多元化需求。基于对市场的准确定位,华美达为客户开发了多元化的产品结构,包括变量泵、定量泵、伺服节能注塑机、高速射出成型机、PET高速瓶坯机等多系列产品以及专为特殊行业客户需求开发的胶木机、UPVC专用机、眼镜脚套机、鞋跟机等广受欢迎的专用机型,在细分化的行业市场为客户提供了更紧贴个性化生产需要的技术解决方案。

在注重企业自身利益和发展的同时,华美达还同时兼顾合作伙伴、供应商和客户的利益。除了为用户提供传统意义上的销售、咨询等一站式的标准化服务外,华美达还将为用户提供解决方案的技术支持、快速维修和备件仓储以及良好的培训等服务。同时,通过与客户展开通畅的沟通,华美达能够及时了解当地用户和市场的需要,并不断把这些信息反馈给生产制造部门,为注塑机的持续创新和改进提供了强大动力,通过这种做法与其他合作伙伴和客户形成一种稳定的长期合作关系,实现华美达的快速增长。

华美达能够为每个客户提供适合它的高性价比的注塑机以及紧随而上的优质服务,其服务策略不会因为地域的不同而不同。购买华美达的产品,用户得到的将不仅是一台高品质的注塑产品,还包括华美达完善的一体化售前及售后服务:所有华美达品牌的注塑机产品都将提供终身维修服务;每一个办事处都拥有人员完备的服务部门,能够向客户诚实介绍注塑机的性能及相关情况,认真回答客户所提的一切问题,并为用户提供专业周到的设备使用培训,提高机器的实用价值和使用效率;同时,还将对客户进行定期回访和电话服务,及时了解和解答客户对机器使用过程中出现的各种疑难问题;针对不同的客户,华美达还制定了完善的客户档案,能够深入细致地了解用户的需求,及时到位地提供服务。

〔供稿单位:宁波华美达机械制造有限公司〕

品质担责任　创新迎未来

——青岛福润德塑料挤出技术有限公司

青岛福润德塑料挤出技术有限公司成立于2006年8月17日，位于胶州市胶西工业园，现注册资金5 000万元，员工108人，占地面积20 000m^2，建筑面积13 000 m^2。公司董事长赵炳仁1994年开始从事塑料机械行业，不仅掌握了先进的塑机制造技术，还拥有先进的企业管理经验。福润德公司自成立之日起，严格管理制度，吸收欧洲先进技术并创新发展，积极开拓国际市场，先后通过了ISO 9001质量管理体系认证、CE欧洲安全认证、高新技术企业认证；获得5项国家实用新型专利，申请3项发明专利；获得国家创新基金及青岛市专精特新项目支持。

公司在单螺杆挤出机方面处于国内领先水平，系列节能高效单螺杆挤出机、直径16～3 000mm等不同管径的供水及排水管道生产线、处于国际领先水平的塑料草坪生产线等都是其具有优势的强项产品，产品远销巴西、智利、墨西哥、澳大利亚、南非、埃及、沙特阿拉伯、印度、伊朗、俄罗斯、乌克兰、爱沙尼亚和日本等国家。

福润德公司一直坚持“品质担责任，创新赢未来”的发展思路，立志制造高效节能型塑机。2012年12月，福润德公司2 000 m^2的科研中心竣工并投入使用。在长达3年、投资近900万元的数位同步电磁感应加热技术研发成功后，公司掌握了核心理论，拥有了电磁感应加热核心技术及独立知识产权。该技术在塑料机械加热、熔炼炉加热、模温机加热、水锅炉加热、石油天然气钢管加热和过热蒸汽还原回收装置六大领域完成测试，结果表明，电磁感应加热技术对电能的利用率为85%～95%，而传统的电阻式加热的电能利用率只能达到30%～50%。数位同步电磁感应加热作为一种节能、高效的新型加热方式，满足国家“十二五”规划在节能减排方面的迫切要求，在很多领域将取代传统的电阻式加热。据行业测算，在未来几年，市场规模将达到数百亿元，拥有巨大的市场空间。

而今，福润德公司正运筹融资方案，准备在全国迅速推广电磁加热节能产品，为完成中国对世界许诺的减排目标贡献一份力量。

〔供稿单位：青岛福润德塑料挤出技术有限公司〕

二十五载，创造中国塑料管材挤出技术奇迹

——浙江双林塑料机械有限公司

在余杭，有这样一家企业，伴随着国家建材的重大转型前行，紧随时代的变化发展。在20世纪国家逐步用塑料管材替换钢制管材时，这家企业认准机遇，迎难而上，开始了初期创业；当国家上马各种工农业大型生产设备时，这家企业抓住时机，迅猛发展；而今在城市管网建设和地下排水系统更换升级的关键时期，他又为城市给排水管道的发展贡献智慧……这家企业就是浙江双林塑料机械有限公司（以下简称双林）。25年来，双林创始人施经东一直活跃在中国管材挤出生产技术的最前线，坚持自主研发和品牌独创，创造了“双木为林 聚木成森”的行业奇迹，在中国塑料管材挤出领域奏响了

技术进步的凯歌。

如今的双林，是一家引领我国塑机在大口径管材领域前行的国家级高新技术企业，在大直径塑料管道生产线、复合管道生产线等各种塑料管道成套装备生产企业中，双林是个中翘楚。

一、二十多年艰苦创业，力争中国管道机械第一品牌

20多年前，当双林还是一家以从事机械加工和机床大修业务为主的小工厂时，国家正在号召用塑料管材替代钢管、镀锌管，但是当时国内几乎没有塑料复合管材挤出生产线，而要从德国进口这样一台设备要花费近千万元，高额的生产成本让很多人对这样一个充满发展前景的行业望而却步。时任双林机械总经理的施经东认为，如果国内能有设备替代进口，不仅可以节约生产成本，而且有利于运用国家政策开辟更大的市场。从那时起，施经东就想方设法地去看进口生产线，然后再根据自己的所见所得进行研究试验。通过两年多的艰苦钻研，终于研发试制出第一条简易的铝塑管生产线，并很快找到了买家。然而产品出售后却出现了一些故障，工艺不成熟是产品存在的一大问题。由于所有的技术工艺基本需要自己摸索，所以那段时间施经东领头的小试机组废寝忘食，经常工作到凌晨两三点，甚至到天亮。这也开启了双林制造我国管材挤出生产线的新篇章。

双林从最初的作坊式经营成长为专业从事大口径塑料管道成套设备、各类复合管材挤出成型生产线和各种管材模具、塑料辅机研发制造的高新技术企业，拥有专利60多项，逐步树立了“双林塑机”这一塑料管道设备生产领域的“第一块品牌”。其中铝塑复合管的销量和技术均位列全国第一，并被列入国家火炬计划。

今天的双林，已发展成为一家以塑料机械设备制造为核心业务的大型企业集团，旗下拥有7家子公司、4个生产基地，厂房总面积11万m^2，年产能1 500套，覆盖了各种塑料管道生产线、木塑型材生产线、新型建筑模板生产线、聚酯薄膜生产线以及干燥机、粉碎机和混料机等辅助设备和模具。其中，仅塑料管道生产线就有19大类品种，全面地满足了大口径给排水和燃气输送用管道、小口径室外给排水及建筑给、排水管道，以及穿线管、农业节水滴灌管和通信护套管等诸多管道品种的生产需求。

二、涵盖广、技术硬，创新为双林谱写市场新华章

双林全面导入6S管理、ERP与精细化管理，通过技术创新获得多项国家级新产品、国家火炬计划项目、国家科技型中小企业技术创新基金项目。企业荣获了“重质量、守诚信”示范单位、中国塑料行业先进单位、国家级火炬计划重点高新技术企业、杭州著名商标、杭州名牌产品等称号，2011年10月，“双林”商标被认定为“中国驰名商标”。2012年11月10日，双林超大直径缠绕增强管生产线正式通过住建部的评估。

双林的产品基本涵盖了塑料管道所有生产线品种，其中独具优势的产品有：铝塑复合管生产线、16～1 600mmPE实壁管生产线、300～4 000mm缠绕增强管生产线、节能高速PE－RT、PB管生产线、一模四出PVC管生产线、钢塑复合管生产线等。最新研发的新产品钢塑复合管生产线和PP超静音管生产线市场前景也是非常好的。

近年来，随着双林的发展，品牌影响力的扩大，管道生产商对双林设备的要求也越来越高。在科研团队的不懈努力下，双林攻克了各项技术难题，自主研发出诸多独具优势的生产线设备。

1.缠绕管生产线

经过多年的潜心研究，双林在给排水管道成套装备领域取得重大突破，其中超大直径聚乙烯缠绕增强管生产线填补了国内空白。该管种将成为我国市政排水、排污、燃气输送、核电工程、远距离灌溉、输水、排海、抗洪排涝等领域的“动脉血管”。

双林自主研发的超大直径缠绕增强管生产线，具有结构独特、设计新颖、整线布局合理、操控性能强等优点。该生产线可生产不同直径的管材，最大直径可达4m。这种新型管材与传统的城市排水系统管道相比，重量要轻数倍，且连接科学不会产生泄漏造成二次污染。其优势是强度高、弹性好、重量轻、耐腐蚀、密封性好、零渗漏、无污染、施工简便、内壁光滑水阻小，可根据需要调整环刚度。与传统管道相比，减少了大量原材料消耗，更加环保节能。各项指标均通过国家权威检测部门的检测认证。

2. 大直径 PE 实壁管生产线

该生产线生产的管材已成为城市燃气输送管道和室外给水管的首选。适当变换部分单元，即可实现两层或多层共挤；更换原料即可扩展管材用途，如阻燃、抗静电、耐腐蚀和纳米抗菌等，大大提高了管材性能，减少了原料的使用量。该生产线采用高效单螺杆挤出机、真空定径、喷淋冷却、各种多履带牵引、切割和成品架，配备螺旋或篮式挤出模具。该线在 2011 年销售位居全国第一。

3. 铝塑复合管生产线

包括氩弧对接焊铝塑复合管生产线、超声波搭接焊铝塑管生产线、稳态 PPR 管生产线、铝塑 PPR 管生产线、玻纤增强管生产线等。该类生产线目前的国内市场占有率 85% 以上，雄踞首位。

4. 高速节能 PERT 生产线

采用新型高效精密挤出技术，配合节能真空冷却定径技术、碟片组合式高速定径装置，配备双工位伺服自动收卷装置，整线使用 PLC 闭环控制技术，确保高速生产温度，最高生产速度高达 25m/min。

5. 聚丁烯 PB 管生产线

采用带阻氧层五层共挤新型精密技术，配合 PB 专用螺杆。PB 管具有塑料黄金之称，聚丁烯是一种由 1 - 丁烯合成的高分子惰性聚合物，其分子结构不含卤化物。它具有很高的耐温性、持久性、化学稳定性、可塑性、柔韧性及抗蠕变性等，无味、无毒、无嗅，－30～110℃下蠕变性小，强度几乎保持不变。

6. 一模四出 PVC 穿线管生产线

该设备采用新型高效锥形双螺杆挤出技术结合衣架式挤出模具，四管一体式真空定径装置，无屑切割、无噪声、无粉尘。相比一出二生产线，电、水、气、场地、人工节约 40% 以上，日生产能力提高 30%。

双林的产品种类全、应用范围广，销售范围和覆盖区域也很广，现在销往 59 个国家和地区，如美国、意大利、西班牙、俄罗斯、波兰、印度、伊朗和埃及等国内的伟星新材、中财集团、广东日丰、顾地科技、海亮集团、武汉金牛、万安科技和纳川股份等1 000多家管道生产企业也都采购双林的设备。

三、把握行情，继续开拓双林之路

随着当前国内城市排水设备的更新和基础设施建设的加快，大口径管材的需求越来越旺盛，在这种情况下，把握市场行情、继续开拓成为双林发展的重中之重。

近期，国务院出台的众多措施和政策都非常有利于管道行业的发展。而新型钢塑（PSP）复合压力管因其高质量、低造价、环保而实用的高性价比得到充分应用，生产规模也进一步扩大。性价比远胜于普通塑料管和金属管的 PSP 管材无疑是管道施工中的首选，被业内人士看好。上海已经有上万幢高层住宅使用了 PSP 管道系统，北京、西安、郑州、武汉、成都等城市也推广得很快；作为重点工程、铁路穿线管的首选，产品供不应求。从近期管材销售比例看，钢塑（PSP）复合压力管所占比例大增。

而在 PP 超静音管等方面，随着近年来我国经济建设的快速发展，人民生活水平的提高，对居住建筑的要求也越来越高。畅通的排水管网是一栋建筑乃至一个城市重要的基础设施之一，聚丙烯超静音排水管作为一种新型管道，凭借优越的静音性、先进的柔性连接等性能在我国高端建筑排水工程中将得到更广泛的应用。

在新形势下，双林积极探寻新的发展方式，严把质量关，秉持“质量是产品的灵魂，品质是企业生存的基础，客户是企业发展的源泉”的理念，采取“自检、客检”的双重检验，保证达到合格率100%。正是由于可靠的设备性能和周到的售后服务，双林复合管生产线在国内的市场占有率雄居首位。争取第一先进的制造手段、第一完备的检测设施、第一市场占有率和第一美誉度的目标，成为每一位双林人的奋斗目标。

〔供稿单位：浙江双林塑料机械有限公司〕

产品与项目

展示塑料机械行业2006年以来的科技成果，介绍进入国家火炬计划项目、重大技术装备自主创新指导目录、节能机电设备（产品）推荐目录的塑料机械以及通过检测的节能型塑料注射成型机

综述

专文

行业概况

统计资料

产业集群

产品与项目

标准

大事记

附录

FORSTAR
新协力·科仕特

FORSTAR
新协力·科仕特

FORSTAR
新协力·科仕特

2006—2012年塑料机械行业获奖成果汇编

获奖成果名称	完成单位	主要完成人	获奖种类及等级	颁奖部门	颁奖时间
一、国家级					
复杂装备与工艺工装集成数字化设计关键技术及系列产品开发	宁波海天塑机集团有限公司、浙江申达机器制造股份有限公司	谭建荣、张树有、王米成、叶盛、王珏、刘振宇、冯毅雄、伊国栋、裘乐淼、徐敬华	2011年度国家科学技术进步奖二等奖	中华人民共和国国务院	2012.2
塑料精密成型技术与装备的研发及产业化	宁波海天塑机集团有限公司	杨卫民、吴大鸣、张建国、谢鹏程、李大寅、应济、刘颖、丁玉梅、刘勇、高世权	2011年度国家科学技术进步奖二等奖	中华人民共和国国务院	2012.2
塑料精密成型技术与装备的研发及产业化	北京化工大学、宁波海天塑机集团有限公司	杨卫民、吴大鸣、张建国等	2011年度国家科学技术进步奖二等奖	中华人民共和国国务院	2012.2
塑料动态成型加工技术与装备	华南理工大学	瞿金平、何和智、吴宏武、周南桥、晋刚、曹贤武、文生平、彭响方、宋建	2006年度国家科学技术进步奖二等奖	中华人民共和国国务院	2007.2
二、省部级					
基于混沌混炼的高性能高分子包装材料成型关键装备及技术研发	华南理工大学、江门市辉隆塑料机械有限公司	黄汉雄、许锦才、蒋果、黄伟伦等	教育部科学技术进步奖二等奖	中华人民共和国教育部	2008.1
聚合物动态流变工作站	华南理工大学	瞿金平、晋刚、文生平、何和智、冯彦洪、吴宏武	高等学校科学研究优秀成果奖技术发明奖二等奖	中华人民共和国教育部	2009.1
聚合物精密挤出成型技术及装备	北京化工大学	吴大鸣、刘颖、许红、李庆春、陈卫红、何亚东等	教育部科技成果	中华人民共和国教育部	2010.6
			中国石油和化学工业联合会科技进步奖一等奖	中国石油和化学工业联合会	2010.10
HTK2000L塑料注射成型机	宁波海天塑机集团有限公司	高世权、竺诗昌、高杰林、陈永明、林仁友、何挺、阮剑波	浙江省科学技术奖三等奖	浙江省人民政府	2007
			宁波市科技进步奖二等奖	宁波市人民政府	2007
HTSP250双色/双料塑料注射成型机	宁波海天北化科技有限公司	陆柏军、周君华、章建波、吴俊、王乃颖、孙勇、何挺	浙江省科学技术奖三等奖	浙江省人民政府	2008
			宁波市科技进步奖三等奖	宁波市人民政府	2008
伺服节能塑料注射成型工艺装备研发及大规模产业化	宁波海天塑机集团有限公司	张建国、李大寅、杨卫民、傅南红、高世权、顾建华、应济、陆柏军、谢鹏程	浙江省科学技术奖二等奖	浙江省人民政府	2009
			宁波市科技进步奖一等奖	宁波市人民政府	2009

（续）

获奖成果名称	完成单位	主要完成人	获奖种类及等级	颁奖部门	颁奖时间
网络化节能快速高精密全自动注塑机的技术研究	佛山市顺德区震德塑料机械有限公司	谭树发、吴茂兴、张贤宝、胡军、占国荣、章廷秋、凌云志、张兆峰、卜建波、吴志斌	广东省科学技术奖三等奖	广东省人民政府	2009.7
网络化智能型高速数控板材柔性加工成套装备	东华机械有限公司、广东工业大学	逯宪斌、王钦若、邹本荣、陈玮、殷健、李军、欧阳春、黄志坚、余国强	广东省科学技术奖一等奖	广东省人民政府	2008
高效环保薄壁大容量餐盒注塑机的研发及产业化	东华机械有限公司、广东工业大学	孙大勇、李向东、袁清珂、蔡国强、谢雄飞、董鹏举、叶军	广东省科学技术奖三等奖	广东省人民政府	2010.3
TRX2800J塑料管件专用注塑机	泰瑞机器股份有限公司、浙江大学	郑建国、许忠斌、周宏伟、徐浙云、吴敬阳、岳钦杨、罗居红、李立峰、魏建鸿、储能奎	浙江省科学技术成果	浙江省科技厅	2012.4
高效精密注塑系统及装备的研发	浙江申达机器制造股份有限公司、浙江大学	王珏、许忠斌、施优优、佟立芳、杜鑑时、宋平安、周巨栋、刘国林、戴金富、宋红玮、袁卫明、张本西、张宇强	浙江省科学技术成果、中国轻工业联合会科学技术进步奖一等奖	中国轻工业联合会	2012.2.18
低压注塑技术及设备开发	浙江申达机器制造股份有限公司、浙江大学	施优优、李凌丰、杜鑑时、周巨栋、历永福、戴金富、刘国林、张本西、彭铁柱	浙江省科学技术成果	浙江省科技厅	2012.1
PLA聚乳酸全降解发泡片材生产技术及装备	山东通佳机械有限公司	张建群、沙燕、王向东、李勇、孟凡敏	中国机械工业科学技术奖三等奖	中国机械工业联合会	2012.11
			山东省科学技术奖三等奖	山东省人民政府	2012.11
大口径塑料双壁波纹管材	大连三垒机器股份有限公司	俞建模、俞洋、金秉铎、刘平、黄喜山、任忠恩、于淑翠、宋学通	辽宁省优秀新产品三等奖	辽宁省人民政府	2007.10
大口径塑料双壁波纹管生产线	大连三垒机器股份有限公司	俞建模、刘平、黄喜山、任忠恩、于淑翠、乔秀艳、姜万勇、许志胜、孔德放	辽宁省科学技术奖三等奖	辽宁省科学技术委员会	2008.12
			大连市科技进步奖二等奖	大连市人民政府	2008
			大连市优秀发明创新项目		
φ1 500mm塑料双壁波纹管生产线	大连三垒机器股份有限公司	俞建模、刘平、黄喜山、任忠恩、于淑翠、乔秀艳、姜万勇、许志胜、孔德放	辽宁省优秀新产品二等奖	辽宁省人民政府	2010.8
塑料波纹管打孔机	大连三垒机器股份有限公司	俞建模、刘平、黄喜山、任忠恩、于淑翠、乔秀艳、姜万勇、许志胜、孔德放	辽宁省优秀新产品三等奖	辽宁省人民政府	2010.8
			大连市科技进步奖二等奖	大连市人民政府	2010.3
			大连市优秀发明创新项目	大连市科学技术局、大连市总工会、大连市发明协会	2009.10

（续）

获奖成果名称	完成单位	主要完成人	获奖种类及等级	颁奖部门	颁奖时间
M3B－1300Q 无机粉体环保石头纸专用吹塑装备	广东金明精机股份有限公司		中国机械工业科学技术奖二等奖	中国机械工业联合会、中国机械工程学会	2012.11
			汕头市科学技术将一等奖	汕头市人民政府	2011.6
2SPZADV－1 双模头五层共挤双工位中空成型机	广东金明精机股份有限公司		广东省科学技术奖二等奖	广东省人民政府	2006.5
M3B－900QA 三层共挤重包装膜生产线	广东金明精机股份有限公司		广东省科学技术奖三等奖	广东省人民政府	2007.3
			汕头市科学技术奖一等奖	汕头市人民政府	2006.10
M7B－1300Q 数字化高效高性能多层共挤包装膜吹塑成套装备	广东金明精机股份有限公司	马镇鑫、陈新辉、李孟东等	广东省科学技术奖三等奖	广东省人民政府	2010.3
			汕头市科学技术奖一等奖	汕头市人民政府	2009.6
三层共挤糙面土工膜吹塑机组	广东金明精机股份有限公司		广东省科学技术奖三等奖	广东省人民政府	2011.2
			汕头市科学技术奖一等奖	汕头市人民政府	2010.6
塑料短热机械历程塑化加工技术及装备	华南理工大学	瞿金平、何和智、冯彦洪、殷小春、晋刚、吴宏武、邹新良、曹贤武、何耀华、周南桥、彭响方、文劲松、刘斌、文生平、宋建	广东省科学技术奖一等奖	广东省人民政府	2011.2
高性能低能耗软包装材料挤出复合关键装备及技术研发	华南理工大学	黄汉雄等	广东省科学技术奖二等奖	广东省人民政府	2009.7
超高分子量聚乙烯近熔点加工成型技术装备研发及产业化	江苏联冠科技发展有限公司	黄学祥、王德禧、严为群、张尉、陈勇、陆雪东、徐姜平、刘扣芬、陆兵、谢巍、周亚俊、陈超	江苏省科学技术进步奖三等奖	江苏省人民政府	2010.1
工业机械手关键技术	宁波伟立机器人科技有限公司	夏银水、俞建定、裘洪立、严洁卿、谢建军、李军、叶军	浙江省科学技术奖二等奖	浙江省人民政府	2011
锥形同向双螺杆挤出机	舟山市通发机械有限公司	吴汉民、邵汉军、杨文武、秋霞	浙江省科学技术奖三等奖	浙江省人民政府	2009
			浙江省科学技术成果	浙江省科技厅	2008.5
			CPPIA 最佳独特优秀设计产品奖、最佳塑料机械企业产品优秀奖	中国塑料加工工业协会	2010.10

（续）

获奖成果名称	完 成 单 位	主要完成人	获奖种类及等级	颁奖部门	颁奖时间
全数字闭环节能大型注塑机	佛山市顺德区震德塑料机械有限公司	赵来林、谭树发、梁晓文、吴茂兴、梁健民、胡军、杨瑞萍	中国机械工业科学技术奖三等奖	中国机械工业联合会、中国机械工程学会	2006
XYG－4S1300XYG－F4S1300 钢丝帘布压延生产线	大连橡胶塑料机械股份有限公司	孙桂娟、黄树林、展恩华、颜贵春、王方义、吕海峰、王冬梅、毕建坤、石繁章、王德旭、王永、李红静、张兆清、杨洋、姬伟卓	中国石油和化学工业联合会科技进步奖二等奖	中国石油和化学工业联合会	2010.10
			中国机械工业科学技术奖一等奖	中国机械工业联合会、中国机械工程学会	2011.10
			大连市科技进步奖一等奖	大连市人民政府	2010.3
半钢子午胎精密纤维帘布压延生产线	大连橡胶塑料机械股份有限公司	孙桂娟、陶乃义、韩亚娜、殷红梅、王永、于传宝、吴俊功、陶丽梅、李红静、章虹滨、张兆清、范勋铭、盛凯、石繁章、李晓宇	中国石油和化学工业联合会科技进步奖三等奖	中国石油和化学工业联合会	2010.10
XY－4S1730、XY－F4S1730C 橡胶四辊压延生产线	大连橡胶塑料机械股份有限公司	孙桂娟、陶乃义、韩亚娜、殷红梅、王永、于传宝、吴俊功、陶丽梅、李红静、章虹滨、张兆清、范勋铭、盛凯、石繁章、李晓宇	中国机械工业科学技术奖一等奖	中国机械工业联合会、中国机械工程学会	2010.10
SBG－800 型 HDPE 双壁波纹管生产线	潍坊中云机器有限公司	王子路、于克涛、张泽敏、杨夕山、王培森	中国机械工业科学技术奖三等奖	中国机械工业联合会、中国机械工程学会	2006.12
BU 系列新型锁模结构大型二板式注塑成型机	博创机械股份有限公司	饶启琛	中国机械工业科学技术奖三等奖	中国机械工业联合会、中国机械工程学会	2011.10
1 200t 大型橡胶机	德科摩橡塑科技（东莞）有限公司、东华机械有限公司	何秉廉、王桂秋、苏西庆、刘利剑、梁成就、李青、蔡国强、陈绪明	中国机械工业科学技术奖二等奖	中国机械工业联合会、中国机械工程学会	2011.10
新一代伺服节能注塑机	东华机械有限公司	李向东、罗志雄、蔡国强、谢雄飞、董鹏举、梁成就、刘洋、宋继沛	中国机械工业科学技术奖三等奖	中国机械工业联合会、中国机械工程学会	2011.10
基于嵌入式系统的实时控制压铸机的研发和产业化	广东伊之密精密机械股份有限公司、浙江大学、杭州泛康控制技术有限公司	张新华、孔晓武、丁朝良、凌振飞、王祯	中国机械工业科学技术奖三等奖	中国机械工业联合会、中国机械工程学会	2011.10
YL－AT1800L 复合绝缘子橡胶专用注射成型机	广东伊之密精密机械股份有限公司		中国机械工业科学技术奖三等奖	中国机械工业联合会、中国机械工程学会	2012.11

（续）

获奖成果名称	完成单位	主要完成人	获奖种类及等级	颁奖部门	颁奖时间
TRX－PET－J系列塑料注射成型机	泰瑞机器股份有限公司	张元海、李立峰、魏建鸿	中国轻工业联合会科技优秀奖	中国轻工业联合会	2008.3
环保节能型全数字闭环控制注塑机	浙江申达机器制造股份有限公司、浙江大学	王珏、韦巍、施优优、杜鑑时、林杭敏、张国宏	中国轻工业联合会科学技术进步奖三等奖	中国轻工业联合会	2007.3
			杭州市科学技术奖三等奖	杭州市人民政府	2007.11
适用IT和汽车行业的高速高效薄壁注塑机研制	浙江申达机器制造股份有限公司、浙江大学	王珏、李凌丰、施优优、杜鑑时、周巨栋、刘国林、戴金富、彭铁柱	中国轻工业联合会科学技术进步奖二等奖	中国轻工业联合会	2010.3
塑料挤吹型坯控制器的研制与产业化	浙江申达机器制造股份有限公司、浙江机电职业技术学院	来建良、王珏、郁君平、施优优、徐志扬、杜鑑时、高永祥	中国轻工业联合会科学技术进步奖二等奖	中国轻工业联合会	2010.3
双轴取向拉伸往复式高强度经纬网生产技术及装备	济宁市塑料机械厂有限公司、山东通佳机械有限公司	张建群、李勇、汤修锋、侯立新、张山华	中国轻工业联合会科学技术进步奖三等奖	中国轻工业联合会	2012.2
在线切飞边自动吹塑成型机	张家港市同大机械有限公司	徐文良、朱建新、吉卫荣、褚元洪、徐彦飞	中国轻工业联合会科学技术发明奖二等奖	中国轻工业联合会	2010.3
高分子材料PVT性能在线测试技术及应用	北京化工大学、金发科技股份有限公司	杨卫民、谢鹏程、叶南飚、刘勇、王大中、丁玉梅等	中国石油和化学工业联合会技术发明奖二等奖	中国石油和化学工业联合会	2010.10
新一代木塑绿色建材成型技术	北京化工大学	薛平	中国石油和化学工业联合会科技进步奖三等奖	中国石油和化学工业联合会	2011.10
新型高填充改性高分子材料混合工艺与设备	华东理工大学	谢林生	中国机械工业科学技术奖三等奖	中国机械工业联合会、中国机械工程学会	2008.12
SJN－Z70/65＋150＋90－Ⅲ－D（Q）三层共挤式干法交联生产线	南京艺工电工设备有限公司	陈辉殿、盛天舒、康东、彭红光、朱先松、杨冰	中国机械工业科学技术奖三等奖	中国机械工业联合会、中国机械工程学会	2008.10
			南京市科学技术进步奖二等奖	南京市人民政府	2007.1
“0＋3”三层共挤橡胶电缆连续硫化生产线	南京艺工电工设备有限公司	陈辉殿、彭红光、杨启林、胡静、舒小兵	中国机械工业科学技术奖二等奖	中国机械工业联合会、中国机械工程学会	2012.11
			南京市科学技术进步奖三等奖	南京市人民政府	2011.1
挤出法高分子量、高耐磨、高耐腐复合油井管生产技术及装备	江苏联冠科技发展有限公司	黄学祥、王德禧、严为群、韩勇、陈勇、张尉、李猛、刘卫祥、高坤光	中国轻工业联合会科学技术进步奖一等奖	中国轻工业联合会	2010.3
七层共挤高阻隔薄膜吹塑机组	大连吉润高新技术机械有限公司	高吉良	中国包装科技创新优秀奖	中国包装联合会	2010.12
精密塑料注射成型装备研发及产业化	宁波海天塑机集团有限公司	傅南红、杨卫民、陆国栋、李大寅、高世权、张树友、韦巍、谢鹏程、应济、顾建华、吴大鸣、何亚东、张安震	宁波市科学技术进步奖一等奖	宁波市人民政府	2012.1

（续）

获奖成果名称	完成单位	主要完成人	获奖种类及等级	颁奖部门	颁奖时间
PE塑料护舷生产线的研究与开发	青岛顺德塑料机械有限公司	赵桂旭	青岛市科学技术奖三等奖	青岛市人民政府	2008.7
煤矿 ϕ1 200mm四层复合钢丝缠绕聚乙烯管材生产线	宁波康润机械科技有限公司	刘晓辉、徐新、张其江、刘磊、张秋凤	宁波市科学技术奖二等奖	宁波市人民政府	2011.1
连续精确计量一步法硅烷交联聚乙烯管材挤出生产线	浙江双林塑料机械有限公司	郭延坡、周建林、施经东、吴延荪	杭州市优秀新产品新技术奖三等奖	杭州市经济委员会、杭州市科学技术局、杭州市财政局	2007.12
智能化超洁净预制杯灌装成套设备	广东粤东机械实业有限公司		中国机械工业科学技术奖三等奖	中国机械工业联合会、中国机械工程学会	2012.11
三、其他					
XKRS-660双联橡胶热炼机	大连橡胶塑料机械股份有限公司	黄树林、陶乃义、韩亚娜、汪春生	中国石油和化学工业协会科技进步奖二等奖	中国石油和化学工业协会	2006.11
XMN-270X(4-40)Y密闭式炼胶机	大连橡胶塑料机械股份有限公司	高巍、徐季春、吕宝垒、刘天华、刘丽、李国胜、陈汝祥、王德旭、金放、张铁斌、孙鹏飞、魏艾兵	第四届"骏马"杯橡塑工业创新科技奖	中国石油和化工勘察设计协会橡胶塑料设计专业委员会、全国橡胶塑料设计技术中心、全国橡塑机械信息中心	2008.6
HN60SV～HN850SV系列节能型精密注塑机	富强鑫（宁波）机器制造有限公司	王俊杰	CPPIA最佳节能注塑机产品奖	中国塑料加工工业协会	2010.10
FB135SV～FB1420SV系列精密多组份注塑机	富强鑫（宁波）机器制造有限公司	王俊杰	CPPIA最佳塑料机械企业产品优秀奖	中国塑料加工工业协会	2010.10
R650橡胶轮胎注射成型多工位联合机组	德科摩橡塑科技（东莞）有限公司	孟自华、王桂秋、苏西庆、刘华飞	香港工商业奖	香港中华厂商联合会	2011
MX5B-1200QA医用输液袋五层共挤水冷式薄膜吹塑机组	广东金明精机股份有限公司		汕头市科学技术奖一等奖	汕头市人民政府	2007.5
数控经纬网生产	济宁市塑料机械厂有限公司	张建群、李勇、汤修锋、侯立新	山东省轻工业科学技术进步奖一等奖	山东省轻工业协会	2008.10
植物纤维与塑料复合材料挤出加工生产线	济宁市塑料机械厂有限公司	张建群、李勇	山东省轻工业科学技术进步奖二等奖	山东省轻工业协会	2008.10
平吹化学可控发泡片材生产线	济宁市塑料机械厂有限公司	张建群、李勇	山东省轻工业科学技术进步奖一等奖	山东省轻工业协会	2009.11
硅烷交联聚乙烯物理发泡片材生产线	济宁市塑料机械厂有限公司	张建群、李勇、孟凡敏	山东省轻工业科学技术进步奖二等奖	山东省轻工业协会	2009.11
双轴取向拉伸往复式高强度经纬网生产线	济宁市塑料机械厂有限公司	张建群、李勇、汤修锋、侯立新	山东省轻工业科学技术进步奖二等奖	山东省轻工业协会	2009.11

（续）

获奖成果名称	完 成 单 位	主要完成人	获奖种类及等级	颁奖部门	颁奖时间
PLA环保发泡片材生产技术及设备	济宁市塑料机械厂有限公司	张建群、李勇、孟凡敏	山东省轻工业科学技术进步奖一等奖	山东省轻工业协会	2010.11
电脑控制全自动高分子正负压成型机	济宁市塑料机械厂有限公司	张建群、李勇、程伟	山东省轻工业科学技术进步奖二等奖	山东省轻工业协会	2010.11
环保多元共混物理发泡板材生产技术及设备	山东通佳机械有限公司、济宁市塑料机械厂有限公司	张建群、李勇、孟凡敏	山东省轻工业科学技术进步奖一等奖	山东省轻工业协会	2011.11
PVC/植物纤维宽幅环保室内门生产线	山东通佳机械有限公司、济宁市塑料机械厂有限公司	张建群、李勇	山东省轻工业科学技术进步奖二等奖	山东省轻工业协会	2011.11
木质纤维/高分子复合材料及制品成套技术	北京化工大学	薛平	中国技术市场协会金桥奖	中国技术市场协会	2009.8
FT－1600立式双色、双站圆盘注塑机的研制	丰铁塑机（广州）有限公司	尹锋、黄平盈、廖昌亮、沈学锋	2010－2011年度广州市花都区科学技术奖三等奖	广州市花都区人民政府	2012.10

2006—2012年塑料机械行业新技术新工艺汇编

新技术、新工艺名称	完成单位	主要完成人	组织鉴定单位	鉴定时间	鉴定结论或本单位推荐意见
一、部级					
高性能混炼三螺杆挤出工业装备及技术	北京化工大学	何亚东、李庆春、信春玲、闫宝瑞等	教育部	2006.8.11	国际先进水平
超临界流体环保发泡剂制备XPS发泡板材生产技术	北京化工大学	何亚东、李庆春、信春玲、闫宝瑞等	中国环境保护部	2011.4	国际领先水平
复杂工业配件吹塑新技术	华南理工大学	黄汉雄等	科技部	2012（“863”课题验收）	
全电动吹塑装备关键系统及技术	华南理工大学	黄汉雄等	科技部	2012（“863”课题验收）	
高效双转子连续混炼技术及其工程应用	华东理工大学、江苏工业学院、上海万益高分子材料有限公司、南京永腾化工装备有限公司	谢林生等	教育部	2009.2.18	国内首创、国际先进
二、省部级					
镁合金半固态注射成型工艺	广东伊之密精密机械股份有限公司、吉林大学、长春利镁科技发展有限公司	刘勇兵、张涛、隋铁军、李斌礼、崔晓鹏、沈锋利	广东省科学技术厅	2009.4	

（续）

新技术、新工艺名称	完成单位	主要完成人	组织鉴定单位	鉴定时间	鉴定结论或本单位推荐意见
压铸机的变频节能技术	广东伊之密精密机械股份有限公司、广东省机械研究所、华南理工大学		广东省科学技术厅	2011.11	项目成果应用于节能型压铸机，整机在节能降耗方面达到国际领先水平，同意通过科技成果鉴定
纳米螺杆技术	浙江申达机器制造股份有限公司、浙江工业大学		浙江省经济贸易委员会	2006.7	运用纳米技术对螺杆进行表面堆积处理，在表面加工完成后进行激光处理，不影响螺杆的性能的同时提高螺杆表面硬度，增加螺杆的耐磨性
精密塑料注射成型装备设计制造平台及产品开发应用	浙江申达机器制造股份有限公司、浙江大学		杭州市科技局	2011.4	构建了精密塑料注射成型装备产品配置、结构变异、多性能耦合分析的集成先进设计平台，开发了精密塑料注射成型装备配置设计系统；关键结构仿真与数字样机多性能耦合分析系统应用于高效节能环保型精密注射成型装备开发
基于拉伸流变的高分子材料塑化挤出技术及设备	华南理工大学、广州华新科实业有限公司	瞿金平、殷小春、何和智、冯彦洪、邹新良、何耀华、刘小康、毋济海、潘映雪、成伟华、晋刚、杨智韬、张桂珍、何光建	广东省科学技术厅	2010.3.25	国际领先水平
挤出法高分子量、高耐磨聚乙烯制品生产技术及装备研究	江苏联冠科技发展有限公司、中国科学院化学研究所	黄学祥、王德禧、严为群、张尉等	江苏省科技厅	2006.4.26	该项目提出的“粉料近熔点挤出成型方法”是国内外首次提出的具有原创性的新理念，采用该理念开发的挤出法生产UHMWPE技术装备和制品填补了国内空白，产品性能达到国际先进水平

（续）

新技术、新工艺名称	完成单位	主要完成人	组织鉴定单位	鉴定时间	鉴定结论或本单位推荐意见
高耐磨、高耐腐复合油井管生产技术及设备	江苏联冠科技发展有限公司	黄学祥、严为群、王德禧、张尉等	中国轻工业联合会	2006.12.28	一致同意通过鉴定
数位同步感应电磁加热高效单螺杆挤出机	青岛福润德塑料挤出技术有限公司		山东省省级科技查新咨询单位	2010.10.30	除该查新委托单位前期的研究成果外，国内未查到与该项目查新点相同的研究报道
自调节数位同步电磁感应加热系统	青岛福润德塑料挤出技术有限公司		山东省省级科技查新咨询单位	2011.8.25	除该查新委托单位前期的研究成果外，国内未查到与该项目查新点相同的研究报道
锥形同向双螺杆挤出机	舟山市通发机械有限公司	吴汉民	浙江省技术经纪人协会	2007.12.30	通过鉴定
连续精确计量一步法硅烷交联聚乙烯管材挤出生产线	浙江双林塑料机械有限公司	施经东	中国轻工业联合会	2007.8.30	通过鉴定
七层共挤高阻隔薄膜吹塑机组	大连吉润高新技术机械有限公司	高吉良	大连市科技局	2009.6.5	项目成果设计合理，具有明显的创新性，总体技术水平达到国内领先
三、其他					
精密注塑实验装置（平台）	北京化工大学	何亚东、吴大鸣等	中国塑料机械工业协会	2011.1	国际先进水平
超高分子材料内衬复合管防蜡防偏磨技术	江苏联冠科技发展有限公司、大庆油田有限责任公司第七采油厂		大庆油田有限责任公司	2007.11.16	同意通过评定验收，并在油田推广应用
化学发泡预压高速注塑成型方法	东华机械有限公司	陈志雄、叶智方、李向东、谢雄飞	香港中华厂商联合会	2007	荣获香港工业奖
反压法化学发泡高速注塑成型方法	东华机械有限公司	陈志雄、叶智方、李向东、谢雄飞	香港中华厂商联合会	2007	荣获香港工业奖
伺服液压驱动制动能源再生利用	东华机械有限公司	李向东、宋继沛、蔡国强	荣格工业传媒有限公司	2010	获荣格技术创新奖
超大注射量的注射机构及超大型塑料制品的挤注成型工艺	东华机械有限公司	李向东、张春林、董鹏举、陈志雄、梁展升	荣格工业传媒有限公司	2010	获荣格技术创新奖

2006—2012 年塑料机械行业新产品汇编

一、国家级

新产品名称	完成单位	主要完成人	组织鉴定单位	鉴定时间	鉴定结论或本单位推荐意见
HTSP250 双色塑料注射成型机	宁波海天塑机集团有限公司		科学技术部火炬高技术产业开发中心	2007.12	国家火炬计划项目
HTD86 全电动塑料注射成型机	宁波海天塑机集团有限公司		中华人民共和国科学技术部、商务部、国家质量监督检验检疫总局、国家环境保护总局	2007.12	国家重点新产品
MA 系列伺服节能塑料注射成型机	宁波海天塑机集团有限公司		科学技术部火炬高技术产业开发中心	2011.8	国家火炬计划项目
全数字闭环节能大型注塑机	佛山市顺德区震德塑料机械有限公司	赵来林、谭树发、梁晓文、吴茂兴、梁健民、胡军、杨瑞萍	中华人民共和国科学技术部、商务部、国家质量监督检验检疫总局、国家环境保护总局	2006.11	国家重点新产品
网络化省电快速精密注塑机（CJ90M5 ~ CJ2600560M5）	佛山市顺德区震德塑料机械有限公司		中华人民共和国科学技术部、商务部、国家质量监督检验检疫总局、国家环境保护总局	2007.12	国家重点新产品
伺服驱动节能注塑机（EM80 – SVP ~ EM2600 – SVP）	佛山市顺德区震德塑料机械有限公司		中华人民共和国科学技术部、商务部、国家质量监督检验检疫总局、国家环境保护总局	2011.8	国家重点新产品
JWSGF – PE – 1000 塑料实壁管材生产线	上海金纬管道设备制造有限公司	何海潮、汪发兵、王淳德	中华人民共和国科学技术部、商务部、国家质量监督检验检疫总局、国家环境保护总局	2007.12	国家重点新产品
TRX2200J 塑料管件专业用注塑机	泰瑞机器股份有限公司		科学技术部火炬高技术产业开发中心	2011	国家火炬计划项目
SJN – Z70/65 + 150 + 90 – Ⅲ – D(Q)三层共挤式干法交联生产线	南京艺工电工设备有限公司	陈辉殿、盛天舒、康东、彭红光、朱先松、杨冰	中华人民共和国科学技术部、商务部、国家质量监督检验检疫总局、国家环境保护总局	2007.12	国家重点新产品
两阶式双/单螺杆配混挤出造粒机	天华化工机械及自动化研究设计院		中华人民共和国科学技术部、商务部、国家质量监督检验检疫总局、国家环境保护总局	2006.11	国家重点新产品
反应型同向双螺杆挤出机	天华化工机械及自动化研究设计院		科学技术部火炬高技术产业开发中心	2010.5	国家火炬计划项目

（续）

新产品名称	完成单位	主要完成人	组织鉴定单位	鉴定时间	鉴定结论或本单位推荐意见
多功能塑料板材生产设备	青岛顺德塑料机械有限公司		中华人民共和国科学技术部、商务部、国家质量监督检验检疫总局、国家环境保护总局	2010.5	国家重点新产品
适用IT和汽车行业高速高效薄壁注塑机产业化	浙江申达机器制造股份有限公司		科学技术部火炬高技术产业开发中心	2011.8	国家火炬计划项目
SE型高效精密塑料注射成型机	浙江申达机器制造股份有限公司		中华人民共和国科学技术部、商务部、国家质量监督检验检疫总局、国家环境保护总局	2011.8	国家重点新产品
FT－90SH适用IT和汽车行业的高速高效薄壁注塑机	浙江申达机器制造股份有限公司		中华人民共和国科学技术部、商务部、国家质量监督检验检疫总局、国家环境保护总局	2011.9	国家重点新产品
HTSII型全自动高效节能吹塑吹瓶机	张家港市同大机械有限公司		中华人民共和国科学技术部、商务部、国家质量监督检验检疫总局、国家环境保护总局	2010.5	国家重点新产品
TDB－2000L吹塑托盘专用制造设备	张家港市同大机械有限公司		科学技术部火炬高技术产业开发中心	2011.8	国家火炬计划项目
煤矿ϕ1 200mm四层复合钢丝缠绕聚乙烯管材生产线	宁波康润机械科技有限公司		科学技术部火炬高技术产业开发中心	2007.12	国家火炬计划项目
一步法硅烷交联PEXb五层复合管材挤出生产线	宁波康润机械科技有限公司		科学技术部火炬高技术产业开发中心	2008.11	国家火炬计划项目
锥形同向双螺杆挤出机	舟山市通发机械有限公司	吴汉民	中华人民共和国科学技术部、商务部、国家质量监督检验检疫总局、国家环境保护总局	2007.12	国家重点新产品
锥形同向双螺杆XPS二氧化碳发泡板挤出机生产线	舟山市通发机械有限公司	吴汉民	科学技术部火炬高技术产业开发中心	2011.8	国家火炬计划项目

二、部级

新产品名称	完成单位	主要完成人	组织鉴定单位	鉴定时间	鉴定结论或本单位推荐意见
大口径PE发泡方棒(塑料护舷)生产线	青岛顺德塑料机械有限公司		科技部科技型中小企业技术创新基金管理中心	2009	科技部创新基金项目，验收合格
高速高性能同向双螺杆挤出机	天华化工机械及自动化研究设计院		科技部科技型中小企业技术创新基金管理中心	2006.11.20	科技部项目，已通过验收
热固性树脂专用混炼挤出机	天华化工机械及自动化研究设计院		科技部科技型中小企业技术创新基金管理中心	2009.9.17	科技部项目，已通过验收
一步法型材混炼挤出机	天华化工机械及自动化研究设计院		科技部科技型中小企业技术创新基金管理中心	2012.3.14	科技部项目，已通过验收

（续）

新产品名称	完成单位	主要完成人	组织鉴定单位	鉴定时间	鉴定结论或本单位推荐意见
E伺服机械手	宁波伟立机器人科技有限公司	裘洪立	科学技术部科技型中小企业技术创新基金管理中心	2010.6	国家科技型中小企业技术创新基金立项
锥形同向双螺杆超高分子量聚乙烯精密挤出机	舟山市定海通发塑料有限公司		科技部科技型中小企业技术创新基金管理中心	2006.11.20	科技部项目，已通过验收

三、省部级

新产品名称	完成单位	主要完成人	组织鉴定单位	鉴定时间	鉴定结论或本单位推荐意见
SM50P曲轴式射出全电动注塑机	佛山市顺德区震德塑料机械有限公司	张贤宝、梁健民、卜建波、陈桂烽、黄俊军、陈光杰、李尧、罗国仲	广东省经济与信息化委员会、广东省机械行业协会	2011.6.8	产品采用伺服电机驱动塑化、注射、开合模动作；应用曲轴式射出机构技术，提高了注射的速度和精度；应用智能模板结构技术，能自动调节修正锁模力分布，解决模具本身存在的不平衡问题，提高了制品的质量。产品具有节能效果显著、精度高、清洁和噪声低等特点。产品已获得发明专利1项，实用新型专利2项，计算机软件著作权1项，有创新性。该产品整体技术达到国际同类产品的先进水平
JM2000－SVP大吨位多泵组合伺服节能精密高响应注塑成型机	佛山市顺德区震德塑料机械有限公司	张贤宝、胡军、张帆、卜建波、李坚勇、刘克钰、苏鋕瑊、梁朋兰、万世玉	广东省经济与信息化委员会、广东省机械行业协会	2011.6.8	配置了四套以上高响应交流伺服电动机驱动高效柱塞泵，采用多组伺服电动机联动控制技术，对液压系统的流量和压力进行闭环控制，实现了机器速度和压力的精确控制。产品具有响应速度快，重复精度高、节能效果明显等特点。获得2项专利，申请发明专利1项，有创新性。该产品的多泵组合联动技术属国内首创，整体达到国内同类产品的领先水平
JWSGF－PE－1200三层塑料实壁管材生产线	上海金纬管道设备制造有限公司	何海潮、汪发兵、李晓勇、刘林、欧阳斌斌、姜火云	上海市科学技术委员会	2010.3	上海市重点新产品
聚合物动态流变工作站	东华机械有限公司、华南理工大学	瞿金平、晋刚、文生平、宋建等	广东省经济贸易委员会	2007.7	项目技术创新性显著，达到国际领先水平
超大型(40 000kN)两板式注塑成型机设备	东华机械有限公司		广东省经济贸易委员会	2008.1	项目总体达到国际先进水平，达到合同指标，通过验收

（续）

新产品名称	完成单位	主要完成人	组织鉴定单位	鉴定时间	鉴定结论或本单位推荐意见
物理场强化在线配混注射成型装备	东华机械有限公司、华南理工大学		广东省科学技术厅	2010.1	项目产品实现新技术产业化并成功推向市场，各项指标达到合同要求
MP 手机专用注塑机研发和产业化	浙江申达机器制造股份有限公司		浙江省经济和信息化委员会	2010.9	浙江省工业新产品开发项目
高效精密注塑系统及装备的研发	浙江申达机器制造股份有限公司		浙江省科学技术厅	2010.11	产品具有控制精度高、噪声小、能耗低、高速高效等特点，运用了直接背压反馈控制的电动塑化驱动的方法，用户反映良好
全电脑控制塑料注射成型机	浙江申达机器制造股份有限公司		浙江省质量技术监督局	2011.9	2011 年浙江省名牌产品
混沌混炼型低能耗挤出机（第二代）	华南理工大学	黄汉雄等	广东省科学技术厅	2007.8	属国际首创
XJN 系列橡胶连续硫化生产线	南京艺工电工设备有限公司		江苏省经济与信息化委员会	2011.12.5	同意鉴定
基于阶梯深度螺纹槽结构的高效单螺杆塑料挤出机	江苏维达机械有限公司		江苏省科学技术厅	2009.11	鉴定为省高新技术产品（产品编号 090582G0312N）
高铁路基防水耐磨宽幅卷材三层共挤成型挤出生产线	江苏维达机械有限公司		江苏省科学技术厅	2010.12	鉴定为省高新技术产品（产品编号 100582G1017N）
基于旋转模技术的快速双色注塑机	江苏维达机械有限公司		江苏省科学技术厅	2012.5	鉴定为省高新技术产品（产品编号 120582G0065N）
自动上料高精度 PTFE 膜基片成型生产线	江苏维达机械有限公司		江苏省科学技术厅	2012.5	鉴定为省高新技术产品（产品编号 120582G0064N）
对接焊（氩弧焊）铝塑复合管生产线	浙江双林塑料机械有限公司	施经东	浙江省经济贸易委员会	2009.5.31	确认为省级工业新产品
搭接焊（超声波焊）铝塑复合管生产线	浙江双林塑料机械有限公司	施经东	浙江省经济贸易委员会	2009.5.31	确认为省级工业新产品
大口径聚乙烯缠绕增强管成套装备	浙江双林塑料机械有限公司	谈刚强	浙江省经济和信息化委员会	2011.12.30	确认为省级工业新产品
VE 系列全电动塑料注射成型机	宁波海天塑机集团有限公司	傅南红、陈邦锋、朱宁迪等	宁波市科技局	2006.11	整机性能达到国际先进水平
IA 系列双组份塑料注射成型机	宁波海天塑机集团有限公司	陆柏军、周君华、王乃颖等	宁波市科技局	2006.11	整机性能达到国内领先水平

（续）

新产品名称	完成单位	主要完成人	组织鉴定单位	鉴定时间	鉴定结论或本单位推荐意见
MA系列伺服节能塑料注射成型机	宁波海天塑机集团有限公司	顾建华、林晖、闫伟等	宁波市经济和信息化委员会	2009.7	总体技术和整机性能达到国内领先水平，节能技术达到国际先进水平
XYG－4S1300XYG－F4S1300钢丝帘布压延生产线	大连橡胶塑料机械股份有限公司		大连市科技局、中国石油化工局和大连市经委	2008.7	该生产线用于无纬钢丝一次连续双面贴胶，是乘用、载重子午胎生产的关键设备。制品厚度的在线检测及伺服电动机驱动方式的闭环控制技术达到国际领先水平，整条生产线的各主要性能指标达到当代国际先进水平，填补国内空白，可替代进口
塑料挤吹型坯控制器的研制和产业化	浙江申达机器制造股份有限公司、浙江机电职业技术学院、浙江大学		杭州市科技局	2008.2	项目完成液压伺服系统设计与制造，可实现任意壁厚二阶光滑曲线控制，具有创新性，系统调试维护方便，可移植能力强
适用IT和汽车行业的高速高效薄壁注塑机研制	浙江申达机器制造股份有限公司		杭州市西湖区发展改革和经济局	2010.12	技术处于国内同类产品领先水平
低压注射技术及设备开发	浙江申达机器制造股份有限公司、浙江大学		杭州市科技局	2011.9	低压注射成型技术在对模具的要求和用户的运行成本方面具有非常大的优势，明显提高了产品的技术含量、附加值和工作效率。为塑料加工行业新产品开发提供一种高效新颖的设备
塑料波纹管打孔机	大连三垒机器股份有限公司	俞建模、刘平、黄喜山、任忠恩、于淑翠	大连市经济委员会	2008.7.11	该技术可在波纹管圆周方向，根据客户要求切出长条窄孔，并可对切孔的位置、长度、数量进行在线控制，产品性能稳定、结构合理，已在国内外市场广泛推广并应用
ϕ1 500mm塑料双壁波纹管生产线	大连三垒机器股份有限公司	俞建模、刘平、黄喜山、任忠恩、于淑翠	大连市经济委员会	2008.7.11	该成果在成型模块梭式运动设计、冷却水循环系统、集成PLC控制系统、在线制造双层管扩口技术等方面有很大创新，并获得5项国家实用新型专利
三层共挤式干法交联生产线	南京艺工电工设备有限公司		南京市科学技术局	2007.12	高新技术产品认定

四、行业协会

新产品名称	完成单位	主要完成人	组织鉴定单位	鉴定时间	鉴定结论或本单位推荐意见
半钢子午胎精密纤维帘布压延生产线	大连橡胶塑料机械股份有限公司		中国石油和化学工业协会	2008.7	该生产线具有技术先进、结构新颖、性能可靠、传动平稳、生产率高、制品精度高、节能降耗、噪声低和操作方便等优点，主要性能指标尤其是整线恒张力控制、纤维帘布密度分布均匀性、制品精度的补偿措施、帘布进主机贴胶前的温度和温度控制等，达到当代国际先进水平，填补国内空白，可替代进口
TRX4000 超大注射成型机	泰瑞机器股份有限公司				鉴定合格且为荣格技术创新奖
胀紧联结套	山西大新传动技术有限公司	张新辉、张英杰、张伟	中国民营科技促进会	2008.11	科技创新成果金奖
LX 星形弹性联轴器	山西大新传动技术有限公司	张新辉、张英杰、张伟	中国民营科技促进会	2008.11	科技创新成果金奖
Z/LX 螺旋胀紧联结套	山西大新传动技术有限公司	张新辉、张英杰、张伟	中国机械通用零部件工业协会	2009.3	自主创新新产品特等奖
注塑机专用支架及星形弹性联轴器	山西大新传动技术有限公司	张新辉、张英杰、张伟	中国塑料加工工业协会	2010.1	创新节能优秀奖
			中国机械通用零部件工业协会	2011.3	自主创新新产品优秀奖
ARC 实时控制压铸机	广东伊之密精密机械股份有限公司、浙江大学、杭州泛康控制技术有限公司		广东省机械工程学会	2011.5.15	该项目的总体技术处于国内领先，达到国际先进水平，同意通过科技成果鉴定
YL－AT1800L 复合绝缘子橡胶专用注射成型机	佛山伊之密精密橡胶机械有限公司		广东省机械行业协会	2011.7.17	鉴定合格
节能型塑料挤出吹塑中空成型技术与装备	广东乐善机械有限公司	郭锡南、王树辉、高世凡、白锋、冯伟光、石放鸣、马骥、黄文峰、张慧莲	广东省机械行业协会	2008.12.17	整体技术达到国内领先水平
U 型高速塑料挤出吹塑中空成型机	广东乐善机械有限公司	王树辉、高世凡、白锋、孔育麟、冯伟光、黄文峰、张慧莲、石放鸣	广东省机械行业协会	2010.12.11	综合性能指标达到同类产品国际先进水平
UNB 塑料奶瓶挤出吹塑中空成型系统	广东乐善机械有限公司	郭锡南、王树辉、高世凡、白锋、孔育麟、石放鸣、彭忠仁、刘炳冠、黄文峰、马骥	广东省机械行业协会	2012.5.19	产品属国内首创，综合性能指标达到同类产品国际先进水平

五、地市级

新产品名称	完成单位	主要完成人	组织鉴定单位	鉴定时间	鉴定结论或本单位推荐意见
SBG1000H型双壁波纹管生产线	潍坊中云科研有限公司	张泽奎、齐海燕、韩炳强、王培森、孙斋平、时玲	潍坊市科学技术局	2009.6.19	该生产线采用具有自主知识产权的内、外成型模冷却水道设计，改善了冷却效果，提高了生产效率；配置了自动换模系统，并采用三台挤出机组合使用方式，实现了ϕ300～1 000mm大跨度规格波纹管生产；采用模块运行调节系统，可生产不同长度带扩口的管材；碟片和螺旋分配器复合挤出模头，节省了材料，缩短了设备预热时间，降低了产品成本。该产品达到国际同类产品的先进水平，填补了国内空白，同意通过鉴定
PP、二氧化碳发泡造粒生产线	潍坊中云科研有限公司	张其智、王子路、张泽奎、于克涛、杨海兰、崔维明、张泽敏	潍坊市科学技术局	2009.6.26	该生产线采用双螺杆挤出、单螺杆PP二氧化碳发泡造粒技术，该工艺填补了国内空白。在单螺杆发泡挤出机上，采用油冷却，使控温精确；螺杆与减速箱之间设计了三层机械密封，避免高温高压气体泄漏。该产品达到国内同类产品的领先水平，同意通过鉴定
GDLG－2000型钢带增强聚乙烯螺旋波纹管生产线	潍坊中云科研有限公司	张其智、张泽奎、王子路、于克涛、尹同宝、杨海兰、张泽敏	潍坊市科学技术局	2009.6.26	该生产线采用四对钢带成型轮，保证了钢带成造型后的稳定性，提高了产品质量和成品率；堆放机采用双轮驱动，增加了对管材的牵引力，提高了生产率。该产品达到国内同类产品的领先水平，同意通过鉴定
大口径HDPE双壁波纹管扩口机	潍坊中云科研有限公司	张其智、王子路、于克涛、张泽奎、崔维明、杨海兰、尹同宝	潍坊市科学技术局	2009.6.26	该产品在红外线加热的同时在烘箱外部增加冷却水箱，解决了PE管材记忆回缩问题；扩口模具采用高温导轨油油雾润滑，提高了扩口速度和生产率，改善了扩口质量。该产品达到国内同类产品的先进水平，同意通过鉴定
新一代Se伺服节能注塑机	东华机械有限公司	何秉廉、李向东、罗志雄、蔡国强、谢雄飞、董鹏举等	东莞市科技局	2010.12	项目产品具有节能、高效、性价比高等特点，技术处于国内领先水平
DKM－R系列大型橡胶注射成型机	东华机械有限公司、华南理工大学	何秉廉、王桂秋、晋刚、何和智、苏西庆、文生平、刘建森等	东莞市科技局	2012.2	项目总体技术水平国内领先，主要技术指标处于国际先进水平，可替代进口产品
4.5m高产节能型CPP包装膜生产线	南通三信塑胶装备科技有限公司		南通市科学技术局	2012.6.17	多项技术在国内处于领先水平，在性价比方面占有绝对优势，有很强的使用价值和市场竞争力
超高速、超精密全伺服机器人	宁波伟立机器人科技有限公司	裘洪立	中国科技创业计划大赛组委会	2011.9	企业组一等奖

六、相关组织

新产品名称	完成单位	主要完成人	组织鉴定单位	鉴定时间	鉴定结论或本单位推荐意见
PE1600 实壁管材生产线	上海金纬管道设备制造有限公司	汪发兵、刘惠明、刘林、欧阳斌斌、姜火云、邓大成、桑晓明	中国科学院上海科技查新咨询中心	2011.11.9	该项目综合技术达到国内领先水平
高效单螺杆挤出机	上海金纬管道设备制造有限公司	何海潮、汪发兵	中国科学院上海科技查新咨询中心	2011.11.9	该项目综合技术达到国内领先水平
PE、PP、PVC 大口径双壁波纹管生产线	上海金纬管道设备制造有限公司	何海潮、汪发兵、邓大成、欧阳斌斌、姜火云、桑晓明、刘林	中国科学院上海科技查新咨询中心		该项目综合技术达到国内领先水平
金属加筋结构壁塑料管材生产线	上海金纬管道设备制造有限公司	汪发兵、刘林、姜火云、诸晓金、李晶、桑晓明、邓大成	中国科学院上海科技查新咨询中心	2011.12.6	该项目综合技术达到国内领先水平

2006—2012 年塑料机械行业首台(套)产品汇编

首台(套)产品名称型号及规格	完成单位	审核单位	公告时间	审核结论
HTD56 全电动塑料注射成型机	宁波海天塑机集团有限公司	浙江省经济贸易委员会	2007.12	2007 年浙江省加快发展装备制造业重点领域国内首台(套)
MA1200/370 伺服节能塑料注射成型机	宁波海天塑机集团有限公司	宁波市人民政府	2012.4	2011 年宁波市先进装备制造业重点领域省内首台(套)
“0+3”三层共挤橡胶电缆连续硫化生产线	南京艺工电工设备有限公司	江苏省经济与信息化委员会	2011.12	2011 年第二批江苏省首台套重大装备及关键部件认定
TRX2800J 塑料管件专用注塑机	泰瑞机器股份有限公司	杭州市经济和信息化委员会、杭州市财政局	2011.12	2011 年第三批杭州市国内首台(套)重大技术装备和关键部件产品
D250 智能化全闭环伺服驱动注塑机	泰瑞机器股份有限公司	杭州市经济和信息化委员会、杭州市财政局	2012.11	2012 年第四批杭州市重点产业国内首台(套)项目
65 型锥形同向双螺杆挤出机	舟山市定海通发塑料有限公司	浙江省经济贸易委员会	2009.12	2009 年浙江省加快发展装备制造业重点领域省内首台(套)

2012年度中国机械工业科学技术奖获奖情况（塑料机械行业）

序号	申报项目名称	主要完成单位	获奖情况
1	M3B－1300Q无机粉体环保石头纸专用吹塑装备	广东金明精机股份有限公司	二等奖
2	“0＋3”三层共挤橡胶电缆连续硫化生产线	南京艺工电工设备有限公司	二等奖
3	智能化超洁净预制杯灌装成套设备	广东粤东机械实业有限公司	二等奖
4	PLA聚乳酸全降解发泡片材生产技术及设备	山东通佳机械有限公司	三等奖
5	YL－AT1800L复合绝缘子橡胶专用注射成型机	佛山伊之密精密橡胶机械有限公司	三等奖

一、M3B－1300Q无机粉体环保石头纸专用吹塑设备

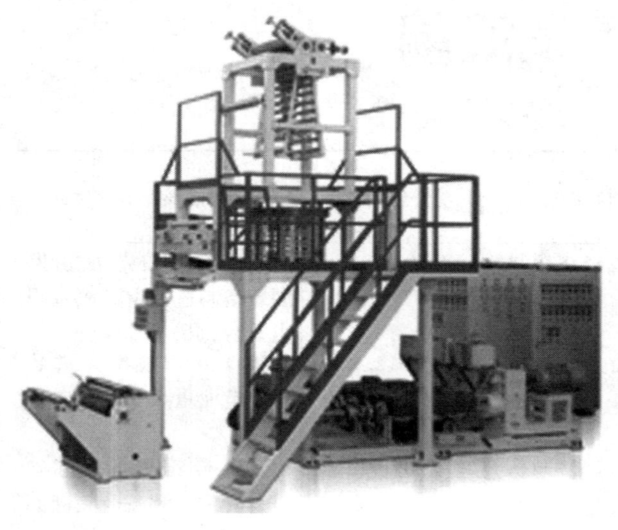

该项目用于生产环保型、一次性使用的生活消耗品，如垃圾袋、购物袋、食品袋等；也可用于生产文化用纸，如印刷纸、书写纸、广告装潢纸、道林纸、涂布纸、膜造纸、图画纸、招贴纸、打字纸、邮封纸、香烟纸、道拉辛纸、新闻纸等；可应用于建设装饰，比如装饰壁纸等；可应用于工业包装等领域，比如化肥袋、水泥袋、米面袋、服装袋、各种手提袋、纸盒纸箱等；还可应用于特殊用纸，比如野外作业用纸、水下作业用纸、矿下作业用纸、军事特殊用纸等。

用挤出、成型、吹胀、拉伸、冷却、卷绕的工艺方法生产石头纸是一种全新的生产方法，虽然工艺路线和吹膜相同，但是生产原料主要是石灰石碳酸钙无机物，与生产膜的塑料原料相比性能差别极大，主要表现在：

（1）石头纸原料中的矿石成分占70%以上，聚乙烯和胶合剂比例不到30%，所以石头纸原料在熔融状态下的流动性能极差，对挤出、成型设备有着特殊的要求。

（2）石头纸的原料密度比普通聚乙烯原料高，比热容大，相同厚度、单位面积的重量就比普通塑料大，对吹胀、拉伸、冷却设备有着特殊的要求。

该项目重点对吹膜机的挤出系统、模头流道及表面处理、内冷系统进行了改进设计。首先，采用特殊材质提高机筒/螺杆的耐磨损性能，以适应石头纸原料无机物成分高、流动性差、容易磨损加工机械的特点。其次，采用小型体短流道模头设计以改善低流动性石头纸原料的流动性能并降低熔体压力。第三，采用带拉伸棒的内冷风环设计以提高石头纸的断裂伸长率等物理性能。

二、“0＋3”三层共挤橡胶电缆连续硫化生产线

采矿、造船、电器工业的快速发展，对橡胶电缆的需求也急剧上升，同时对电缆的品质和电压等级

也提出了新的要求。目前国内大多数电缆厂因生产设备的限制，所生产橡胶电缆的耐压等级均为6kV以下。新的国家相关电缆标准规定，6kV以上的橡胶电缆结构必须是两层或三层，同时要求必须是一次挤出成形，现有橡胶电缆生产设备的更新换代迫在眉睫。目前国内仅有的几条同类橡胶电缆生产线均为进口设备，生产厂家投入高，售后服务难以得到及时响应。

在这一市场背景下，南京艺工电工设备有限公司开发了国内第一条一次挤出成形的“0+3”三层共挤橡胶电缆连续硫化生产线，填补了国内空白，力争完全替代进口。目前用户使用情况良好，产生了很大的经济效益。

该设备在以下重点关键技术方面具有很大突破：

(1)采用连续硫化的方法实现绝缘包覆材料的三层一次成形挤出和塑化。

(2)以悬垂系统实现上、下牵引自动调节。

(3)研制了放线储线恒张力、三回路、水汽平衡任意调节、上下牵引、主机同步、悬垂系统调节下的集成控制系统，实现了生产线各部件的协调运行。

(4)采用全新的自动喂料和螺杆机筒结构，适应多种橡胶材料的挤出，保证内外屏蔽层以及小规格电缆生产。

(5)特殊的共挤机头，保证出胶均匀和电缆各层不偏心，可实现单、双层分别挤出，满足不同要求。

(6)悬垂控制系统具有对单芯线和多芯线的控制功能，保证了电缆的质量。

三、智能化超洁净预制杯灌装成套设备

广东粤东机械实业有限公司(下称粤东机械)自主研发的智能化超洁净预制杯灌装成套设备是高效率、节能、降耗的新一代食品包装机械设备，并由此形成粤东机械新的自主品牌，广泛应用于乳制品、食品等行业的规模化生产。

为突破行业发展瓶颈，解决目前国内杯式包装机普遍存在卫生标准低、自动化程度低、产能低、产品质量不稳定、机器安全性能差以及产品合格率较低的主要问题，该企业进行了智能化超洁净预制杯灌装成套设备的研发。项目主要科技内容：①采用适用不同特性物料与不同杯装式包装规格的可重构创新设计；②特殊超洁净安全卫生的封口设计；③连续快速高精度气调设计；④杯内高效除尘设计；⑤智能精确灌装物料计量控制；⑥在线检测与故障诊断以及高可靠性全自动过程控制等先进的机械设计与控制技术，研制完成智能化超洁净预制杯灌装成套设备。项目形成具有自主知识产权的核心技术和自主品牌。产品填补了该领域的国内空白。

与国内同类产品对比，该产品生产能力提高30%，单位电耗与气耗降低25%，结构先进，整机重量可减少20%，封口合格率99%以上，充填计量与充气精度高，卫生标准高，产品保质期长，功能齐全安全性能好，多项技术性能以及综合性能处于国内领先，国际先进水平。已获国家授权发明专利2项、实用新型专利23项；受理发明专利1项，形成该项目的核心技术，增强了整套设备在国内外市场的竞争力。

该项目研发成功后经济效益明显，已生产设备30台(套)，实现销售收入4 500万元，利税870万元，创汇100万美元，增加就业岗位20人。

乳品、食品、饮料加工是与人们生活息息相关的产业。随着人民生活水平的提高和工作节奏的加快，人们更注重食品的卫生安全和便携性，因此，食品的精细加工、卫生安全以及精美包装是吸引消费者的首要条件。该设备由于功能齐全、卫生安全、价格低廉，将受到食品、乳品、饮料生产企业的欢迎；包装品位的提高，将在一定程度提高产品的附加值增加企业的利润，项目研制成功后，既可以规范食品包装生产，为各类食品上市的卫生安全设立保障屏障，又促进乳品、食品、饮料产业的发展，创造社会的就业机会，为构建和谐社会作出贡献，社会效益显著。

四、PLA 聚乳酸全降解发泡片材生产技术及装备

该项生产技术及装备主要应用于生物质高分子材料 PLA 聚乳酸的发泡和轻量化加工技术与设备设计和制造。

PLA 是一种生物质高分子材料，是木薯等非农经济作物和农作物剩余物通过发酵产生发酵糖，进行聚合反应生产制造的新型非石化高分子聚合物，是可再生绿色环保材料。

该项目采用国际先进的油温控制新型高混合低剪切塑化均化元件的设计、可控压力发泡模具和国际先进的流体控制技术、物理发泡剂的精确闭环流量自动控制技术，发泡稳定；根据 PLA 发泡材料性能添加多种功能性辅助材料，改善了 PLA 的发泡效果，得到的泡体结构均匀，表面结皮完整，保温和耐热性能优良，保持了 PLA 特有的可完全降解性能；采用国际先进的阶梯式油温控制和螺杆芯部的温度控制，可精确控制发泡工艺成型；带有压力自动调节功能，自动化程度高，控制精确，使 PLA 树脂发泡加工的专用设备、生产线各项指标均处于国内领先水平。

通过权威机构检测，该项目各项指标均处于国际先进水平。已通过国际查新，并通过省级科技成果鉴定，填补了国内空白，达到了国际同类设备的先进水平。该项目申请国家发明专利 3 项和实用新型专利 6 项，被列为国家火炬计划和山东省技术创新计划项目，获得山东省科技进步奖三等奖、山东省轻工业科技进步奖一等奖。

采用先进技术生产加工生物质高分子材料，生产的产品可完全降解，物理性能优越，可完全替代现有一次性发泡包装材料，每年可减少造成“白色污染”的一次性发泡包装材料 15 000t，为下游客户年创产值 10 亿元，符合国家的环保政策要求，是国家鼓励发展的新型技术，经济、社会和环境效益显著。

五、YL－AT1800L 复合绝缘子橡胶专用注射成型机

该产品是应用于电力行业生产复合绝缘子（包括悬式、空心、支柱）的专用设备。主要采用硅橡胶专用塑化和注射系统、高响应闭环电气控制系统、专用绝缘子成型锁模增压系统。成功解决了焦烧与胶料夹气的矛盾，提高了绝缘子品质的稳定性；具有工作台面低的特点，操作者站在地面操作，劳动强度低又安全，生产效率高。此外，塑化能力由原来的 $300cm^3/s$ 提升至 $420cm^3/s$，最高注射速率达到 $420cm^3/s$ 以上，绝缘子的成品合格率由目前的 70% 左右提高到 90% 以上。

该产品于 2009 年 9 月开始研制，2011 年 5 月完成研发并成功推向市场，引起了电力行业的广泛关注，共获得授权发明专利 1 件，实用新型专利 3 件。目前，产品技术成熟，运行稳定可靠，市场需求明朗，具备推广应用和批量生产条件。由该产品生产的复合绝缘子制品质量均匀稳定，生产效率和制品质量都大幅提高、材料损耗和热能消耗也相应降低，不仅有利于节能环保，推动国内复合绝缘子制造行业的技术进步，而且加快了复合绝缘子在国家电网改造中的应用速度，为提高电网运行安全性、降低建设成本作出贡献，社会与经济效益显著。

2012年度国家火炬计划立项项目清单（塑料机械部分）

序号	项目编号	项 目 名 称	承 担 单 位
1	2012GH040559	柔性橡塑发泡保温材料发泡及成型定型设备	无锡市江南橡塑机械有限公司
2	2012GH030895	复合增强聚丙烯(HFFB)单壁波纹管材	浙江华丰管业有限公司
3	2012GH030914	高密度聚乙烯(HDPE)挤出板	湖州松华橡塑有限公司
4	2012GH030918	多复合联机挤出生产轿车亮面橡胶密封条	浙江仙通橡塑股份有限公司
5	2012GH040979	合模油缸下置式一步法注吹中空成型机	浙江科力塑料机械有限公司
6	2012GH041021	五层共挤下吹水冷高阻隔医药膜吹膜机组	浙江建达机械有限公司
7	2012GH041026	SJ－50×7型旋转膜泡内冷七层共挤吹膜	浙江东风塑料机械厂
8	2012GH041027	PE－RT耐热聚乙烯聚烯烃管材高速生产线	浙江双林塑料机械有限公司
9	2012GH041038	高效节能自锁式两模板注塑机	浙江宏振机械模具集团有限公司
10	2012GH041050	伺服节能型四物料精密注塑成型设备	浙江博创机械有限公司
11	2012GH041087	PVC－70型彩虹管挤出机	温州岳虹塑料机械有限公司
12	2012GH041091	基于PVT控制技术的精密注塑机电控系统	浙江科强智能控制系统有限公司
13	2012GH041101	SPB400LZ板材成型机	杭州方圆塑料机械有限公司
14	2012GH031570	插层改性聚酰胺无胶共挤高阻隔薄膜	湖北慧狮塑业股份有限公司
15	2012GH041580	大容量双筒循环注塑机及模具的产业化	湖北鄂丰模具有限公司
16	2012GH041641	高速高效瓶坯专用一模多腔注塑机	广东伊之密精密机械股份有限公司
17	2012GH041707	大规格橡胶冷喂料排气挤出机的推广与应用	桂林泓成橡塑科技有限公司
18	2012GH041834	温度压力时间场智能化复合材料热压成型系统	西安龙德科技发展有限公司
19	2012GH031870	节水灌溉用塑料管材生产项目	宁夏青龙塑料管材有限公司
20	2012GH031882	钢骨架增强聚乙烯塑料复合管的规模化生产	新疆登煌管业有限公司

节能型塑料注射成型机

根据《塑料注射成型机能耗检测和等级评定的规范》，经相关注塑机厂家申请，由国家塑料机械产品质量监督检验中心实测，通过检测的节能型塑料注塑成型机公告如下。

序号	企业名称	机型
1	宁波海天集团股份有限公司	40 000kN 以下 MA 系列、12 000～40 000kN 的 JU 系列
2	无锡海天机械有限公司	10 000kN 以下 PL 系列
3	佛山市顺德区震德塑料机械有限公司	10 000kN 以下 SVP 系列、10 000～22 000kN 捷霸第二代伺服驱动大型注塑机系列、CJ1600－SVP/2
4	东华机械有限公司	28 000kN 以下 SE 系列伺服驱动节能注塑机、3 800kN 以下 F2V 系列变量泵注塑机(2 级能耗)
5	无锡格兰机械集团有限公司	28 000kN 以下 SE 系列伺服驱动节能注塑机、UBEMAX ST2200 Se、3 800kN 以下 F2V 系列变量泵注塑机(2 级能耗)
6	浙江博创机械有限公司	10 000kN 以下 BT－S 系列
7	广州博创机械有限公司	10 000kN 以下 BT－S 系列
8	浙江申达机器制造股份有限公司	28 000kN 以下 SE 系列
9	广东佳明机器有限公司	10 000kN 以下 KX 系列
10	广东伊之密精密机械有限公司	10 000kN 以下 SM 系列
11	富强鑫集团	10 000kN 以下 HN－SV 系列
12	深圳领威科技有限公司	10 000kN 以下 PT 系列
13	宁波力劲科技有限公司	10 000kN 以下 PT 系列
14	宁波华美达机械制造有限公司	10 800kN 以下华美达 M6－S 系列、10 800kN 以下华美达 M8－S 系列
15	宁波市海达塑料机械有限公司	25 000kN 以下 HDJS 系列、变量泵机 HDM126
16	宁波南嵘机械有限公司	NRH88、NRH160
17	宁波市金星塑料机械有限公司	KD1280JS
18	浙江圣邦科技有限公司	8B1600J6
19	浙江圣邦机械有限公司	8B1600J6
20	东莞富强鑫塑胶机械制造有限公司	10 000kN 以下 HD 系列
21	浙江金鹰塑料机械有限公司	10 000kN 以下 GEK 系列
22	宁波海波机械制造有限公司	10 000kN 以下 HBT S－F5 系列
23	宁波市鄞州海宇机械厂	10 000kN 以下 LKT S 系列
24	泰瑞机器股份有限公司	TRX80/300M、1 8000kN 以下 D 系列
25	仁兴机械(深圳)有限公司	SP120A、JS300

（续）

序号	企业名称	机型
26	震雄机械（深圳）有限公司	10 000kN 以下 JM SVP 系列、10 000～30 000kN 超霸二板大型注塑机系列
27	联塑（杭州）机械有限公司	变量泵变频机 UNJⅡ－520
28	宁波双马机械工业有限公司	10 000kN 以下 EK 系列
29	宁波海星塑料机械制造有限公司	HXF88J5、HXF168J5
30	宁波创基机械有限公司	10 000kN 以下 S 系列
31	宁波长飞亚塑料机械制造有限公司	10 000kN 以下 VE 系列（全电动）
32	山东胜岳精密机械有限公司	10 000kN 以下 ZS 系列
33	宁波新海太塑料机械有限公司	12 000kN 以下 NHTX／JD 系列
34	中山全立发机械有限公司	10 000kN 以下 T 系列
35	浙江台意德塑机制造有限公司	10 000kN 以下 TYD 系列
36	宁波海晶塑机制造有限公司	10 000kN 以下 HJF 系列
37	江阴米拉克龙塑料机械有限公司	10 000kN 以下 ELEKTRON 系列全电动注塑机
38	上海光塑机械制造有限公司	10 000kN 以下 HS 伺服机系列
39	MITSUBISHI HEAVY INDUSTRIES PLASTIC TECHNOLOGY CO.，LTD.	1300MMX－240、3500MMX－470
40	宁波威力仕高科机械有限公司	10 000kN 以下 UJ 伺服节能系列
41	杭州大禹机械有限公司	10 000kN 以下 T 系列
42	宁波通用塑料机械制造有限公司	10 000kN 以下 TWX/JS 系列
43	宁波海雄塑料机械有限公司	10 000kN 以下 HXM 系列
44	广东伊之密精密机械股份有限公司	22 000kN 以下 SM2 系列、22 000kN 以下 SM 系列

注：1. 以上机型未说明的为伺服机，达到 1 级节能标准。

2. 以上为截至 2012 年 11 月 16 日通过节能检测的产品名单。

重大技术装备自主创新指导目录（2012 年版）（塑料机械部分）

编号	产品名称	类别	主要技术指标	需突破的关键技术
14.2.1	全电动智能化塑料注射成型机（微型）	I	1. 合模力：400～5 500 kN 2. 注射容量：19～3 000 cm^3 3. 塑化能力：3.8～70 g/s 4. 每千克制品能耗：≤0.30 kW·h（Ⅰ级节能指标） 5. 制品重量重复精度：≤0.06%（精密级）	1. 专用高性能伺服电动机与伺服驱动器技术 2. 专用传动部件 3. 专用高速数字通信电脑控制技术 4. 呼吸式射出压缩技术

（续）

编号	产 品 名 称	类别	主要技术指标	需突破的关键技术
14.2.2	大型超大注射量塑料注射成型机	I	1. 合模力：1 000 ~ 8 000 kN 2. 注射量：3 500 ~ 160 000 g 3. 每千克制品能耗：≤0.4 kW · h 4. 精度： 合模位重复精度 <0.5 mm 注射位置重复精度 <0.5 mm	1. 高性能伺服电动机与驱动技术 2. 智能化控制技术
14.2.3	汽车用多层塑料燃油箱塑料挤出中空成型机	I	1. 多层燃油箱层数：6 层 2. 产量≥400kg/h 3. 制品生产率≥30 个/h	1. 共挤机头的设计 2. 失重式称重系统技术 3. 挤出机系统的研制
14.2.4	丁基橡胶后处理生产线	I	1. 机组生产能力：5 万 t/a 2. 螺杆直径（公称）：2 ~ 151 mm 3. 螺杆转速：30 ~ 300 r/min 4. 连续运行时间：8 000h/a	1. 专用的组合式推力轴承组等关键零部件的设计 2. 螺杆和机筒等关键零部件的加工工艺 3. 机组的机、电、液，智能化和网络化控制系统设计和制造技术
14.2.5	双轴取向拉伸往复式高强度经纬网生产线	I	1. 频率控制范围在 0 ~ 50 次/min 之间任意调整 2. 网孔成型尺寸 1.5 ~ 100mm 在线调节 3. 产品拉伸强度达到 5 ~ 15kN/m 4. 生产线速度 15 ~ 20m/min	1. 在线运行曲线跟踪控制系统研究 2. 精密同步整线控制系统技术
14.2.6	多层共挤纳米吹塑成套设备	I	1. 纳米成型模头最少达 64 层 2. 制品厚度误差≤ ±3.0% 3. 各组分控制精度达到 0.1%	1. 纳米成型模头技术 2. 静态混炼技术 3. 智能控制技术

工业和信息化部节能机电设备（产品）推荐目录（第四批）（塑料机械）

序号	设 备 名 称	型号	主要技术参数	适用范围	执行标准	推荐理由
4 - 1	二板式塑料注射成型机	JU 系列	锁模力：12 000 ~ 40 000kN 能耗值：0.35 ~ 0.38kW · h/kg	汽车、电子电器、轻工、航空航天、医药等领域	《塑料注射成型机能耗检测和等级评定的规范》 标准指标： 注塑机能耗等级 1 级≤0.4kW · h/kg	效率达到标准 1 级指标，节能效果明显
4 - 2	全电动注射成型机	55Ge 105Ge 155Ge 205Ge	锁模力：550 ~ 2 050kN 能耗值：0.19 ~ 0.25kW · h/kg			
4 - 3	变量泵塑料注射成型机	F2V 系列	锁模力：900 ~ 3 800kN 能耗值：0.36 ~ 0.50kW · h/kg	汽车、电子电器、轻工、航空航天、医药等领域	《塑料注射成型机能耗检测和等级评定的规范》 标准指标： 注塑机能耗等级 1 级≤0.4kW · h/kg 注塑机能耗等级 2 级≤0.55kW · h/kg	效率达到标准 2 级指标，节能效果明显
4 - 4	伺服节能塑料注射成型机	JM1000 - SVP/2 ~ JM2200 - SVP/2	能耗值：0.31 ~ 0.39kW · h/kg 锁模力：10 000 ~ 22 000kN			效率达到标准 1 级指标，节能效果明显

（续）

序号	设备名称	型号	主要技术参数	适用范围	执行标准	推荐理由
4－4	伺服节能塑料注射成型机	Se 系列	锁模力:900～28 000kN 能耗值:0.21～0.36kW·h/kg	汽车、电子电器、轻工、航空航天、医药等领域	《塑料注射成型机能耗检测和等级评定的规范》 标准指标： 注塑机能耗等级1级≤0.4kW·h/kg	效率达到标准1级指标，节能效果明显
		ST－Se 系列	锁模力:18 000～31 500kN 能耗值:0.35kW·h/kg			
		UN60SM～UN2200SM	锁模力:600～22 000kN 能耗值:0.20～0.37kW·h/kg			
		UN60SM2～UN2200SM2	锁模力:600～22 000kN 能耗值:0.23～0.36kW·h/kg			
		HN100SV～HN850SV 系列	锁模力:100～8 500kN 能耗值:0.27～0.33kW·h/kg			
4－4	伺服节能塑料注射成型机	PT 系列	锁模力:800～1 300kN 能耗值:0.24～0.34kW·h/kg	汽车、电子电器、轻工、航空航天、医药等领域	《塑料注射成型机能耗检测和等级评定的规范》 标准指标： 注塑机能耗等级1级≤0.4kW·h/kg	效率达到标准1级指标，节能效果明显
		D 系列	锁模力:1170～18 843kN 能耗值:0.24～0.39kW·h/kg			
		HDJS 系列	锁模力:500～25 000kN 能耗值:0.26～0.37kW·h/kg			
		GEK/S 系列	锁模力:600～22 000kN 能耗值:0.27～0.38kW·h/kg			
		PLj 系列	锁模力:860～1 000kN 能耗值:0.19～0.32kW·h/kg			
4－4	伺服节能塑料注射成型机	HXF88J5	锁模力:880kN 能耗值:0.36kW·h/kg	汽车、电子电器、轻工、航空航天、医药等领域。	《塑料注射成型机能耗检测和等级评定的规范》 标准指标： 注塑机能耗等级1级≤0.4kW·h/kg	效率达到标准1级指标，节能效果明显
		HXM 系列	锁模力:650～8 800kN 能耗值:0.25～0.37kW·h/kg			
		PD60－KX～PD2888－KX 系列	锁模力:600～28 880kN 能耗值:0.25～0.38kW·h/kg			
		BLEK 系列	锁模力:1005～8 197kN 能耗值:0.30～0.39kW·h/kg			
4－4	伺服节能塑料注射成型机	M6－S 系列	能耗值:0.29～0.38kW·h/kg 锁模力:880～10 800kN 理论注射容积:129～6 132cm^3	汽车、电子电器、轻工、航空航天、医药等领域	《塑料注射成型机能耗检测和等级评定的规范》 标准指标： 注塑机能耗等级1级≤0.4kW·h/kg 注塑机能耗等级2级≤0.55kW·h/kg	效率达到标准1级指标，节能效果明显
		M8－S 系列	能耗值:0.27～0.38kW·h/kg 锁模力:880～10 800kN 理论注射容积:129～6 132cm^3			
		HJ 系列	能耗值:0.27～0.38kW·h/kg 锁模力:1 063～5 793kN 理论注射容积： 123×10^3～$2\ 327\times10^3 mm^3$			
		TWX/JS 系列	能耗值:0.28～0.37kW·h/kg 锁模力:807～5081kN 理论注射容积： 95×10^3～$2\ 213\times10^3 mm^3$			

塑料机械行业标准化工作状况以及现行的标准目录

标准

FORSTAR
新协力·科仕特

科仕特注塑机

FORSTAR
新协力·科仕特

FORSTAR
新协力·科仕特

FORSTAR
新协力·科仕特

塑料机械行业标准化工作概述

塑料机械行业标准化工作无论从组织构架、专业领域的划分、标准的覆盖与配套以及标准水平和结构等各方面都进一步健全、合理和完善。各项工作均取得了显著成绩,有力地推动了塑料机械行业标准化事业的发展。

塑料机械行业标准化工作是塑料机械行业职能的重要组成部分,标准水平的高低是衡量一个国家塑料机械行业技术水平的主要标志之一。在塑料机械产品结构调整、提升竞争力等方面,标准化工作具有不可替代的技术基础作用。加大标准体系结构调整力度,不断提高标准水平,增强标准化工作的有效性,对于塑料机械行业的发展具有重要的意义。

一、行业标准化工作基本情况

1. 标准化工作管理

(1)组织建设。塑料机械标准化分技术委员会(以下简称分委会)负责全国塑料机械行业的标准化归口工作,包括塑料机械行业标准的规划制定,标准体系确立,标准制修订计划的编制与申报,各项标准的起草、修订、复审、报批、贯彻及实施等,业务上归属中国机械工业联合会。第四届分委会于2011年12月成立,由31家单位的31名委员组成,另聘请顾问2名,秘书处仍设在大连塑料机械研究所。第四届分委会集中了生产和使用单位以及大专院校和科研院所等方面的专家、学者及专业技术人员,覆盖了绝大多数产品的企业代表,有着广泛的代表性和业内权威性,整体素质较高,是一个技术知识密集、具有人才优势的权威性组织。分委会积极组织参加中国机械工业联合会举办的国家标准GB/T 1.1—2009《标准化工作导则 第1部分:标准的结构和编写》培训,建立了一支有较高专业理论知识和较丰富实践经验的标准化工作队伍。

2. 标准化科研工作

塑料机械行业标准化工作以往以标准制修订为主要工作,解决了量大面广产品无标生产的问题。近年来,由单一的标准制修订向标准课题研究、企业产品开发和推广、信息服务及院企合作制定标准及开展课题研究等方面延伸。分委会积极参与《橡胶塑料通用机械安全标准研究》标准化公益科研课题的研究,该课题被评为2011年中国石油和化学工业联合会科技进步奖二等奖。分委会还参与申报了《大型混炼挤压造粒机组技术与安全标准的研究》标准化公益研究科研课题。

3. 行业标准制修订及实施情况

从专业标准体系上看,塑料机械行业基本实现了以产品标准为主体,安全标准、基础标准、通用标准、方法标准以及分等标准为辅的行业标准体系,已形成了塑料机械标准90项,部分标准已经过多次修订。制修订的塑料机械标准既考虑了国内企业的现状,又以产品技术和企业的发展为主要目标,积极采用国际标准和国外先进标准,改进产品质量,提高经济效益,对发展塑料机械工业,促进塑料机械技术进步起到了积极的作用。塑料机械产品质量分等标准为企业上等级及产品创名牌提供了依据。

锥形同向双螺杆塑料挤出机是创新产品,广泛应用于建材、能源、包装、农业等领域。该产品具有高混炼、高剪切、高挤出压力、低挤出温度、塑化性能好等特点,市场前景非常广阔。该产品已在国内生产多年,但是一直没有行业标准。各企业根据自己产品的技术要求、检验手段等制订了不同的企业标准，造成这一机器无法进行统一的检测，使用者无法通过由法定的检测机构出具的检测报告判断机器的好坏。

因此，随着建材、能源、包装、农业等市场对塑料制品的要求越来越高，更多的厂家需要购置锥形同向双螺杆塑料挤出机进行深加工以满足市场的需要，迫切需要制定相关的行业标准来指导锥形同向双螺杆塑料挤出机的设计和生产。

即将批准发布的《锥形同向双螺杆塑料挤出机》行业标准能够促进锥形同向双螺杆塑料挤出机在全国范围内的推广生产，保证锥形同向双螺杆塑料挤出机的产品质量，提升国内塑机行业的整体水平，进一步缩小与国际先进水平的差距。

即将批准发布的《可发性聚苯乙烯泡沫塑料预发机》《可发性聚苯乙烯泡沫塑料自动成型机》《可发性聚苯乙烯泡沫塑料板材成型机》《可发性聚苯乙烯泡沫塑料板材切割机》四项泡沫塑料机械系列行业标准主要涉及我国以可发性聚苯乙烯（EPS）为主要生产原料的泡沫塑料机械系列产品。其系列机械包括预发泡、成型加工（高温、加压、成型冷却、真空吸排、出模定型）、板材切割、回收粉碎等，在我国的浙江、上海、江苏、山东、陕西、甘肃和东北地区生产，在我国仅发展了几十年。产品技术涉及机械制造、电子电气、气动、液动及程序控制系统。用这些机械再生产出可用于各种包装的、渔业上的、建筑业保温及墙体、工艺品、铸造等 EPS 制品，形成了遍及全国的 EPS 加工行业。四项泡沫塑料机械系列行业标准的制定解决了以下主要问题：

（1）当前，泡沫塑料机械行业只有 1 项行业标准，几个大企业制定了企业标准，产品的性能、质量差异很大，所以有必要制定以上几项标准。

（2）产品出口时，尤其是出口到欧盟、北美等地区，标准差距的存在使我国产品受到限制，对我国声誉和企业经济都是很大的损失。所以有必要制定出与国外可以抗衡的系列产品标准，尤其是制定产品的安全标准，已迫在眉睫。

（3）泡沫塑料机械的无序竞争导致对产品安全不够重视，不能与国际接轨，引起贸易纠纷。所以，泡沫塑料机械应该有一个强制性的安全标准。

推进企业制修订产品标准和采标措施，制定我国自己先进的泡沫塑料机械产品系列标准，这样就可以在现有生产企业具有较强生产能力的基础上，快速、有效地进一步提高质量，形成合力，扩大出口占有率，争得国际市场上的发言权。

4. 标准信息和咨询服务工作

分委会在机械工业塑料机械科技信息网上发布《塑料机械标准目录》并及时对其进行动态修改更新。同时，分委会在《塑料机械》杂志上发布《塑料机械标准目录》，还为各相关标准化、认证、检测、计量等管理机构、标准归口单位提供并解释标准，为相关企业提供标准及信息服务，扩大了分委会的影响，推动了标准的贯彻实施。

5. 标准化工作推动和引领了行业发展

多年来，标准化工作在行业中发挥了重要的推动和引领作用。这些标准服务于市场，并为市场规则体系提供技术依据，成为市场规则体系的组成部分，维护了市场经济秩序；作为经济结构调整的技术手段，促进了塑料加工装备制造业不断适应塑料加工产业结构调整的需要；作为科技创新成果转化的途径，推动了新技术、新工艺和新装备的推广应用；提升了塑料机械制造企业在市场上的竞争力；通过制定安全标准，保障了操作人员的身体健康和生命安全；通过对橡塑机械产品型号编制方法和术语标准的制定，极大地推动了行业间的技术交流，有力地促进了国内外贸易的发展。

6. 充分发挥分委会及秘书处的职能作用

分委会是塑料机械标准制修订的权威机构，有一套健全和完善的管理制度，工作有章可循，有据可依。标准化工作法规性强，涉及面广，需要协调各方面意见。委员们充分履行职责，积极参与塑料机械标准的制修订工作，为塑料机械行业的发展发挥了积极的作用。

秘书处承担着大量的组织、协调、标准的初审、报批以及各种会议筹备等工作。大连塑料机械研究所在人力、物力、财力上给予了无偿的支持。秘书处在实践中也不断摸索标准化工作的新思路和新方法，有效地发挥了常设机构的职能作用。

二、2012 年取得的主要成绩

2012 年，是塑料机械标准化工作比较繁重的一年，也是国家标准化工作重点转型与创新的一年。面对国家政策的新变化、新要求、新任务以及塑料机械行业市场经济的新形势、新挑战，塑料机械标准化工作有条不紊地开展，在行业中发挥了重要的推动和引领作用。

1. 标准计划项目完成情况

2012 年，分委会按照中国机械工业联合会下达的计划，组织标准起草工作组修订了《同向双螺杆塑料挤出机》等 7 项机械行业标准。这 7 项标准已完成审查报批工作。

2. 及时完成行业标准复审工作

为了适应社会主义市场经济发展和对外贸易的需要，进一步贯彻《中华人民共和国标准化法》，跟踪现行标准的执行情况，及时了解标准在贯彻中的反馈信息，分委会不断加强与企业间的联系，按照上级主管部门的要求及时完成行业标准复审工作。分委会向 2007 年批准发布的现行行业标准 JB/T 5291—2007《塑料破碎机》和 JB/T 5417—2007《塑料排气挤出机》的主要起草单位及主要生产单位征求意见和建议，并经分委会第四届二次工作会议讨论，确定这两项标准的技术内容符合当前科学技术发展，能够满足经济建设的需要和使用需要，继续有效。

3. 标准计划项目的征集工作

已征集《塑料挤出吹塑土工膜辅机》等 9 项机械行业标准计划项目，分委会将陆续进行计划项目申报。

4. 塑料机械行业“十二五”技术标准体系建设

根据工业和信息化部《关于编制工业和通信业“十二五”技术标准体系建设方案的通知》（工信厅科〔2012〕183 号文）和中国机械工业联合会《关于做好机械工业“十二五”技术标准体系建设工作的通知》（机联秘标〔2012〕168 号）的通知要求，分委会全面分析了我国塑料机械行业形势和产业发展趋势，研究了我国塑料机械标准实施现状，找出了塑料机械标准体系范围和对标准的需求，通过分析现行国内外强制性标准和推荐性标准，开展标准缺失和滞后分析以及标准适用性和时效性分析等，针对塑料机械标准存在的主要问题，提出了今后标准化工作的建议和改进措施；通过对塑料机械标准体系结构和布局的分析、标准数量和质量的分析，分委会秘书处全面梳理归口管理标准、在研标准和“十二五”期间拟制定标准，研究建立包括塑料机械标准体系框架和体系表的技术标准体系，完成了《塑料机械行业“十二五”技术标准体系建设方案》，并经分委会第四届二次工作会议讨论通过。

另外，分委会还根据中国机械工业联合会的部署，根据国内安全生产、人身、财产安全等对塑料机械专业领域产品安全标准的需求分析，国际上尤其是国际贸易对塑料机械专业领域产品安全标准的要求，以及国内外塑料机械专业领域产品安全标准化发展趋势等，编制完成了《塑料机械专业领域产品安全标准体系》。

5. 积极参与国际标准化工作

2012 年，全国橡胶塑料机械标准化技术委员会及分委会实现了国际标准化工作零的突破。ISO/TC 270 塑料橡胶机械技术委员会于 2012 年 7 月成立，我国为 P 成员，全国橡胶塑料机械标准化技术委员会秘书处挂靠单位北京橡胶工业研究设计院为其国内技术对口单位。2012 年 12 月，全国橡胶塑料机械标准化技术委员会秘书处参加了在意大利米兰召开的ISO/TC 270第一次工作会议。

橡胶塑料机械行业国际标准化工作非常重要。中国的橡胶塑料机械产销量世界前茅，全国橡胶塑料机械标准化技术委员会及分委会希望塑料机械行业各企业重视国际标准化工作，并积极参与其组织的各项标准化活动，争取国际标准制定的话语权，进一步推动我国橡胶塑料机械行业国际化进程。

6. 组建塑料机械标准技术联盟

在分委会第四届二次工作会议上审议并通过了组建全国橡胶塑料机械标准技术联盟的方案。会议认为，全国橡胶塑料机械标准技术联盟的组建是必要的、迫切的，是标准化工作与国际标准化工作接轨的需要。此项工作方案实施后，可以更好地开展橡胶塑料机械标准化工作。联盟标准是对国家标准和行业标准的有益补充，加快了新技术、新产品和新方法标准的制定速度；加强了国家标准和行业标准制定的前期研究与应用，有利于提高标准的市场适用性和时效性，统一技术门槛，促进企业"抱团升级"。会议要求全国橡胶塑料机械标准化技术委员会秘书处制定详细的工作计划，尽快完成全国橡胶塑料机械标准技术联盟的组建工作。

7. 强制性标准实施情况汇报

2012年6月，全国橡胶塑料机械标准化技术委员会及分会秘书处就安全标准的实施情况进行了调研，一些生产企业和质检部门针对标准实施中的问题对标准文本提出了修改意见和建议。全国橡胶塑料机械标准化技术委员会及分委会将针对这些意见和建议安排下一步标准的修订以及宣贯工作。

8. 配合总会完成能耗标准的起草工作

推荐性国家标准《橡胶塑料注射成型机能耗检测方法》的制定，填补了我国无橡胶塑料机械产品节能标准的空白。为了进一步完善该标准，满足橡胶塑料机械行业的实际需求，总会及分委会要求橡胶塑料注射成型机的生产企业加强能耗验证试验，下一步修订该标准时，将研究增加橡胶塑料注射成型机能耗等级和节能评价值的可能性，要求各相关企业做好准备。

9. 积极参加中国机械工业联合会及总会组织的各项活动

积极参加中国机械工业联合会举办的机械工业标准化工作会议、技术标准体系研讨会等。

三、存在的问题

1. 产品标准覆盖面

根据我国国家标准GB/T 12783—2000《橡胶塑料机械产品型号编制方法》中产品型号的分类，在塑料机械标准中已完成了量大面广产品标准的制定，但很多塑料制品类加工设备标准还有待于加速制标，一些产品标准缺少相应的方法标准与之配套。因此，今后需要不断完善标准体系，扩大产品标准的覆盖面。

2. 标准制修订周期长，一些新产品新技术不能及时纳入标准

2011年上报的行业标准至今未批准发布，亟须解决标准发布及出版周期长等问题。特别是产品标准中的系列与基本参数，变化会更快。所以，应采取有效措施，利用标准手册或推进联盟标准的制定，弥补这一缺陷。

3. 企业对标准实施的重视程度还有待加强

标准的实施状况较差。一方面，分委会十分注重标准的制修订，而对标准如何进行宣传和贯彻实施缺乏重视和必要的研究；另一方面，标准化工作的重要主体之一——产品生产企业，有的把实施标准看成负担，回避或忽视标准的执行，也不同程度地造成了标准实施不力。

四、2013年标准化重点工作任务

（1）围绕提高塑料机械产品的竞争力，在制修订标准的运行机制上积极探索市场取向的新路子，增强科学性和预见性，快速响应市场变化，提高标

准制修订速度。在此基础上，着力提升塑料机械标准的整体水平。主要产品的开发要依据制修订标准；淘汰的产品，其标准也要淘汰。要不断增强标准的适应性，不断提高标准的技术含量，促进高新技术与塑料机械行业标准的结合，提高标准的技术水平；加强对同行业国际标准及国外先进标准的研究，使塑料机械行业标准采用国际标准和国外先进标准的比例不断提高，增强对国际市场的适应性。

(2)当前，国际上塑料机械产品的性能正朝着高速、高效、节能、低噪声和高自动化方向快速发展。我国塑料机械行业要走自己的创新道路，不断调整产品结构，积极发展高效、节能、环保型塑料机械产品，以适应我国国民经济发展的需要，并大力发展有国际竞争力的出口创汇产品。因此应重点做好行业标准中的安全标准，涉及环保要求的标准，基础标准，符合国家有关重大工程项目并与主攻课题相配套的标准，市场急需制定的、技术先进并有发展潜力的产品标准；拟开展《塑料挤出吹塑土工膜辅机》等9项标准的研究制订工作；修订《异向双螺杆塑料挤出机》等7项已下达计划的行业标准。

(3)全面复审已实施5年或5年以上的标准，提出继续有效、修订和废止的结论。对不适应市场发展需要，标准内容或标准级别需做较大调整的现行标准，应及时进行修订。对于已淘汰产品或技术落后的产品一定要进行废止，保证现行标准技术内容的先进性和适应性。

(4)继续拓宽业务范围，为企业做好标准化咨询服务工作。

今后，分委会将形成长期有效的工作机制，加强对标准制修订的管理，保证标准质量，要把我国的塑料机械标准化工作做得更加富有成效，不断创新，进一步满足国内外市场的需要，为我国塑料机械行业做强做大作出更大贡献。

〔供稿单位：全国橡胶塑料机械标准化技术委员会塑料机械分技术委员会〕

我国橡胶塑料机械标准化工作现状和发展规划

当前，我国橡胶及塑料的应用已从一般民用、农用向几乎所有工业领域，如航空航天、国防、石化、汽车、家电、建筑、包装、通信、计算机等产业快速扩展。我国橡胶塑料加工装备制造业也随之逐步成长和壮大，行业规模、产业结构、技术水平都大幅度提升，科研、设计和制造已具有相当水平，形成了门类齐全的科研、设计、制造及服务体系，拥有了大批骨干企业，为橡胶和塑料加工领域的高速发展提供了重要的技术装备支撑。

近几年，我国橡胶塑料机械行业经历了高速发展过程。橡胶机械销售收入已连续7年居世界第一位。在2010年度全球橡胶机械31强中，我国共有13家企业榜上有名，其中前10强占据3席，前5强占2席，确定了我国世界橡胶机械生产大国的地位；塑料机械行业经济总量也以年均20%以上的速度递增，产品产量连续11年位居世界第一，我国无可争辩地成为了世界塑料机械的生产大国。

我国橡胶塑料机械行业将进一步提升行业的核心竞争力，力争使我国由橡胶塑料机械制造大国转变为制造强国。这是我国橡胶塑料机械行业发展的主要目标，也是橡胶塑料机械产业发展之必然。

标准对促进产业结构调整，推动新技术、新工艺和新装备的推广和应用起到技术支撑作用，它是提高产品质量和市场竞争能力、改善安全生产和环保条件的重要技术基础。因此，标准化工作受到了国家、地方、行业和企业的高度重视和关注。

一、组织机构现状

我国橡胶塑料机械标准化工作自 20 世纪 70 年代末开始。原化工部在 80 年代初组建成立了化学工业部橡胶机械标准化专业委员会，负责橡塑通用机械、橡胶专用机械国家标准和部颁标准的审查和归口工作。截至 1985 年，陆续出台了 32 项国家标准和部颁标准。1986 年国家标准总局批准成立了由化学工业部、机械工业部、轻工业部等多部门专业技术专家组成的全国橡胶塑料机械标准化技术委员会（SAC/TC71）（以下简称标委会），1987 年成立了下设的橡胶机械（TC71/SC1）和塑料机械（TC71/SC2）两个分技术委员会，秘书处分别设在北京橡胶工业研究设计院和大连塑料机械研究所。TC71 主要负责橡塑通用机械的基础标准、安全标准、产品标准和方法标准的制定、修订工作，如《密闭式炼胶机炼塑机》《橡胶塑料压延机》和《橡胶塑料注射成型机安全要求》等。TC71/SC1 主要负责橡胶制品加工专用设备的标准制定、修订工作，如轮胎定型硫化机、橡胶平板硫化机等；TC71/SC2 主要从事塑料制品加工专用设备的标准制修订工作，如塑料挤出机、塑料捏合机、塑料中空成型机等。目前，TC71 和 SC1、SC2 已经是第四届了，委员均是由国家标准化管理委员会聘任，主要来自橡胶塑料机械制造及使用单位的技术专家及科研人员。除两个分会以外，2008 年在各地方政府的政策支持下，通过企业的申请，最终国家标准化管理委员会批准成立了“橡胶塑料专用测试仪器设备 TC71/WG1”“塑料薄膜机械 TC71/SC2/WG1”“泡沫塑料机械 TC71/SC2/WG2”和“聚合物拉条切粒设备 TC71/SC2/WG3”四个标准制定工作组，分别负责相关产品的标准起草工作。

二、标准分类及数量

橡胶塑料机械由于没有特殊的地域性要求，因此，目前主要制定有国家标准、行业标准和企业标准。标委会和两个分会归口的标准是国家标准和行业标准。

截至 2011 年年底，现行国家标准、行业标准共有 151 个，其中国家标准 35 个，行业标准 116 个。具体是：

（1）橡塑通用机械。共 24 个标准，其中国家标准 18 个，化工行业标准 6 个。涉及基础标准 3 个，产品标准 6 个，方法标准 4 个和安全标准 11 个。

（2）橡胶专用机械。共 63 个标准，其中国家标准 16 个，化工行业标准（HG）47 个。涉及基础标准 2 个，产品标准 51 个，方法标准 8 个和安全标准 2 个。

（3）塑料专用机械。共 64 个标准，其中国标 1 个，机械行业标准和内控标准（JB）63 个。涉及基础标准 1 个，产品标准 38 个，行业内控分等标准 25 个。

这些标准，特别是 2011 年发布实施的标准，很多已历经多次修订。

三、标准现状

（一）基础标准

我国现有《橡胶塑料机械型号编制方法》国家标准，《橡胶机械术语》《塑料机械术语》《橡胶机械噪声声压级的测定》《橡胶塑料机械外观通用技术条件》和《橡胶塑料机械涂漆通用技术条件》等行业基础类标准，这些标准主要针对行业特点而制定，大多被产品标准直接引用。此外，在大量的产品标准中还直接引用了我国机械行业的基础标准、安全、环保标准和方法标准，因此，从本专业基础标准的数量和内容上看，基本能满足使用需求。但随着橡塑机械产品的不断扩大，如“多复合挤出机械”“翻新轮胎设备”以及“废旧橡胶和塑料加工处理设备”等新产品不断增加，各生产企业对产品型号编制尚不规范，甚至出现不同产品型号交叉等问题，给用户的使用带来不便。所以“型号标准”从标龄和标准内容上看，已需要适当补充和修订了。很多新的产品技术术语也需要在《橡胶机械术语》和《塑料机械术语》标准中增加。《橡胶塑料机械外观通用技术条件》和《橡胶塑料机械涂漆通用技术条件》两项标准，有部分内容在国家机械通用标准中已经包括，应对这些通用标准进行分析，找出本行业的特殊性，重新修订。《橡胶机械噪声声压级的测定》体现了当前橡胶塑料机械产品加工、装配等综合性能指标，在欧洲标准中对噪声的要求和测定方法也有一些通用标准，我国一些基础标准也采用了欧洲标准，但我国橡塑加工中一些大型设备噪声值始终居高不下，因此需要解剖分析，制定符合专业产品特点的噪声检测方法标准。

（二）产品标准

在现有的151个国家标准和行业标准中，产品标准95个，占标准总数的62.9%，特别是塑料机械行业标准，除行业内控标准外，产品标准占塑料机械标准总数的97%。产品标准对于规范市场、指导产品设计与研发、促进企业积极采用国外先进技术并制定更高水平的企业标准以占领国内外市场，起到了积极的促进作用。但随着高新技术与新产品的不断涌现，如橡胶机械围绕高性能子午线轮胎和大型工程机械轮胎的研发和应用，陆续开发成功钢丝帘布压延生产线、内衬层生产线、X光轮胎检验机和轮胎均匀性试验机等设备，进一步提升了轮胎的制造和检验能力，快速推进了我国轮胎产业的发展。而在产品标准中还没有覆盖这些新产品。塑料机械产品标准大体是根据GB/T 12783标准中归纳的产品进行立项和制定的，其中约80%的产品已制定了产品标准。近年来，塑料机械新品种和新技术更是突飞猛进地发展，塑料机械分会也就此制定了塑料挤出复合膜辅机、聚氨酯发泡加工设备等一些新研发产品的标准。同时，数次修订塑料真空成型机、单螺杆塑料挤出机等产品标准，将一些新技术、新产品及时纳入产品标准中。这些标准起到了引领市场发展的作用。

（三）方法标准

检测方法标准通常是与产品标准或安全标准配套制定和使用的。对产品而言，有要求就要有相应的而且是相对统一的检测手段和方法加以检验，这样产品标准和安全标准在实施中才更具有可操作性。橡胶塑料机械专业在标准立项时，一般考虑“要求”与“检测”一一对应。当前一些产品，如开放式炼胶机炼塑机、密闭式炼胶机炼塑机、橡胶塑料注射成型机的产品标准、安全标准和检测方法标准是配套制定的。还有一种方式，即，将检测方法直接纳入到产品标准或产品标准的附录中，《塑料真空成型机》国家标准及塑料专用机械产品标准大多采用这种方式。所以，塑料机械的产品标准占标准总数的97%，每个产品标准中均有一章是专门规定检测内容的。

（四）安全标准

安全标准的制定是近年来橡胶塑料专用机械专业标准制定工作的重点。自2006年我国发布了该专业第一个强制性安全标准GB 20055—2006《开放式炼胶机炼塑机安全要求》后，“十一五”期间标委会加大了安全标准的制定速度，五年中完成了12个强制性国家标准的制定。这些标准主要涉及密闭式炼胶机炼塑机、橡胶塑料压延机、橡胶塑料注射成型机、挤出机及挤出生产线、粉碎机械等。其中6个标准等同采用了EN标准，4个标准为修改采用，2个标准为非等效采用。这些安全标准的制定，对于保障操作者人身安全和产品使用安全提供了技术依据。

当前，标委会正在对《薄膜或薄片卷取机》《热固性塑料注射机》《塑料袋吹膜机》等欧盟EN安全标准进行分析研究，下一步将逐步纳入强制性国家标准的制定范畴。

(五)节能标准

我国橡胶塑料机械节能研究工作起步较晚,无论是节材、节能设备的研制和生产,还是节能技术在橡塑机械上的推广和应用,都是在近年逐步被重视和发展的。橡胶塑料加工企业生产成本中的很大一块是电费,一般占总成本的30% ~50%。由于原材料价格飞涨,企业已负担过重,如果能节能30%或更多,企业就可直接获利。可见节能环保的加工设备对于下游企业的竞争力提升有着至关重要的作用。橡胶塑料机械作为橡塑制品生产的重要基础设备,必然是解决节能问题的重要环节。

近些年,橡胶机械在混炼、挤出、成型和硫化设备等新产品开发中已经逐步考虑了提高效率、节约能源、减少污染等因素,研发出了一批节能型新产品。塑料机械主要从挤出、注射成型两大耗能设备入手,重点研究传动系统和加热方式,在节电、提高生产效率和提高制品重复精度等方面的研究上投入了大量的精力,找出了一些既符合国情又能解决能耗问题的途径。橡胶塑料机械专业节能标准是在20世纪80年代,为了提升和促进单螺杆塑料挤出机的技术发展和与国际先进技术接轨,在《单螺杆塑料挤出机》标准(ZBG 95009.1—1988)中首次提出了“比流量”和“名义比功率”的技术指标,并制定了塑料挤出机统一的检测方法标准(ZBG 95009.2—1988),两个标准指导和推动了塑料挤出机高效节能技术的发展,亦为产品的评优评级提供了技术依据,为塑料机械行业在标准化中体现节能增效做出了有益的尝试。近年来,为使节能标准制定工作有所突破,标委会下大力气收集了国外有关协会节能标准和制定信息,但尚未了解到国外有关橡塑机械产品能耗限值的标准或文献。一些发达国家,如欧洲塑料橡胶工业机械制造商协会也仅发布或正在制定《注射成型机电能消耗率的测定》《挤出机能量消耗率的测定》《热成型机能量消耗率的测定》等标准。显然,国外也是先从能耗测定方法入手,力求在行业中形成统一的测定方法,使节能数据具有可比性。标委会也是从最受关注且公认为耗能较大的两大产品——注射机和挤出机入手,制定能耗检测方法标准,统一能耗测试手段,实现节能标准零的突破。2010年申报了我国第一个橡胶塑料机械节能方面的标准《橡胶塑料注射成型机能耗检测及评定方法》国家标准,该标准的制定得到了相关行业协会和企业的大力支持,许多企业参加了该项标准的起草,此标准于2012年内完成。

(六)资源再利用相关标准

近几年,橡胶机械加强了翻新轮胎加工处理设备标准的制定,其中包括《预硫化翻新轮胎硫化罐》《翻胎硫化机》《翻新轮胎打磨机》和《翻新轮胎贴合机》等多个标准,被工信部列入符合产业政策的标准项目。目前正在制定的还有如“翻新轮胎气压检查机”等针对翻新轮胎的计划项目。我国已经开发和应用环形胎面硫化机、环形胎面贴合机和全自动电脑打磨机等高效、安全的处理设备,这是翻胎行业的发展趋势。因此有必要制定该类设备的产品标准,以引领我国同类产品的发展。

塑料机械也早在20世纪90年代初就制定了《橡胶塑料粉碎机》《塑料薄膜回收挤出造粒机组》等标准,并已进行修订。废旧橡胶塑料的回收再生利用属新兴产业,是各国政府鼓励的“朝阳”产业,也是21世纪最具发展潜力的产业之一。国内研究开发的“废橡胶和废塑料裂解油化生产线”项目在当前全球污染日益严重、石油资源日益枯竭的经济发展背景下,更显示出巨大的经济和社会价值。标委会已提出制定该生产线标准,将新技术纳入标准,通过标准制定推动新技术的发展。

(七)与国际标准的接轨

当前已查询到的国外标准有欧洲、美国和日本的标准。

欧洲把执行欧盟指令及技术标准作为产品进入欧洲市场的准入条件。欧洲标准化技术委员会29个成员国必须遵守欧洲EN安全标准，一些发达国家也不同程度地采用了EN标准。前面提到的我国12项橡塑机国家强制性标准也不同程度地采用了EN标准。

在欧洲塑料橡胶机械制造者协会（EUROMAP）66项推荐性标准中，主要分“通用”“注射”“挤出”三大类产品，大多涉及各项参数的确定、检测和与模具等部件间的连接要求等，这些标准更适用于产品的设计。标委会正在制定的《橡胶塑料注射成型机能耗检测及评定方法》标准就是参考了EUROMAP60《注射成型机电能消耗率的测定》标准。标委会还在跟踪分析其他类标准，在结合我国实际的前提下，转化和制定我国行业标准。

美国目前涉及橡塑机内容的国家标准有9项，基本为塑料机械标准，均是制造、维护和使用要求，大多涉及安全。这些标准更适用于产品的制造、维护和使用。

日本国家标准仅查找到1项，涉及橡胶试验设备。日本的橡塑机械安全标准大多直接采用欧洲EN标准。

我国橡塑机械标准结构比较全面、合理，产品标准能达到国内先进水平，并有相应的方法标准与之配套；安全标准大多采用欧盟标准，欧盟17项标准已经转化了12项。但是，直接采用欧盟标准存在几个值得注意的问题：

（1）一些电器元件依赖于进口。

（2）成本的增加是困扰制造企业执行安全标准的难点。

（3）用户对安全性能高、但看似复杂甚至误认为多余的安全结构还需要有一个认知的过程。

（4）对国外先进标准的理解还存在差异。

（5）我国的一些橡胶塑料机械产品结构和应用环境、工艺要求还有一定的差异。

这些问题在标准实施和修订中需要重点考虑解决。

（八）与国际标准化组织机构的联络

在ISO/IEC等国际标准化组织中，橡胶塑料机械专业尚没有对口的标准化技术委员会，但与欧洲标准化技术组织CEN中的TC 145对口。CEN是欧洲标准（EN）和技术规范的主要提供者，CEN自1985年相继建立了40余个与安全相关的TC，其中的TC145是专门负责制定“橡胶塑料机械安全标准”的技术委员会。TC145共有17个工作组，制定有17项EN标准，主要涉及橡胶塑料通用机械安全。这些标准大多在2009年进行了修订或提出了修改单，当前正在制定的标准有《轮胎定型硫化机安全要求》。标委会在2010年与之建立了经常性的联系，我国已经作为观察员参加了标准的起草工作会议，并将我国的标准草案带到会上。这对于我国橡胶塑料机械标准化工作，是一个历史性的重大突破，得到了国家标准化管理委员会的充分肯定。

值得一提的是，目前国际标准化组织（ISO）根据橡胶塑料机械专业特点和已经开展的各项工作，提出了在国际标准化组织中设立橡塑机械技术委员会，国际标准化组织各成员国正在就这一提案进行投票。我国是国际标准化组织成员国之一，此提案得到我国的高度重视，这对于今后进一步推进我国橡胶塑料机械标准化工作，积极参与国际标准的制定，提高橡胶塑料机械标准水平，在国际上争取话语权具有相当重要的意义。

四、发展规划

（一）组织建设规划

第四届全国橡胶塑料机械标准化技术委员会及下设的两个分委会和四个标准制定工作组，总计委员人数达123人，高级职称占总人数的87.9%。从标委会人员构成看，生产企业占60%以上，用户占14%，高校及科研单位占26%。而生产企业所代表的产品主要涵盖了量大面广的通用机械，包括开炼机、密炼机、压延机、挤出机、硫化机和注射成型机等。但对于一些专业面比较窄的专用机械，委员人数不多，因此还将进一步扩大专家委员的数量。

标委会按产品类别，根据需要设立以企业牵头的标准制定工作组。工作组负责标准的具体起草工作，标委会主要负责标准计划项目的立项及标准审查和报批。拟成立以下工作组：橡胶塑料注射成型机、橡胶塑料挤出机、橡胶塑料吹塑成型机、胶管胶带类专用加工机械、橡胶胶鞋类加工机械。企业可随时向标委会提出牵头申请，最终通过标委会专家审查和批准成立。

（二）体系规划

标委会将进一步充实现有标准体系，并将先进技术纳入标准体系中。构建一个涵盖基础通用、产品、方法、安全、能耗及环保甚至维修与服务等全方位的标准体系框架，建立具有系统性、协调性、适用性、前瞻性和面向国际的标准化体系。

（三）标准制修订规划

1. 工作目标——突破、提高、加快、接轨

“突破”是指实现本专业节能标准零的突破。

“提高”是指国家标准、行业标准的技术水平要不断提高。相对产品生产技术的发展，标准不能滞后。要及时修订标龄长、内容老化的现行橡胶塑料机械标准，力争行业标准的标龄控制在5年以内。

“加快”是指标准制定速度要加快。特别是加快废旧橡胶塑料加工处理设备标准的制定速度，加快制定国家标准和行业标准，对节能、环保新产品、新技术等科研成果的转化，及时制定实用性强的技术标准。

“接轨”是指要与国际先进标准接轨，做好国际先进标准的收集、翻译分析和转化工作。特别要尽快转化和接轨国际安全标准，为促进我国出口贸易提供技术支持。

2. 工作重点

制定标准工作重点将放在以下八个方面：

（1）橡胶塑料机械节能环保标准。制定《橡胶塑料注射成型机能耗测定方法》《挤出机能耗的测定》《热成型机能耗的测定》等标准；以测定方法标准为依据，组织大量的试验验证，制定能耗限值标准，从而推进节能产品的广泛应用。

（2）橡胶塑料机械安全和检测标准。补充制定《橡胶塑料机械 反应式模压机 计量与和混合装管的安全要求》《橡胶塑料机械 反应式模压机 反应式模压装置的安全要求》《橡胶塑料机械 热固性成型机的安全要求》《橡胶塑料机械 吹塑成型机的安全要求》《橡胶塑料机械 薄膜和卷材卷取装置 安全要求》《轮胎定型硫化机安全要求》，根据标准的实施情况，适时修订现有安全标准。

（3）废、旧轮胎加工处理和性能检测标准。补充制定《废橡胶裂解油化生产线》《全自动电脑打磨机》《轮胎钉孔检查机》《全自动上胎面胶成型机》《智能化控制硫化罐》和《全息激光轮胎检查机》等标准。

（4）废塑料加工处理机械产品及检测标准。补充制定《废塑料裂解油化生产线》，修订《塑料薄膜回收挤出造粒机组》等标准。

（5）高性能子午线轮胎加工和检测设备标准。补充制定《钢丝帘布压延生产线》《内衬层生产线》等产品标准；补充制定高性能子午线轮胎性能检测设备标准，如《轮胎X射线检验机》《轮胎均匀性试验机》《轮胎均匀性/偏心度试验机》和《轮胎动平衡/偏心度试验机》等标准。

（6）巨型工程机械轮胎加工和检测设备标准。补充制定《工程机械轮胎成型机》《工程机械轮胎胎面胶自动缠绕机》和《工程机械轮胎无损检测仪》等标准，修订现有硫化设备标准。

（7）重大装备中塑料挤压造粒机械产品和检测标准。补充制定《大型双螺杆混炼挤压造粒机

组》和《大型双螺杆混炼挤压造粒机组检测方法》等标准。

(8)我国橡胶塑料机械行业总的发展趋势是朝着专用化、系列化、标准化、复合化、微型化、大型化、个性化和智能化方向发展,重点发展节能、节材、高效和环保要求,满足橡胶塑料原料、塑料制品加工企业节能、节材、高效环保和降低成本的要求。为此,探索并制定市场急需、技术先进并有发展潜力的产品标准必然是下一步工作的重点。

标委会希望更多企业发挥行业领头羊的作用,积极参与标准的制修订工作,占领市场制高点。也希望更多的企业和专家共同参与标准化工作,把橡胶塑料机械标准化工作做得更加出色!

〔撰稿人:全国橡胶塑料机械标准化技术委员会夏向秀〕

塑料机械行业标准目录

序号	标准编号	标 准 名 称	标准类别	采标情况	备注
1	GB/T 12783—2000	橡胶塑料机械产品型号编制方法	基础		
2	GB/T 9707—2010	密闭式炼胶机炼塑机	产品		
3	GB/T 12784—1991	橡胶塑料加压式捏炼机	产品		
4	GB/T 13577—2006	开放式炼胶机炼塑机	产品		
5	GB/T 13578—2010	橡胶塑料压延机	产品		
6	GB/T 25156—2010	橡胶塑料注射成型机通用技术条件	产品		
7	GB/T 25941—2010	塑料真空成型机	产品		
8	GB/T 25157—2010	橡胶塑料注射成型机通用检测方法	方法		
9	GB 20055—2006	开放式炼胶机炼塑机安全要求	安全	非等效采用 EN1417:1997	
10	GB 22530—2008	橡胶塑料注射成型机安全要求	安全	非等效采用 EN201:1997 + A1:2000 + A2:2005	
11	GB 25431.1—2010	橡胶塑料挤出机和挤出生产线 第1部分:挤出机的安全要求	安全	等同采用 EN1114—1:1996	
12	GB 25431.2—2010	橡胶塑料挤出机和挤出生产线 第2部分:模面切粒机的安全要求	安全	等同采用 EN1114—2:1998	
13	GB 25431.3—2010	橡胶塑料挤出机和挤出生产线 第3部分:牵引装置的安全要求	安全	等同采用 EN1114—3:2001	
14	GB 25433—2010	密闭式炼胶机炼塑机安全要求	安全	修改采用 EN12013:2000	

（续）

序号	标准编号	标准名称	标准类别	采标情况	备注
15	GB 25434—2010	橡胶塑料压延机安全要求	安全	修改采用 EN12301:2000	
16	GB 25936.1—2012	橡胶塑料粉碎机械　第1部分:刀片式破碎机安全要求	安全	等同采用 EN12012－1:2000	
17	GB 25936.2—2012	橡胶塑料粉碎机械　第2部分:拉条式切粒机安全要求	安全	等同采用 EN12012－2:2001＋A2:2008	
18	GB 25936.3—2012	橡胶塑料粉碎机械　第3部分:切碎机安全要求	安全	等同采用 EN12012－3:2001	
19	GB 25936.4—2010	橡胶塑料粉碎机械　第4部分:团粒机安全要求	安全	等同采用 EN12012－4:2006	
20	HG/T 2148—2009	密闭式炼胶机炼塑机检测方法	方法		
21	HG/T 2149—2004	开放式炼胶机炼塑机检测方法	方法		2009年复审继续有效
22	HG/T 2150—2009	橡胶塑料压延机检测方法	方法		
23	HG/T 3108—2012	冷硬铸铁辊筒	产品		合并修订 HG/T 2400—1992、HG/T 3108—1998、HG/T 3118—1998
24	HG/T 3120—1998	橡胶塑料机械外观通用技术条件	通用		2009年复审继续有效
25	HG/T 3228—2001	橡胶塑料机械涂漆通用技术条件	通用		2009年复审继续有效
26	JB/T 5438—2008	塑料机械　术语	基础		
27	JB/T 2627—2008	塑料挤出硬管辅机	产品		
28	JB/T 5289—2004	鞋用转盘注射成型机	产品		2010年复审继续有效
29	JB/T 5290—2008	塑料圆织机	产品		
30	JB/T 5291—2007	塑料破碎机	产品		
31	JB/T 5293—1991	可发性聚苯乙烯泡沫塑料成型机	产品		2010.12完成，中机联已批，待工信部批准发布
32	JB/T 5416—2005	塑料挤出干法热切造粒辅机	产品		2011年复审继续有效
33	JB/T 5417—2007	塑料排气挤出机	产品		
34	JB/T 5418—1991	聚丙烯不织布机	产品		计划号:2011—0159T—JB
35	JB/T 5419—2008	塑料挤出平膜扁丝辅机	产品		
36	JB/T 5420—2001	同向双螺杆塑料挤出机	产品		计划号:2011—0170T—JB,2012.12完成
37	JB/T 5421—1991	塑料薄膜回收挤出造粒机组	产品		2011.12完成，中机联已批，待工信部批准发布
38	JB/T 6489—1999	塑料捏合机	产品		计划号:2011—0167T—JB,2012.12完成
39	JB/T 6490—1992	塑料压力成型机	产品		计划号:2011—0168T—JB
40	JB/T 6491—2001	异向双螺杆塑料挤出机	产品		计划号:2011—0171T—JB
41	JB/T 6492—2001	锥形双螺杆塑料挤出机	产品		计划号:2011—0172T—JB,2012.12完成
42	JB/T 6493—1992	塑料制袋机	产品		计划号:2011—0169T—JB
43	JB/T 6494—2002	料斗式塑料干燥机	产品		计划号:2011—0160T—JB,2012.12完成

（续）

序号	标准编号	标 准 名 称	标准类别	采标情况	备注
44	JB/T 6928—1993	塑料挤出带辅机	产品		计划号:2011—0163T—JB,2012.12 完成
45	JB/T 6929—1993	塑料挤出转盘制鞋机	产品		计划号:2011—0166T—JB
46	JB/T 7251—1994	塑料挤出拉丝辅机	产品		计划号:2011—0164T—JB,2012.12 完成
47	JB/T 7267—2004	塑料注射成型机	产品		2010 年复审继续有效
48	JB/T 7669—2004	塑料混合机	产品		2010 年复审继续有效
49	JB/T 8061—2011	单螺杆塑料挤出机	产品		
50	JB/T 8538—2011	塑料机械用螺杆、机筒	产品		
51	JB/T 8539—1997	塑料挤出吹塑中空成型机	产品		2010.12 完成,中机联已批,待工信部批准发布
52	JB/T 8698—1998	热固性塑料注射成型机	产品		计划号:2011—0162T—JB
53	JB/T 8703—2011	塑料挤出吹塑薄膜辅机	产品		
54	JB/T 8943—1999	全塑鞋用注射机	产品		计划号:2011—0161T—JB
55	JB/T 10342—2002	塑料挤出异型材辅机	产品		计划号:2011—0165T—JB,2012.12 完成
56	JB/T 10464—2004	拉条式塑料切粒机	产品		2010 年复审继续有效
57	JB/T 10898—2008	塑料挤出复合膜辅机	产品		
58	JB/T 10899—2008	塑料挤出双壁波纹管辅机	产品		
59	JB/T××××—××××	锥形同向双螺杆塑料挤出机	产品		2010.12 完成,中机联已批,待工信部批准发布
60	JB/T××××—××××	可发性聚苯乙烯泡沫塑料预发机	产品		2010.12 完成,中机联已批,待工信部批准发布
61	JB/T××××—××××	可发性聚苯乙烯泡沫塑料板材成型机	产品		2010.12 完成,中机联已批,待工信部批准发布
62	JB/T××××—××××	可发性聚苯乙烯泡沫塑料板材切割机	产品		2010.12 完成,中机联已批,待工信部批准发布
63	JB/T××××—××××	塑料挤出流延薄膜辅机	产品		2010.12 完成,中机联已批,待工信部批准发布
64	JB/T××××—××××	PVC 塑料配混系统	产品		2010.12 完成,中机联已批,待工信部批准发布
65	JB/T××××—××××	聚氨酯发泡设备　通用技术条件	产品		2011.12 完成,中机联已批,待工信部批准发布
66	JB/T 50018—1999	塑料注射成型机　产品质量分等	分等		企业内控标准
67	JB/T 53028—1999	锥型双螺杆塑料挤出机　产品质量分等	分等		企业内控标准
68	JB/T 53029—1999	料斗式塑料干燥机　产品质量分等	分等		企业内控标准
69	JB/T 53030—1999	异向双螺杆塑料挤出机　产品质量分等	分等		企业内控标准
70	JB/T 53031—1999	塑料真空成型机　产品质量分等	分等		企业内控标准
71	JB/T 53032—1999	塑料制袋机　产品质量分等	分等		企业内控标准
72	JB/T 53079—1999	塑料挤出带辅机　产品质量分等	分等		企业内控标准

（续）

序号	标准编号	标准名称	标准类别	采标情况	备注
73	JB/T 53080—1999	塑料挤出转盘制鞋机　产品质量分等	分等		企业内控标准
74	JB/T 53109—1998	单螺杆塑料挤出机　产品质量分等	分等		企业内控标准
75	JB/T 53111—1999	塑料挤出吹塑薄膜辅机　产品质量分等	分等		企业内控标准
76	JB/T 53112—1999	密闭式炼塑机　产品质量分等	分等		企业内控标准
77	JB/T 53113—1999	开放式炼塑机　产品质量分等	分等		企业内控标准
78	JB/T 53114—1999	塑料压延机　产品质量分等	分等		企业内控标准
79	JB/T 53115—1999	塑料挤出吹塑中空成型机　产品质量分等	分等		企业内控标准
80	JB/T 53116—1999	塑料混合机　产品质量分等	分等		企业内控标准
81	JB/T 53117—1999	热固性塑料注射成型机　产品质量分等	分等		企业内控标准
82	JB/T 53118—1999	橡胶塑料加压式捏炼机　产品质量分等	分等		企业内控标准
83	JB/T 53119—1999	塑料压力成型机　产品质量分等	分等		企业内控标准
84	JB/T 53120—1999	塑料捏合机　产品质量分等	分等		企业内控标准
85	JB/T 53121—1999	鞋用转盘注射成型机　产品质量分等	分等		企业内控标准
86	JB/T 53122—1999	塑料挤出硬管辅机　产品质量分等	分等		企业内控标准
87	JB/T 53123—2000	塑料圆织机　产品质量分等	分等		企业内控标准
88	JB/T 53124—1999	可发性聚苯乙烯泡沫塑料成型机　产品质量分等	分等		企业内控标准
89	JB/T 53127—1999	塑料破碎机　产品质量分等	分等		企业内控标准
90	JB/T 53129—2000	塑料挤出平膜扁丝辅机　产品质量分等	分等		企业内控标准

〔供稿单位：全国橡胶塑料机械标准化技术委员会塑料机械分技术委员会〕

大事记

记录2012年发生的，对塑料机械行业产生重要影响的事件

综述

专文

行业概况

统计资料

产业集群

产品与项目

标准

FORSTAR 新协力·科仕特

附录

2012年中国塑料机械工业大事记

2012年中国塑料机械工业大事记

1月

3日 中国塑料机械工业协会副会长单位广东金明精机股份有限公司在汕头市举行上市答谢酒会，钱耀恩常务副会长和粟东平秘书长，中共汕头市委统战部副部长、市工商联党组书记孔德镐、市工商联调研员谢慧今等应邀出席。20多年来，在董事长马镇鑫先生的带领下，广东金明精机股份有限公司始终坚持“靠科技振兴企业”的理念，大力推进科技创新，着力提高产品质量，精心打造“金明”品牌，奋力开拓国内外市场，取得了令人瞩目的成绩，在我国塑料机械工业实现跨越发展中发挥了积极的作用。

17日 工业和信息化部、科学技术部、财政部和国务院国有资产监督管理委员会联合发布《重大技术装备自主创新指导目录》(2012年版)，全电动智能化塑料注射成型机(微型)、大型超大注射量塑料注射成型机、汽车用多层塑料燃油箱塑料挤出中空成型机、丁基橡胶后处理生产线、双轴取向拉伸往复式高强度经纬网生产线和多层共挤纳米吹塑成套设备作为复合材料制备装备进入该指导目录。

★ 工业和信息化部运行监测协调局向中国塑料机械工业协会致感谢信，高度认可协会紧紧围绕党和国家中心工作，充分发挥协会联系政府和企业的桥梁纽带作用，加强与政府和企业的沟通联系，及时提供行业运行情况并提出许多好的政策措施建议，完成委托的应急工作等重要任务，有力支持了经济运行监测协调工作；并希望中国塑料机械工业协会继续加大工作力度，积极反映行业和企业情况，支持开展好应急协调等重点工作，在各项事业上取得更大的成绩。

2月

7日 中国塑料机械工业协会钱耀恩常务副会长、粟东平秘书长和国际合作部王静主任与杜塞尔多夫展览(中国)有限公司董事总经理曾耀德先生、副总经理董琦女士和项目总监潘燕萍女士在上海进行了会谈。双方就第十九届德国杜塞尔多夫国际塑料橡胶工业展览会(K2013)的合作事宜进行了详细探讨，达成初步共识，强调中国塑料机械工业协会作为全国性行业组织，将在组织和推广中国塑机国际参展方面发挥更大的作用。

协会号召广大会员树立“聚则强，合则胜”的理念，加强团结，联合行动，积极支持协会统一组织“中国展团”，以抱团合作的姿态参加K展，彰显中国塑机工业的“精气神”和强大的凝聚力。

28日 中国塑料机械工业协会开始组织申报《国家重点节能技术推广目录(第五批)》的有关工作。此前申报的“塑料注射成型伺服驱动与控制技术”已列入第三批重点节能技术推广目录，有利于促进塑机行业“十二五”期间节能减排目标的实现，引导行业企业采用先进的节能新工艺、新技术和新设备，大幅提高能源利用效率。

3 月

29 日 科技部发布《“十二五”国家科技计划先进制造技术领域2013 年度备选项目征集指南》，塑机行业“节能智能型数控化塑料注射机的研发与应用示范”进入该指南的“数控一代机械产品创新应用示范工程”。

31 日至 4 月 11 日 中国塑料机械工业协会组织行业重点骨干企业代表一行 25 人参观美国塑料工业展览会(NPE2012)。NPE 是世界塑料工业具有最高水准的展览会之一，是美国规模最大、历史悠久的塑料工业展览会，自 1946 年开始每三年举行一届，在参展商、展览面积、规模、参观者人数等方面均保持稳步增长。此次展览会吸引了 1 933 家参展商，总展位面积为 87 326 m^2；来自美国境外的参展商数量约为 750 家，占总数的 40%，创下了 NPE 国际参会人数的新纪录。中国派出了史上规模最大的国际参展团参加 NPE2012，共有超过 300 家公司，约占所有参展商的 16%；另有 8% 的公司来自亚洲其他国家、地区和中东地区；10% 来自欧洲；加拿大派出 72 家参展商，成为仅次于中国的第二大参展国；来自墨西哥和南美洲的 28 家参展商亦是拉丁美洲有史以来最大的参展团。

4 月

16 日 “数控一代”装备创新工程(塑料机械分行业)座谈会在上海召开。工业和信息化部装备工业司韩行副处长及有关专家出席会议并作重要讲话，中国塑料机械工业协会张静章会长、钱耀恩常务副会长先后讲话，粟东平秘书长主持，业内企业及相关单位代表近 30 人参加了座谈会。塑机行业要把实施“数控一代”装备创新工程，作为推进产业转型升级的重要抓手，大力推广数控技术与产品的应用；要充分发挥企业和行业的主动性、积极性，形成协同推进的局面；要针对塑机行业数控机械设备在创新设计、数字控制、个性化工艺等方面的需求，以突破技术瓶颈、掌握关键技术、建设共性技术平台为目标，不断提高我国塑机设备自主创新能力和数控化技术水平，努力实现产品的升级换代，进一步增强国际竞争力。

17 日 中国塑料机械工业协会四届五次常务理事会议在上海召开。会议重点讨论了协会换届工作。

★ 中国塑料机械工业协会四届四次会员代表大会在上海召开。会议听取了张静章会长所作的“书写塑机行业稳中求进的新篇章”的讲话，听取了中国机械工业联合会执行副会长于清笈的重要讲话，常务副会长钱耀恩所作的“2012 年中国塑料机械行业经济发展报告”，秘书长粟东平所作的“2012 年协会秘书处工作汇报”。国家工信部装备司副司长李东以“智能制造装备产业‘十二五’发展方向”为题，发表了书面讲话。

会议还听取了中国工程院院士、华南理工大学教授瞿金平所作的“塑料机械新技术研究最新进展”的演讲，国际塑料机械行业专家荷尔玛·佛郎兹所作的“塑料工业的发展趋势”的演讲，以及全国橡胶塑料机械标准化技术委员会秘书长夏向秀以“中国橡胶塑料机械标准化工作现状和发展规划”为题的演讲。2012 年是实施“十二五”规划承上启下的重要之年，也是我国塑机行业加快推进转型升级、向更高目标迈进的关键一年。塑机行业一定要抓住发展机遇，勇于攻坚克难，全力推进“十二五”目标任务的贯彻落实，在新的起点上，推动行业科学发展、跨越发展，交出一份令人满意的答卷。

★　大同机械（CML）旗下核心成员大同机械科技（江苏）有限公司新厂房落成暨无锡格兰机械集团有限公司成立20周年庆典，在无锡国家高新技术开发区隆重举行。新厂区占地面积75 000m^2，一期工程建筑面积约45 000m^2，其中办公、综合楼8 000m^2，生产用面积约37 000m^2，产品将延续CML“环保节能、网络化及自动化”特色，以大型及超大型橡塑机械及钣金加工自动化成套生产线为主导，以顺应国家产业发展规划及国内外市场需求。新厂区正常运作后，核心产品注塑机项目预计年产值可达5亿元，产量3 400～4 200标准台，非注塑机项目（数控冲项目和挤出线项目）将成为新的增长点。

27日　国家工商行政管理总局商标局公布了认定的410个驰名商标，广东伊之密精密机械股份有限公司注册并拥有的“伊之密 YIZUMI 及图”榜上有名，覆盖的商品及服务包括了第七类中的注塑机和压铸机。获得驰名商标认定标志着“伊之密YIZUMI”已经成为国内客户信赖和喜爱的知名品牌。随着伊之密全球化发展策略的逐步实施，国际营销服务网络加速构建，伊之密品牌的国际影响力不断加大，“伊之密 YIZUMI”商标正从中国走向世界，向国际知名品牌迈进。

5月

3日　2012中国塑机行业优势企业排序及分析研究的有关工作启动。这对于展示中国塑机行业整体形象，树立企业发展标杆，提升优势企业知名度和竞争力，带动业内企业加快发展步伐，促进塑机行业实现由大变强的历史跨越，起到了积极的推动作用。

★ 全国贸易救济与维护产业安全工作会议在安徽滁州开幕。此次会议由商务部产业损害调查局组织召开，会议代表来自国务院有关部门、商务部相关司局、地方商务主管部门以及重点行业组织，中国塑料机械工业协会国际合作部王静主任参加了会议。会议主要贯彻落实中央经济工作会议和全国商务工作会议精神，总结、交流了2011年各地开展贸易救济与维护产业安全工作情况及重点行业维护产业安全和提升产业竞争力工作情况，研究了“十二五”新形势下维护产业安全、完善联系产业和服务产业机制的工作思路，研究、部署2012年贸易救济与维护产业安全工作，对协会进一步开展相关工作具有重要的指导意义。

8日　由中国塑料机械工业协会与西麦克国际展览有限责任公司联合组织的中国塑机展团赴意大利米兰参加2012意大利国际塑料机械展（PLAST2012）。本届展会展出面积达56 832 m^2，参展商1 514家，专业观众数量达50 592名，有58个国家和地区的企业参展。欧洲是世界塑料机械的主要生产区，产品行销全球，在精密度、稳定性、使用年限和生产效率方面均处于领先的地位。近些年来，中国塑料机械行业在国家大力振兴制造业的大背景下实现了快速发展，此次中国展团参展，观众无论从质量还是数量上都较上一年度有了很大提高，大部分中国参展商均表示现场遇到了一些潜在的客户和合作方，少数企业认为遇到了一批质量较高的意向客户，70%的参展企业表示将继续参加意大利国际塑料机械展览会，意大利市场正迎来快速发展的新一轮高峰。

18 日 《中国塑料机械工业科技成果汇编》(2006—2011)编撰工作正式启动。该项目客观宣传了我国塑料机械工业“十一五”以来的科技成果，充分展示了企业和行业科技能力和水平，反映了行业科技创新的整体情况，向国内外相关行业特别是下游企业和广大用户积极推介最新科技成果。

21 日 国家发展改革委张晓强副主任一行莅临博创机械股份有限公司考察调研。参与此次调研工作的还有广东省副省长徐少华，广州市副市长欧阳卫民，广州市副市长、增城市委书记曹鉴燎等省、市各相关部门领导 40 余人。博创机械股份有限公司董事长兼总裁朱康建陪同参观了数字化装配车间，观摩了全球首创的博创五色机以及高速机、微发泡伺服节能注塑机等机型。张晓强副主任一行对博创大力发展高端技术装备所付出的努力与创新的成果给予了高度肯定，并指出需继续加大力度支持高新技术装备制造业企业的发展。

25 日 由中国机械工业联合会、中国汽车工业协会联合举办的“2011 年度中国机械工业百强、汽车工业三十强”信息发布会在江苏省大丰市举行。海天塑机集团有限公司以注塑机年营业收入 705 058 万元，再次荣膺“2011 年度中国机械工业百强企业”称号。自 2004 年起，海天塑机集团有效公司已连续八年荣获“中国机械工业百强企业”荣誉称号。

6 月

7 日 由北京化工大学和济源市京丰科技有限公司联合组建的京丰—北化先进节能技术研发中心暨科技创新联合实验室揭牌仪式在北京化工大学举行，中国塑料机械工业协会粟东平秘书长应邀出席揭牌仪式。京丰—北化先进节能技术研发中心暨科技创新联合实验室的成立，将以新型环保节能 LED 照明技术研发为契机，在前期将 LED 配光材料制备、LED 整体灯具开发成果作为节能技术研发和推广的起点，不断在先进节能技术方面进行自主创新和科技创新。

7 月

3 日 财政部组织有关单位对新版《国内投资项目不予免税的进口机电产品》目录进行修订，塑料机械作为专用设备单列行业涉及 5 大类和 25 个小类产品。中国塑料机械工业协会在广泛听取会员单位意见和建议的基础上，根据国内企业实际生产能力，积极组织修订目录相关内容。

16 日 由中国机械工业品牌战略推进委员会组织实施的 2012 年机械工业品牌培育表彰产品活动正式拉开帷幕。中国塑料机械工业协会此次推荐塑料注射成型机为 2012 年机械工业品牌培育表彰产品，并组织业内符合条件的企业积极进行申报。

★ 中国机械工业联合会组织开展机械工业企业质量信誉承诺活动，中国塑料机械工业协会积极在行业内推广并推荐具有高度质量意识，积极开展质量建设活动，拥有良好质量形象、品牌形象和社会声誉的企业参加此项活动。

30 日 由“蒋震工业慈善基金”资助、中国机械工业联合会主办、为期5天的第291期“中国工业企业高级管理人员研讨班”在中国香港举办。包括中国塑料机械工业协会粟东平秘书长、信息部李志涛主任在内的中国机械工业联合会各部门及机械工业各专业协会40位高级管理人员参加了此次研讨班。研讨班邀请了香港地区知名学者和教授从香港特别行政区的行政、立法、司法架构、香港经济与新机遇、中西文化与创新管理、全球化与中国等多个方面进行讲解，开阔了学员视野，也使学员对国际金融发展、创新思维有了更进一步的了解，特别是凤凰卫视时事评论员何亮亮讲解的“全球化与中国”、香港城市大学孙洪义教授讲解的“中西文化与创新管理”让所有学员受益匪浅。学习期间，还组织学员参观了深圳震雄工业园、香港科技园、香港工业贸易署、香港出口信用保险局等机构。研修结束，中国塑料机械工业协会副会长、震雄集团执行董事兼生产总裁、蒋震工业慈善基金董事蒋志坚先生亲自为所有学员颁发了结业证书，并代表蒋震博士对研讨班的圆满结束表示祝贺。

8月

8日 “中国机械工业成长型中小企业之星宣讲活动”报告会在北京举办，会上发布了“振兴装备制造业中小企业之星”明星企业及明星企业家榜单，并举行了颁奖典礼。中国塑料机械行业有5家企业获得明星企业称号，分别是：浙江申达机器制造股份有限公司、宁波市海达塑料机械有限公司、南京艺工电工设备有限公司、上海御能动力科技有限公司和张家港市繁昌机械有限公司。有4位企业家荣获明星企业家称号，他们是：浙江申达机器制造股份有限公司总经理王珏、宁波市海达塑料机械有限公司董事长兼总经理蒋忠定、上海御能动力科技有限公司总裁甄力和张家港市繁昌机械有限公司总经理倪玉标。

12日 中国工程院院长周济率调研组到博创机械股份有限公司就国家“数控一代”注塑机研发情况开展专题调研。中国工程院院士瞿金平，广州市副市长、增城市委书记曹鉴燎，广东省科技厅副厅长龚国平，广州市科技和信息化局局长谢学宁以及增城市相关部门负责人，博创机械股份有限公司董事长朱康建陪同调研。周济对博创机械股份有限公司的生产情况、企业管理和“数控一代”注塑机研发工作开展情况予以肯定，并强调博创公司下一阶段要进一步细化项目计划，加快推进项目研发。同时，在推进项目研发过程中，要坚持以企业为主体，以市场为导向，产权紧密结合的科技创新体系，积极联合相关高校和研究院所进行技术攻关，实现优势互补，确保项目取得切实成果。

16日 为了做好中国塑料机械工业协会正、副会长候选人的推荐选举工作，圆满完成换届任务，努力开创协会工作和行业发展的新局面，经广泛征求意见，决定在全行业实行“公推直选”方式。这是中国塑料机械工业协会的一项重要改革，是进一步加强协会建设、充分发挥协会作用的有效途径。

22日 由中国塑料机械工业协会、中国塑料机械行业专家委员会联合举办的先进挤出工艺技术及理论高级研修班在京拉开帷幕。本次研修班邀请到了北京化工大学、中国化工集团工程中心、中石化北京化工研究院等塑料机械和加工领域的著名教授和专家，分别从“工程塑料改性、工艺、设备及配方设计”“三螺杆挤出机混合性能评价”“超临界流体挤出发泡原理与技术”“交联聚乙烯管材的加工设备与工艺现状”“玻纤增强用双螺杆组合优化及工艺设计”以及“分子模拟在聚合物共混改性中的应用”等方面进行讲解。学习期间，还组织学员们参观了北京化工大学机电工程学院和塑料机械及塑料工程研究所的实验室。研修结束，中国塑料机械工业协会粟东平秘书长为参加培训的学员颁发了专业技术人才知识更新工程培训结业证。该证书由中华人民共和国人力资源和社会保障部、中国机械工业联合会、中国塑料机械工业协会联合颁发，可作为工程技术人员接受继续教育和知识更新的凭证，也是今后申报、晋升专业技术职称的重要依据。

24日 中共中央政治局常委、国务院总理温家宝莅临广东伊之密精密机械股份有限公司考察，中共中央政治局委员、广东省委书记汪洋和省市有关领导陪同考察。温家宝总理勉励伊之密要靠技术领先世界。

27日 由香港工业总会、香港中华厂商等多家协会共同主办的2012年度香港工商业奖颁奖典礼在香港湾仔会展中心举行。大同机械有限公司旗下东华与华大机械共同合作研发的USe机型、大同机械与大同信息科技开发的注塑机群控系统iSee，同时荣获2012年度香港工商业奖。

9月

10—14日 中国塑料机械工业协会粟东平秘书长一行走访了位于杭州、无锡、张家港和南京的部分塑机企业，其中包括浙江申达机器制造股份有限公司、泰瑞机器制造（中国）有限公司、泰瑞重工、无锡格兰机械集团有限公司、张家港市贝尔机械有限公司、张家港市亿利机械有限公司、江苏联冠科技发展有限公司、张家港市繁昌机械有限公司、江苏维达机械有限公司、苏州同大机械有限公司、南京艺工电工设备有限公司、南京天华化学工程有限公司、南京橡塑机械厂有限公司、科倍隆（南京）机械有限公司和南京科亚化工成套装备有限公司等十余家行业骨干企业。

20日 中国塑料机械工业协会考察团一行11人赴中国台湾参观2012台北塑料橡胶工业展览会。考察团由粟东平秘书长担任团长，成员为行业内塑机及相关企业的负责人。考察团受到台湾区机器工业同业公会的热情接待，安排了内容丰富、有深度、有启示的行业交流、参观考察活动。

28日 为满足我国工业节能对节能机电设备的需求，进一步推广与应用节能机电设备（产品），加快淘汰高耗能落后机电设备（产品），促进工业转型升级，实现工业可持续发展，工业和信息化部拟结合《“十二五”节能环保产业发展规划》（国发〔2012〕19号）和《工业节能“十二五”规划》（工信部规〔2012〕3号），提出一批国家鼓励发展的节能机电设备（产品），中国塑料机械工业协会负责组织本行业节能机电设备研发和制造单位积极进行申报。

10月

18日 中国塑料机械工业协会张静章会长、钱耀恩常务副会长、粟东平秘书长一行专程赴大连看望了协会第一任会长——原大连塑料机械厂王义丰厂长。王厂长对协会领导的到访表示感谢。粟秘书长向王厂长介绍了中国塑机行业的发展以及协会工作的开展情况，同时也介绍了协会下一步的工作重点。王厂长为塑机行业的迅速发展感到欣慰，并对协会取得的成绩表示衷心的祝贺。

11 月

8 日 中国塑料机械工业协会发布中塑机协〔2012〕19 号文，公告“2012 中国塑机行业优势企业排序”工作结果。该项工作本着“公平、公正、自愿”的原则，根据各企业上报的 2010 和 2011 年度材料，经审核、评审和公示后，最终确定出“2012 中国塑机制造业综合实力 20 强企业”“2012 中国塑料注射成型机行业 10 强企业”“2012 中国塑料挤出成型机行业 5 强企业”“2012 中国塑料中空成型机行业 3 强企业”入选名单。

★ 中国塑料机械工业协会四届六次常务理事会议在重庆召开。会议听取了张静章会长以“牢记职责使命，推进科学发展”为题的讲话，听取了粟东平秘书长关于四届六次理事会会议日程安排的介绍、关于实行“公推直选”方式推荐会长候选人的说明、关于发展新会员的说明。经过民主讨论，会议一致通过了关于采取“公推直选”方法推荐第五届理事会会长候选人的决议；通过了由总监票人南京艺工电工设备有限公司总经理杜德鑫（副会长）、监票人佛山市顺德区震德塑料机械有限公司（副会长单位）副总经理王忠民、山东通佳机械有限公司（副会长单位）副总经理戴强组成的选举小组名单，审定同意深圳市亚启科技有限公司、杭州萧山曙光机械厂、广州数控设备有限公司等 8 家单位要求入会的申请。

9 日 中国塑料机械工业协会四届六次理事会在重庆召开。会议听取了张静章会长以“推进改革创新，谱写崭新篇章”为题的讲话，听取了钱耀恩常务副会长题为“2012 年我国塑机行业经济运行分析和前景展望”的行业报告，听取了粟东平秘书长关于 2012 年协会秘书处工作和协会换届选举以及协会成立 20 周年会庆筹备工作进展情况的汇报。会议通过了关于推荐博创机械股份有限公司董事长兼总裁朱康建为第五届理事会会长候选人的决议，并分别上报中国机械工业联合会、国务院国有资产监督管理委员会和国家民政部审批。会议还以无记名投票方式，选举产生了中国塑料机械工业协会第五届理事会理事、常务理事、副会长候选人推荐名单。通过了关于推荐第五届理事会理事和常务理事候选人的决议、关于推荐第五届理事会副会长候选人的决议，决定由协会按照有关程序，分别上报中国机械工业联合会等上级组织审批同意后，提交协会第五届会员代表大会直接选举。会议还确定了由会长、下届会长候选人、副会长和秘书长组成的换届领导小组。

会议号召，全体会员单位要深入学习、宣传、贯彻党的十八大精神，努力实现全年经济发展的预期目标，并超前思考、科学谋划 2013 年发展目标，确保 2013 年工作起好步、开好局。要积极关心和支持协会工作，共同做好协会换届工作，筹备开好协会第五届会员代表大会，为塑机行业更好、更快地发展打下坚实基础。要继续解放思想，改革开放，凝聚力量，攻坚克难，奋力开创协会工作的新局面，谱写塑机行业科学发展的新篇章。

12 日 国家发展改革委办公厅、工信部办公厅发布了《关于开展 2013 年产业振兴和技术改造专项有关工作的通知》（发改办产业〔2012〕3154 号），重点支持装备核心能力提升、新型绿色建材及无机非金属新材料发展、企业信息化水平提升和中西部地区特色产业升级和技术改造等10个重点专项。橡胶加工机械被列入2013年度“高端智能化装备发展与应用”专题，其中将具有转型升级、提升数控化水平特色的在建项目作为重点支持方向。

29日 中国机械工业联合会与中国机械工程学会联合发文，表彰2012年度中国机械工业科学技术奖奖励项目。广东金明精机股份有限公司M3B－1300Q无机粉体环保石头纸专用吹塑装备、南京艺工电工设备有限公司“0＋3”三层共挤橡胶电缆连续硫化生产线、广东粤东机械实业有限公司智能化超洁净预制杯灌装成套设备分别荣获二等奖，山东通佳机械有限公司PLA聚乳酸全降解发泡片材生产技术及设备和佛山伊之密精密橡胶机械有限公司YL－AT1800L复合绝缘子橡胶专用注射成型机分别荣获三等奖。

12月

20日 机械汽车展览联合会年会在国家会议中心召开，中国塑料机械工业协会派代表参加此次会议，共商会展业的发展。代表们就如何促进会员之间整合会展资源发展互惠互利合作、搭建展会引领产业创新平台和“营改增”发表了自己的看法，展开了积极的讨论。与会人员还讨论了北京市9月开始推行的营业税改增值税对会展业的影响。

介绍2012年中国塑料机械工业协会工作情况

2012年中国塑料机械工业协会工作概况

2012年中国塑料机械工业协会工作概况

2012年，面对国内外新一轮严峻而复杂的经济形势，中国塑料机械工业协会始终坚持科学办会、促进发展的工作方针，以迎难而上、勇于创新的开拓精神，认真履行协会职能，充分发挥协会作用，在各理事单位的大力支持和广大会员单位的积极参与下，各项工作进展顺利。

一、协会服务能力不断增强

自2009年中国塑料机械工业协会20多位行业专家联名向张德江副总理提交《中国塑料机械工业发展报告》并得到张副总理的重要批示以来，协会更加注重其作为政府与企业之间的桥梁纽带作用，向政府有关主管部门及时反映行业进展、企业诉求，积极参与相关产业政策的制定与修订，并在行业内有效推进落实。各级政府对行业协会的作用越来越重视，协会的地位更加凸显。截至2011年年底，在全国各级民政组织备案的社会团体约有45.75万个，其中“中国”字头的协会有1 100多家，仅306家专业协会在民政部备案、由国务院国有资产监督管理委员会直接领导，中国塑料机械工业协会就是其中之一，是我国塑料机械行业唯一的全国性组织。由协会出具的行业证明如今已成为企业上市，申报中国名牌产品、驰名商标等的必备材料。在推进塑机行业可持续发展、变大变强的过程中，协会秘书处更加注重自身人才队伍建设，不断提升服务能力和水平，2012年继续在争取政府支持、信息咨询服务、国际交流合作、维护产业安全和会员权益等方面取得了明显成效。

1.夯实国家产业政策成果，争取政府部门更大力度的支持

2012年，协会秘书处继续攻坚克难，从广度和深度两个层面为行业积极争取政府主管部门更大的重视，获得更大力度的支持。

(1)继2010年、2011年14家企业先后获得共计4 189.4万元国家支持的基础上，2012年又有多家企业申请技术进步和技术改造专项。

(2)《重大技术装备自主创新指导目录(2012年版)》于2012年1月正式发布，塑料机械作为高分子复合材料制备单列行业，有全电动智能化塑料注射成型机(微型)、大型超大注射量塑料注射成型机、汽车用多层塑料燃油箱塑料挤出中空成型机、丁基橡胶后处理生产线、双轴取向拉伸往复式高强度经纬网生产线和多层共挤纳米吹塑成套设备6个项目进入指导目录。根据四大部委联合下发的通知要求，各地方工业、财政、科技及国有资产监督管理部门要参照《目录》内容并结合本地区、本行业的实际情况，加快推进重大技术装备自主创新工作，为塑料机械行业加快结构调整和转型升级步伐提供了良好契机。

(3)围绕建设装备强国目标，向工信部申报了“四个一批工程”项目(发展一批重大战略产品、发展一批关键核心零部件、打造一批高端装备品牌、培育一批具有核心竞争力的大型企业)。该项目涉及十大重大战略产品和十大高端装备品牌及核心竞争力大型企业。

(4)积极响应国家“推广应用数字化控制技术，集成创新一批数控装备并实现产业化，促进工业化和信息化的融合，提高产业核心竞争力”的号召，组织申报了8个项目作为拟重点开发的“数控一代”创新产品。塑料机械行业成为继纺织机械行业之后进入工信部“数控一代”装备创新工程行动计划的第二大行业，将重点推进伺服驱动及控制装置、专用数控系统等在塑料机械中的应用，集成开

发全电动/伺服驱动注射成型机、伺服直驱驱动/变频控制挤出机、多层共挤吹塑成套设备、数字化压延生产成套设备，推动设备精度、生产效率和产品质量的提高，显著降低设备能耗。

(5)组织申报 2012 年中国机械工业科学技术奖，有 5 家会员单位的 5 个项目获奖。其中广东金明精机股份有限公司的 M3B－1300Q 无机粉体环保石头纸专用吹塑装备、南京艺工电工设备有限公司的“0＋3”三层共挤橡胶电缆连续硫化生产线和广东粤东机械实业有限公司的智能化超洁净预制杯灌装成套设备分别荣获二等奖；山东通佳机械有限公司的 PLA 聚乳酸全降解发泡片材生产技术及设备和佛山伊之密精密橡胶机械有限公司的 YL－AT1800L 复合绝缘子橡胶专用注射成型机分别荣获三等奖。

(6)申请战略性新兴产业课题，组织骨干企业和行业专家编写《中国战略性新兴产业发展指导目录(塑机行业分册)》，努力争取新一轮经济和科技发展制高点。

(7)为满足我国工业节能工作对节能机电设备的需求，进一步推广与应用节能机电设备(产品)，加快淘汰高耗能落后机电设备(产品)，促进工业转型升级，实现工业可持续发展，集中组织向工信部申报 2012 年节能塑料机械产品目录。正在积极争取使塑料机械进入 2013 年节能惠民工程，对节能企业进行节能补贴。

(8)为了贯彻落实工信部联科〔2011〕347 号《关于加快我国工业企业品牌建设的指导意见》文件精神，完成全国工业和信息化工作会议对 2012 年开展“工业质量品牌建设年”活动的工作部署，中国塑料机械工业协会积极配合中国机械工业品牌战略推进委员会的品牌培育及表彰活动，起草了“2012 年中国机械工业品牌培育表彰活动方案”，组织塑机行业 7 家重点骨干企业进行申报并参加品牌培育管理体系培训研讨会。

2. 推进行业信息服务

(1)在根据国家统计局和海关数据按月做好行业运行情况和进出口分析的基础上，与国际同行组织共同推进全球注塑机销售情况的统计，为参与此项统计的企业及时了解全球注塑机市场发展动向提供有效的信息来源。

(2)推出 2012 年度中国塑机优势企业。确定了“2012 中国塑料机械制造业综合实力 20 强企业”“2012 中国塑料注射成型机行业 10 强企业”“2012 中国塑料挤出成型机行业 5 强企业”“2012 中国塑料中空成型机行业 3 强企业”的名单，其中综合实力 20 强企业 2011 年的营业总收入之和占同期行业规模以上企业主营业务收入总和的 42.22%。

(3)坚持做好协会会刊、网站、年鉴和培训等专业信息服务平台建设。截至 2013 年 1 月，《中国塑机》已经出版 23 期，内容不断丰富，发行面不断扩大；2012 年 8 月 22—26 日在北京举办了“先进挤出工艺技术及理论高级研修班”，以促进企业技术创新和产品结构调整，为企业提供更多的人才储备。来自北京化工大学、中石化北京化工研究院和中国化工集团公司工程中心的多位教授博导进行了专业授课，近 20 家企业的 22 位主要技术负责人员参加了本次高级研修班。

(4)为了客观宣传我国塑料机械工业“十一五”以来的科技成果，展示企业和行业科技能力和水平，向相关政府部门如实反映行业科技创新的整体情况，向国内外相关行业特别是下游企业和广大用户积极推介最新科技成果；同时，为了进一步激励全行业科研人员和广大职工自主创新的积极性、创造性，大力推进企业科技进步和自主创新，努力实现我国塑料机械产业由大变强的跨越，协会组织开展行业科技成果征集活动，并将编辑出版《中国塑料机械工业科技成果汇编》(2006—2011 年)。

3. 扩大国际交流合作，提升行业国际影响力

(1)2012 年 3 月 31 日至 4 月 11 日，中国塑料机械工业协会组织了 25 人代表团赴美国参观 NPE 国际塑料工业展览会，并作为特邀嘉宾出席了美国塑料工业协会成立 75 周年庆典活动，同期与美国塑料工业协会签订合作备忘录，从网络链接、信息

共享及互相支持活动等方面进一步加强中美塑料行业的交流合作。

(2)在4月Chinaplas2012举办期间，中国塑料机械工业协会与日本产业机械工业协会、意大利塑料橡胶机械设备和模具制造厂商协会、土耳其塑料制造研究发展与教育基金会和德国VDMA塑料和橡胶机械协会、全印度塑料制造厂商协会等国际同行组织就国内外行业发展现状、趋势，节能、标准，组织机构的发展等情况进行了深入的交流与探讨，让国际组织更加了解中国塑机的同时，也使自身以更开阔的视野了解国际塑机行业的发展、潜在市场与合作空间。

(3)5月，中国塑料机械工业协会组织中国展商赴意大利米兰参加2012年意大利国际塑料橡胶工业展览会。此次组展是中国塑料机械工业协会首次同该展会主办方意大利塑料橡胶机械设备和模具制造厂商协会直接合作，打破了中国轻工业协会在中国市场对该展会的垄断，取得了较好的经济收入。

(4)9月20—28日，协会组织了11人代表团赴台湾参观2012年台北国际塑料橡胶工业展览会，得到了主办方台湾区机器工业同业工会的大力支持和热情接待，并安排参观了台湾工业技术研究院机械所、弘讯科技股份有限公司、震雄机械厂股份有限公司，与台湾塑机行业代表进行了充分交流。考察内容丰富、务实，得到参团成员的一致认可与好评。

(5)同杜塞尔多夫展览(中国)有限公司合作，组织行业企业参加2013年德国杜塞尔多夫国际塑料橡胶工业展览会。为此，中国塑料机械工业协会向中国国际贸易促进委员会申请办理了组织出境参展项目审批。秘书处提交的详尽的行业发展材料以及近些年来协会工作的成果汇报，使得相关主管部门充分了解了塑料机械行业的情况，顺利批准了协会组织境外展会项目。

4. 维护产业安全和会员权益

(1)2012年5月，秘书处安排人员参加了由商务部产业损害调查局组织召开的全国贸易救济与维护产业安全工作会议。会议主要贯彻落实中央经济工作会议和全国商务工作会议精神，总结、交流2011年各地开展贸易救济与维护产业安全工作情况，重点行业维护产业安全和提升产业竞争力工作情况，研究“十二五”新形势下维护产业安全、完善联系产业和服务产业机制的工作思路，研究、部署2012年贸易救济与维护产业安全工作，对协会进一步开展相关工作具有重要的指导意义。

(2)7月，协会集中组织业内企业对不予免税的进口产品规格进行补充修改，并将修改意见反馈至财政部和商务部等相关主管部门，以维护我国塑机企业的切实利益。

(3)中国塑料机械工业协会不仅为会员单位争取参展优惠，而且及时征集参展企业的意见和建议，推动有关展览公司不断提升服务水平，改善服务质量，为广大企业提供舒适、良好的参展环境与体验。

二、深入开展行业调研工作

1. 走访行业骨干企业，倾听会员心声

2012年，中国塑料机械工业协会秘书处多次走访企业，深入了解行业发展情况，并于9月集中走访了江、浙一带20多家企业。经过前两年的高速发展，2012年上半年塑机行业发展速度有所放缓，产销出现不同程度的下降，国内市场订单减少，但出口市场依然保持增长；部分挤出机、中空企业发展亮点突出，产品订单供不应求。

2012年，塑机行业工业总产值462.06亿元，同比下降1%；销售产值444.73亿元，与上年持平；出口交货值75.66亿元，同比下降6%；产量约27万台，同比下降7%。从经济效益指标来看，2012年我国塑料机械行业主营业务收入利润率为8.83%，高于全国机械行业6.81%的平均水平，位居机械工业22个主要分行业的第2位，仅略低于印刷机械行业8.93%的主营业务收入利润率水平。很多企业加大技术进步与改造的力度，纷纷投资建设新厂房、推出新产品、改进新工艺，提升核心竞争力。

通过走访，各骨干企业也向协会提出了许多中

肯意见和建议:

(1)协会为行业、企业提供了大量卓有成效的服务,各理事单位也有责任和义务为协会更好地开展各项工作提供必要的资金支持。协会集全行业之力争取到了国家相关政策和经费支持,优先受益的企业有责任和义务从利润中拿出5%作为协会的服务费,以便协会能有更大的能力去开展更多的工作,为全行业争取更多的发展资源。建议将此项内容列入协会下一届章程。

(2)协会新一届正、副会长建议从现任副会长中提名,选举出来的正、副会长要在行业里具有影响力、公信力,熟悉、热爱和拥护协会,愿意主动承担会长职责和义务,发挥带头作用,凝聚行业力量,推动整个行业全面发展。另外,章程里还应补充会员申请成为协会领导成员的具体资质要求。

(3)协会成立20年来,历经风雨起伏,不寻常的发展之路凝聚了众多企业家和专家的智慧与力量,建议通过具体形式对为行业发展作出较大贡献的企业家和专家予以肯定。许多会员单位建议张静章会长今后担任协会荣誉会长,同时也授予在行业中有广泛影响力的企业人士荣誉称号。

(4)各级政府主管部门已开始重视塑机行业的发展,但支持面还有待拓宽,支持力度也有待加大,例如智能项目目前还仅限于行业龙头企业申报;在项目申报上要结合各类细分行业的特点,明确分类项目申报标准。

(5)完善行规行约,避免同行压价恶性竞争,缩小行业的利润空间。

2. 组织起草中西部塑机市场调研报告

面对竞争日益激烈的东部市场,积极开拓中西部市场已成为占领新增长点与制高点的必然趋势。为此,中国塑料机械工业协会委托重庆悦来投资发展有限公司就重庆及周边地区的塑料机械市场进行调研。经过数月的走访、材料搜集,《重庆及周边地区塑胶机械市场调研报告》(初稿)业已形成,希望此项调研报告能为广大塑料橡胶机械企业进军中西部市场提供客观、翔实的资料,具有一定的参考价值。

三、稳步推进协会基础工作

1. 壮大协会队伍

2012年协会新发展会员共计15家,其中7家已于四届四次会员代表大会审议通过,分别是杭州中科赛思节能设备有限公司、浙江长盛轴承技术有限公司、宁波康润机械科技有限公司、浙江双林塑料机械有限公司、骁马机械(上海)有限公司、东莞市耀安塑胶机器有限公司、宁波创基机械有限公司;提交四届六次常务理事会议审议通过的为8家,分别是深圳市亚启科技有限公司、杭州萧山曙光机械厂、广州数控设备有限公司、瑞安市林杰制辊厂、桂林电器科学研究院、玉环同发塑机有限公司、沈阳机床银丰铸造有限公司、常州兰喆仪器仪表有限公司。

2. 筹备协会换届

做好协会第五届理事会换届工作,不仅是协会改革发展的一件大事,也是事关塑机行业跨越发展的大事。做好正、副会长候选人的推荐选举,是协会换届工作的重中之重,意义重要,影响深远。在2012年11月9日召开的协会四届六次理事会议上,经过会员单位公开推荐的第五届理事会会长候选人预备人选:博创机械股份有限公司董事长兼总裁朱康建、海天塑机集团有限公司总裁张剑鸣先后发表了竞职演讲,并回答了与会理事的公开提问。会议在由总监票人南京艺工电工设备有限公司总经理杜德鑫(副会长)、监票人佛山市顺德区震德塑料机械有限公司(副会长单位)副总经理王忠民、山东通佳机械有限公司(副会长单位)副总经理戴强组成的选举小组监督下,到会理事以无记名投票方式,选举第五届理事会会长候选人。参加选举理事共45位,发出选票数45张,收回选票数45张;经投票表决,博创机械股份有限公司董事长兼总裁朱康建获支持票23票,海天塑机集团有限公司总裁张剑鸣获支持票22票。会议通过了关于推荐博创机械股份有限公司董事长兼总裁朱康建为第五届理事会会长候选人的决议,并分别上报中国机械工